共享语文场

语文场

共享

陈世乐　著

GONGXIANG

YUWEN

CHANG

上海教育出版社
SHANGHAI EDUCATIONAL
PUBLISHING HOUSE

师生相互作用所形成的"语文场"（代序）

步根海

陈世东老师所提出的"语文场"，应该是受到爱因斯坦相对论中"场"论的启发，从"物理场"引申出来的一个概念。"物理场"本是指物质相互作用的空间区域，如电场、磁场、引力场等。而"场"本身具有能量、动量和质量，且在一定条件下可以和实物相互转化。有时，"场"又不一定是物质存在的形式，如"温度场""速度场"等，今天来说，用得比较多的是"气场"。我想，《共享语文场》中的"语文场"应该是由物质的升华为非物质的，是师生在语言学习活动中相互作用而形成的特定的空间区域，并最终指向学生语文核心素养的提升。《共享语文场》给我的感受与启发包括立意的新颖性、论证的科学性、实践的渐进性、共享的深广性、教学的示范性与学习的可行性。

先说立意的新颖性。陈世东老师从 20 世纪末就在市级公开课后的讲座上提出了"语文场"的概念，2000 年至 2001 年脱产参加"跨世纪园丁工程"（教育部"百千万工程"，为全国培养国家级名导师一百名、名校长一千名、名教师一万名）国家级骨干教师培训。他接受了包括于漪老师在内的名家培训教育之后，就更加信之且践行之，在实践中逐步形成了自己的语文教育观。2012 年 12 月的《中文自修》上刊载了陈老师的《共享"语文场"》一文，较系统地阐发了陈老师的理论思考与实践探索。同月，上海市市北中学为他举办了"教育思想专场"活动，陈老师以"动感、质感与美感：事例描述式说理——《交流》作文片段导练"为全市老师开课，他指导学生现场作文且交流之后，用自己的《交流》片段与学生交流，尤其是自己修改前后的片段，经学生对照比较，反响热烈、启发性大，现场互动融洽，学生后来的现场作文提升明显，赢得了专家与师生的一致好评。于漪老师在点评中以立意新、流程活、动态美加以赞赏，肯定了他在其中融入的"共享语文场"的观念，且以"追求卓越"为陈老师题词。这是对陈老师"共享语文场"知行合一的最佳诠释。

"共享语文场"的立意的确很新，它新在最早通过个人实践感悟出来，新在他的提法不仅扩大了他人同时提到的"语文教学场"或"语文课堂教学场"的外延，而且深掘了"场"的内涵；尤其新颖在"共享"二字与"语文场"的绝妙结合，更体现了新时代语文学习"共同体"之"共享"的胸怀与精神；其新颖性还体现在紧扣新课标与新教材。本书呈现的虽然是陈老师近二十年的教育教学思考与实践，但是前瞻性仍很强，尽管提法不同，本质上还是紧紧扣着新时代语文教学的精神思想，紧扣新课标与教育部统编教材。陈老师在 2019 年 8 月代表上海市参加了为期一周的教育部主办的部编新教材国家级示范性培训，回沪后又培训上海市高中语文教师，自然有发言权。在本书中，陈老师以新释旧，以旧证新，旧例新绎，新旧比照，自然一新。"四大核心素养"、"三件语文常事"（阅读与欣赏、表达与交流、梳理与探究）、"三大新概念"（大单元、大情境、大任务群）全在陈老师的关注、思考、实践及其效果之中。

再说论证的科学性。之前我所见著述的论证之据，一般来自教育理论、本学科理论，而本书从"界外"的爱因斯坦的狭义、广义相对论出发来诠释"场"，视野更加广阔，理论更为深广、科学，言之有理。其科学性，还体现在本书对"内场""外场""关系场""场能"的提法、切分法与科学诠释——这样，我们就随着作者一道，心中对"语文场"的认识轮廓清晰且渐入其境了。不仅如此，本书整体的思考与实践结合，也体现了它们严谨的对应性、互证性。同时，本书除第一部分总论之外，分解为语文作文内场（高一年级作文教学）、语文阅读内场、语文内外联场之读写场（阅读及其相关写作）、语文听说外场（校园内外的专项演讲与异题大赛演讲）四个部分，这四部分的安排体现了对语文写、读、听、说基本能力的探索追求，其全面性和周密性也不言而喻。当然，每一章内部各节的安排，理论与实践互证，前后均有层递性或并列性。

还必须提到实践的渐进性。陈老师负责学校教科研工作，特别注重实践的渐进性。这部专著，所涉内容近二十年，足见其边实践边总结，反思之后再实践，循环往复方成此书的足迹。无论是"阶梯渐进式"作文教学中同年级同题目因应不同班级不同时代而采取的同中有异的教法，还是语文阅读内场同文异班、异届因而同少异多的教学策略；无论是读写联场的研究性读写与想象性读写中的不同思考与实践，还是语文听说演讲外场的对于不同主题的旧中有新、新中有旧的思考与实践，全都体现了陈老师语文教学的科学探索：反复实践，反复思考，不断推进——这也是这本书理论的可行性的根源之一。

还有共享的深广性。我听了不少课,老师们提供给同学们的共享,一般为经典文本、同学文本。而陈老师则有三个突破:一是除此以外,还拿出了个人的"老师文本",即与同学们共写类似作文并交流,共读文章并写出研究性文章来交流,共同研究汉字并共同演讲,共同参加不同的作文或演讲比赛并交流成果等,可想而知,其精神的激励性与教学的针对性自然增强,其语文场的形成与语文素养的提升自不待言;二是提炼了学生共享的生活时空,并将此作为作文的大而真的情境,从而促进学生积极写作;三是把语文场"打通",不仅读写联通,而且将内场与外场、关系场联通,极大地扩大了分享的时空。

最后说说教学的示范性与学习的可行性。老师的言行对学生而言自然有一定的示范性。问题在于老师是仅仅停留在理论指导,还是进而与学生"共商、共建、共享"。陈老师的示范性,体现在与学生共同的活生生的语文实践——完成大任务群的过程之中,本书中陈老师的读、写、演讲等各方面,几乎完全跟学生融为一体,他成了学生之一,学生也成了老师之一。自然,其教学效果,无论是看考试还是各类比赛,师生都收获满满。陈老师的示范性,更体现在新时代老师的特征,即与学生平等学习、共同实践,共享语文之精神美、情怀美、实用美、成长美——这,正是新时代语文教师乃至一切教育工作者的毕生追求。另外,陈老师的思考与理论来自他的教学实践,他丰富多彩的各类课堂实录、课后感、电视课堂讲稿、讲座等生动具体,可读性强,给我不少欣喜与启发,相信同仁也有同感。我曾听陈老师的课,很感兴趣,交谈甚洽;他还让我看看他的书稿,并请我为他写序。可我迟迟不敢动笔,只怕挂一漏万,言之或有失。以上数言是我的学习体会,聊充为序。

我的语文教育观(自序)

东坡先生有言:"不识庐山真面目,只缘身在此山中。"从教至今,站着的时候较多,而坐下来的时候较少。有时候,站着也不一定"见者远"。譬如教师,站着教书,看得更多的是教室与学生,而为了进度与考试,连窗外的世界也不敢轻易去看。坐下来,也不一定看得近、看得少,当我们坐下来把眼光从个人世界的"圈内"(教室、语文、学生、教师、人文世界等)抬向大千智者的"圈外"(社会、科学、各色人等、自然世界等),不禁顿觉——哦,世界不仅如此,世界,原来如此!

当我回想起初中时代最喜欢的物理老师讲"磁场"的情景,再联想到爱因斯坦关于"场"的论断,当我看到于漪、魏书生等前辈老师上课的录像像一个无形的磁场一样深深地吸引着代代师生与各色世界,我笃定:场,是存在的,不只有课堂教学场,还有教学以外更大的场。而且,这个场虽然无形,但却可以描述,可以特别地琢磨,可以精心地营造,可以利用它而产生极大的"场能"——这就是我写这本书的来由。从起步到现在,历时八年。与世上大家们不一样,大家们,往往先是站着纵览世界,之后便坐着一气呵成。我是站站坐坐,看看写写,再站站看看,再坐坐写写。从朦胧到清晰,又朦胧再到清晰。在"场"的驱动下,听说读写行、备教练改思——我在个人的语文教改上,先后尝试了三轮,尤其在写作上形成了较连贯、顺畅的教学流程,我终于写成了《共享语文场》。我是一个理论底子肤浅,而拿尝试实践补短的人。因而实录的东西较多,目的之一就是试图以此给各位同仁一些启发,也就不枉我这一番"抛砖"了。

非常感谢市北中学特级校长、特级教师陈军先生,他一直兼高一至高三的作文课,给了我极大的鼓舞与良多的启发。曾经,我除了承担班主任工作与两个教学班的语文教学任务外,还兼教另外两个班每周一节的作文课,即同时教四个班的作文。更要感谢的是,陈老师还请来了几位华东师范大学的研究生,先后做我的助教,协助我评改作文,帮我系统整理作文课课堂录音。这样,才让我更加专注地坚持探究实践。

这本集子的付梓,不能不感谢上海市教研室教研员、著名特级教师步根海先生,他听了我的课且看了我的课堂实录,提出了宝贵的意见与建议,给了我不少鼓励与启发。他能为我写序,真是晚生的荣幸!

还要感谢我的学生,是他们一路伴我不断探索,感谢他们在我站在教室的时候,给我分享了他们的智慧、思想、微笑和幸福;感谢他们在我坐着备课、读书、思考与写作的时候,给了我包容、启发,让我重拾信心,与他们携手同行。

更要感谢新课标、新教学的教育理念与运作——这,在我修改书稿与新一轮语文教学实践之时,给我提供了我一直默默寻找的教育精神的支撑——大单元、大情境与大任务群。其实,这"三大",正是我这几年来一直"摸着石头过河"的理论支撑。换句话说,这"三大",就是笔者语文教改的核心理论——语文场的"三驾马车"。

这本集子呈现的,是笔者共享语文内场与外场的四个主要"基地":作文内场(高一年级作文教学),阅读内场,读写融合的内外场(阅读及其写作),听说演讲的外场(校园内外的专项演讲与异题大赛演讲)。主要为实践做法,适当加入理论探索。因为个人学识有限,不免粗疏或漏误,敬请不吝赐教。

C目录
ONTENTS

第五章　语文听说外场的实践演绎 / 299

第一章 语文场的科学理论

第一节 语文场与培养语文核心素养

一、语文场的理论诠释

"场",在《现代汉语词典》里的解释有很多。语文场之"场"的物理诠释为:它是物质存在的一种基本形态,具有能量、动量和质量。实物之间的相互作用依靠有关的场来实现,如电场、磁场、引力场等。爱因斯坦试图把各种场统一起来,形成一种完美无瑕的理论。他认为"场"这种物质存在的基本形式的主要特征在于,它是弥散于全空间的。爱因斯坦在狭义相对论中曾认为,我们认识的物理世界是四维,即三维空间加一维时间。时间与空间构成了一个不可分割的整体——四维时空,能量与动量也构成了一个不可分割的整体——四维动量。这说明自然界一些看似毫不相干的量之间应该存在深刻的联系。

笔者于 20 世纪末在上完公开课后的交流中首次提出语文场,是从感性视角出发,侧重于微观方面,诸如老师的个人魅力与课堂氛围。历经数年,此次从自然科学角度来探讨语文场,自然从宏观方面特别关注物质及其存在的基本形态。其主要有三:一是语文场的主体与主导,是与生俱来的具有"语文性"的人(师生,父子,官民;老少,康病,贫富;生熟,亲疏;百业,九流;忠奸,君小,正邪,善恶,智愚……);二是语文场的静态或动态的客体与受体,是可以"语文化"的物(学校、家庭、社区、舞台等场所;餐桌、书柜、手机、电脑等硬件;书籍、信件、音乐、视频、机器人等软件);三是有意无意地发生着可以"语文化"的事件(天灾,人祸;生老病死,聚散离合;婚丧嫁娶,沉浮进退……)。

人,物,事,三者互相作用就具有能量、动量和质量。

"能量",是物质的基本单元在空间中的运动周期范围的测量。能量以多种不同的形式存在。按照物质的不同运动形式分类,能量可分为机械能、化学能、

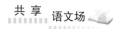

内能、电能、核能、光能、潮汐能等。这些不同形式的能量之间可以通过物理效应或化学反应而相互转化。

据此,在语文场中,不同对象也会产生不同的"能",不同的人与人的交流,会产生语文性的"交际能""处世能""自省能"等;不同的人与物的作用,会产生语文性的"观察能""分析能""研究能"等;不同的人与事的作用,会产生语文性的"评说能""演讲能""创作能"等。而这些不同能量之间,也可以通过简单的不断积累,包括读读、记记,写写日记随笔等的"物理效应",与加入想象、联想、逻辑分析推理,甚至是创造性思维等"深加工"的"化学反应",就可以互相转化:譬如"观察能""分析能""研究能"与"评说能""演讲能""创作能""交际能""处世能""自省能"互相转化。从而使语文场的能量产生"核裂变",弥散在整个人类生活的时空。

那么,能量与动量和质量是一种什么关系呢?依据王大为《四维空间与能量本质》,我们可以知道,能量的本质是四维空间度量的一个物理量,而三维空间度量的物理量是动量,二维空间度量的物理量是质量。它们都是物质在不同维度所表现出来的物质属性。

在牛顿经典力学中,动量表示为物体的质量和速度的乘积,指的是运动物体的作用效果。动量也是矢量,它的方向与速度的方向相同。那么,语文场中的动量是什么呢?应该是人、物、事三种对象互相作用产生的运动状态下的作用与效果的总和。这里特别强调的是"动量与速度的方向相同",这就自然启发语文场中的作为主体与主导的人——我们,对于一般语文场中的主要物体——人(包括师生),主动能动地把握着运动的"速度与方向"。对于语文教师这一主导者而言,就是如何针对主要物体——人(包括师生)——运动发展的方向把控运动的速度(诸如因材施教、顺势而为、因势利导等),使之构成一种"乘积",即促使动量——作用效果转化为能量,即促使人(学生)的"语文动量"转化为"语文能量"——语文核心素养,并实现语文能量的最大化。

在狭义相对论中,爱因斯坦认为,四维时空中,质量和能量实际上是一回事,质量(或能量)并不是独立的,而是与运动状态相关的,比如速度越大,质量(能量)越大。这样看来,对语文场中的语文教师而言,在语文的"四维时空"中,通过把握物体运动的"方向与速度",即把控好动量,就能够有的放矢,实现动量转化为能量的最大化,也就是实现了"语文动量"转化为"语文质量"的飞跃——这就是语文场的价值意义,也是语文教育学的现代物理的科学诠释。

所以,认识到语文场的科学内涵,能够充分发现语文的"能量、动量和质量",从而能够实现这个"场"中语文类文本、教师、学生、平台、场景等实物的"相互作用",以求获得各种各样的"能",实现学生核心素养的最大提升。

二、语文场的类型及其"场能"

语文场,依据语文学习与教学的特点,可以分为三个场:内场、外场、关系场。

内场,就是课堂教学场、听说读写比赛场、图书阅览场、课本剧表演场、语文练习及其测验场等以具体空间为标志的,比较容易形成语文"气场"的语文学习与教学活动"场",内场又可以分成以某种能力为核心的不同场,譬如写作场、阅读场等,而这些场又互相作用,譬如写作场,让读、听、说与行互促,从而形成更大的场能。

外场,是不拘具体空间作标志,但具有人与语文诸要素相互作用且亦可产生一定"能量、动量和质量"的语文学习与教学"场",譬如师生语文的自主学习,广播、电视、报刊,"演讲社""诗社""笔会""翰墨沙龙""《论语》研究"等。

关系场,指除了"内场""外场"之外而与人发生语文关系的语文场,如各种学科与语文的相互作用,班级管理与语文的相互濡养,各种主题教育与语文互相作用,社会、自然、人生与语文的相辅相成等。认识到语文场的层次性,不仅可以全面开发语文场,扩大获取语文效能的新途径,而且可以量力而行,因材施教,从而获得语文学习与教学的大众型与精英型的全面成功。

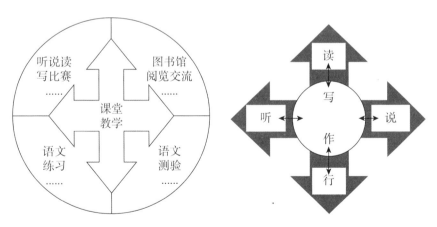

图 1 - 1 - 1 语文内场示意图　　图 1 - 1 - 2 写作场与各种场互促关系示意图

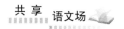

图 1－1－3　语文外场示意图

图 1－1－4　语文关系场示意图

其一为语文内场的特点与场能。语文内场具有目标的同一性、人员的集中性、内容的系统性等特点。其中,教师、学生、教材三者俱全,教师可以通过十八般武艺创设良好的语文场。譬如通过入情入境的朗读,辅以图画、音乐、角色表演等形式,促使学生较快地感受作品形象,进入作品描绘的情景,产生认同感,被角色相关的景、物、人吸引、打动,达到人、文、境的合一。譬如让教师、学生与文本或其他材料对话,教师与学生对话,学生与学生对话,有利于积极的思维活动。譬如在课堂这一场景里,让教材、教师、学生三者互相沟通,将形成一种情感环流,将情感活动弥散、笼罩于整个课堂中,浸润着教师、学生这教、学两种主体。譬如引发学生对学习活动包括朗读、思考、讨论、发表意见、表演交流、笔头练习、展示成果等活动的积极态度,增强学生对学习的兴趣,使他们形成自信心,进一步锻炼增长才干。这是学校语文开设基础性课程培养学生语文基本技能的首要平台。在这里,师生们共同创设并尽情分享着这一语文场。

语文内场的场能具有集中性、爆发性、接续性、可测性等特点。

其二为语文外场的特点与场能。语文外场具有自主类学习的目标多样性,自主类参赛的主观能动性,受众类学习的内容选择性,社团类学习的兴趣趋同性等。这是个性化学习与教学的语文场,可以满足具有语文学习与教学的多样性与特长性的语文生命的成长。校园文化中的许多社团都是语文外场的重要成员和培育骨干。丰富多彩的校园文化建设的内容与形式,形成了一个个别致生动的语文外场。语文教师与学生切不可失去它,它是养育专才、偏才、奇才的语文场。

语文外场的场能具有广泛性、选择性、方向性、间断性等特点。以演讲、朗诵社团的外场学习为例,因为来到外场的学习,是部分志趣相投者的共识,因而大家的选择天然地趋同,这个场的场能自然具有致力于演讲、朗诵学习的内驱能。但是,因为外场组织的随意性,又因为兴趣的持久程度不一样,场能自然也就不连续了。

其三为语文关系场的特点与场能。语文与其他非语文对象的关系,其相互作用与影响呈现出间接性、缓慢性、多元性与无意性。因而,这个语文关系场的"能量、动量和质量"大多较弱、较轻、较隐性。这往往让不少语文学习者与教学者视其为可有可无。然而,多一个"场"就会多一份"势",多一份"能"就会多一份成长。古有"读万卷书,行万里路"之说,现有"语文的外延等于生活的外延""终身学习"之说,足见语文关系场的作用。

语文内场、外场是语文生命自身成长、自我完善的主要源泉,是"修身,齐家";语文关系场是语文生命大显身手,接受考验与不断提升的广阔天地,是"治国,平天下"。

这三个场又彼此相互作用,构成正相关与负相关。一般情况是,内场的效能越大,对外场与关系场的正面影响越大,外场与关系场的效能越大,对内场的影响也越大;反之亦然。因而,语文学习与教学对这三个场的认识与实践,应该是以内场为核心,向外场、关系场辐射,以突出语文基础课程的学习与教学,形成师生语文生命的基本技能;以外场与关系场为卫星语文场,一为内场造势,二为复合型人才、创造型人才的培养提供更为强势、更为宽广的舞台。只有将这三个场组成一个大的语文场,才能实现语文学习与教学之效果的最大化、最优化。三场联动的实践,是我们追求的高境界。全国中学语文教学委员会(简称"全国中语会")副会长、上海市特级教师、市北中学陈军校长的拓展课——"文史哲经典文例赏析",就是让不同兴趣的同学与不同学科的老师参与,在陈老师的主持与引导下,各种特长的学生与各科老师同台共舞的大语文场。这个"场"不仅运用了内场的物质形式——固有的空间、教师、教材与学生俱全,还结合了外场的目的内容——发展爱好特长、拓宽思想视野,并且发挥了关系场的功能作用——语文与各学科和各教师多方面的互动、互济与共享,因而,师生兴味盎然,效果更加显著。

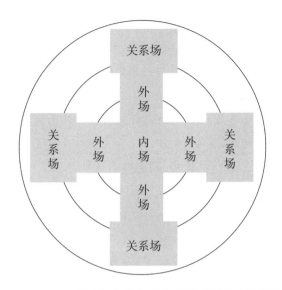

图 1－1－5　语文场之内场、外场及关系场关系示意图

三、语文场对培养学生核心素养的重要作用

全面认识语文场的类型、各种场能及其相互关系,对于培养学生语文学科的四种核心素养至关重要。新课标把语文学科核心素养凝练、整合成四个方面:语言建构与运用、思维发展与提升、审美鉴赏与创造、文化传承与理解。这四者不是独立的存在,它们之间是相互联系的。其中,语言建构与运用是语文学科所特有的,也是其他三项的基础。另外三者又反哺语言的建构与运用——这就天然而又必然地构成了这个重要的语文场。

首先,语文场最直接地促进了语言的建构与运用。语言的建构与运用不能只有语文内场——课堂,必须让内场与外场、关系场有机结合,才能真正形成一个语言建构与运用的"大场""全场"。众所周知,语言是伴随生活而来的,语文内场远远不是生活的全部。因而,全面认识并充分运用语文场的各种类型与场能,就能够全面覆盖学生语言建构与运用的生活,从而更加自然生动、更加立体多样、更加行之有效地提升学生一生的语言建构与运用的素养。

新课标着力营造的"大单元",其实就是为语言的建构与运用开疆辟土,扩大语言建构与运用的空间平台;而努力创设或利用的"大(真)情景",就是要促其有话想说、有话能说;致力于"大任务群"的建设,就是要促其有话必说、有话会说。

第二,语文场能充分有力地促进思维发展与提升。因为内场的特点及其场能的集中性、爆发性、接续性、可测性，所以学生的思维在集中对话中极其活跃，在系统研讨中严谨推进，在多方碰撞中急速变通，在各种考试中被动提升。自然，对于思维这一核心素养，光有内场是不够的，因为思维的培养特别需要专门的外场。正因为外场场能具有广泛性、选择性、方向性、间断性等特点，所以针对不同思维素养的特性，可以在广大的外场里选择适合培养不同思维的不同外场，从而有的放矢，事半功倍。譬如培养直觉与灵感，或想象与联想，可以选择诗词社或小说社；培养因果、比较、归纳、演绎等逻辑思维，可以选择魔方社、航模社、实验社、制作社等；培养创造性（批判性）思维则可以选择模拟法庭社、影视社、模拟联合国社团等。关系场虽然场能较弱，但是更可以作为学生思维在内场与外场训练之后的实验田。新课标的理念与运作，尤其在"大任务群"的营造中就充分体现了思维训练的内场、外场和关系场的有机结合与互相作用。

第三，语文场的三个场对培养学生审美鉴赏与创造能力的素养提供了更加广阔的空间和更加多样的途径。审美鉴赏与创造能力当然须建立在语言构建与运用和思维发展与提升的基础上，既然这两项素养的培养都密切关系到语文外场与关系场，那么，审美鉴赏与创造能力就不仅关系到而且离不开它们。因为，以课堂为代表的内场只是一个点，而我们的审美鉴赏与创造能力则是一个面，乃至三维、四维的空间——能量本来就是一个四维的量。内场里，我们学习《香菱学诗》，其审美意义在于认识到她的位卑心高、境浊人洁、不甘平庸、直面厄运的精神追求；认识到学习与教学的态度与方法。而外场里，我们还可以探寻她的过去与未来，从中认识到她的整个命运与个性，乃至完整阅读《红楼梦》，借此审视整个女性在《红楼梦》中的命运、个性及艺术价值与认识价值等。在关系场里，我们还可以认识杜十娘、潘金莲、"四大美人"等女性的审美价值，并能写出论文、参加红学会研讨，或创作小说、戏剧、影视文学等。

第四，语文场的三个场对培养文化传承与理解的素养更有现实意义。这在内场的培养十分有限，实现文化传承与理解，更多的是在外场与关系场中。因为这项素养最重要的是强调其实践意义。批判地传承，扬弃在理解中形成，理解在传承实践中得以落实。譬如创设一个现实中的"真情境"——让学生先参观一个文化创意园，然后让他们各自以不同的身份就课文《论语七则》中的核心"仁"来完成"文化的传承与理解"的创造性学习——即完成语文内场与关系场的有效对接。这就需要学生在理解的基础上批判地继承，与时俱进、因人而异地解读与运用。同样是"仁",一个想要为政的学生,他的"仁"集中体现在将来的种种宽民、惠民的政策措施之中;一个志在治学的学生,他的"仁"则体现在包容不同学术观点,进而营造百花齐放之文化格局的理想之中;一个向往当企业家的学生,他的"仁"则体现在童叟无欺、诚信致远、开放共赢的追求之中。

四、共享语文场的姿态——把语文当成平等而鲜活的生命

如何经营良好的语文场?只有把语文当成生命,才能充分发挥语文场的作用。因为语文不仅其重要性如同生命,而且,她本来就是一种普通而又独特的生命。

语文生命的个性,表现为对话性、情境性、交融性、亲和性。

语文生命的对话性、情境性、交融性这几方面笔者曾在《中文自修》2011年第10期《面对语文生命》一文中阐释过,其亲和性,在此不得不补充一下。我们知道,许慎让陌生的汉字走出了神秘,还原了平和的形象与丰富的情思;于丹让《论语》走下了象牙塔,千古圣风轻抚"玉门关",旧时燕子"飞入寻常百姓家"。事实上,当今学生重理轻文、忽视语文的现象,除了科学时代的磁场作用,功利与浮躁思想冲击等因素所致而外,主要原因之一,还是我们的语文端起了"架子",疏离了大众。要形成真正良好的语文场,就要放下"架子",积极开发语文生命的亲和性。这就要语文场中的每一实物,文本、教师、学生、场地、教具等全都发挥其作用,以形成其亲和万物,万物融合的繁荣局面。

明确了语文是一个生命,探知了她的生命共性、个性,我们就应该如同善待生命一样善待语文。因为,面对语文生命给予我们的滋润与哺育,最好的报答应当就是反哺、培育我们共同的也是我们自己的语文生命,这就是语文与人的平等性与互养性。

五、共享语文场的做法——两个案例:"共场式语文学习"和"语文式班级管理"

学校师生的种种活动中,总活跃着语文生命:教室、操场、舞台、图书馆、社区等场所;军训、学农、唱歌、志愿者服务、读书、旅游、朗诵表演、演讲比赛、家校联系、家访、做值日班长、校园广播电视制作等活动,这些高中生的重要经历,一旦与笔者这个高中语文教师兼班主任的经历交织起来,就构成了难得的语文场。

"共场式语文学习"指师生共同听说读写的学习场或教学场。在语文学习与教学中,师生听说读写能力与创造能力的培养除了师生自身的努力,还需要语文

教师引领学生与语文生命对话、亲近、交融,同时,学生被激活养鲜的语文生命又刺激着滋养着教师的语文生命。语文教师应该是一个辛勤而智慧的耕者。这个耕者的语文之田,当初大多都是一丘丘薄田,少有肥瘦之分,而后来的"径庭"之别,主要在于语文教师对语文生命之田的付出。这就需要教师与学生的"共场式语文学习",教师需要走进语文教材的生命,走进学生的语文生命,走进语文的生活世界,与学生风雨同舟,不可只在岸上指挥,应该跳入水中游泳;不可把学生当牛一样抽鞭子,而要与学生一同耕田浇苗。于是,课堂上笔者追求平等交流,与同学同播齐收,共享甘苦。阅读、写作、演说、朗诵,师生同台共舞。我们还一同去图书馆看书,一同旅游,一同……终于,语文生命的田野里,绿浪滚滚,金穗串串。

再说"语文式班级管理"。笔者曾先后担任学校语文教研组长、教导主任、班主任等,现除了负责高中一个班语文课以外,还兼任上海市市北中学教科研室与学生文化负责人。在多头管理上,笔者作为语文教师,始终坚持语文式的管理。这是将"底色"与"角色"结合。语文是工具,是理性的,讲究工具性的严谨、科学等实用价值,因而各项管理制度与措施的制订、管理者发布的"号令"与要求等就可借此使其严谨、科学、准确与系统;语文又是人文的,讲究情意美、画面美、节奏美等,因而各种教育与管理大可借此使其充满审美情趣与人文关爱。即使是一个小小管理者——班主任,如果用语文的方式与语言去培育学生,那么,往往会得偿所愿。譬如笔者曾经在担任班主任的班级,开展了"五个一"特色活动:每日一任班长、每日一句名言、每日一次演讲、每日一篇随笔、每周一回总结。这就是语文生命的强势张扬,是语文关系场发挥场能的具体实践。如,每日一任班长,笔者就指导担当值日班长的学生以语文的方式管理与指导学生:早上的第一次训话,用三句话告知当日的主要事项及相关要求;晚上的汇报必须围绕几个关键词进行概括,有点有面;第二天早上的 3 分钟演讲,则要求围绕一个核心词(如学生曾讲过的"平""乱""累""顺""乐""盛""全""和"等),运用一个例子、一句名言、一个镜头来进行,要求演讲有重音、有节奏、有激情。这样,语文的音乐美、形象美与情意美就得以充分呈现在班级管理上,而班级管理又锻炼并提升了语文生命。又如,每日让学生轮流在黑板上推荐一句名言,并为之说出三条理由等。这些管理措施不正是在用语文的方式和语言培育学生的能力、品德吗?所以,笔者所教的班级作文、演讲、朗诵常常获奖,总是富有人文情怀,同时,2005 年与 2009

年,笔者所管理的班级先后两次获得"上海市先进班集体"等殊荣,2011 年,我们的班会"沐浴在母语的春风里"获得由中国关心下一代工作委员会主办的全国主题班会课大赛一等奖,等等。获奖的缘由中,最突出的一条就是,笔者在培养学生品德与能力方面,用语文的方式与话语为学生搭建了个性张扬与全面成长的舞台——换句话说,笔者充分运用语文关系场,获得了用语文生命促使学生"治国、平天下"的成功与幸福。

由此可见,笔者关于语文场的提法,以及共享语文场的做法,绝非乌托邦与象牙塔,至少应是语文教学与管理的百草园和花果山。

第二节　思维与表达契合之作文场的建立与共享

语文场中最难走进的是作文场。笔者将思维与表达作为"牛鼻子",与学生一步步走进了这个难进的场。

如何让思维与表达的作文训练科学化、系列化,以提升高中学生作文训练的可行性与实效性呢? 共建、共享作文写作场,实为有效途径。

笔者认为,第一,依据新课程标准,语文学科的四个核心素养,就语文场中的作文场而言,语言建构与运用、思维发展与提升这两种素养,属显性重点培养,而审美鉴赏与创造、文化传承与理解两种素养,则侧重于隐性兼带养成。前两种素养正好借助笔者建立的思维与表达的契合训练的共享场的构建来完成,后两种素养在写作场与阅读场、听说场等内外场、关系场的共建共享中整体达成。

第二,应当"显化"作文内场,即在作文课堂教学中显现共享场的主要"模型"与"部件"——高中生思维发展的基本趋势。依据教育心理学研究成果,高一年级,以形象思维发展为主;高二年级,以逻辑思维发展为主;高三年级,以批判性思维发展为主。这样,就让学生明白这是自己的"内需",从而增强其思维发展与提升的核心素养之培养的内驱力。

第三,应当引导学生认识思维的特点及发展价值,以期达成内存的"供给侧"与外需的"需求侧"契合一致,进而增强其共建作文场之自觉与信心。

"所谓形象思维,是在对形象信息传递的客观形象体系进行感受、储存的基础上,结合主观的认识和情感进行识别,并用一定的形式、手段和工具创造和描述形象的一种基本的思维形式。"就学生作文而言,学生在写作过程中始终伴随着形象、情感以及联想和想象。学生通过"象"来构成思维流程,即所谓的"神与物游"。

"逻辑思维,是人们在认识过程中借助于概念、判断、推理等思维形式能动地反映客观现实的理性认识过程,又称理论思维。它是作为对认识者的思维及其结构以及起作用的规律的分析而产生和发展起来的。只有经过逻辑思维,人们才能达到对具体对象本质规定的把握,进而认识客观世界。它是认识的高级阶段,即理性认识阶段。也称之为'抽象思维'或'闭上眼睛的思维'。"

"批判性思维,是一种基于充分的理性和客观事实而进行理论评估与客观评价的能力与意愿。批判性思维既是一种否定性思维,也具有创造性和建设性的能力——能够对一件事情给出更多可选择的解释,思考研究结果的意义,并能运用所获得的新知识来解决社会和个人问题。它的思维特点是讲究问题思考与探究的高标准:清晰性、正确性、精确性、一致性、相干性、逻辑性。"

让学生感受并不断认识到发展其思维的作文训练,可以促使其思维品质综合提升,即"兼具思维的深刻性、灵活性、独创性、批判性、敏捷性和系统性"。

第四,也是更重要的,就是要把握作文共享场的内外两个基本维度的交集——思维及与之适应的外在写作表达之间的契合点,以期有效培养两种素养:语言建构与运用、思维发展与提升。什么样的外在表达能与之适应并且能够让二者契合为一体? 主要应结合课程标准、学生生活的共享场和学生阅读的共享场。

因此,高一年级,主要是通过训练各种表达方式的综合运用,借助复杂记叙文或记叙性抒情性散文的写作流程来实现思维与表达的契合共进。一方面要紧扣记叙、描写同议论、抒情紧密结合的知识点与联想、想象等主要思维训练的能力点,另一方面要结合高一年级学生共享的语文课文阅读的实际与共享的该阶段学习生活实际,方能内外兼修,相辅相成。笔者对高一年级的作文训练的重心即定于此。

高二年级,主要通过议论文的说理能力与演讲表达能力的训练,来实现其与逻辑思维能力训练的契合共赢。一方面通过对议论文审题立意、逻辑框架的建构说理(提炼分论点)、片段层次的铺展建构,一方面结合本阶段共享的语文课文与学习生活,来完成本阶段思维与表达的训练演进。

高三年级,主要通过文体个性化表达的选择(议论文、记叙性散文、议论性散文、抒情性散文、小小说等)与辩论等形式,结合高三年级学生共享的语文课文与学习生活实际,将形象思维、逻辑思维有机融合,突出批判性思维的重点培养——以此成就高中生作文训练的一派气象。

第五,依据课程标准,将思维与表达的整体知识能力与阶段培养重点相结合,融入学生共享的阅读场与生活场,设计作文教学训练课程。笔者依据高中生阅读与生活的共享场,搭建了思维与表达较为契合的"渐进式训练"阶梯:通过一篇文章的构思与写作过程——即分步骤、分片段的导练、写作与点评,逐步完善几个片段或一篇文章,从而实现作文思维与表达的融合共进、循序渐进、有效精进。

第六,扩大作文共享场。笔者依据前述共享语文场的理论,在写作训练中,依据思维与表达相契合的"内存"与"外需"的共享场,不仅融入学生的语文课文与生活实情共享场,而且将同题的往届学生优秀习作拿来,或用于导练,或用于讲评;甚至,笔者也适当写写同题或同类文章,并将其与学生共享——这样就不仅逐步建立并且不断扩大了作文共享场,其效果不言而喻。

当然,建立并扩大作文教学共享场,不仅要求在"求同"中产生共鸣与蝴蝶效应,更要求同中"存异",让个性绽放。"求同存异",方可"百花盛开春满园"。

第二章 语文作文内场的实践演绎

第一节 新教材情境下的作文教学

一、统编新教材的目标与特色

（一）目标

总目标：守正创新。

总特色凸显三要素：双主线"大单元"，三至四个活动的"大任务群"，大而真的情境。

守正有三个角度。

（学科角度）温儒敏（教材总主编、北大教授）：这套教材努力去"守"的，是中国语文教育传统的优秀成分，是十多年来课改的得失经验，是以往语文教材编写值得借鉴的东西。作文而言，好的做法，如话题、材料作文就是情境作文，导入讲评展示也是情境作文。

（操作角度）王本华（全国中语会理事长、人教社中语室主任、教材执行主编）：遵循立德树人教育的根本要求，教材以新时代高中学生应具有的"理想信念""文化自信""责任担当"作为隐性的主线，按照"整体规划，有机渗透，自然融合"的基本思路，分解成若干人文主题，作为单元组合的重要依据，自然融入社会主义核心价值观教育，发挥语文课程独特的育人价值。作文而言，渗透于作文主题确定及过程之中。

（育人角度）郑富芝（教育部副部长）：立德树人。明确并强调培养什么人、怎样培养人、为谁培养人。培养社会主义的建设者与接班人，培养堂堂正正的中国人，培养具有世界眼光的人。作文做人，"理想信念""文化自信""责任担当"隐含在这里的"三人"里。作文中，我们师生共同追求的也应该体现培养这三种人，就是具有这三大主题素养的人。

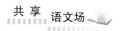

创新有三个方面。

温儒敏：一是编写的立意更高。遵循中央提出的"立德树人"指导思想，通过"整体规划，有机渗透"的设计，结合语文学科特点去落实社会主义核心价值观教育，实现"三观"的教育（即素养、主题）；二是贯彻高中语文课程标准的精神，更新教育观念，改进教学方式，促进课程体系改革；三是借鉴世界上母语教学的先进经验，关注信息环境下的教育教学改革，让教材更加符合语文教育的规律（譬如实用文的增强）。

（二）特色

特色一："大单元"，由人文主题与学习任务群双线构成——指向语文学科的双性，即人文性与工具性。

人文主题聚焦为三大方面——理想信念、文化自信、责任担当。

表 2 - 1 - 1　教材单元主题

	必修上册	必修下册
第一单元	青春激扬	中华文明之光
第二单元	劳动光荣	良知与悲悯
第三单元	生命的诗意	探索与发现
第四单元	我们的家园	媒介素养
第五单元	乡土的中国	抱负与使命
第六单元	学习之道	观察与批判
第七单元	自然情怀	不朽的红楼
第八单元	语言家园	责任与担当

特色二：编排"学习任务群"——突出关键能力。

做三件事——阅读与欣赏、表达与交流、梳理与探究。

表 2 - 1 - 2　单元学习任务

	必修上册	必修下册
第一单元	文学阅读与写作（一）	思辨性阅读与表达（二）
第二单元	实用性阅读与交流（一）	文学阅读与写作（四）

（续表）

	必修上册	必修下册
第三单元	文学阅读与写作(二)	实用性阅读与交流(二)
第四单元	当代文化参与(含写作)	跨媒介阅读与交流
第五单元	整本书阅读(一)(含写作)	实用性阅读与交流(三)
第六单元	思辨性阅读与表达(一)	文学阅读与写作(五)
第七单元	文学阅读与写作(三)	整本书阅读(二)(含写作)
第八单元	语言积累、梳理与探究 (包含分散性)	思辨性阅读与表达(三)

把握四大核心素养:语言建构与运用、思维发展与提升、审美鉴赏与创造、文化传承与理解。

温儒敏:整套教材以"人文主题"和"学习任务群"两条线索组织单元。"人文主题"的设计充分考虑新时代高中生人格和精神成长的需要,涉及面宽,但聚焦在三方面:"理想信念""文化自信"和"责任担当"。每个单元的"人文主题"都会突出其中某一方面。"学习任务群"是单元组织的另一条线索,每个单元都设计有若干指向"语文核心素养"的学习任务,保证语文工具性的落实。

特色三:"大情境""真情境"。

是激发学习兴趣的需要,更是完成学习任务群的需要。

大:学生学习生活及其环境的全部。时间上包括过去、现在与应有的未来;空间上包括个人的,与之联系的社会的、自然的;知识的(包括单元阅读课文、各类知识)、体验的;心灵的、身体的;精神的、物质的……

真:确实存在,应该存在(创设的、符合情理的想象的);真切体验与感受、感悟等。

什么样的情境是学生学习所需的情境?

新课标提出:语文实践活动情境主要包括个人体验情境、社会生活情境和学科认知情境。个人体验情境指向学生个体独自开展的语文实践活动……社会生活情境指向校内外具体的社会生活……学科认知情境指向学生探究语文学科本体相关问题,并在此过程中发展语文学科认知能力。

温儒敏:有时候情境就是课堂教学内容涉及的语境。这种情境或者语境,对

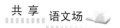
学生的学习活动而言,必须是真实的,是能和他们的生活经验贴近,并能促进深度学习的。

二、统编新教材的具体特点

1. 整体规划,有机渗透,自然融入社会主义核心价值观,落实立德树人的根本任务。

(此为作文主题。)

2. 以语文核心素养为本,以学习任务为路径,强化学生学习的主体性和实践性。

(此为作文素养与过程。)

3. 重视整合与实践,创新单元内部组织方式,使语文学习更接近真实的语文实践生活。

(此为作文策略。)

4. 课文的呈现不再像以往那样基本是单篇成课,或多以文体聚合,而是以主题聚合,打破文体的限制,以单篇加多篇的方式组合成单元教学资源,带有明显的整合性质,也更加接近真实的阅读生活。单元学习任务是全新的设计,从问题出发,用完成特定的任务代替以往过于烦琐的、碎片化的训练。

(此为作文情境的创设多样、时间安排变通、样式灵活。)

5. 以学习任务为核心,强调真实情境下的语文活动,追求结构化的任务设计。

(此为各册作文有序列,单元内有梯度。)

6. 重视语言积累、梳理与探究,以不同形式强化语言建构与运用这一语文基础素养。

(此为作文语言的"散养"。)

7. 既强调整合,又强调写作教学的相对独立性,让学生的书面表达训练落到实处。

(此为作文系列体现在单元块内的序列和单元与单元之间的序列。)

三、统编新教材的作文编排特点

写作整合散见于"单元学习任务"中:虽然整合,但有相对独立的序列。保留写作指导,以补充材料形式加虚线换字体附在写作任务后。

表 2 - 1 - 3 　必修教材写作内容安排

	必修上册		必修下册
一	学写诗歌	一	如何阐述自己的观点
二	写人要关注事例和细节	三	如何清晰地说明事理
三	学写文学短评	五	学写演讲稿
六	议论要有针对性	六	叙事要引人入胜
七	如何做到情景交融	七	学写综述
		八	如何论证

依据上述内容,可以看到新教材编写中关于作文教学的策略与特点。

作文编排的第一个特点就是突出思维发展。目标指向:体现高中作文基本要求,在义务教育阶段的基础上进一步发展学生的思维和表达能力,主要是形象思维(联想、想象力)与理性思维(逻辑思维、创造性思维)。

王栋生(南京师范大学附属中学名师,新教材作文主编):要紧密联系任务群学习,创设作文情境,发展学生联想、想象力和理性思维。

必修上册的"学写诗歌""写人要关注事例和细节""如何做到情景交融",下册的"学写演讲稿""叙事要引人入胜"系列专题,就是侧重发展学生联想、想象力,而必修上册的"学写文学短评""议论要有针对性",下册的"如何阐述自己的观点""如何清晰地说明事理""学写综述""如何论证"则侧重发展学生的理性思维,包括厘清概念,准确判断,严谨推理,善于发现问题、分析问题与解决问题,善于各种论证等。以往,不少教师让高中生一上来就写议论文,不管初高中衔接、学生发展的多维需求,最终,走向学生不愿写、不敢写,更加不会写的"惨剧"。

王栋生:新教材编写的目的在于试图让学生愿意多写、愿意修改,培养作文的"自觉",至少让学生"不怕写"。学生"怕写"自己"想写"的文章,最终"不敢写",有这么几个因素:一方面是高考的制约,学生只好牺牲自己的个性化写作,一方面是由于教师全面的"功利主义的作文教学",还有一方面是语文教师很大一部分(据抽查 95％以上)自己不会写作,没有与学生一同写作,也没有真实的写作体验与学生分享。

基于此,新教材作文编排的第二个特点,就是培育与发展学生的作文趣味,在作文过程中培育创造意识,发展个性,让学生获得学习自信。就是要让学生有

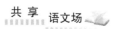
选择的空间,尽可能让学生自主作文,并在作文过程中发展自我评价能力。

怎样自主作文?

依据单元情境,主题自选,题目自拟,样态自定,自行互相评改。

四、统编新教材的作文教学对策

依据新课标与新教材的总目标与总特色,结合单元学习任务,联系纵横交织的情境来安排。

作文编排特点,是"大单元""大任务群"与真实情境下的作文,不是过去的阅读与写作的模块切分,也不是以知识为序列的作文,而是与主题阅读和实践活动融为一体的真实情境下,自然而然地着眼于思维成长与表达需求双向互促共进的写作实践。

因而,我们的作文教学应该充分体现"九性":阅读与写作听说结合的自然性,学生完成任务的自主、自觉性,多项活动与写作的融合性,师生、生生写作的合作性,片段与整文的相伴性,文学性、思辨性与实用性文体在大任务驱动下在真实情境里自由交替进行的灵活性,也有同一种文章不断成样、不断精进的渐进性,还有写作时段与角度形式的多维性,当然,作文写作的频次与广度、深度应该更富有强健性。

下面是笔者从高中必修一上册各单元的"学习任务群"里梳理出来的写作要求框架。

表 2－1－4　必修一上册各单元写作要求框架

单元	主题情境	作文要求	品类	样态	写者	数量
一	青春抒怀	写则札记	赏析	整文	独立	5～6
		写首诗歌	诗歌	整文	独立	
		点评毛词	评论	片段	独立	
		点评细节	赏析	片段	独立	
		编诗集,写序言、后记	实用	整文	整体合作	
二	劳动光荣	话题研讨	议论	片段	部分合作	3
		写推荐书	实用	整文	部分合作	
		写劳动者	通讯	整文	独立	

（续表）

单元	主题情境	作文要求	品类	样态	写者	数量
三	生命诗意	诗词启示	评析	片段	独立	2
		文学短评	评论	整文	独立	
四	我们的家园	家乡人物（风物）志	传记	整文	独立	3
		调查报告（演示文稿）	实用	整文	部分合作	
		建议书	实用	整文	部分合作	
五	乡土的中国	调查报告	实用	整文	独立	1
六	学习之道	品评语句	短评	片段	独立	3
		品评喻证	短评	片段	独立	
		学习时评	评论	整文	独立	
七	自然情怀	精段品赏	文论	片段	独立	4
		情景电视脚本	散文	片段	独立或合作	
		写篇散文	散文	整文	独立	
		编辑散文集,写序言	实用	整文	整体合作	

对策一:依据教材学习任务群要求,实施写作的立体性与综合性。

综上所述,高中必修一上册共 22 次作文。按文体或品类来分,文学性、记叙性写作有 5 次,全是整篇文章,思辨性、议论性写作有 10 次,实用性写作有 7 次。

由此可见,思辨性、议论性写作占优势——这与新课标之要求有"深度的写作"相呼应,而以往高一是以综合性记叙文为主流;实用性写作得以加强,以往几乎忽略不计;文学性写作走向高要求,以往没有明确写散文与电视文学脚本的要求。

因而,教师的顶层设计要全面、精准,有的放矢。既要注重思辨性、议论性写作,也要关注实用性文章的写作,更要精心指导文学性、记叙性作品的写作。思辨性、议论性写作有文学艺术赏析、时事新闻评论,还有人物评论、思想批评等;实用性文章写作有序言、后记、推荐书、建议书与调查报告等;文学作品则有诗歌、散文、人物传记、电视文学脚本等。宽广而立体的写作,是深度写作的平台与阶梯。要联系各自侧重点与后附的写作知识(譬如第一单元的"学写诗歌"、第七单元的"如何做到情景交融"),写前适当点拨,写后针对性点评。

对策二:着力培养学生的作文趣味,循序渐进,多样推进。

从写作样态或样式来看,整文篇数增加了,有 13 篇,以往一般写 6 至 8 篇;片段写作,有的明确了,有的隐含在讨论与交流中,共有 9 个,以往从未明确过。

可见,整体数量增加,多写势在必行;同时,样式多种,有片段,有整文,有隐含的写,有明确的写。因此,要让学生采取多种写作样式,还可以课内写与课外写结合,小片段与整文写作结合——这样,就能让学生有写作的选择性与渐进性,从而不断激发其兴趣与提升其质量。

譬如必修一的第一单元,安排写一则札记,写一个毛泽东词的短评片段。前者为整文写作,后者为片段写作;前者札记的写作,对后者毛泽东词的赏析做了铺垫;而这两次写作又为"写首诗歌"的作文做了准备。这就是循序渐进,多样推进。其他每个单元,尤其是第二、六、七单元都是如此。

新课标提出:养成写读书提要、笔记的习惯,根据要求,可选用杂感、随笔、评论、研究论文等方式,写出自己的阅读感受和见解,与他人分享,累积、丰富文学鉴赏经验。

王栋生:增加"小作文",主要考虑通过多写多练,以达到"不怕写"的目的。课外多写短文和段落,可以做到每天三五百字。表达的准确和流畅需要有经常性的练习,就会越写越快,越写越顺手。"每天写"并不是难事。

对策三:加强合作,指导学生合作写、互相评改,扩大共享,增强自信心与幸福感。

以往的作文,大多是学生一个人写,教师一个人修改与评讲。而从新教材对文章的写作者的要求来看,既有一个人独立写作的,也有部分合作写作和整体合作写作。尤其在编辑诗集与散文集的过程中,让学生互相修改,自拟栏目,合写序言与后记,自然就扩大了文章自主修改的主动权与分享圈。这样,就拓宽了学生写作与修改的视角,在互相修改中彼此提升与分享,自然就获得了更多的友谊与文化素养,进而增强了学生作文的成功感、自信心与幸福感。

另外,从作文频次的增加与及时反馈的需要来看,更需要指导学生自主互相评改,这当然需要教师提供切合单元任务群的评改要求与量表。这样,既可避免因教师一个人精批细改,让学生见到作文面目全非而丧失信心,又可缓解因讲评拖延时间太久而收效甚微之困。

课标的"学习提示"对"文学写作任务群"的教学提出明确的建议:创造更多

展示学生作品的机会和平台,激发学生文学创作的成就感;引导学生进行自我反思性评价,为学生提供观察记录表、等级量表等自评互评的工具,促进学生不断进步。

王栋生:作文批改要及时,要改变以往那种随意布置作文,改完后再讲评的形式。教师一两个星期才能改完,学生早就忘记了。作文批改的形式要有创新。教师要从费时多、效果差的批改状态中解脱出来。精批细改就是求全责备,让学生丧失写作的信心。就如同本来就是破房子,还怎么精装修?作文的讲评不必局限于以往每次作文讲评时的"读读讲讲",教师每个学期宜有几次结合专题知识"讲作文"的课——教写。这样的课,主要是拓展学生思路,引导学生关注欣赏不同的表达。高一必修中的小作文,可由学生自主交流与批改,有利于发展学生的自信,培育好习惯,比如小组交流。让学生交作文的修改稿,会更有意思。

对策四:为创设多种情境,提供多个平台,多样鼓励学生,激发创作欲望,让学生从"不敢写"到"不怕写",最终"善于写",不断精进。

王栋生:要多鼓励学生,哪怕只有一点长处,只有一句话出彩,教师都要给予肯定。如果用一学年时间实现"不怕写",也是很了不起的成就。

如何及时多样地鼓励学生而又不让他们误判,不断加油走向不断精进之路?教师应善于创设多种情境,以搭建多个平台。笔者依据课程标准,依据高中生阅读与生活的共享场,搭建了思维与表达较为契合的"渐进式训练"阶梯:通过一篇文章的构思与写作过程——即分步骤、分片段的导练、写作与点评,逐步完善几个片段或一篇文章,从而实现作文思维与表达的融合共进、循序渐进、有效精进。

(此节内容为教育部新教材培训后为静安区语文教师培训文稿)

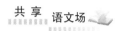

第二节　阶梯渐进式作文与"大单元""大情境""大任务群"

　　首先,笔者推出下面几个表:高一至高三年级思维与表达契合训练概要示意图表(表2-2-1)、高一学生阅读(语文教材)与生活(学校活动)共享场图表(表2-2-2)(表2-2-3)。从中,可以管窥笔者在思维与表达的作文训练上探究实践的足迹。通过高一到高三的认真而略显粗疏的探究与实践,笔者的学生喜欢上了这样的作文课,且写出了不少像样的文章,多篇发表在报刊上,参加各种比赛与考试也均有上佳的回馈。

表2-2-1　高中三年作文共享场——思维与表达契合训练概要示意图表

		高一:运用综合表达方式、手法的记叙性抒情性散文	高二:议论文、议论性散文	高三:个性化的选择(散文、议论文、小说等)
形象思维	联想	复杂记叙文、散文、诗歌、小说等。例文:《★★★,请留下你的名字》《落在心田的★雨》	议论性散文。例文:《红绿灯》《一路伴我的旋律》	复杂记叙文、抒情性散文、议论性散文、诗歌、小说……
	想象			
逻辑思维	演绎	/	立意提纲,开头片段论证	不同样式的材料作文的审题立意,提炼分论点,写作提纲,不同样式的片段论证,整文论证,论证语言锤炼……
	归纳		立意多样,结尾片段论证	
	比较		立意择优,中间、片段鲜明论证	
	因果		深刻论证,中间、结尾片段论证	
	辩证		全面论证,中间结尾片段论证	

（续表）

		高一：运用综合表达方式、手法的记叙性抒情性散文	高二：议论文、议论性散文	高三：个性化的选择（散文、议论文、小说等）
创造（批判）性思维	否定	/	/	反向立意说理，非常规表达
	创造			超常立意说理，非常规表达
	建设			解决问题新思路，非常规表达

　　上表体现了笔者高中三年经营共享作文场的做法。这种"阶梯渐进式"作文有三种构建方法。

　　第一，从思维与表达的匹配上来构建。在高中三年里的体现有三个支点：一是思维的"阶梯渐进型"，二是表达的"阶梯渐进型"，三是此二者结合在完成一篇作文任务中的"阶梯渐进型"。从体现的形态来看，前二者为暗线型，后者为明线型。在此不赘述。

　　第二，从完成每一项作文任务的过程上来构建。基本按照"情境创设—确立标题—首片段写作—情境点评提升—次片段写作—情境点评提升—课后其他片段写作与连缀成文—鉴赏评价"这八个步骤去完成。

　　第三，从完成鉴赏评价任务之过程来构建。基本按照"范文自主学习—交流评点范文—其他范文（同题或同类的老师或往届学生范文）比较学习—仿写片段—交流点评"这五个步骤完成。

　　从上面的表格中，我们明白了高一年级思维发展的序列构建的阶梯，除了直觉之外，主要是联想—想象—想象结合联想。而联想与想象又有各自的序列，即联想阶梯为"相关—相似—相反—因果"；想象阶梯是从再造到创造等。其表达序列阶梯则基本为"表达方式—表达句式—表达方法"等。其中的具体表达方式、句式与方法等，则因表达需要、表达个性等的多样性而可以不必采用阶梯式或称串联式，它有时会是并联式，或者交替式，或者兼容式，或者包孕式。作文中的表达方式、句式与方法等知识，只做任务驱动中的渗透性与分散性培养。

　　下面，主要以高一作文"阶梯渐进式"训练序列为案例，阐述这一作文样式建构的原则、方法、运作过程及其效果。虽然，笔者此前运作所依据的材料（包括阅读共享材料与学生共享的学校生活）都是"过去式"了（不是全国版的新教材），但是，笔者个人的这种"阶梯渐进式"做法，充分地遵循并体现了新课标的"大单元"

"大情境""大任务群"的教学理念。

请看下表。

表 2 - 2 - 2　高一(上)学生阅读(语文教材)与生活(学校活动)共享场图表

主题 ＼ 阅读 ＼ 作文 ＼ 活动	新同学介绍	军训活动	班会：中秋节	班会：闪光的名字	班会：有幸认识您	参观校史陈列室	体育节：又见熟人	分享会：小说阅读	壁报：告别，欢度元旦，辞旧迎新
生命写真　《生命本来没有名字》《沁园春·长沙》	一								
《跨越百年的美丽》		二							
真情放送　《边城》《合欢树》			三 四						
《合欢树》《邂逅霍金》				五					
《一碗阳春面》《种树郭橐驼传》					六				
「家人」发现　《我们怎样过母亲节》《香菱学诗》						七			
《合欢树》《蒋干中计》							八 九		
人性光辉　《最后的常春藤叶》《林教头风雪山神庙》								十 十一	
想象天地　《再别康桥》《双桨船》《雪落在中国土地上》									十二 十三 十四

注:此为高一(上)共享作文教学场构建的"阶梯渐进式"作文教学课程。

一、《★★★,请留下你的名字》——从生活的富矿里寻宝(导练);

二、《浸着汗水的美丽》——描写真切(导练);

三、"美丽"的"名字"——广泛积累,描写真切(讲评);

四、"真情"悠悠——描写真情:特定对象,独特材料,典型细节(导练);

五、《放射生命的光彩》——围绕特征,描写人物的外在与心灵(导练);

六、《走近新老师(新同学)》——描写灵活,立体多样(导练);

七、《走进我的"新家"——市北中学》——写出场景的特征(导练);

八、《最熟悉的一个人》——立体描写人物(讲评);

九、《又见★★★》——写出人物的变化(讲评);

十、《最后的常春藤叶》续写——想象、描写在小说中的运用(导练);

十一、《最后的常春藤叶》续写——在欣赏中被欣赏(讲评);

十二、《挥别★★★》——想象描写在诗歌中的运用(导练);

十三、《挥别★★★》——想象描写在抒情诗中的运用(讲评、朗诵);

十四、《岸》——联想描写在记叙性散文中的运用(导练)。

表2-2-3　高一(下)学生阅读(语文教材)与生活(学校活动)共享场图表

主题＼阅读＼作文＼活动		交流:习近平与平民过年	校会:过植树节	班会:青春与理想	班会:清明时节的思念	校音乐节:班班有歌声	过节:劳动节,青年节	分享会:"清凉一夏"读书交流 校会:端午节的怀念 高三成人仪式
人间真情	《老王》《项链》《当炉女》	一						
	《回忆鲁迅先生》《老王》《项脊轩志》		二三					

（续表）

主题 \ 阅读 \ 作文 \ 活动	交流：习近平与平民过年	校会：过植树节	班会：青春与理想	班会：清明时节的思念	校音乐节：班班有歌声	过节：劳动节，青年节	分享会："清凉一夏"读书交流 校会：端午节的怀念 高三成人仪式
奋斗牺牲 《在马克思墓前的讲话》《我有一个梦想》			四				
奋斗牺牲 《为了忘却的记念》				五			
歌海飞花 《小溪巴赫》《黄州快哉亭记》《登金陵凤凰台》《水龙吟·登建康赏心亭》《登快阁》《登楼》					六 七		
青春追梦 《梦游天姥吟留别》《哦,香雪》《孔雀东南飞》《书愤》						八 九	
青春追梦 《变形记》《终南山》《让思想展翅飞翔》							十

注：此为高一（下）共享作文教学场构建的"阶梯渐进式"作文教学课程。

一、《□□的△△》——人物细节描写在记叙性散文中的运用（导练）；

二、《落在心田的★雨》——环境细节描写与人物细节描写的结合（导练）；

三、"平民"和"雨"——人物与环境细节描写的鉴赏(讲评);

四、《青春舞台》——联想与审题(重写导练);

五、"清明"之念——联想与主题和选材(导练);

六、"歌曲"之情(上)——通过联想,将描写与议论、抒情相结合(导练);

七、"歌曲"之情(下)——记叙性、抒情性散文的片段练习(导练);

八、《追梦》——描写与抒情的结合(导练);

九、飞"梦""书海",乘"风"远行——记叙性、抒情性散文的审题与表达(评导);

十、《那一片天空》——记叙性散文导练总结(赏析与评导)。

从上面的表格中,我们不难看见笔者高一一学年作文教学的实践探索。

那么,为什么要这样建构呢?

营造语文场,既要聚焦放大语文内场场能,也要聚合语文外场、关系场的场能,以促使作文场能产生"核裂变",成倍增能提效。这就需要构建人文主题与关键能力交织而成的"大单元"、创设大而真的情境和组织"大任务群"。

一、构建"大单元"

首先,构建"大单元",明确主题词。

高一上确立为五个单元:生命写真,真情放送,"家人"发现,人性光辉,想象天地。这个单元与阅读单元有重叠,也有交叉,不等同,将现代文与文言文归并而成。

高一下确立为四个单元:人间真情,奋斗牺牲,歌海飞花,青春追梦。

构建"大单元",要围绕主题,确立纵横交织的单元时空。纵线——时间(每周)及学生随时共享的学校、社区相关集体活动;横线——空间(各处包括教室与图书馆或家庭等)及学生随处共享的相关语文阅读文本。

譬如高一上第一单元生命写真。依据表2-2-2,第一周,基于其纵线(该周活动为入学新同学介绍)与横线(同学在教室与家庭共享的语文课文《生命本来没有名字》《沁园春·长沙》的学习),设计完成题为"《★★★,请留下你的名字》——从生活的富矿里寻宝(导练)"的作文训练。这样,既应时(开学时互相认识),又应景(学习课本关于生命与名字、荣誉的内容与表达),自然学生有话要说,并且能说活、说好。下面是课堂实录。

 高一(上)作文导练之一

《★★★,请留下你的名字》

——从生活的富矿里寻宝(导练)

师:同学们,今天是我给大家上的第一堂课。这算是我们认识的见面课吧。
大家看我这样子,有点黑吧——应该是有点印象吧?想想,开学前的军
训!有同学轻轻说我是太阳晒黑的。其实,我不晒就这么黑,这下你们
可以记住老师了。但是,我的名字大家可能还不知道。知道是什么名字
吗?我的名字是耳东陈,(板书:陈。)再加两个字,叫陈世东。(板书:世
东。)如果说我们先从我这个名字里面认识一下,你们猜猜看,会藏着什
么意思呢?前面那个姓就不说了,猜猜后面两个字吧——1分钟考虑。
(学生考虑1分钟。)来吧,想到什么就说。好,那位想到了,请。

生1:我觉得啊,只是个人意见。这个名字的意思就是代表中国,老师是要
让中国屹立在世界的东方。

师:哦,是这样的!大家同意吧?要我认可大家才赞成是吧?我非常高兴!
因为我父母当时对我还没有这么大期待。不过我想"有一千个读者,就
有一千个哈姆雷特",个人的体会可以不一样的。哪位同学再来说说看?
随便猜,说反了也没关系啊!这位同学,你也不甘落后了,来吧!

生2:我的观点跟他的有些相似。世东,世界的东方,中国所在的位置,也就
是说老师的祖国是中国;还有,上海也是在中国的东方,上海就是老师
的家乡。

师:哎呀,我更高兴了!前面那位,让我找到了一种腾飞的感觉,现在这位,
又让我找到了一种归属感,下地了!由腾飞到下地,由天上到地上。我
非常快乐!还有吗?

生3:老师名字中的"东",与"陈"姓耳东的"东"一致,说明老师与陈姓家族
紧紧相连。老师的父母要让老师不忘陈家,为陈家光宗耀祖是吗?

众生:啊——没想到。

师:我更没想到啊,真有你的。

生4:世界的东方是中国,中国的东方是上海,再具体点说,可能陈老师出生

在上海的东方呢！

师：浦东？可惜我不是。我到底从哪里冒出来的呢——到时候再说好吧？
我们来日方长,对吧？这位的推测,逻辑性很强。(同学大笑。)但是呢,
我的确一直在循着东方的足迹追寻着,开始从出生的地方出发——知道
吗——沈从文的故乡？(一生小声说:"湘西。")对呀！旁边还有一个著
名的景点大家知道吗？去过吗？湘西有个世界级的著名景点叫——(和
学生一起)张家界！对了！我从那儿开始一直追寻着,去过长沙,又去过
新疆,还去过广州、深圳,最终追寻到上海,和同学们有缘相会。同学们
刚才说的这些,我非常满意,哪怕当初我父母没这么想过。我当初是在
冬天降生,乳名是"冬生",然后我们的辈分是"世",上学之后,就变成了
"世东"。刚才这几位同学所猜的好心好意我全都愧领了。是的,我一直
喜欢太阳,一直追寻着,你们看我这么黑,为什么？追太阳时晒那么黑
了,这个暑假的军训也一样。同时太阳也在不断超越自己,每天都热血
沸腾——因为每天的太阳都是新的。2006 届毕业的学生,先后两度评
选老师为"热血青年"。我 40 多岁啊,"热血青年"！像不像？(学生七嘴
八舌,有的说像有的说不像。)如果有同学还说不像,今后走着瞧啊！好,
这是我！那么,同学们的名字里藏着什么意思呢？大家在军训中都认识
了,我们来猜猜看,互相猜猜,好吧？你熟悉谁,你就猜谁,然后让他再给
你答案,好吗？哪位先说,就猜我们班同学的名字。有人举手啊？好,
你说！

生 5：我说陈俊豪吧,就是我后面这位。"俊"吧,肯定长得很英俊,"豪"呢,
很豪迈,很豪爽。

师：英俊豪爽！俊豪同学,你自己说说看吧。

生 6：他讲的是对的。我爸是部队的,我生下来又是个男孩,他本来想给我
起个小名叫"军号"。可是"军号"名字太响,班级同学就"军号""军号"
地成天叫着玩儿……

师：那你现在这个"俊豪"和原来的"军号"是谐音对吧？你们家是军人家庭,
你觉得他为什么取"军号"这个名字,想过没有？

生 6：呃,这个……

师：同学们知道吗？你们帮他猜猜看！假如你们是他的父母,为什么会想着

取名为"军号"呢? 别忘了他可是军人家庭哦。

生7:我觉得部队里军号重在"冲锋号",所以我觉得"军号"有一种向上向前的意思,做人要勇敢。生活或学习,要有力量有勇气。

师:有力量,有勇气! 你本人同意吗?

生6:同意。

师:还有没有别的意思啊? 老师也猜猜吧。军号,军号,可能父母是让你要有军人的作风,随时准备着,准备着冲锋,准备着夺取胜利,这样,你的名字就有了家庭的纪念意义,也有着对家人的承诺,还有着军人的瞩望与期待呢。你说是吗? (学生微笑点头。)同学们继续猜,来,谁再猜另一个名字——有请吴炘蒨。(板书:吴炘蒨。)这个名字很难写,可真苦了你爸妈呀。吴炘蒨,你猜猜别的同学的名字好吗?

生7:我就说说我们班长的名字吧! 她叫陈丹霞。"丹"就是红色的意思,丹霞就是红色的晚霞。一个女生的名字,听起来很柔。

师:柔美,红霞是鲜红而柔美的。

生7:还有就是散发着热情和光芒。

师:光芒! 名字的主人觉得怎么样?

生8:我觉得她说得我很开心。

师:很开心! 那你父母当初怎么说啊? 你再说说看!

生8:我问过我父亲,他说丹霞是种药,父母希望我长大后健健康康的。

师:健健康康地长大——这是多么朴素而美好的愿望。同学,你可知道,前不久世界文化遗产里又添了一个新成员,说起来还跟你有关呢。这就是由贵州、湖南、浙江等六省共同申报的"中国丹霞地貌"。丹霞,你也成为世界文化遗产中的一员了! 很自豪吧——丹霞! (掌声四起。)好,那你说说刚才猜你名字意义的吴炘蒨,好吗? 投桃报李嘛。(学生摇摇头。)的确是很难猜读的——那还是吴炘蒨你自己说说吧!

生7:算卦的说我的命里缺火缺木。

师:哦,难怪你现在的名字(指着板书"炘蒨")有火有草了。名字对改变你的命运有用吗?

生7:有用。

师:看来名字不光是听的叫的,还要怎么样? 还要看,还要看着想着对不对?

一个名字,把汉字的音、义、形一网打尽了。那你喜欢你的名字吗?

生7:嗯——蛮讨厌!

师:蛮讨厌?

生7:主要是名字太复杂,很多人都写错了。

师:所以这时候,你就遇到了一种交流的困惑了。埋怨你的爸爸妈妈吗?

生7:不埋怨。

师:从这个名字你能猜出你爸妈对你有什么样的想法?

生7:希望我有一种阳光向上的精神。然后呢,就是希望我能够有那种柔美。

师:又向上又柔美。新时代就需要这样的女孩子啊!刚才同学们猜了猜,还有主动猜猜他人或者说说自己名字的吗?

生9:我想猜一下这位同学的名字——陈凯儿,他是我中学里的同班同学。这个"凯"字呢,就是他的父母希望他成功以后唱着胜利的凯歌凯旋。

师:那"儿"呢?

生9:我也有一个同学叫陈凯,没有这个"儿"字。我觉得这个"儿"字用得妙,这是因为读起来的时候,别人就会"凯儿,凯儿"亲切地叫。

师:哦,你在从"听"的方面谈名字了是吧?前面同学谈了名字的意义、写法与字形,这样,就全了,很好。你说听起来亲切是吧? 对,亲切!"凯儿,凯儿"叫起来听起来亲切柔美,想起它的意思来可就是凯旋的健儿了,这名字,就组成了阳光般健朗跟月光般柔美有机交融的人生进行曲了。凯儿,你同意吗?

生10:我超赞同。

师:这名字,多阳光多时尚啊!老师怎么这样善解人意呀?

众生:(热烈鼓掌。)

师:不好意思,玩笑了!同学们真聪明,能想到那么多东西!刚才我们已经开始由猜猜名字,到想想父母,说了这么多。那么,下面写写与名字相关的故事,看看我们的故事能不能做到名副其实。比如说"凯儿",那这个"凯儿"到底在哪些时候凯旋过? 还有这个"丹霞"鲜红柔美的人生有哪些片段呢? 有那么美吗? 可有名不副实的事? 都可写写。可以先写自己的名字怎么来的,然后说说你的故事。5分钟之后,我们再一起交流。

众生:(认真写。)

师:(3分钟后,边巡查边说)可以写和你的名字其中一个字或几个字相关相近的事情,也可以写与它相反的事情。"名副其实"固然要,"名不副实"也未尝不可啊!写时,可以联系刚才我们猜读的意思,还有父母给我们的意思,能联系我们这十几年的生活就更好了。(5分钟到。)我刚才看同学都写了很多。请袁一鹤同学念念你的故事。

生11:1995年1月16日凌晨,在杭州市儿童医院,一个叫袁英的小孩降生了。从小就有很多人会把我的名字念错,前几天还有一起长大的同学把我的名字写成"袁鹦"。后来就改名为"一鹤"。我爸当时取这个名字,是因为一句诗:"晴空一鹤排云上,便引诗情到碧霄。"他希望我的人生能够排云直上,直通云霄,当然,这只是美好的愿望。我爸还认为,鹤是神仙的坐骑,所以,它也叫仙鹤。"鹤"象征着清高,象征着"举世皆浊我独清,众人皆醉我独醒"的精神。更重要的是,鹤代表自由,所以,我从小热爱自由,我最喜欢的一首歌叫《飞吧》,喜欢一个乐队叫"飞儿"。我会永远坚守自己的理想,成为"排云一鹤"!

师:一鹤!怎么样?感觉好的就要给点掌声哦!(学生鼓掌。)来,请这位简单评价一下。

生12:我觉得他每个方面都写到了。

师:哪些方面?

生12:他写了原来的名字、改名的经过、名字的含义,还有他自己的爱好、性格等。由此我联想到我爸妈生下我时那种高兴的表情——因为我的名字里有一个"悦"字,从中能够体会到我爸妈对我的期盼。都说"笑一笑十年少",他们说希望我不论遇到什么困难都能够微笑着去面对。(掌声)

师:说得好。大家听清了吗?

生13:听清了。她先是从字面上解释的,后来又引申了个人实际情况。她写了自己实实在在的事情,还说了自己名字中"悦"字的更深一层的含义。

师:这位同学评得也很好。那么,请念念你自己的!

生13:我叫李仁祝。我刚出生的时候,由于身体上的种种疾病,在家住了一段时间,又在医院住了一段时间。当时我爸在上海读博士,我妈妈的身体也不是很好,所以,他们俩就无力照顾我,都是我们的亲戚轮流照顾,才能使我度过那艰难的日子。所以,我父母给我起了这个名字,希望以后我能够帮助别人,所以,人是人民的人,助是帮助的助。

师: 哦,那你是喜欢以前那个名字还是现在这个?

生 13: 喜欢这个。

师: 就是你刚才所说,那个祝福的祝,仁义的仁? 因为雅一点,是吗? 可与原来的意思好像不同啊! 听起来,可以想成仁慈的住所呢。

生 13: 嗯!

师: 是仁慈的住所,对吧? 多行仁义,成为仁义之人,对吧? 又有几位同学主动举手了。来,这位,念念你的!

生 14: 我叫周书畅,是书法的书。我妈妈希望我能喜欢读书,热爱读书,就把舒服的舒改成书本的书。从小到大,我由不喜欢看书到喜欢看书,走过了一段曲折的路。5 岁时,当妈妈逼着我看书时,我是倒着看的;而 15 岁,当初三学业紧张得让我没时间看书时,我却怎么也无法入睡。从"书"在我名字中的那刻起,我与书之间便有了剪不断的缘分。每当我看到我这个名字的时候,就想起妈妈讲过的故事:我爸爸认真地翻字典,我妈妈挺着大肚子在纸上写下每一个他们满意的字,最后那些爱汇成了我的名字陪伴我一生。我非常珍惜我的名字。虽然,有人把我的名字写成舒畅,就是舒服的舒,或者说干脆就叫周笔畅算了。即使,我可能因为这个名字沾了光,但是这名字很好记,又不像"爱玲"那样俗,所以我从不去依附周笔畅的名声,我是一个独特的闪闪发光的我呀。

师: 好!(热烈鼓掌。)在听她读片段的同时,我往后面壁报上一瞥,无意间看到主编下面正是你的名字——周书畅。你真是多才多艺! 读书唱歌,书生意气,而且你在各个方面都非常顺畅。不光是读书,人生也是一样啊! 人生是一本更大的书,但愿你在读这本书时,也一路"舒畅"! (掌声)刚才同学们讲了很多。你看看这个同学,把自己的名字的来历,从字音、字义,甚至是听这个角度,都说了。尤其是后面这位周书畅同学,她分了三个故事来说名字,不仅说自己,而且还比较了张爱玲,她说有"爱"的字眼太俗气,书是书香,是雅的,然后又跟周笔畅比,不想沾别人光,要做自己!还说了,她每次写下自己名字的时候,会想到父母,父母的亲情全部融进名字里去了!

真好啊。是的,她这个名字好,是因为她的故事好!那么这故事和名字之间有什么关系呢?故事,就是名字的养分啊!你们看她刚才讲的这几个故事,使她这个书畅的名字就显得格外的高雅而瑰丽,我想我今后也不会忘记这个名字的。可见,为你留下名字的,第一个是父母的功劳,那现在呢?我们自己怎样使自己的名字更加灿烂?把自己的名字好好养起来吧。这十多年的生活,我们是怎样留下自己的名字的?你做过哪些事情来滋养了自己的名字?

杜甫,字子美,"子美"是什么意思?我们可以猜猜。"子"是什么?

众生:你!

师:"子美",连在一起,就是你美!有点"只要你过得比我好"我就好的味道。大家还记得他的一首诗《茅屋为秋风所破歌》吗?最后一句是什么?"安得广厦千万间,大庇天下寒士俱欢颜。风雨不动安如山。""吾庐独破受冻死亦足!"看看,杜甫自己已经是屋漏偏逢连夜雨了,但是他想到的,却是天下的寒士能有"广厦"啊。"安史之乱"中,他到处漂泊,写了《三吏》《三别》。《三吏》《三别》是为谁而写?是为天下苍生百姓!正是这样的经历与功德,让"子美"名副其实,万古流芳。

子瞻,字子瞻的,是谁啊?

生15:苏轼!

师:苏轼,轼是什么意思啊?

生15:车前远望的扶手横木!

师:是的,瞻,是站在高处眺望远方。我们知道他几经沉浮,当他被贬到黄州的时候,我们还记得他曾经书写过很多美丽的诗词。比如《念奴娇·赤壁怀古》:"大江东去,浪淘尽、千古风流人物。"——坎坷中仍然豪情万丈。豁达呀!他看到的是未来的风景——好一个子瞻哪!他们都是用自己的人生去滋养自己的名字,才会留下千古美名!

同学们,那你们是怎么滋养自己名字的呢?怎样留下自己的名字?

请接着上面往下写！曾经的过去是怎样养你的名字的，当然，你也可以想想别人是怎样养名留名的，就比如我刚才提到的杜甫、苏轼，还有我们熟悉的鲁迅、毛泽东等。还可以写你怎样去护卫这个美丽的名字。过去的，可以写一两个片段，未来也可以写写。好，再给大家5分钟。

众生:（认真地写。）

师:请这位大个头读读你的。

生 16:我叫夏定国。初中的时候，我就努力地为班级做好事，经常受到老师的表扬，我的语文老师说我是一个君子。"修身、齐家、定（治）国、平天下"这中间有一个"定"字（误记）。在家，我常常帮爸妈料理家务，在己，我不断提高自己的修养，不断磨炼自己，在社区、社会上我也一直在做志愿者、做义工，我正朝"定（治）国"我这个名字所指引的方向发展呢。

师:太好了！名字好，做得好，写得也好！不过原文是"治国"，当然这也包括你这个"定国"啰！

众生:（热烈鼓掌。）

师:还有谁说说？

生 17:我的名字叫星喻，这个"喻"字，是"明明白白"的意思。为了这个"喻"字，我付出了多少啊。或许因为儿时的不听话，让自己的牙齿有点龅了出来，加之说话时舌头总爱往上卷，还有那重重的鼻音……所以，把话讲清楚，对我有多难！可为了能站上演讲台，那个我向往的舞台，我付出了更多的心血，去挑战自己，创造奇迹。一个一个字地矫正读音，用快速的朗读来使自己的嘴巴灵活起来，控制声音的轻重，防止那鼻音把音调弄得古怪。一遍遍地录下自己的声音，一遍遍地回听，去捕捉每一个细微的错误，愣是把喉咙弄得生疼。我用坚定与努力实践着"喻"——我名字中的那个字。做个明明白白的人，挺直胸膛，坦荡为人，实事求是……好几次犯下错误，作为干部的我总站起来承认并检讨，有些时候也会给老师发短信。我总感觉只有这样，心才能安宁，不负那份诚实、那份坦荡，不负那个"喻"字。但这明明白白的人岂是易做的，人生要做许多，才能担起这四个字，我要走的路还很长。

师:哎呀,老师只能用掌声来点赞了。

众生:(全体长时间鼓掌。)

师:(下课铃响。)在精彩的交流与幸福的掌声中,铃声响起来了。其实,留名,不只是留下一个符号,一件生命的外套,那该是呼吸、心跳、骨脉和灵魂。时人看名叫名,如见友邻知音,或临草地茂林;后人提名念名,不求江山折腰,但愿浴日沐泉。而绝非以表皮留名,更耻以腐尸留名,比如那些招摇过市的、背祖叛国的、为祸百姓的……那么,同学们,我们曾怎样留名,未来该如何留名?请结合今天的交流和个人的积累,写一篇文章,题目就叫《★★★,请留下你的名字》。下课,同学们再见。

众生:老师再见!

正是这样的共享作文场的"阶梯渐进式"课堂的构建,才更有效地增强了场能——提升同学的作文质量,这里指作文的精神成长与能力提升。以下是较好的两篇习作。

张瑞峰,请留下你的名字

张瑞峰

张瑞峰,你是一个陪伴了我15年的名字。我一直喜欢着你。因为,你也许不那么响亮,引人耳目;但你朴素、真诚,寄予了父母对我的期望。

你,有着自己独特的含义。"峰"与"丰"谐音,于是,你便有了"瑞雪丰年"般的吉祥寓意;而"峰"字又让你更添一层懂得登攀、不怕困难的意味。

你知道吗?尽管我只度过了短短15年的人生,但你却给予了我无穷的力量。小时候,我体质很差。每次打着点滴,望着吊瓶,无力地躺在医院的座椅上时,妈妈总是用你来鼓励我:"瑞峰,不要怕,你是一个能迎来'瑞雪丰年'的小福星,上天一定能保佑你战胜病魔的!"幼小无知的我总是对妈妈的话万分信任,想到上天都在暗中保护着我,我打起精神,若有所思地点点头,心里舒畅了许多,身体好像也没那么难受了。

就这样,度过了那段多病的年纪,我不仅体质增强了,心里也勇敢了许多。

后来,小学升初中时,因为从内地转学来到上海,知识内容的陌生性、教师教法的不适应,使得我的成绩仿佛上了钉板,始终只能在班里处于中等。父母看出了我的不甘与难过,于是你又一次派上了用场。爸爸动情地望着我,说:"瑞峰,我和妈妈知道,你不甘心,你还想提升自己,还想做站在'峰'顶的那个人,就像你的名字;但在登攀的途中,往往会一脚踩空,陷入困境的。这时,只要你沉下心来,主动思考对策,并坚持不懈地努力,登顶,不过是时间问题啊。"于是,我没有灰心丧气,而是改变了自己的学习方式,主动地请教同学师长。不久,我就重新成了一名优等生。

有人说:"名字只是个代号,何必花费那么多的时间精力,去起一个古怪复杂的名字。"的确,几乎没有人能做到个性与姓名完全一致,但像你一样的千千万万的名字,都寄寓着父母长辈们的期待,也都激励着我们,逆流而上,克服困难,创造新的辉煌。我常常暗下决心,张瑞峰,你可要留下你吉祥而又奋进的名字啊。

凌昊,请留下你的名字

凌　昊

2002年11月29日上午10点10分,一个新生命在普陀区妇婴保健院诞生了,那个新生命就是我。我的名字叫凌昊。每次我向别人说出自己的名字时,别人都会粲然一笑,有时会拿我的名字起绰号,我也是一笑而过,毕竟我起名的故事可谓是经历一番风雨啊!

我刚出生时,是个胖乎乎的娃娃。当时,我的家人齐聚一堂,外公外婆、爷爷奶奶都来了。在我这个新生命顺利出生的喜悦中,也来了一份苦恼:我该叫什么名字好呢? 一开始,爸爸就想到了"云","凌云",大家听了之后觉得挺好的,因为"壮志凌云"嘛,但是想出这个名字的爸爸沉思一会儿后就反悔了。虽说是"壮志凌云",但云在天上是飘忽不定的,爸爸怕我长大后"飘"到外面世界各地去,不再回来,没人照顾他,就否定了这个名字。奶奶作为一名资深语文教师,推推眼镜,想到了"翔"这个字——"凌翔",多好的一个名字啊!"翔"也与"祥"同音,奶奶想让我吉祥一辈子。至于为什么不直接起"祥",是因为这个字太土气,不好,干脆来个同音的"翔"。可之前大家听过"会飘"的"云","翔"字右边一个"羽"也是会扑腾翅膀飞走的,于是大家又一次否定了。爷爷是一位老教授,当时抱着一本厚字典,翻到了一个"皓","凌皓"。开始大家觉得"凌皓"这个名字很好,可很快又被否定了,因为"皓"拆了就是"白告",上海话读"白教",说会对我学习不利,而且"皓"也是形容月亮,"天空之皓月",可我在早上出生,完全颠倒了。爷爷看着字

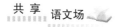

典一行一行找着:皓,浩,昊……最后,他的目光停在了"昊"这个字眼上。"日天昊"一说出来,大家一致通过。把"昊"拆开是"日天",我出生时是早上,这个字完全符合实际,而且也代表"在天上的太阳",云会飘走但太阳天天有。"昊"在字典上的意思是广大无边,指天。爸爸说寓意我的心胸要宽广,包容一切。最终大家一道决定,就叫凌昊。

同样是"生命写真",第二周,基于纵线的新学期军训活动的酷热和严格的考验与横线的《跨越百年的美丽》的学习,设计完成题为"《浸着汗水的美丽》——描写真切(导练)"的作文训练。下面是课堂实录。

 高一(上)作文导练评之二

《浸着汗水的美丽》

——描写真切(导练)

师:我们已经学了《沁园春·长沙》,"曾记否,到中流击水,浪遏飞舟!"还记得这话吗?记得啊,好!我们还记得谁写的?毛泽东。是《沁园春·长沙》让我们记住了毛泽东,为我们留下了如此响亮的名字。这靠的是什么呢?靠的是他那种勇担天下大任的壮志豪情,靠他气势如虹、豪放飞扬的文采!我们上堂作文课写的题目是《★★★,请留下你的名字》。那么我们靠什么留下自己的名字?我们要靠我们的胸怀品德、文才本领等来滋养自己,而这些则需要一些精神养分。你们看看,老师头上怎么啦?这位说是满头大汗!大汗淋漓的汗就叫什么?对——汗水!汗水就是我们的精神养分之一啊。它也是滋养我们名字和青春的肥水啊。所幸,我们已经有过这样的体验——这就是军训。而军训中我们最常见的朋友是什么?对!汗水!(板书:汗水。)同学们说说看,汗水有什么味道?是什么样子的?

众生:咸的!

师:这是它的味道。它到眼睛里面还是咸的吗?

生1:涩的。

师:那么它在我们身上的其他部位呢?来,你说它是什么味道?

生 2:痒痒的。

师:痒痒的感觉。汗水的样子、味道怎么样?

生 3:黏答答的。

师:精彩! 这是立体的触觉。再请你来说说!

生 4:汗水聚了很多,就是黏黏的了。

师:你是什么时候感觉出来的?

生 4:疲惫之后。

师:那么,它是什么颜色、什么样子?

生 5:水珠状的。

师:主要说说别的同学没说过的。哪位? 有同学举手了——请!

生 6:汗水是擦不完的。

师:擦不完啊? 你平时的汗水,是打开水龙头啊?

生 6:不是! 军训的时候的汗水,擦不完。

师:啊! 军训时候的汗水! 它有一个特点,军训时候的汗水是擦不完的! 自己举手的同学就是高人一筹,就是不一样! 还有谁说说看? 好,你来!

生 7:臭臭的。

师:臭臭的,汗水臭! 这是它的味道,她是用鼻子来嗅到的。过去鲁迅先生说,资产阶级小姐的汗是香汗,劳苦大众的汗是臭汗。她刚才说是臭臭的,那我们就是劳苦大众啊,是吗? 我们的汗水到底如何呢? 大家随便说。

众生:(七嘴八舌。)

师:[及时板书:汗水

　　味道(咸、涩、苦)

　　样子(水珠　细细密密　小溪　一串串)

　　感觉(痒痒　黏黏的　糯糯的　皱皱的　烦躁)]

　　　　刚才很多同学说了汗水的样子、颜色、感觉。我很想把它全部写出来,但是老师的手怎么比得上同学的嘴呢! 这是一般汗水的味道,那么军训时第一次汗水的味道还记得吗? 第一次汗水的味道和样子尤其是感觉怎么样? 开始写,给大家 3 分钟。你印象最深的第一次是哪一次? 慢慢想,想好再写。

众生:(认真写。)

师:(一边巡查一边鼓励)嗯,有些同学写得很快,很生动!我在旁边都闻出了汗水的味道!都看到了你们流汗的样子了。现在我们请几个同学说说。这位同学,请说。

生8:军训的第一天,太阳很晒,我们一会儿就冒出汗了,很难受。滑滑的,痒痒的,像毛毛虫在身上爬一样。

师:是冒出来的,滑下来的,痒痒的,像毛毛虫般蠕动!"冒"字,汗水猛啊,"毛毛虫",很恶心呢,多么逼真啊!(情不自禁地鼓掌。)真好!请你说说。

生9:第一天军训的时候,天气很炎热,在太阳火辣辣的照射下,很快就流汗了。刚开始还是密密的,细细的,不一会变大了,变重了,开始慢慢从脸颊流淌下来。

师:这个写得怎么样?刚才那位同学呢,写了一种独特的感受——像毛毛虫般痒的,滑的。而这位特别写了汗水的样子——密密的,细细的,后来又变大了,变重了,汗水样子具体而又有多样的变化!来,再请你说!

生10:我的感觉是很畅快的!被太阳炙烤着经常流汗,黏糊糊的。

师:怎么,"黏糊糊的"还"畅快"吗?我想啊,不知对不对——她是和空调房比了比:空调一直吹着,汗水没机会流泻。而军训这时候汗水终于可以尽情一泻了!哎呀,我汗水终于出来了——这样就"畅快"了!不光汗水高兴了,我们也高兴了!即使黏糊糊的,但是内心是畅快的呀!这感觉啊,的确不一样!又有同学举手了,请你念念。

生11:军训第一天,第一个项目就是站军姿,教官叫我们在太阳底下站,但是一点也不能动。我感觉脸皮上冒出一层汗水,成群结队的,一批一批往下奔。

师:好一个"成群结队",好一个"一批一批"啊!你看看,越来越不一样了!开始的时候是细细的,往后是密密的,男同学出的汗呢,豪爽;女同学出的汗是温柔的。汗水也有性格啊!

生12:第一次汗水的味道是"青涩"的,后来就"成熟"了!

师:"青涩"的,还"成熟"?

生12:军训开始时我们的心理还不成熟,所以"青涩"。

师:哦,不成熟——我喜欢你的这个"青涩"!

生12：第一天有很多不适应，因为训练量很大，我们大汗淋漓，这是我们第
　　　　一次在军训的时候流汗，所以是"青涩"的。而后来几天我们经常流
　　　　汗了，它才"成熟"，才不再是"青涩"了。

师：有意思啊！

生12：什么能缓解军训的辛苦呢？辛苦固然好，但汗水它是一种最直接的
　　　　释放，能直接排出热量，所以说它是辛苦的，又是快乐的！

师：哦，他还品到了那么多味道！辛苦的，快乐的，这个味道就不一样了！不
　　　光是咸的或者是涩的，还有辛苦的，还有快乐的。这个味道更多了！这
　　　位，看样子你等不及了，好，你来。

生13：第一次军训，中午吃饭的时候，汗正好落在刚咬一口的果子那层果肉
　　　　上面了，汗水的味道伴着浓浓的果香——真带劲儿！

师：汗水的什么味道带劲儿？

生13：汗水的味道和着浓浓果香的味道啊。

师：果香！汗水的味道！哎呀，这不是很美的诗了？难怪她积极举手哟，要
　　　不就埋没了一个大诗人啊！（师生热烈鼓掌。）刚才很多同学说得很好
　　　了！那么，这些汗水是怎么来的呢？做什么事的时候出来的？心情怎
　　　样？每个人的答案可能都会不一样，因为流汗的原因和心情不完全一
　　　样，是吧？你们看，老师现在又流汗了！找个同学来说说我流汗的原因！
　　　请你来说。

生14：是老师上课上的。

师：呵，这课怎么上出汗来了？

生14：太激情了！

师：那是因为同学们的激情激发了我的激情啊！还有，军训本身也是"激情
　　　燃烧的岁月"。你认为上课有激情的原因是什么？

生15：全身心的投入。

师：哦，全身心的投入，所以出汗了对吧？不光有激情，还要投入。那你们再
　　　想想，军训每一次流汗的原因有什么不同吗？第一次的时候，和后面每
　　　次的时候，会有什么不同的原因、不同的心情吗？你们聊聊！先附近交
　　　流交流，1分钟后，我们再抽查，全班交流！

众生：（随意交流。）

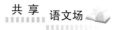

师: (适时点拨)汗水代表着一种辛劳,一种付出,这和最后的成功与幸福有联系吗? 来,你说说,第一次流汗与后来流汗有着怎样的不同?

生16: 第一次流汗的时候觉得还是比较难受的。太阳晒着,我们只能任由汗水从脖子上恣意嚣张地往下淌往下泻。

师: 哦,汗水沿着脖子流下去的感觉,是"恣意嚣张"啊。这时候,你是多么可怜呐。

生16: 过了一会儿,这种感觉就像他说的"成群结队"地淌下去。可我第二天就适应了,忽然觉得太阳其实也是很可爱的! 虽然,它烤得我们很烦,但是……我那时候的想法比较奇怪,就是——就是,那时候没有风,也没有雨,风和雨都不要我们了,只有太阳要我们,它忠实地伴随着我们!

师: 太阳是你忠实的伴侣,一直如一地照看着你! 风也不要了,雨也不要了,只有太阳要,原来太阳是在送给你一份难得的礼物——是不是,一份礼物——这就是汗水。写得真怪,但的确神妙啊,来我们一起祝贺她! (师生热烈鼓掌。)她使用了拟人化手法,多情地表达了自己的感受! 同学们,这话多带人情味啊,为什么会有这样的感受呢? 为什么会有这样的体会呢? 为什么不是开头呢,而是后面呢?

生16: 我觉得越到后面越是有种说不尽的幸福感了。

师: 人在快乐的时候往往看什么都是幸福的,是吧? 流汗本来是难受的,但她感觉这是太阳送给我们最好的礼物。我们由此想到了毛泽东,他当时被追捕,却跑到追捕者的势力中心——橘子洲头纵情吟诗! 那时候,应该说他身陷于一种非常艰难的处境,但是,在他的眼前是什么? "看万山红遍,层林尽染;漫江碧透,百舸争流。鹰击长空,鱼翔浅底,万类霜天竞自由。"这里,还有那胆怯与孤独、冷清与寂寞吗? 诗人心中燃烧的是什么? 担当天下大任,主宰中国命运的壮志豪情,所以,他快乐! 所以眼前看到的不是秋风阵阵,不是暮雨纷纷,而是那么美好的红叶和橘子洲! 刚才,我们从交流中发现,每人流汗的特点、心情、反应与原因都不一样。那么,军训后面阶段的流汗情形与原因会怎样? 他人流汗又是怎样呢? 给大家3分钟好好写写,力求从不同角度写出特点来。

众生: (认真写。)

师:(点拨)这个第二次流汗,只要写任意一次,也许是最后的那次,也许是中间那次;也许是站军姿的时候,也许是整队列的时候,也许是阅兵式的时候,也许是阅兵式过后,也许是拉歌的时候⋯⋯第二次流汗的味道、心情和原因,有没有同学主动说说? 很好——你举手了,来读一下。

生17:军训的第一天艳阳高照,气温高达35℃,汗顺着脖子往下流,浸湿了头发,浸湿了衣服,整个人像跌入了水中爬出来一样! 那感觉像洗了一个汗水浴,浑身有一种畅快轻松的感觉。

师:汗浴? 洗过一次汗浴后怎样啊? 畅快放松,好的! 这是第二次,这是在什么时候啊?

生17:踢正步的时候。

师:踢正步的时候,这么艰苦为什么有这样的感受啊? 以苦为乐,乐在其中,对不对啊? 你们开始的第一次流汗没有这种感受? 但是,后来为什么又有这种情怀呢? 就像刚才这位同学也说了,后来是一种礼物了。可见我们在军训的过程中,在流汗的过程中,观念转变了,觉悟提高了。哪位再说说?

生18:军训的前几天我们流的是热汗,可最后那天我先流冷汗后流热汗。为什么流冷汗呢? 因为我要在欢送教官的晚会上表演小品,上台前我的手心里出了一层汗,而且是冰冰凉凉的,我还在不停地搓来搓去,生怕出一点差错。不过一旦进入状态就越来越投入,汗也热情奔放,燃烧起来了。

师:哎呀,好啊! (鼓掌)前面是热汗,后面先冷后热,为什么呢? 是太激动了,是慌了。冰冰凉凉的,这是一种触觉。欢送教官的时候,为什么会是这样的冷汗呢? 因为是依依难舍,依依难舍嘛,就非要做得好,非要做得好呢,反而就更加不容易做得好,这个时候就急出冷汗,吓出一身冷汗了——揣摩得好细致。这个时候又表现了什么感情呢? 同学们自己思考。

　　我们再想想,汗水与泪水、鲜血这些东西,会有联系吗? 军训中的汗水与泪水,与鲜血有关系吗? 再想想和我们的成长、成才、成功有关系吗? 好,写写,给大家3分钟。(学生写,老师鼓励。)

刚才有同学写得很酣畅。哪位也这么酣畅地说说？好，那位举手了,请。

生19：汗水伴着我们,但是有些动作一旦做得不标准,教官就严肃地让我们一遍又一遍练啊练,我的泪水便在眼眶中一个劲儿地打转,这时我更加——呃,我——

师：你感到委屈了,感到委屈就成长了啊。

生19：我感到委屈,但我变得更加努力,更是一丝不苟。流汗本来就很难过,结果教官又说做得不标准,于是就很委屈！泪水就打转了,泪水与汗水又促使我坚持着做下去！汗与泪还真有关系了。

师：汗催泪下呢。还有哪位念念自己的？

生20：我军训虽然流汗,但是因为军人那种为祖国奉献、顽强不屈的精神激励着我,所以我宁愿流汗,即使流泪,甚至流血也要练好本领。

师：汗与血也有关系了。

生21：军人就该流汗、流血不流泪嘛。

师：好样的,一个真正的军人啊。（鼓掌）日后将怎么做？

生21：流汗流血,报效祖国,无怨无悔。

师：报效祖国！流血与流汗有什么关系？现在多流汗,以后——

众生：少流血！

师：对啊！流汗流得多,你的本领就在汗水里增强。你的体魄好,你的本领高,一旦和敌人相遇,才会少流血,对吧？来,哪位继续？

生22：只有多流汗,才可以成为一个有用的人才,所以我从不流泪——

师：男儿有泪不轻弹嘛。但是女孩子流点泪也未尝不可啊。你这位女孩不流泪,也是很真实的,今天我们多次提到要描写真实。描写得真实、准确、有特色,这样才能让人印象深刻,才真正感人。又有两位同学同时举手,来,你先请。

生23：成长路上,大起大落,汗是心出的泪,泪是心流的血。

师：这个句子好！汗、泪、血,这三个词连在一起了,它们之间的关系,是这个样子的啊。

生23：回过头来,再细数这些汗、这些泪,我们忽然发现这些其实也是我们成长路上的财富。

师：是的，这是我们生命里最宝贵的财富啊。汗水，泪水，鲜血——财富。我们每天都在积累这些财富，所以，我们在不断地成长。请同学们结合刚才的交流，联系个人的军训感受与生活积累，写一篇文章，题目叫作《浸着汗水的美丽》。

　　第三周、第四周，基于纵线的"我们也过中秋节"主题班会与横线的《边城》《合欢树》的学习，笔者设计了"'美丽'"的'名字'——广泛积累，描写真切（讲评）"的鉴赏交流。此时，笔者拿出自己写的一篇同类作文《同学，我可留下如您所愿的名字？》与学生们交流。

同学，我可留下如您所愿的名字？

陈世东

　　我不太在乎别人怎么看我，但我在乎别人怎么称呼我。

　　叫我"陈世东"，我端肃；叫"世东"，我温暖；叫"东哥"，我欣然；叫"东东""冬瓜"，则哂然……

　　其实，父母给我一个符号，是让他们说着顺口顺心，让别人方便，让我开心，虽有祝福与期望，但别人叫自己应时却并未想那么多了。

　　作为语文教师，我最在乎的是学生的称呼，当然，我更在意学生赋予我名字的意义。

　　新生开学的第一堂课上，我曾叫同学解读我名字的含义。他们兴奋地微笑着告诉我：老师的名字叫世东，代表了太阳，因为太阳每天从世界的东方升起；老师代表的是中国，要让祖国屹立在世界的东方；老师代表的是家族，你的"东"本身就是"陈"的一分子……

　　听罢，我欣喜而又沉重。

　　面对那一双双纯净的眼睛，那一声声稚嫩而甜润的称呼，我问自己：人到中年，说生可叹，道死尚早，方寸间可敢承受这小鸟的鸣唱，这清泉的浸润？

　　来路如烟，泪悬于草。

　　我能代表家族，为家族留下名字吗？

　　曾几何时，"陈"为国姓，可那已是昨夜星辰，所幸，"陈"乃大姓，大河深渊，总有龙鱼万千。

　　第一个直陈筑长城而祸民的诗人是陈琳，"饮马长城窟，水寒伤马骨"，千载之下,仍然隐痛犹存,醒君震聋——这是何等胆魄! 第一个"独开古雅"而被韩愈称为"国朝盛文章,子昂始高蹈"的,是陈子昂,谁能忘却"前不见古人,后不见来者"的梅香与鹤泪——这又是何等富于开创的雄风! 第一个针对传统的"穷文富武""学而优则仕"的观点发出抨击,而将文人独立的精神与精神劳动的神圣托举至天的诗人,是陈人杰,"诗不穷人,人道得诗,胜如得官",这又是多么高尚的精神境界啊! 古代陈家的族人已经以文留名,以骨留文,以德留名。小辈如我,用什么奉献给亲人与家族?

又想起家乡张家界的事情来。作为儿子,我没能劝父亲戒烟,我不知道繁重的劳务和对我们众子女的操心逼得他只好靠烧烟度日,更不知道就连他最喜欢吃的松花皮蛋我也只能孝敬他一两年,二十多年的老病,就带他匆匆离世了。我的堂叔也患有此病,也嗜烟如命,每趟回乡,我总劝他,他总说,你父亲在那边太孤苦,等我呢。后来,我不再劝他,而是带回一些点心堵他的嘴。几年过去,我一回乡他就说,要不是侄子你,我早就见你父亲了,是你帮我捡了半条老命啊。每每这时,我心稍安。然而,想想父亲,他那边不知有多寂寞了,他可还在烧烟,还在想着我给他的松花皮蛋? 父亲的最大心愿就是让我光耀门第,可我竟然离开他的老伴——我近80岁的老母亲,去了一个远远的城市。即使父母身边还有弟妹陪着,即使我在张家界的族人中还有一点小名,可这点小名,是以不孝远游打的底子呀。这名,不是踏着实在的土地,也不是焐着温暖的衣裳,而只是那一路的雾气,一拧,便成了一滴滴泪。

拿起又放下,电话的细线,总能牵回妈妈与弟妹的温暖,可怎能牵出父亲和陈家祖宗坟头上那清明之后重生的草丛? 中秋又临,总不该又劳烦弟妹代我去母亲跟前侍月问安吧……

尽孝的作业本里,我留下更多的,只是残缺和空白。

忠孝自古难两全。那么,我的"忠"呢? 同学说了:"老师,你代表的是中国,你要让祖国屹立于世界的东方。"

我心更沉了。

不错,几十年教书至今,确为国家培养了不少人才。为此,成天备课授课辅导批作业,连双休日都闲不了,几乎泡完了时间,也泡垮了身体——吃皇粮的干哪行像这样? 但再想想我是否真的让自己的心,泡进了学生的心灵呢?

我虽然尽力于此,但终如意无多,虽然得奖不少,也多属于虚名。

同学,我该怎样才能收获你们更大的如意呢?

竟然,又想起张家界的山水来了。梦里醒里,澧水河还是那么清澈而深沉,美丽而亲切。记得划船比赛口渴难耐时,我们便伏头于河,一顿猛喝,它那么甘甜、清爽,并不留一点病痛。河空群鸟嬉戏,河里老小皆泳。如鱼得水,我们就是那母亲河的鱼儿。还有那金鞭溪,那么浅,那么柔,那么亮。有了它,一座大山就有了抚慰,一块石头就有了灵气,一只野鸟就有了伴唱,一片云彩也就有了生命。在成堆的书与成群的学生中间,我,一个教者,可是我那清清的澧水河,可是我那亮亮的金鞭溪?那是一条条赤诚而忘我的河与溪呀。许多梦里,我与书和学生的结合映成了一道绝佳的风景:溪河潺潺,碧波荡漾,鱼鸟翔弋,云石灵秀……

还有那山,那峰。张家界成为世界顶级的自然风景明珠,靠的是什么?靠两者:一是大自然,是它打造了这千万峰壑;一是张家界人,是他们为这些峰洞树桥命名解读,他们是灵山秀水的再造父母。就如张家界的美景之一——御笔峰,它数峰排立,其上树草曳飒,就形似而言,亦可用山民们熟悉之物件去命名,可说成是梳子、连枷、犁耙,倒立的扫帚,但它偏偏被命名为"御笔峰"。难道这是一种附庸风雅吗?这恰恰是山民们的一种企盼与祝福:大山缺文而秀水可墨,峰石糙砺而钟毓花树,亦可书写风流。远游的我,亦以这御笔峰,作为我微信的昵称呢。张家界山水的每一景点的命名,不都是以山人之心贴游人之心,玉琢而成吗?你看,十里画廊,水绕四门,宝峰湖,黄龙洞,天子山,黄石寨……如果,我们崇万物以神,则物皆神,奉物以美,则无不美。即使一块顽石,黛玉眼中亦成宝玉;即使一丛石林,白族兄弟也将其神化为阿诗玛;即使洪荒古海,张家界人眼中,也成幽、险、奇、秀诸趣。美在对象,更在心中。为师如我,可被这化凡为奇、化冥为灵、化陋为馨之道点醒?

老师你代表太阳,每一天都升起在世界的东方——学生一说,我便心头一热。

单以光热来说,我的个性与太阳颇有几分相似,因为我亦颇有赤诚激情如日。我喜欢写作与演讲,大学二年级时创下 16 天 16 万字的长篇小说写作的纪录,小说名为《荷叶》——这也是一个烈日的子嗣——写作《荷叶》的这年暑假更是又热又湿,可我蚊虫无碍,寝食不知,全然沉浸在"石峰"(主角)的命运变幻、情感纠葛的世界里了。湿湿幻幻的《荷叶》虽室内相传,但终未面世;而祭悼祖父的《地下工厂》(中篇小说)虽泪痕斑斑,但终止于"地下";一万余字的《海螺》(短篇小说),几经削刨而受重创;约两千字的《白开水》(微型小说)终于没"白开"而变成《萌芽》杂志上的铅字,我才终于喘了一口气。但,我立即又长长憋了一口气,报告文学、诗歌、散文、论文、杂文一篇篇跟来,终于,它们一点点变成铅字,一次次得到全国的奖。得奖的,还有演讲。个人演讲与辅导学生演讲,从大学毕业一直到今天基本没有间断过,即使是病痛发作时。有一次,我正在辅导学生"我与国防"的演讲赛,结石病忽然发作,水杯里的水泼在了讲稿上,我缩成一团。不过,阵痛一过,我又开始一字一吟,一招一式给学生示范了……

写作与演讲是靠激情作燃料的,它们虽然不是我每日的步行,但却是我稍远一点的助动车,也是我芝兰之室旁的一块韭菜地。此外,与同学同事相处,我也总是赤诚以待,说则说,做则做,争则争,怒则怒,笑则笑……因而我曾两度被学生评为"热血青年"呢。

其实,这点光热,又算得了什么呢?

这让我又想起另外几个陈姓人物来。"王侯将相宁有种乎?"——他,在大泽乡的阴雨泥潭里举起了第一杆农民起义的大旗,"木兵肉阵",陈县建张楚,虽然命丧车夫之手,硕果易人,但高祖刘邦为其设置30家守墓,免其赋税杂役。其光芒所照,不只有姓氏门楣,更有贫民江山——他叫陈胜。"让我办十年杂志,全国思想都改观。"他,曾一剪子剪去满清腐败学监的辫子,并不断剪去中国国民灵魂中的"辫子",身为北大文科学长却于北京新世界花园屋顶散发传单,身为共产党总书记却置共产国际错误指令于不顾,一面力摇科学民主之纛,一面高举共产主义大旗;虽有冤有错,亦有思有悔,尤其入狱不屈威武,草间播撒书香,虽凄凉谢世,但一辈子都以"新青年"而傲世,虽非政治家,却乃真正纯正彻底之革命家。此种思想与人格之光,照亮的,不只是黑暗的天空,更有他多舛而不羁的人生——他,叫陈独秀。在复旦大学奋斗半个世纪并任其校长多年的陈望道,其《共产党宣言》的翻译与《修辞学发凡》的著述,实为史无前例,开创时代,这是政人与文人和谐融通的交响,这是政治与学术织二为一的独特之光,不仅照亮了杏园也照亮了天下学人。还有陈云、陈毅、陈景润、陈章良……

比起他们的光热,陈姓中的我,还能代表太阳吗——我的同学?

同姓连同乡。这又让我想到了老乡大作家沈从文先生。不说翠翠、爷爷、傩送、天保这些为人所熟知的乡村代表人物,就是对于那些被逼为匪为盗为妓者,平凡如尘的士兵,沈从文也总用爱与美作人性的光源,温暖与照亮他们。作品如此，做人更是如此。他多次设法营救被捕的胡也频，专程送丁玲回湖南而暂时放下用以谋生的写作。中华人民共和国成立后受丁玲的误解被批，却从不为此叫冤。对于他的学生如汪曾祺等，总是给予充分的学术自由，而帮学生修改文章并送去发表，往往让他们蒙在鼓里，喜出望外。当许多人为他鸣冤重拾应得的地位和名利时，他总是一推再推。普遍关爱，古道热肠，忍辱负重，淡泊为人，这些至善至美的品格形成了他丰富而灿烂的人性——正是这一人性使沈从文成了"多产作家""文体作家""乡土文学之父""京派作家领袖"。他走出了湘西，走向了世界——他是伟大的文学侠绅。虽然，1988 年，当瑞典皇家学院评委准备将诺贝尔奖颁给他，他却于之前几月离世，终与此失之交臂，但在世界文学的长廊里，他是一座伟大的丰碑，是一个用人性照耀人类的鲜红的太阳。

同姓同乡，不过沧海一粟。天下之大，光热无限者何其多哉！其光其热，我何堪比？

当然，如日之光，则当内源无穷，方可透云雨耀星月而映万物。如独秀之热情，望道之才智，陈涉之宏愿，从文之人性，方能启思益智拿云御风福泽四方，想我为师，可蓄此源？

有人说，我脸比较黑。我说过，这都是太阳给晒的。我想，太阳是红的，但对万物都赋予了七彩。予追日之人以黑，是予以精神与健康；予万物以红、以紫、以蓝、以黄、以绿、以白……那是馈四季以富丽以魅力——这不正是太阳的价值吗？我为有太阳般的职业与光热而陶然。然而，扪心自问，我普照了所有的花树吗？我给了它们应有的颜色与美丽吗？每每自问自省，眼前总看到某双困惑的眼睛，我未能让它释翳；看到某张脸上忧郁的湿雾，我未能为其拨散；听到某声叹息，我未能及时抚慰；嗅到某股浮躁的味道，我未能完全提纯；感到某种沉闷的无声，我未能一点点唤醒……

我远远配不上同学们的称呼和解读。也许，在某个小小角落，我留下了一点小小虚名，但我真正在所有同学的心中可留下真正的师名——经师与人师之名？

其实，留名，不只是留下一个符号，一件生命的外套，那是呼吸、心跳、骨脉和魂灵。时人见名唤名，如晤友邻知音，或临草地茂林；后人提名念名，不求江山折腰，但愿浴日沐泉，即如文中诸君。而绝非留名以皮，更耻留名以尸，如那招摇过市者、背祖叛国者、为祸百姓者……

我的同学啊，难怪你们猜读为师之名时，竟有如此诸多良愿与祝福。

不知道同学该如何叫我了，不知道在你们心里，可留下一个正如你们与鄙人同愿的名字。

个人文章虽然与学生写作有诸多不同，但有两点作用，一是老师是真诚地愿意让学生了解自己，真诚地愿意与大家共享写作的甘苦；二是学生可以从这里感悟到什么是联想，什么是通过联想充分调动个人的生活、思想、情感等等积累。愿意并善于敞开心扉，有学生，也应该有我们老师参与、引领、激励。这样做，就为随后的日子与学生广泛而深度交流，打开了情感与智慧的通道。

二、创设"大情境"

前面提到的纵线的学生共享的各种活动与横线的学生共享语文课文就是情境。情境包括文本或说者的语境、现实情境与创设的可能存在的情境。

新课标强调教学情境的创设，目的自然是激发学生学习的内驱力与需求感。笔者在构建"阶梯渐进式"共享作文场的过程中，就始终致力于这种情境的构建。换句话说，上述表2-2-2、表2-2-3中的横线，就是笔者构建的"大情境"中的"语境"，而其纵线，就是笔者构建的"大情境"中的现实情境（本来就共同拥有的各种活动）与创设的可能存在的情境（譬如写作前围绕时事或热点展开"新闻联播"的介绍或进行演讲辩论等）。

当然，这种情境的构建，不仅要在作文内场通过引导学生现场观察、回忆联想过往生活与阅读情境，也要引导学生通过外场与关系场的观察、联想、想象、分析、归纳，方才促使学生通过各种情境的立体感染力、深刻感悟力进而积极着手写作。

情境的构建方式，可以在学生写作前，采取"播种萌发式"，即动笔前让学生共同阅读类似的相关文本，学习相关范文，共同经历某项活动；也可以在写作时，采取"影视同期声"，即在进行"阶梯渐进式"的片段写作过程中，通过交流点评激活现场的人、景、物，让其现场"现身说法"或"演出"或"演示"，构成一个随着学生写作而自然生成的动态情境；还可以采取"售后服务式"，引导学生在写作课后，自己带着问题主动去寻找作文外场与关系场中与此次写作相关的情境，以此获得圆满收官。

（一）"播种萌发式"案例及其解读

 高一（上）作文导练评之四

"真情"悠悠

——描写真情：特定对象，独特材料，典型细节（导练）

师：上次我们在"名字"和"美丽"的名义下写了两篇文章，不少同学的文章，真的留下了你美丽的名字。是的，要留下这美丽的名字，就要结合丰富的积累，包括生活的、情感的、思想的和文化的，等等。当然，也要有真切的细致的描写。下列同学的文章为他们留下了美丽的名字。（报了 10 位文章写得好的同学的名字。）那么今天呢，我们从另外一个角度来看，除了写真人真事，要写那些美丽的东西，我们还需要什么？能让人落泪的是什么？用两个字来回答，谁告诉我？（一生小声说：真情。）让我们一起大声说——

众生：真情！

师：对，真情！（板书：真情。）真情动人，应该是好文章追求而又很难达到的一种境界。这是一个最基本的要求，也是一个很高的境界。老师想到了《边城》里翠翠爷爷在夜深人静时，到小河的渡口给翠翠反复讲述翠翠妈妈的凄美动人的故事时的孤独与忧伤；还想到了《合欢树》中史铁生作品得奖后逃离记者的追问，一个人跑到小树林里，想告诉母亲得奖之事却只有一阵风吹过的"子欲养而亲不待"的感伤……大家还记得这些吗？

生1：我还记得翠翠胡思乱想，甚至要逃离不解孙女儿"惆怅"的爷爷，以至于让爷爷着急上火拿刀要杀翠翠的情景。

师：这是一种难以言说的由亲生怨、由爱生恨的复杂真情。

生2：史铁生面对与妈妈曾经一同住过的小院，多少次来到外面却又没有进去……

师：因为"近乡情更怯"呀。还有面对合欢树，小孩不哭不闹，但是谁也不知道那棵合欢树是谁种的，是怎么种的。

生3：悲伤也成了享受。

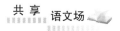

师：老师还记得你们初中学过的《背影》，朱自清父亲的背影"两手攀着上面，两腿再向上缩；他肥胖的身子向左微倾，显出努力的样子……"

生4：还有朱自清的父亲来信说："举箸提笔，诸多不便，大约大去之期不远矣。"这个时候，作者留下的是泪，而朦胧中又看到了父亲的背影……

师：是的，我也有同感。二十多年了吧，我第一次教《背影》，它就定格了。这感人的"背影"在我的生命里无数次回放、回放。这是真情的定格，真情的生命是最旺盛的啊。我们曾发了两张上两回写作的优秀作文，大家把它拿出来。我们从真情的角度来感受这四篇文章。说说看，哪些地方最感人？我也写了一篇《同学，我可留下如您所愿的名字？》。先看同学的，然后也可以看看老师的。上次我发下去之后，让同学课下交流，已经7个同学先后和我交流了。哪位告诉我，你觉得最感人的是哪些地方的描写？

生5：我觉得荣星喻同学的文章中演讲的地方描写得最感人。

师：请念念相关段落。

生5："讲明明白白的话，做明明白白的人——那是算命先生嘴里的'喻'。可这讲明明白白的话竟是那么难。自己的牙齿天生有点龅了出来，加之说话时舌头总爱往上卷，还有那重重的鼻音，要把话讲清楚，对我有多难啊。可为了能站上演讲台，那个我向往的舞台，我付出了更多的心血，去挑战自己。一个一个字地矫正读音，用快速的朗读来使自己的嘴巴灵活起来，控制声音的轻重，防止那鼻音把音调弄得古怪难辨。一遍遍录下自己的声音，一遍遍回听，去捕捉每一个细微的错误，愣是把喉咙弄得生疼生疼。我用坚定与努力追逐着'喻'——我名字中的那个字——的梦想。"

师：黄震杰同学不光能够如名字一样震动四方豪杰，而且也能够捕捉荣星喻文中细腻的动人真情啊。我觉得这就是"无情未必真豪杰"。豪杰，有情的豪杰。这才是最动人的豪杰！哪位同学再找找那动人之处？

生6：我觉得这一处很感人："我渐渐长大了，学习上一路顺顺利利，虽没有名列第一，但也算是个年级优等生。可那一次考试中竟然排名年级130多名！一瞬间，感觉那片天塌下来了！那天夜晚，我抬头去找星星，星星不见了，并且从那一天起，城市的夜空似乎就再也难觅星星的

踪影,我问明月:'星星在哪里?'它说在你的心里。在我的心里? 我做
梦都在找你啊——我的星星……"

师:它为什么会使你感动?

生6:首先是她考试没考好,她很失落嘛,才去找星星。

师:这事是真的吗?

生6:是真的,上段说这是她儿时的一个习惯。

师:是的,真事能够打动人。而且真事中最痛心的事往往更能唤起同龄人的
共鸣啊。你想想,一个优等的女生一下子滑到年级后面,怎么不痛心?
怎么不感人啊! 一般的真事,比如吃饭那样的事感人吗?(众生:不感
人。)只有自己的心都痛了,才能痛别人——人哪,大都有恻隐之心、同情
心。同学们,还有哪些感人之处? 请你说说!

生7:我觉得这段最让我感动:"当我学会微笑地面对生命中的起起落落,星
星告诉我她的纯洁正因为她的平淡;当我学会融入集体,团结他人,星
星告诉我她的美丽是因为每一个她都很美丽;当我学会用爱去关心他
人,星星告诉我,她的闪耀是在指点那迷路的人儿。"

师:真让人很感动! 你觉得这个星星是她名字中的星星,心灵中的星星,还
是天上的星星?

生7:心灵中的星星。

师:很好。这里"告诉我"的"星星"是心灵中的星星。来自心灵的声音,那当
然就动人了。所以,不光是痛心的真事,这真心的倾诉,也是感人的!
(板书:感人——痛心事,真心事。)我们再看看这位同学读的这一段,还
有其他段落,有一个字经常出现,什么字啊? 告诉我!

众生:"我"!

师:是的,几乎每句话都是我啊我的。老师有个体会,经常说"我"字的人,往
往也是把真心掏给别人的人。所以,请同学们注意的是:设定一个对象!
让"我"倾听"他"或"你"面向"我"的倾诉,同时让"我"把自己内心的东西
告诉"他"或"你"。譬如这一段的内容:星星告诉我要团结,告诉我要淡
泊,告诉我要诚实,告诉我要爱他人……这"告诉"的内容一般是什么样
的人适合听到的话呢? 再看看:要诚实,要坚定,要爱他人。

生8:倾诉的对象应该是和我们一样的学生,这些都适合我们这个年龄的同

学做人的需要。

师：真聪明。是的，倾诉的对象是同龄人。作者不可能让星星告诉老师我这些。如果她把倾诉对象确定为老师，那么，星星告诉我的，就应该是要怎么对待同学，对待孩子，对不对？这就叫有的放矢，所以我们不仅容易接受而且一读就十分动情！如果说大道理的话，星星告诉我，人总是要死的，死的意义有不同。这是谁说的话你们还记得吗？是毛主席用司马迁的话说的，或重于泰山或轻于鸿毛。毛主席他是讲给谁听的？天下人听的。他是领袖，他的倾诉对象是天下人。因此，倾诉者只有确定好自己倾诉的合适对象，才能让真心真情真正打动人。下面请同学归纳一下，如何才能写出打动人心的真情呢？

生9：写真人真事，写痛心之事，为"我"确定合适的倾诉、倾听的对象。

师：很全面。我们总有这样的感觉，给自己的好朋友写信，越写越写不完！为什么？因为"我"的对象就"你"一个人！苦水也好，甜水也好，"我"只倒给"你"一个人，所以，那就说不尽，道不完，滔滔不绝，绵绵无尽啦。那么，我这些话能不能告诉所有的人？不合适。所以，不少人用书信来写文章以表达真情，也是这个道理。刚才同学从荣星喻同学的文章中悟出了上面的道理。那么请看看老师写的这一篇。你们告诉我《同学，我可留下如您所愿的名字？》与同学们第一次写的作文《某某，请留下你的名字》，这两篇文章倾诉的对象有什么区别？

生9：老师的倾诉对象应该是我们这些同学，我们写的题目倾诉对象应该是自己和同龄人。

生6：老师文章的对象是我们这些后辈。

师：嗯，后辈同学。你觉得这个同学是——如果讲具体点是不是只是你们这样的同学？

生10：应该说是与我们年龄相仿的同学。

师：对啊！除此而外你觉得只是和你们年龄相仿的吗？你看完以后知道了吗？还有别的吗？

生10：这对象应该还有其他。应该是还扩展到了老师的同学。

师：对了，还有和我同龄的同学。什么原因？

生10：因为你还写到了许许多多教育问题，老师的同学也大多是老师吧。

师：你还真猜对了。其实,还有一层,我认为我们一辈子都在学习,所以,我们一同不断学习的人,都是这个"同学"。现在是让我教,其实,我也是在向你们学习,向生活学习。因此,我这篇文章确定的倾诉对象就有三层了,这篇文章的三大部分,总的是向你们倾诉,但也先后是向我的同学——教育工作者,和不断学习的追求者倾诉! 我这里提到了陈琳、陈子昂,还提到了谁啊? 陈人杰,对不对? 这是文人,那么我跟我的同学倾诉时当然是文人了。其实,倾诉的对象,不光是人,也可以是别的。比如天上的一片云,地下的一口井,黄浦江,教室,风扇,门,扫把,水泥板,书桌,黑板擦,校服,等等,都可以啊。

生 11：这要用到拟人的手法呀,这样,不就不太真实了吗?

师：事实是假的,但感情却是真的。

生 11：老师,我觉得你写的这一段很感人:"有一次,我正在辅导学生'我与国防'的演讲赛,结石病忽然发作,水杯里的水泼倒在了讲稿上,我缩成一团。不过,阵痛一过,我又开始一字一吟,一招一式给学生示范了……"

师：我曾辅导的这位同学叫赵欣佳,他的考分是当年考进复旦大学的最高分。2004 年辅导他演讲时,我的结石病确是发作了。写作时我并没有展开。但为什么感动了你呢?

生 11："水杯里的水泼倒在讲稿上,我缩成一团……"

师：这是什么描写?

生 11：细节描写。

师：对的,细节。独特的细节,是描写真情的最好原料。

生 11：荣星喻同学抓住了独特的细节,譬如"舌头总爱往上卷""重重的鼻音",还有"一个字一个字地矫正读音""愣是把喉咙弄得生疼生疼的",等等,所以很感人。

师：对的。这就是人家没有的,我有。她不是把自己的优点全部张扬,反过来是把自己的缺点暴露出来——难能可贵啊。因为人们往往对自己的缺点遮遮掩掩,而把自己的优点无限扩大。这是独有的,哪怕是缺陷。尤其是缺陷、残缺,这往往是更能打动人的。我们学习了史铁生的《合欢树》,这篇文章为什么那么动人呢? 他是把自己独有的缺陷勇敢暴露出来,这是一种伟大的胸怀。什么是英雄?在失败中不断崛起的英雄,是真正的英雄,并且是最动人的英雄。我们高三要学的,桑提亚哥那个渔民,他是在那打了好大好大的鱼啊,但是最后,到岸上他的鱼——大马林鱼已经被鲨鱼吃得只剩下一副骨头了。但是他站起来了,这才是真正的英雄,我们说项羽为什么比刘邦更加动人心魄?因为他是悲剧英雄。所以,真情往往来自悲剧,来自独特的细节。老师这篇文章还有这样感人的细节吗?

生12:我读一段:"记得划船比赛口渴难耐时,我们便伏头于河,一顿猛喝,它那么甘甜、清爽,并不留一点病痛。河空群鸟嬉戏,河里老小皆泳。如鱼得水,我们就是那母亲河的鱼儿。还有那金鞭溪,那么浅,那么柔,那么亮。有了它,一座大山就有了抚慰,一块石头就有了灵气,一只野鸟就有了伴唱,一片云彩也就有了生命。在成堆的书与成群的学生中间,我,一个教者,可是我那清清的澧水河,可是我那亮亮的金鞭溪?那是一条条赤诚而忘我的河与溪呀。许多梦里,我与书和学生的结合映成了一道绝佳的风景:溪河潺潺,碧波荡漾,鱼鸟翔弋,云石灵秀……"我觉得这一段很好。我觉得这里讲自己以前美好的生活,对过去,对故乡那种怀念是通过这些独特细节表达的:"伏头于河,一顿猛喝,它那么甘甜、清爽,并不留一点病痛。""还有那金鞭溪,那么浅,那么柔,那么亮。"等等。

生13:我觉得这一段写得好:"拿起又放下,电话的细线,总能牵回妈妈与弟妹的温暖,可怎能牵出父亲和陈家祖宗坟头上那清明之后重生的草丛?中秋又临,总不该又劳烦弟妹代我去母亲跟前侍月问安吧……"这里的一个细节特别好:把电话"拿起又放下",这是一个远游思亲的人独特的矛盾纠结的表现。真传神,真感人啊。

师:谢谢鼓励,你真善解人意啊。同学们,依据我们刚才一边阅读一边感悟的过程,我们能总结出写出真情的几点做法吗?请你说说。

生13:一是写真人真事,一是写痛心事或悲剧,一是确定倾诉对象,一是写独特的细节。

师:很好。还有几分钟,请同学们以"真情"为话题,写写自己的某份内心深处的真情。给大家5分钟先写一段,之后我们交流交流!

众生:(认真写5分钟。)

……

上面这段课堂实录属于"播种萌发式"的情境创设,体现了笔者作为执教者在创设情境上的实践探索,主要从三个方面着手:第一,引发学生对共享语文文本《边城》《合欢树》(高中)《背影》(初中)的共鸣,以此来重现情境,催发其写作冲动的萌芽;第二,构建学生对共享优秀作文(上回作文课学生写的四篇范文)的交流,以此来创设现实情境,激发其写作热情,指导其写作艺术;第三,交流学生对共享教师作文的感受与感悟,以此创设现实情境,启发其写作路径。

(二)"影视同期声"案例及其解读

 高一(上)作文导练评之五

《放射生命的光彩》

——围绕特征,描写人物的外在与心灵(导练)

师:同学们,今天恰逢中秋后的第一天。我还记得中秋节,有同学发短信给老师:今夜无月,我借短信给您一轮心中的明月。我很感动,就这样回短信给同学:今夜无月心月照,星不点灯心做灯。这是我们师生的真情啊。这种真情体现了师生间互相放射着心灵之光。我们曾学过《跨越百年的美丽》。那种美丽为什么能跨越百年? 那是因为居里夫人放射了怎样的光芒?

众生:理性美的光芒。

师:除此而外,还有什么可以放射光芒? 从万物中找找。

生1:蜡烛,蜡烛就可以放射火光。

师:除开这自然的火光而外,你从这种光芒里得到了什么?

生1:温暖。

师:借此你想到了哪些关于蜡烛的温暖的故事?

生1:春蚕到死丝方尽,蜡炬成灰泪始干。

师:你这个是诗词,不是故事。当然"蜡炬成灰泪始干"还会有许多故事的。
　　对不对? 你能举几个例子吗?

生1:关于蜡烛……啊——就像我们的老师。

师:嗯,老师。怎么样?

生1:老师像蜡烛一样,照亮了他人,燃烧了自己。教导我们,督导我们,牺牲了自己的青春来铺成我们的成才之路。

师:这就说得很深刻。还有哪些东西可以放光的?你想到什么?请你来说。

生2:火炬。

师:火炬放射什么啊?

生2:火炬放射着希望与自豪感。

师:这正是火炬的特点。大家看看还有哪些可以放光的?

生3:放射性元素。

师:放射性元素可以放射光芒。这只是物质,那生命呢?你能举出一些例子吗?

生4:萤火虫。

师:萤火虫。这种生命它放射的光芒有什么特点?

生4:一点点的光。

师:什么时候放射的?

生4:夜晚。

师:有什么感受?

生4:有一种欣慰的感觉。

师:这种感觉是什么时候产生的?

生5:在漆黑的夜晚,人们正需要它的时候。它到处飞翔,给人照亮前方的路,是不是?

师:是的,就像你的一个相惜相伴相知的人跟在你的旁边,是不是啊?我们的眼睛也会放射光芒吧。你看老师眼中是什么?

生6:睿智。

师:谢谢你的鼓励。居里夫人那双眼睛里是什么?

生6:看透一切。

师:一切!还有呢?

生7:看透未来。

师:那么,"独立寒秋"的毛泽东,他的眼里放射的是什么光芒?我们可刚学不久啊,怎么样?来,请你来说。

生8：毛泽东眼里放射着希望振兴中华的光芒。

师：希望振兴中华的光芒，从哪里看出来的？

生8："问苍茫大地，谁主沉浮？"

师：什么意思？

生9：就是说他的愿望是他可以来主宰世界。

师：这是一种什么光芒？

生10：革命的豪情壮志。

师：说得好啊。哪些直抒胸臆的句子可以表达这种豪情壮志？

生11：我觉得是"恰同学少年，风华正茂；书生意气，挥斥方遒"。

师：嗯，这是借往事抒情，对不对？挥斥方遒啊，多么有力量啊！有力量的人
　　才可以主宰天下的沉浮。还有吗？

生12：还有后面"指点江山，激扬文字，粪土当年万户侯"。

师：这是什么光啊？

生12："粪土当年万户侯"，就是没有把权贵放在心上，视万户侯为粪土嘛。
　　　这是一种灵魂高贵的光芒。

师：是的，这里指点的是"江山"，不是家园。激扬文字，是激浊扬清。这又是
　　什么光芒？

生12：担当大任，报效祖国。

师：嗯，眼光所放射的是一种担当大任，主宰沉浮，报效祖国的光芒，对不对？
　　这种光芒，可不可以从写景的句子里找一找？

生13："看万山红遍，层林尽染；漫江碧透，百舸争流。"

师：是这样吧。同学们同意吧？你说说看。

生14：就是说他有雄心壮志，他所描绘的都是些雄伟壮阔的景象。表现他
　　　内心有一种宏大的理想。

师：是啊，外面景象的宏大壮美，和内心宏大瑰丽的理想有机地交融了，对不
　　对啊？这就是理想的一种外化，情感的一种外现，是不是？所以，他不是
　　看到秋天万山落木萧萧，而是"万山红遍"。而河里，则"百舸争流"，这正
　　是他的凌云壮志的写照啊！还有什么景物表现作者放射的光芒？

生15：我觉得还有"鹰击长空，鱼翔浅底，万类霜天竞自由"。

师：为什么？

生15：他表现了毛泽东渴望自由，就是创造自己的新时代的那种……

师：像鹰那样矫健有力，像鱼那样什么——对，自由自在！他所放射的应该是这种如鹰如鱼一样的自由自在，而又敢于搏击长空、统领天下的豪情壮志——是不是啊？我们学过《蒹葭》，里面寻找伊人的那个人，他眼睛里放射的是什么呢？《种树郭橐驼传》中，你想想，郭橐驼的眼光会是怎样的眼光，放射了怎样的光芒呢？许许多多，不一而足。同学们下面写写。写什么？围绕着什么"放射"去写：是什么放射的，怎样放射的，为什么放射。给大家5分钟写写。（5分钟后，抽查交流。）刚才我看大家写的时候都很认真。这位写得尤其不错，请念念。

生16：这种光，能给人照亮方向，能给人温暖与欣慰，它就是萤火虫。在夏夜里我们可能在漆黑的夜幕中，看见它们的星星点点到处给生灵们指路与陪伴。虽然其光甚微，但是当它们出现在小路旁时，竟能将那小小的一块地方照亮。在我们忙碌的城市中，其实也有这样的星星点点的萤光——比如清洁工。

师：哦——真好。你怎么想到了清洁工？

生16：他们都是平凡而又在默默奉献的。

师：它放射的，是怎样独特的光？

生16：奉献之光。

师：多好！谁再来？请你说说，怎么样？

生17：不同人的眼中放出不一样的光芒，有居里夫人那样理性的光芒，也有毛泽东般豪情壮志的光芒，或是《蒹葭》中追求伊人渴求的目光，而我想眼睛对于人们是最可贵的财富，它能让病痛中的人感到力量，让灾难中的人获得希望，让胆怯的人拥有勇气。有时候，恰恰是眼睛给人一种鼓励、一种力量。

师：哦，你着重写的是眼光，是不是？你列举了不同的人的不同眼光，写出了特点。可他们是怎样放射光芒的呢？写具体点，继续写。好，请这位说说。

生18：以前有人送我一幅画，在那黑色的纸上，用那耀眼的黄与暖心的红画了一把火。很奇特的一份生日礼物，在那被人遗忘的一天里，只有它在静静点亮一颗因失落与伤感而暗淡的心。那一天，我从一首歌，进入那幅画,惊讶地看着你,你的脸因那弯弯翘起的嘴角而显得特别光亮,我从你的眼睛里看到了关爱,还看到了希望。真的,在那一天之前,我从没认为你漂亮;从那一天起,你是我的仙女,用你那光明照着我,用你那眼睛点亮了我。

师:多好啊! 老师要给他掌声(鼓掌,学生一起鼓掌)。对比中,突出这种友谊之光的圣洁与动人——妙极妙极啊。让精彩继续吧,谁来念念?

生19:《蒹葭》中苦苦追求伊人的君子,放射出坚定不移的光彩,为了得到伊人的心,他从清晨一直追到太阳正中,他逆流而上又顺流而下,不顾湍急的水流和险峻的山路……

师:是啊,时间那么长,态度那么执着,遇到的困难那么多,但是他仍然在追寻,执着追寻伊人之精神之光,就这样淋漓尽致地放射出来了。

生20:到了傍晚,马路边的路灯逐一亮了起来,一盏盏连绵不断,仿佛无穷无尽。虽然,一盏路灯的光芒非常微弱,仅能照亮灯下的一小圈范围,但连绵不断的路灯,为一位提着灯的老人指引通往前方的路,灯照亮了路,同时也照亮我们的心,使夜间开车的人感受到了丝丝温暖,使在黑暗中迷失方向的人受到了指引,使黑暗的夜空下也有了一片明亮的景象。

师:让我们把掌声送给这五位与我们交流的同学(热烈鼓掌)。刚才写放射光芒的时候有的同学说到萤火虫,有的说到别人的关爱,有的写了不同的眼光,有的写的是路灯,有的写的是追寻伊人放射的光,这些光都是多么独特。当然,还可以具体一点,比如,独特在哪里,怎样放光?刚才有两位同学写了这种光具体的特征与怎样放光,给我印象很深,尤其是荣星喻和马佳颖。为什么放光好像还没有说,我想同学们会给我答案的。下面我们再接着往下写,看他们为什么会放射出这样的光芒,他们的光源来自哪里呢?给大家3分钟。

众生:(认真写作3分钟。)

师:怎样放光,为什么放光呢? 有请。

生21:在那没有电灯的夜晚,细长的蜡烛放着光芒,孤单的烛光使整个黑暗的屋子变得明亮起来,同时这根细长的蜡烛变得越来越短。直到整个房间不再有它的光芒,才发现它原来那么重要。这让我想起了那些默默无闻无私奉献的人,他们一生放弃了很多让人为之动容的东西,而只是一味地无私奉献着,当他们创造出美丽的东西时,却不求名利,一生为着很美好的追求,不是为了自己的利益放射出占有的光芒,而是为了更多人的利益,为了大家的利益,为了给大家带来无限的幸福啊。

师:这位同学,既写了怎样放光,也写了为什么放光:不是为了自己的利益,而是为了别人的利益!是为大家带来福泽,带来福分——对不对? 好,再请一个同学说说看。你来!

生22:蜡烛是会放射光芒的,而这种火光会一直伴随着蜡烛,直到蜡烛成为一摊蜡油才停止。蜡烛的光给人以温暖,并且给人指明方向,蜡烛的光就像引路人一般,而许多科学史上的人就是引领人类发展的人,他们像蜡烛一样……

师:很好! 请继续念。

生22:他们像蜡烛一样,用毕生的心血致力于科学的研究,从不停歇,居里夫人就是这样一直不停燃烧的蜡烛,(师:嗯,这是怎么放光。)而她正是因为具有那种对镭探索的执着的信念,才会燃起她的生命之光。

师:嗯,执着的信念燃起她生命之光——这是放光的原因。她还有一种与生俱来打破砂锅问到底的精神,探索的精神也让她放射着理性的光芒。信念和探索精神是她放光的光源,对不对? 怎样放光的,还可以写具体一些。下面,让我们回到教材,看这些人物是怎样放光的。讨论一下! 1分钟,第一组再看《跨越百年的美丽》,找到作品写居里夫人怎样放光的句子。第二、三两组看《种树郭橐驼传》,第四组看《蒹葭》,分别找找郭橐驼与追伊人者怎样放光的句子。特别要抓住描写人物特征的句子,包括行动、外貌、语言等。写作5分钟之后,我们再交流。

……

上面这次课堂实录,前半部分是"播种萌芽式"的情境创设,属于"阶梯渐进式"的"情境创设—确立标题—首片段写作"三个阶梯渐进的环节,在此不赘述;后半部分是"影视同期声"式的现写现卖现买,属于阶梯渐进式的"现实情境点评提升—次片段写作—现实情境点评提升"等三个阶梯渐进的环节。这与传统写作课不同的是,加强了中间环节的情境创设,相当于多了几个"加油站",多了几回"北斗导航","车子"的"动力"自然源源不断,握"方向盘"自然自信而稳健了。这也恰好与当今片段式阅读的互动评论、网络写手的动态式写作与修改不谋而合,自然也较能符合高一学生这些年轻人的胃口了。

（三）"售后服务式"情境案例及其解读

"售后服务式"情境创设,就是在作文教学即将结束与学生写作基本成型之后依据作文可能涉及的内容进一步创设情境,激活启发学生在课堂之外完善整文。

 高一（上）作文导练评之七

《走进我的"新家"——市北中学》
——写出场景的特征（导练）

师：同学们,上次我们一起走近了我们的新老师、新同学,现在我们来到了一个新的家。我们常常把我们什么样的地方比成家呢？ 对——温暖的地方。还有呢？ 交心的地方——对不对啊？ 其实我们上节课讨论到沈从文的一篇文章,他借文中人物之口说了一句："美,是不需要家的。"但我们另外一想,很多的美可都是从家里孕育出来的啊。人生,是在不断地去寻找属于我们小家之外的新家,我们现在又走进了一个新的家——这就是我们市北中学。你们感觉市北中学有哪些像家的地方？ 哪些景、哪些物、哪些人、哪些事……想过吗？ 哪位说说看？ 请举手,你来。

生1：我觉得进到班级之后,大家互相帮助,这让我觉得很温暖,像家。

师：互相帮助,是指兄弟姐妹吧。我们大多是独生子女,没有兄弟姐妹,但是亲戚朋友串门的时候,会有这种感受——对不对？ 这是从同学中间找到了兄弟姐妹一样的互相帮助的温暖——真是家的感受啊。请你来。

生2：轮流做值日,也是家的感觉。家里分工很明确,妈妈烧饭,爸爸炒菜,我洗碗——轮着干活呢。每个家是不一样的,轮流做事儿,也是一种家的形式。

师：家务家务大家务啊,好温暖。请你说说。

生3：在路上碰到老师的时候,同学们都会叫一声"老师好",这个时候,老师也会亲切地对你笑一笑或者说"你好",这亲切的感觉比较像家。

师:从互相见面时亲切地打招呼来感受,不错。请你来。

生4:大家一起参加各种各样的社团,一起在操场上打篮球,非常像家,家里人也会一起玩游戏嘛。

师:(笑)家里人一起游戏,我发现你的家里肯定很民主,你经常和你爸爸一起游戏吗?

生4:有时候下下棋,打打球啊……就像玩游戏似的,不管输赢,这也是家的感觉。

师:同感啊。你呢?

生5:每天早上走进来的时候,看到教室门外贴着班主任的照片。

师:(笑)你家里也贴着你爸爸的照片吗?

生5:回家就能看到哇。

师:在这里(班主任照片正贴在教室门外)就能看到相当于爸爸的老陈——我了,对吧? 你来。

生6:我觉得呢,就是进入班级的时候,在关键的时刻,大家都可以拧成一股绳——大家所有的力量都是往这个点上动的,这种团结的精神令我有一种家的感觉。

师:比如说? 你讲一点点事情。

生6:各种各样的比赛,就比方说篮球比赛吧,打球的同学都在场上很奋力地拼搏,看球的同学卖力为他们加油。

师:看球的连嗓子都喊哑了。担惊受怕也好,喜怒哀乐也好,场上场下一个整体一个家啊。你呢?

生7:比方我和同学一起玩,家里基本没人和我玩。

师:那这怎么像家呢?

生8:这里具有自己家没有的东西……

师:我们刚才说像家的感觉,你说有家没有的东西,让我大吃一惊哦。你来。

生9:一进校门,就能看到"登攀"二字。

师:"登攀"给人什么感受?

生9:给人不断地拼搏、向上的劲头。

师:很好。用一个词说说。

生9:鼓舞。

师:鼓舞、激励、力量,这些词都可以吧。你再想想,整个市北,有没有"登攀"高峰给人力量的一些事情、镜头啊?

生 9:那栋教学楼高高的墙壁上写着"登上巨人的肩膀"。

师:这就是和"登攀"紧紧联系在一起了。一个学校,它整个的文化氛围是互相呼应的,协调地统一在一起。给人一种力量的,还有什么呢?

生 10:我们的校歌。看看歌词:科技争艳,书声琅琅,球场欢腾,歌声飞扬……

师:大家唱唱这几句,怎么样?

众生:(齐唱校歌片段。)

师:听听,这是多么豪迈而充满希望的强大力量啊。家里也有这样鼓舞人心的事啊。还有哪些情景也像家?

生 10:食堂里烧的菜很像家里的。(大家笑。)

师:对呀,这饭菜很像家里的啊。一个家它应该有厨房,它应该有伙食,这个角度大家都没想到,而他想到了。家常菜,"平平淡淡才是真"啊,家是最真的地方,家里的菜也是最真最爽的,对吧? 请你说说。

生 11:图书馆,中午的时候去图书馆,看到里面有很多书,家里也有很多书,但图书馆里更多更全。

师:其实图书馆也是一个家,一个什么样的家啊?

生 12:安静的、能让人好好学习的家。

师:这可是我们灵魂的家园,精神的家园,是不是啊? 你来,说说看。

生 13:中午,老师、同学一起在食堂吃饭,跟在家里面一样。

师:家里面也是一个人一个盘吗?

生 13:大家坐在一起,有说有笑的。

师:这个共同点好温馨啊。刚才那么多同学分别谈到了家的感受,可见,市北就是我们的家。不管是在学校的感受,还是在班级的感受,在生活方面的感受,还是在精神家园图书馆的感受,都像个家。现在我们把关于市北中学这个家的见闻感受丰富起来,写一写好不好? 5分钟。

众生:(认真写。)

师:(轻声提醒)家有什么特点,家中的人、事、物都可以写。刚才大家提到了给人温暖,给人力量,还有在一起的随和、平等、互相帮助,在一起的团结,拧成一股绳等等。可以围绕某一个特点来展开,描写一些具体的事情。好,同学们,时间到,看看谁心目中的家更清晰,更像家。黄震杰,你说说。

生 14: 家中的成员——我的老师、同学,总会给予每个人帮助。清早,在教室的某个角落,总能看见几个同学在讨论昨天回家作业中的几个问题;体育课上,有同学不小心撞伤了,同学会马上把他扶起来,带他去医务室检查……

师: 这里,写了两个细节,不错。这可以具体点。你来说说。

生 15: 市北是我的家,这个家里的每个成员都是如此团结。在以班级为单位打篮球的比赛中,场上的人奋力拼搏,场下观战的人为其加油、鼓劲。在"班班有歌声"活动中,虽也是班级与班级间的比赛,但大家都唱着校歌,赞美和祝福我们共同的家。

师: 虽是不同的班级,但唱着共同的歌,献给母校的歌——市北中学校歌,都在为她献出自己的光和热。这位写出了不同中的共同,了不起啊。请你说说。

生 16: 记得刚来市北中学几天时,有一次,为了找学生处,楼上楼下跑了几遍,仍然没有找到。就在我近乎绝望的那一刻,一个同学走到跟前,笑眯眯地望着我说:"你有什么需要帮助吗?""我要找学生处。"听完他就领着我,上上下下弯来弯去,终于找到了学生处。

师: 这个写得很感性,很细致,是描写中的精品啊。"笑眯眯地望着我",这个就非常温暖了。不用把"温暖"两个字写出来,通过这件事,你就看出来了。你来说一下。

生 17: 走进新生活,作息时间也慢慢变成了一种习惯。每天固定时间都会去买一瓶固定的饮料……

师: 买饮料,哈哈,你在家里也在某个固定的时候把冰箱打开,喝点固定的饮料,是吧? 很有生活味儿。你来。

生 18: 两个月对我已经足够,许多人我已渐渐熟悉,无论是否同班,在课堂上已成为一个整体,谈着昨天的作业、今天的课程或是明天的计划,可以为一件事大笑,也可以共同奋斗,久而久之,不少便成为兄弟姐妹了。

师：前面同学用的是鱼贯式的镜头，他是通过闪跳式的镜头，把家的几个部位点了出来，这是另外一种对家的感受。你来。

生19：这里有一大片绿茵，有一栋一栋高大的教学楼，有种坚持不懈的登攀精神，这就是我的新家——市北中学。当我第一次踏入这美丽校园时，时间仿佛凝固了。那如家般温暖的欢笑声一丝一丝浸润着我……

师：他是从目前的景物来感受家的，刚才很多同学则是或从人，或从场面，或从一件事等来写。可见，我们可以从不同的途径，用不同的描写方法，对不对？你说。

生20：还没走进市北校园多久，这个名字对我而言就已非常熟悉了。无数次地，在我的老师、亲戚、朋友之间听到这样一句话："我也是市北中学毕业的，我们是校友啊。"每当听到这样一句话，我总会感受到一种别样的温暖。我想，说出这句话的时候，他们从市北毕业了十几年甚至几十年，但是他们心中仍然带着市北的情怀……市北就像一个家，远行的孩子们无论离家多久还是走出多远，都永远不会忘记家的方向。

师：嗯，很好！（带头鼓掌，同学中一同响起掌声。）同学们，大家看看，她是从离开家之后想家、回家的这些市北的儿女们——这个侧面来展开描写的。这不失为另外一种新的途径。好，你来。

生21：到市北不久，我就得知综合楼底楼的钢琴是可以随意使用的。这就给我们提供了拓展学习的机会。平时在家可能忙于学习而少有机会练琴。然而在这里，就可以依据需要，中午抽空练练琴，比家里还自在啊。

师：从可以自在练琴这个点出发，来谈这种随意和温馨，谈可以把自己的爱好发扬光大，很真实。请你谈谈。

生22：我曾立在那块"登攀"石下很久，在那里思索些什么。石头旁那滴翠的枝干道劲有力，似乎在穿透些什么，讲述些什么。我只觉得有什么东西在碰撞心灵，"登攀"两个字在我的心里变得一点点丰实起来。再一次立于其下，仰头渐渐感悟到，那是一种精神，一种支撑，一种一家人共同努力、奋勇向前、奔向辉煌目标的精神。或许它有一种无穷的力量激励着我们。

师：描写中有感受，生动又深刻啊。让我们给刚才发言的同学再次鼓掌（掌声响起）。这是我们共同的家。其实，市北中学，是我们的新家，所谓新家，就和原来的老家不同。刚才大家一致在求同——家里有什么，怎样，这里有什么，又怎样。现在是新家了，家里没什么而这里有什么，你也可以说似乎这里有的家里没有，而其实家里又有。这样想一想，行不行？大家聊一聊这个家的"新"字。请你先说。

生23：学校里有"登攀"二字，而家里没提这两个字，可父母的唠唠叨叨，不就是让我们去"登攀"吗？

师：表现不同，而核心是一样的。其实这个"登攀"就像一个老人，一个智者，一个见证了我们市北中学建校95周年的智慧老人，告诉我们市北有今天，靠的就是"登攀"。请你来。

生24：每天走进市北校园，阳光洒下来，感觉校园更加干净……

师："新"在哪里呢？请你说说。

生25：在家里，空间比较小，作业做累了，放松的空间不够大。而在学校里如果作业做累了，可以跟同学交流，可以到操场上散步，可以进行各种放松活动。

师：这个比较好：空间的大小，还有交流者的多少。这就说出了新的感觉啦。《走进我的新家——市北中学》这个题目，既要说是家，又要说是新的家。下面我们继续写，写出"新"的特点来。注意，我们是市北中学，新家，而不只是我们所在的九班。但市北中学又包括九班，不要忘记啦。还是5分钟。要描写出新家的特征。

众生：（写作5分钟。）

师：我们现在再一次交流，我想我们对家的观察、了解以及认识，应该更加立体了。请你来说说。

生26：在家中可能没有规章制度，而在学校，在新集体中，同学们都是按一定的规范做事，有秩序。在家里，父母可能比较随意，而老师会在你犯错的时候给你正确的指导。

师：会比较，不错。还要具体点。你来。

生27：在家中，家好似月亮，我好似地球，家围着我转；而来到市北，学校就好似一颗恒星,我好似一颗行星,行星绕着恒星转。(大家笑。)

师:多么形象生动的比喻。其实,学校与我们同学的关系,不只是恒星与行星一种。我们教学楼的墙壁上有一句话,还记得吗?叫作"创造适合学生的教育",什么意思?学校才是行星,反过来也绕着你们这个恒星去转啊——对不对?你前面说得对,学校的规范、制度、要求如同恒星,在这个意义上,同学肯定要围着学校转;但学校的许多活动、事情,教学内容、方法等,学校要围着你们去转——是吧?来,请你说。

生28:在正午阳光下的校园是最有家的气氛的。从食堂走出的同学,三三两两,优哉游哉地走上教学楼,而那些刚下课的同学则成群结队,急匆匆地经过走廊,耳边传来低低的抱怨声,这似乎和家里一样,闲适的日子里也总会有些变奏,有抱怨,但更多的是和谐的氛围。

师:呵,更多的是和谐的氛围。好,她是从氛围的角度来谈的。你来。

生29:学校不如家中那般自由。家里,累了随时都能休息,渴了就去冰箱拿杯饮料。而在学校,只能在简短的课间时间中交流。不过在家中少了许多欢声笑语,大家都是忙自己的,各顾各。学校当中,我们一天会遇到很多不同的事情,我们七嘴八舌,欢声笑语。

师:你写了两个方面:一是自由程度,一是欢声笑语,有不同特点。请你来说。

生30:每当第四节下课,我们就冲出教室,跑向食堂,因为这么小的食堂不可能同时容纳三个年级,所以速战速决是我们的中心工作。但当我到了食堂后,看到的是超乎寻常的整齐的队伍,没有拥挤和随意高声喧哗,只有一起吃饭的温暖与香甜啊。

师:看看,不一样了吧。你可以再说说,家里可以从容地吃饭,等等。还有谁说说?

生31:老师像家长一样,但是比家里多多了。一个家长走过去,又一个家长走过来,好像家长时刻在身边督促着我们前进。

师:这又和家里不一样,对不对?当然你还要写深刻点,是多几个家长好,还是少几个好?这个家长怎么样,那个家长怎么样?他们个性也都不一样,因而这个新家的味道自然也不一样吧?好的,你来说。

生32:市北中学的图书馆里,书都是一排一排的,放眼望去,如同一排排海浪,这是一个书的海洋啊。我们家里,书的储备量远远没有学校里多,也没有管理员。坐在学校图书馆里面安安静静读书的那种感觉,还是跟家里一样的。

师:同中有异,异中有同,对吧。好的,我们为刚才发言的这些同学再次鼓掌,好吗?(掌声响起。)很短的时间,不可能尽情展开对家的联想、观察、抒写,但是我们在不断地感受着家的温暖、团结、力量、秩序,以及家的未来、家的丰富多彩。我想,随着时间的流逝,我们对家会有一份更加深刻、立体的印象。通过同学们的努力,我想,这个新家一定会温暖着大家、长伴着大家。同学们的笔下,一定会有一个更立体的、漂亮的、可爱的市北中学——这个新家。课后同学们可以再去多看看你们的这个"新家"吗?到家里的"客厅"操场、多功能厅去看看,到家里的"厨房"食堂看看,到家里的"书房"图书馆、实验室、登攀书院去感受感受,到不同的"卧室"寝室感受感受……这里,会有你未曾知道的秘密等着你呢!这里,还会有你未曾享受过的味道留给你呢!下一回作文鉴赏交流时,我们要比比,我们市北中学这个"新家"谁写得最像,比比谁最懂我们的"新家",谁最爱我们这个新家哟……

这个案例的前面与中间的情境创设,自然同前,在此不赘述。后面部分的情境创设,属于"阶梯渐进式"作文的第六个环节——"情境点评提升",其作用是促进"阶梯渐进式"的第七、第八个环节,即促进并引导学生"课后其他片段写作且连缀成文",激赏并指导了另一堂作文课进一步展开的"鉴赏评价"。这里的"售后服务式"情境创设,讲究现实语境与情境的结合。现实语境,就是让学生交流对市北中学这个"新家"的第二个片段的写作内容(第一次写作属于中期的"影视同期声"式创设)。这个片段是前一个片段的接续,因而内容有所推进;又因为第一个片段的中期"情境点评提升",这个片段应该在写作质量上(对于市北中学的多个特征的观察描写和认识上)有所提高,还因为这个环节是本堂课最后一个环节,肩负着学生课外连缀成文与不断精进的使命,所以此次的"现实语境"点评,自然更多地倾向于总结成功与不足之处,还要引导学生把我们写作的对象——市北中学这个"现实情境"进一步铺开,以促进学生从认识的飞跃走向课外更为主动、更为立体的实践的飞跃,进而获得更高认识的飞跃——阶梯渐进地圆满完善这个"新家"的立体式"画像"。

三、构建"大任务群"(任务群与"阶梯渐进式"作文)

"阶梯渐进式"的作文共享场的教学设计,自然要依靠任务群方可落地,而任务群的设计必须依据新课标,既要遵循其基本原则,又要考虑其行之有效的策略。依据新课标设计任务群的原则主要有四条:一是学生中心原则,二是真实情境学习原则,三是实践性学习原则,四是过程性评价＋素养评价原则。笔者的"阶梯渐进式"的作文共享场的学习任务群的设计,充分体现了这样的原则。从前面表2-2-1可见,其高中三年以侧重培养思维进而带动表达的三个阶段目标,完全符合学生各阶段的思维发展实际;阶梯渐进的作文流程,动态式写作、片段式导练评的穿插式做法,更符合当代学生阅读与网络写作的胃口——这正好符合其当下的"学生中心原则"。表2-2-2、表2-2-3里横线序列的学生共享课文阅读文本与纵线序列的学生共享学校、社区各项活动,正是创设的现实的真实情境,自然就可以促其"高能"完成写作任务——这正符合其真实情境学习原则。"阶梯渐进式"的作文共享场的每一堂课,就是为了完成一篇文章的写作或点评鉴赏,这正是围绕实践性学习原则来开展的学习。"阶梯渐进式"的作文共享场的每周每堂课的八个环节里,其中的"首片段情境点评提升""次片段情境点评提升",就是"过程性评价＋素养评价原则"的典型实践。依据这四项原则而设计的学习任务群,自然让学生能学乐学了。

当然,也要考虑策略。依据新课标,简言之,就是要完成"大单元"的设计、真实学习情境创设、主任务下的项目学习。

"大单元"的设计,在前面已经讨论过,即依据学生阶段思维与表达的发展目标,联系学生横线共享阅读文本与纵线共享学校、社区活动,确定了高一(上)的五个单元:生命写真,真情放送,"家人"发现,人性光辉,想象天地。高一(下)也确立了四个单元:人间真情,奋斗牺牲,歌海飞花,青春追梦。而真实情境的创设方式方法,在前面已经作了专门讨论,在此不赘述。

这里,主要讨论一下主任务下的项目任务。其实,"阶梯渐进式"的作文共享场的每周每堂作文课,就是一个个主任务下的项目任务。

下面,再举两个案例。

(一) 案例及其解读一

先看高一(上)的一堂课堂教学实录。

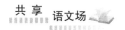
 高一(上)作文导练评之十

《最后的常春藤叶》续写

——想象、描写在小说中的运用(导练)

师:(对着幻灯片)同学们,看到这个标题——从结尾开始,想到哪一篇文章是最让人震撼的?

众生:《最后的常春藤叶》。

师:对了! 这篇文章为什么那么让人震撼呢?

生1:因为这篇文章的结尾,既在情理之中,又在意料之外。

师:既在情理之中,又在意料之外! 这些是说精巧动人的情节。那么,在人物刻画方面,还有主题表达方面,有没有作用?

生1:更能体现出人性的光辉。

师:这是表达主题噢。更能突出它的什么呢?

生1:人物的善良、高尚。

师:好的,我们归纳一下,这可以说是整篇结尾的一张名片。那么我们今天就从结尾出发,借着这张名片,然后亮出自己的名片——让我们续写之后的故事,让精彩接力! 因为,生活还在继续,因而本文结尾之后,应该还有更精彩的故事呢——知道吗,同学们?

众生:(摇头)不知道。

师:想不想知道?

众生:想。

师:想知道,好哇。其实,之后的精彩,就在每个同学的微笑里,就在你们的笔下呢。下面,就让我们一起展开想象、描写的翅膀,从这个结尾开始,尽情地飞向未来的远方。当然,我们想象的故事呢,也要像这个结尾一样,既在情理之中,又在意料之外。怎么做到出乎意料呢? 首先,想象要大胆,要精骛八极、视通万里、耳听八方。大家要展开想象的翅膀,无限地飞翔。当然,也要依据原来的故事人物哟。我们一起来说说,还记得哪几个人物?

生2:贝尔曼、苏艾、琼珊、医生……

师：好的。还记得原来的场景吗？除了贫民区的几间房子等等，还会有哪些场景呢？还有，原来的故事除了治疗、照顾、画叶子等以外，还会有哪些故事呢？我想，新的场景、新的故事、新的人物或人物的变化等等，都会在同学们的大脑中酝酿，一会儿会流泻在你们的笔下的。好，那么下面，大家大胆地去想象吧。建议抓住原故事的某一点，或你想象中的某一点，然后把这一点变成一条线，再变成一个面，组成一个在意料之外，又在情理之中的精彩故事。老师呢，也做了一个准备，我出了些题目，同学们可以参考，也可以跳过，自己起个题目。写的时候注意，为了让我们不断地丰富，请写一行空一行，这样，我们才好不断修改、补充。5分钟之后，我们交流。

众生：(拿出草稿本写作。)

师：只管大胆地想象，越新颖越好，越突出越好，要做到这点噢，不用受什么拘束，没有人笑你们幼稚和荒诞的。(板书：故事园。)好，5分钟已经到了，我看同学们写得很快噢。下面请同学们讲故事，看看，老师已经在这里给同学们开设了"故事园"。从结尾开始，到后来的一切真相大白，会出现哪些故事呢？哪位先来说说看？请举手——好，你来读读。

生2：经过苏艾几个月的调理，琼珊终于从病魔手中挣脱出来，她一边感叹自己当初求死的愚昧，一边也要把贝尔曼这人性的光辉传递出来。她们俩想通过自己的画救济穷人，于是全身心地画画了。后来，她们的画传到了大画家手中，画家对她们的画给予很高的评价……

师：最后会是什么样的结局？

生2：我觉得她最后会建立起一种宗教，宣扬人性的光辉。

师：建立起什么啊？

生2：一种宗教。

师：哦，宗教。(板书：宗教。)我们中国有佛教、道教，那么你这还要建立一种什么宗教呢？你说琼珊要把人性的光辉塑造成他们的信仰，成为他们的宗教，是吧？好。还可以具体一些。这位举手了，来。

生3：贝尔曼让琼珊活了下来。琼珊知道贝尔曼为自己做的一切，就下定决心把画画好。她拿起画笔，把自己对贝尔曼的感恩与崇敬融入画笔。三年后，一颗画坛新星冉冉升起，其代表作——《老人的杰作》，震动了美国——她就是琼珊。之后,她搁下画笔,嫁给一位银行家……

师:琼珊干什么啦?

生3:嫁给一位银行家。

师:嫁给银行家?(学生笑起来,老师板书:嫁给银行家。)噢,请继续。

生3:银行家为琼珊的想法所感动,当即决定捐资救济格林威治村。就这样,这里的街道与房屋都得到极大改善,各种流行病也得到遏制或者消灭。

师:哦?琼珊嫁给银行家是为了什么?

生3:帮助艺术家们有更好的条件,消灭疾病,创造健康、优良的环境。

师:噢,帮助艺术家们有更好的环境。(板书:健康、环境。)哦,琼珊是通过这个途径来"曲线救人"呐。这个设计倒是让我大吃一惊——故事就该这样让人惊叹。下面哪位再说说?

生4:琼珊的病终于好了,她来到一片寂静的楼下,十分感伤。"老贝尔曼是个好人,他完成了他的杰作——那片常春藤叶——不,还有我的重生。"琼珊对苏艾说。苏艾望着墙上的常春藤叶说:"好好看看这片常春藤叶吧,它也许不仅仅是为了你一个人的未来。让我们努力吧!让这片常春藤叶影响未来更多的人吧!"

冬日的阳光总是来得那么晚,早晨的空气得不到阳光的温暖,总是特别寒冷。躺在温暖的被窝里,听见窗外呼呼的风声——起床,是一件让人多么不情愿的事。可是琼珊刚一睁眼就迅速地从床上爬了起来,穿上外套到街上去接绘画的工作。可是对于一个贫民区默默无闻的青年画师而言,成功接下一项工作谈何容易。琼珊每天在大街小巷中穿梭着,一家接一家地询问是否需要绘画的服务,一件接一件地接下无论报酬多么微薄的工作。一件一件,她认认真真地画着,稍不满意就重新开始。两年过去了,琼珊绘画的水平终于也有了很大提高,也有了一笔积蓄。

这一天终于来到了,琼珊终于攒够了经费,来到了她魂牵梦萦的地方——那不勒斯海湾。在那里琼珊尽情地画下了那片海湾的美景,阳光、沙滩、孩子们的脚印……一切都是那么自由,那么美丽。写生结束后,琼珊把这幅画挂在了一家画廊里,不久,一位著名画家看到了它,很是欣赏。琼珊又拜他为师,勤奋耕耘,终于成为画坛一颗冉冉升起的新星。琼珊有钱了。她买下了曾经住过的房子,建成美术馆……

师:后面准备怎么写下去?

生4:在美术馆挂上自己的成名作——那不勒斯海湾。从窗户望出去,正对着贝尔曼画有常春藤叶的那面墙。她将免费让人们参观美术馆,并对着自己的成名作与窗外的那面墙,讲述那个永远讲不完的动人故事,将真情传递给人们……

师:(板书:那不勒斯海湾、美术馆、那面墙、讲故事。)虽然没写完,但是构思较完整,也让我长了不少见识啊。下面,哪位来说?王步润,请。

生5:琼珊病愈以后,苏艾回到了加利福尼亚。琼珊在一次音乐会上与一位青年男子一见倾心,他们约好去那不勒斯海湾,一来了结自己的心愿,二来完成自己的终身大事。她兴奋得一晚未睡,着了凉,肺病复发。到第二天早上送往医院时,琼珊已经奄奄一息。当苏艾闻讯赶到时,琼珊已经合上了双眼,手里还紧紧攥着贝尔曼画的那片常春藤叶……

众生:(大笑起来。)

师:(边听边板书:音乐会、肺病复发、合上双眼、攥住常春藤叶。)她死了还把贝尔曼画的常春藤叶抓紧了……

生6:那片画的叶子,怎么会到她手里去呢?哈哈……

师:这叶子怎么会从墙上被她紧紧攥住的,一定有故事,相信你会慢慢把这事写圆满的。刚才的笑声,说明你想象奇特嘛。下面的故事,哪位说?赵元正同学举手了——有请。

生7:琼珊病愈后,去那不勒斯海湾写生,小有成就后,回到了穷困时住的格林威治村。她看见有一辆辆卡车停在那儿,工人们正挥动铁锤拆房子,眼看就要敲掉那面画有常春藤叶的墙了。一锤锤毫不留情,就像砸在琼珊的心坎上。她与工人们协商,不要拆那面画有常春藤叶的墙,可是一点效果也没有。于是她到处演讲,终于获得众人与媒体的共鸣。在舆论的压力下,那面墙保住了。在演讲中,她收到一封来信,这是她妈妈寄来的,从中她知道了一条惊人的消息:原来贝尔曼是她的父亲。

师生:哦——啊——(部分学生大笑。)

师：（边听边板书：拆房、保护那面墙、贝尔曼是父亲、父女。）这结局让我大为惊讶啊。他们成了父女了。

生8：那后面就应该父女相认了。为什么会是父女呢？

师：讲故事的引起各位好奇了吧——我们要的就是这种效果啊。刚才这5位的故事都很精彩。让大家不断地发出"啊——""嘘——""哦——"的声音，真过瘾哪。哪位评评，你最欣赏哪个故事的大胆与意外？

生9：赵元正的最大胆，只是贝尔曼成了琼珊的父亲，太不可思议了。

师：我建议你们联手，将这个不可思议变成"可以思议"吧。那么，其他的故事，新颖吗？

生10：将租住过的房子买下来建成美术馆，很新颖，也合情合理呀。

师：哪位再评一评？

生11：琼珊，在正常思维写作中，应该是好好活下去并且卓有成效地传递爱心，可是刚才的第四个故事，却让她旧病复发去世了，给我们淋了一盆凉水……

师：肺炎可能复发，琼珊也可能这么死，关键是她死得值不值呀。刚才同学说的故事很大胆，让老师喜出望外，而不感到荒唐可笑。因此，想象描写就是要越大胆越新颖越好。那么，如何才能使故事出人意料呢？（出示PPT：改变人物命运、归宿；改变一些场景；改变故事发展方向；增添新的人物、情节和场景。）这就是刚才同学的小说出人意料所用的方法。但是，小说故事只要大胆新颖就够了吗？《最后的常春藤叶》告诉我们：既要在意料之外，又要让人感到它在——

生12：情理之中。

师：（出示PPT，上面是由山岩与树、草组成的酷似人头像的画面。）这张图片，同学们想象一下，它像什么？

众生：人的脸。

师：为什么？哪位说说？

生13：最突出的是"鼻子"，那下面是"嘴"，最上面是小树小草组成的"头发"，旁边是被阳光照得金黄的树叶，正像他披垂的"金发"……

师：太有想象力了，而且还想得很合理。如果联想我们熟悉的某位熟人，只要言之有据，我看也未尝不可呀。但是想象成一条狗或一头熊就很难自圆其说了,因为这里找不出合理的依据。那么,怎样才能使想象合理呢?(出示PPT:依据原文的故事、人物与环境;联想自己的生活、文化积累;贴近人物个性与命运;符合原文主旨。)明白了吗? 好,再写4分钟。可以在原来不太合理的故事的基础上改写扩充,也可以在自己认为故事人物已经合理的基础上继续往下写。4分钟后比比,看谁的小说合情合理。开始。

众生:(写作4分钟。)

师:时间到。哪位准备好了?

生14:我就读我小说的这一段吧:前面写到琼珊嫁给银行家,二人捐资整治格林威治村。经过一段时间的修整,格林威治村原本窄窄的小巷不见了,出现了一条条宽宽的大街;一幢幢破烂不堪的小阁楼不见了,代之而起的,是修缮一新的高楼大店;肺炎等传染病不见了,到处收账的商人、躲账的穷人不见了,艺术家、作家可以圆自己的好梦了。一幅幅杰作层出不穷,震动全美。历史上称这一时期为"小文艺复兴"。为了表彰琼珊夫妇,大家决定将此村改名为琼珊镇。然而,琼珊夫妇却执意将此镇改名为常春藤镇。

师:改名为常春藤镇,好吗?

众生:好,真好!(掌声)

师:哪位同学从合理性方面说说?

生15:琼珊夫妇捐资给格林威治村,带来了各个方面的巨大变化,这是很自然合理的。尤其是将此村改名为镇,从发展规模上看是合适的。琼珊是因为常春藤叶获得了重生,所以他们更有理由提议改名为常春藤镇。

师:对的。当地人改名为琼珊镇,符合感恩心理,而琼珊夫妇将其改名为常春藤镇,更符合所有人的愿望,而且,这个名字很有审美价值,真是神来之笔呀。

生16:但是,"小文艺复兴"的说法,有点欠缺。因为,这里当时并不是曾经封闭的,并没有禁欲,并非以神为中心——贝尔曼曾经当模特呢,也就谈不上"小文艺复兴"了……

师:这位同学让我们长见识了!(师生鼓掌。)这个镇的命名,抓住了文章的主旨与主要对象,不仅合理而且十分有底蕴。还有哪位敢于发表自己的大作?

生17:琼珊获救了,她要好好地生活,她走出了这个小镇,开了自己的画廊。一天一个衣冠端正的男子来到这里,对画廊很感兴趣,浑身散发出一种艺术的味道。他对琼珊的画特别喜欢,两人开始交流,并渐生爱意,不久结婚,度过了一段美好时光。可惜好景不长,琼珊丈夫得了肺炎,经过琼珊的精心照顾,加上悉心治疗,丈夫最终康复。丈夫感叹道:"我真幸运,可惜,我的父亲却死于肺炎,他叫贝尔曼。"

师:好,琼珊的丈夫竟然是恩师的儿子。(师生均笑。)哪位评评?这故事是否既出乎意料,又在情理中?两个方面都说说。

生18:开画廊,结婚都是可以接受的。

师:最不能接受的是?

生18:得了肺炎的丈夫竟然是贝尔曼的儿子,前面看不出任何铺垫。

师:她的评价,真是一分为二呀。有个词用得好,是什么?

众生:铺垫。

师:她说贝尔曼儿子的说法,之前没有铺垫——同学这么说你,你服吗?

生17:不全服。我前面写了这个男子"浑身散发出一种艺术的味道"。

师:"艺术的味道",这是你设的蛛丝马迹——只怪大家没看见。是不是可以添上,他身上散发着杜松子酒的味道?这是贝尔曼的最爱,说不定影响了儿子呢。他说的这个算铺垫吗?他又把道理摆出来了,你还要再与他扭一扭,打打官司吗?

生18:他铺垫不足。

师:有理。哪位还敢发表大作吗?

生19:不久,她们租住的地方改建成一座医院。苏艾去了那不勒斯海湾,琼珊则改行当了这个医院的一名医生。一天,来了一个女孩住在医院,满脸苍白,两眼无神,琼珊忧心忡忡地悉心照顾她。忽然,女孩变得欢快起来。她顺着女孩的视线看出去,那里是一面墙,上面正是贝尔曼画的常春藤叶,琼珊眼里温柔起来,因为,她知道这个女孩和她一样会从中得到信心,会获救的。她们都能感受到那片叶子包含的力量与温暖……

师： 这有点像我们学过的哪篇文章中的味道？

生 20： 《合欢树》。那小孩望着合欢树，也不哭不闹的，与这个小女孩差不多。

师： 好像这叶子冥冥之中蕴涵的爱意与力量能感动所有人啊。哪位评评？

生 21： 那画上去的叶子还在墙上吗？总觉得不太真实。

师： 画的叶子会不会给雨水冲刷干净了？评得有道理呀。盖好医院，改行当医生，经过了多少风雨呀。当然，这油画是否冲净了，还得请教美术老师。同学们，刚才写的与评的同学，能够从合理性出发，提升了我们的想象描写的质量。有了大胆新颖又合情合理的想象，如果再把故事人物描写得更细致生动一些，那将有更大的收获！请看，如何把故事人物描写得细致生动，我们此前已经过较系统的训练。（出示 PPT：描写的方法有描写人物的语言、外貌、行动、心理；捕捉经典细节描写；注意环境描写；运用对比、比喻、衬托……）明白了吧？给大家 3 分钟，之后进行第 3 次交流。开始。

众生： （写作 3 分钟。）

师： 最后，哪位发表大作？这可是压轴大戏呀。好，荣星喻同学举手了。

生 22： （读下文。）

一幅只给你的画作

琼珊那苍白的脸上渐渐有了点血色，泛着红晕的脸庞如朝阳一样让苏艾看着舒心不少。我们的琼珊依旧每天一早就拉开窗帘，趴在那荷兰式的窗台上，看着那无论风吹雨打都不曾掉落的常春藤叶。

"等我再好些，我们就去那不勒斯海湾写生吧！"琼珊回头对弯着腰在锅灶前做着鸡汤的苏艾说。

"好，你说什么都好。只要我的病孩子开心就好。不过现在——就这几个月，我想我们得多涂抹些商业画，好让我们攒足旅费啊！"

……

临走的前一天，琼珊走进了老贝尔曼曾住过的屋子，杜松子酒的味道依旧在那里弥漫，怀着一颗用言语怎样都不能形容的复杂的心，她走向角落里那积起了灰的画架，那些笔散落在周围，白里泛着黄的只用一个钉子钉在了板上的可怜的

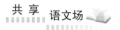
它——空等了整整二十五年的画布还在焦急而又沮丧地等着、等着……

碧蓝的天空连着碧绿的水；白色的云朵和着白色的沙滩，海中突起那连绵的山丘，点点绿意唤醒新的生机；掠过天空的海鸥、爬过眼前的小龟……天哪！多么美好的一切。那是，琼珊魂牵梦系的圣地——留在沙滩上的那排脚印；用贝壳拼出的爱心……对我们久病初愈的琼珊来说，欢乐足以溢满心间。

她选好了一个角度，架起了画架，铺上了那"古老"的画布，调好了颜料……

琼珊望着那碧蓝的海水，眼前缓缓地浮现出一个人影：摩西似的胡子、萨蒂尔似的脑袋、小鬼般的身材，"贝尔曼，贝尔曼！"琼珊的心里在叫着，呼喊着。

或许是琼珊画得太入神了，她竟没意识到一个好生了得的人物（对，我想我必须用"人物"这个词）站在了她的身后，正用一种疑惑的眼神看着她在那画布里碧蓝的天空上绣上一片常春藤叶，却又用十分欣赏的眼神凝视着整幅作品。当琼珊放下画笔时，我们的大人物不禁拍手叫好，琼珊被这声音狠狠地吓了一跳。

她转过身去，只见一个俊朗的青年站在她身后，抬头正迎上他看来的目光。天哪，这"大人物"竟有如此深邃却又显得如此清澈的眸子，她想那便是艺术家的眼神。

噢，你看，我亲爱的读者，我都说忘形了，忘了告诉你们那"大人物"是谁，他啊，是意大利著名的油画家，深受意大利皇室和同时代伟大艺术家的赏识。他的画大多价值连城，但是，请注意了，他也是一个从贫民窟走出来的孩子。相同的经历让他和琼珊很有兴致地聊了起来……

琼珊将贝尔曼的故事告诉了他，泪水从琼珊的脸庞滑落。"艺术没有爱，便不是杰作，这便是我的梦想。"我们俊朗的男青年若有所思地答道："我想您画了一幅真正的杰作。"

"您知道吗？贝尔曼的梦想正是这个。"琼珊幽幽地说。

"如果您相信我，请让我向别人推荐推荐，您会因此而改变命运。"琼珊欠了下身子："谢谢您的夸奖，但我只想把它献给一个人，但如果您愿意，请问我能拥有一张您的照片吗？我想将您的梦想带给他，告诉他，他的梦想会在这文艺复兴之地生根发芽。"

回家的路上，琼珊来到了贝尔曼的墓地，在那坟头上放上了那幅被称赞是杰作的画，那个有着深邃眸子的男孩子的照片，还有一个信封。噢，对了，她还为贝尔曼捎来了一瓶杜松子酒。

我亲爱的读者,现在,让好奇的我们来翻翻那些东西吧。那张照片背后是琼珊娟秀的字迹:"我相信你的爱在传承,你的梦想将会成为永恒。"再是那幅画,画布背后是无力而散乱的四个字:"你……我……杰作……"原来,我们的贝尔曼,在寒夜受冻回来后,颤抖着握着笔,用尽最后一点气力,把毕生最要紧的话定格在了画板上。那封信呢?琼珊轻轻说道:"亲爱的贝尔曼,如果它是一幅杰作,也是一幅只给你的杰作……"

师:这篇文章如何?(掌声四起。)这是一篇想象新颖大胆,十分合情合理,而且十分细致生动的优秀小说啊。人物的音容笑貌跃然纸上,场景的绘声绘色如在眼前,故事的曲折精彩动人心扉。在这里,我们评价倒成了一种多余,因为对于这样的佳作,最好的做法是——沉浸与回味。(掌声又起。)

众生:了不起啊,真棒……

师:一片掌声,一片赞叹声——我们收获了多少幸福啊。同学们,这次续写,我们从文本的结尾开始,紧密联系原文的人物与故事,展开了想象描写的翅膀,尽情地自由地飞翔着,收获了一路风光。如果说文本与我们丰富的生活,是我们想象描写的船舱与航道,那么,我们广泛的联想与激情的创造,便是我们想象描写的双桨与广阔的海洋。只要我们将想象与文本、生活紧紧联系在一起,我们写下的小说续集,也不会比"欧·亨利式的结尾"这张名片逊色吧。《最后的常春藤叶》确实是一张名片,而我们的续集,也将是一张张崭新的名片!同学们,有信心吗?!

众生:有!

师:好的,请同学们把今天的续写整理成一张名片,明天,老师将捧读你们的名片!下课。同学们再见。

众生:谢谢老师!老师再见!

显然,我们在这里看到了主任务——为《最后的常春藤叶》续写故事,并通过完成这篇文章的写作任务,达到描写想象的新颖、合理与形象生动之目标。

同时,为了完成主任务,笔者又设计了三个项目任务,并且设计了完成这三个项目任务的渐进流程:想象描写的大胆新颖—想象描写的合情合理—想象描写的生动形象。不仅如此,在每一个项目任务下,又设计了情境创设—写作—情境点评提升的三项小任务。这样,自然形成了符合学生需要的学习任务群,促进了学生写作思维与表达的共同发展。

这堂课的实录,参加了由全国中语会主办的第三届全国中学语文教师基本功大赛,获得优秀案例一等奖,且让笔者在会上交流上课经验,受到全国专家与同行的一致好评。

下面是一位学生现场写好几个片段,课后连缀成文的作文。

常春藤画家

高一(9)班 朱晓伟

老贝尔曼匆匆离开了格林威治,未能带走两位青年,空余下那微黄的画布以及在空气中似乎弥漫着的叹息。

又一个雨天,云密而低,雨丝虽细,但也很快朦胧了视线。老贝尔曼墓前伫立着一位年轻女子,一身素服,默默伫立,一片死寂,只有一株刚栽下、随风轻摆的常春藤打破这阴沉的格局……依旧阴雨,却不见了那女子,墓前的泥地上唯余一串脚印,一步步迈向远方,又似迈向未来……

昔日繁华的华盛顿大街依旧车水马龙而不显倦怠,与没几个人居住,明显破旧的格林威治村形成鲜明反差。长凳上的露宿者收到了秋风送来的一两张报纸,他们用这薄纸片尽力裹紧蜷曲的躯体,以获得虚假的温暖。

报纸上的大标题是某艺术家拍卖了一幅作品,帮助了一群落魄人摆脱了窘境,那作品十分引人注目,画上似乎是一株绿油油的植物,有藤有叶,但植物的特征便止于此。引人注目的是稍远处,那生命体现出的人形,先是一个"思想者"似的轮廓,再近些,似乎又有许多身影在舞动画笔,调和颜料,再靠近些,那些身影却又在描绘同一人——摩西似的胡子,萨蒂尔似的脑袋。没猜错,正是琼珊的手笔,她现在在哪儿?别急,穿过那依旧发着疯似的胡同,找到那18世纪的三角墙、荷兰式阁楼,不用上楼,那楼下的工作室里便可见她的身影,正用陈面包擦去一幅刚定稿作品的铅笔线。

琼珊瞥一眼墙角那依旧空白泛黄的画布,心中轻轻一叹,呷一口红葡萄酒,在淡淡酒意中她思绪逐渐荡开:从那不勒斯湾回来后几年,她和苏艾都积攒了一定的名气,苏艾决定求学海外以谋求更大发展,但琼珊却执意留下来完成老贝尔曼未能完成的杰作。然而琼珊觉得灵感就在笔间却就是无从宣泄。因此,那画布除了泛黄就没有更生动的颜色了。

倒是其他随心而创的作品使她赢得了不小的声誉,成名后她总竭尽所能去帮助同她以前一样落魄的、在巷子里的艺术家,很多人都通过努力离开了古色古香的村子,但琼珊在欣慰之余却依旧闷闷不乐。

琼珊开始为作品上色,颜料板上是些金色至绿色的颜料。画笔轻舞着,脑海不断闪现着蓝天绿水金沙海鸟,一切美得足以让琼珊忘记了画笔……琼珊抹好了呈叶状的一片,叶梢是金色的沙滩,沙滩的质感让它看上去像叶的细齿,海水自然地由金色过渡至深绿,波涛似的起伏的叶脉,靠叶柄是弧形的海平面,将人们的视线带向更远处,那永远不可及的弧线似乎能勾起每个人心中尘封的往事,辛酸、艰难相交织,心情走向波动,但终又在这注目间归于平静,琼珊少有地在思绪泉涌时停下画笔。她走向墙角的画布,留下淡淡铅笔痕,而后离开了画室,跨出门了还深情地回望了一眼,似乎预示着一场离别。

那画布上隐约一行娟秀的字迹:"未完成或许已是最好的杰作。"

画布隐约飘出一阵杜松子酒香,正如一个老画家渴求知己时常喝的。

(二)案例及其解读二

再看高一(下)的一堂课堂教学实录。

 高一(下)作文导练评之五

"清明"之念

——联想与主题和选材(导练)

师:同学们,窗外的天气明朗而干净,春天的气息扑面而来,嫩绿的柳条,欢快的鸟语,扑鼻的花香,让人不禁心下沉醉。现在我想问问同学们,距今最近的一个节日是什么?

众生:清明节!

师:回答得非常好。在这个浮躁的时代,让我们重新来回味清明。古人描写清明的诗句随手可拈,清明时节雨纷纷——

生1:路上行人欲断魂。

师:无花无酒过清明——

生2:兴味萧然似野僧。

师:梨花风起正清明——

生3：游子寻春半出城。

师：几位同学，反应敏捷，与老师对的诗句严丝合缝啊。关于清明，老师简单介绍一下吧。清明节是中国八大传统节日之一。八大传统节日是哪些呢？春节辞旧迎新，元宵节火树银花，清明节慎终追远，端午节龙舟竞渡，七夕节牛郎织女，中秋节月圆人圆，重阳节登高望远，腊八节佳粥浓情。《论语·学而》中有"曾子曰：'慎终追远，民德归厚矣。'"清明节即是慎终追远的时刻，清明还是二十四节气之一。由此可见，清明，在人们的生活中是多么重要啊。

今天这节课我们将由清明一词展开广泛联想，联想到与清明相关的历史、人物、习俗、自然、天气、心灵等各个方面。由此想到这些方面之后，再集中到某一点，围绕这一点再展开联想，为的是集中地表达主旨。

围绕清明节首先展开的联想，是从历史上来说，也就是从周朝开始，到现在有两千多年的历史，这是一个非常悠久的节日。那么，清明节的习俗有哪些呢？对的——扫墓。传说清明当初是帝王祭扫的节日，后来民间仿效帝王也进行祭奠。还有什么习俗？

生4：吃青团。

师：是的，其实就是吃寒食，过去这几天还禁烟火。还有呢？

生5：放风筝。

师：说得好！还有踏青、赏花、游春呢。这些习俗，就在清明，也因为此时天气清明啊。另外，清明可以说是最长的节气。一般来说，清明是在4月5日。但其实有一种说法，节前十天，节后十天或者八天都算是清明——这中间有将近二十天啊。过春节，一般的看法是大年初一开始到正月十五结束，也不过才十五六天。为什么清明节如此之长？同学们可以展开很多联想。以上这些是关于清明的历史、习俗，它还与自然有关系呢。请同学们说说。

生6：清明是一个节气。"清明前后，种瓜种豆。"它是春耕春种的大好时机。

师：是呀，还有一句谚语："植树造林，莫过清明。"还有呢？

生6：下雨。古诗说"清明时节雨纷纷"。

师：清明，固然雨纷纷，但清明，顾名思义，它也清澈明净啊。其实现在已经进入清明，过几天就是清明节了。清明，清澈明朗，由这个自然的清，可否想到人生的什么呢？由历史、自然、习俗联想到人生,同学之间交流一下,能够联想到什么呢？

众生:(思考1分钟。)

生7:由清明,想到人生的明朗。

生8:由清明扫墓,想到思念亲人,珍惜现在。

生9:想到扫墓,进而怀念失去的亲人,回忆亲人生前的一幕幕。

生10:由清明习俗,想到对传统文化的怀念。

师:这想法很好。2008年清明节开始作为官方节假日放假,这是对传统文化的尊重和怀念。传统文化哺育了我们,但它在国际舞台上似乎在渐渐淡出,为了应对这种文化危机,让传统文化一代代传下去,我们国家将重要的传统节日列入节假日。这不仅仅是让人们在繁忙工作之余适当休息,而且是让我们的心灵回归文化之根哪。接着说——你们还联想到了什么呢?

生11:做人要清清明明,干干净净。

生12:为官清廉。为人处事明察秋毫。

师:古代的衙门有块牌匾,上面写着"正大光明"。但在过去,县太爷能否清清明明,则又当别论。还想到哪些不一样的?

生13:我想到了交通问题。清明时候为了扫墓,人和车都很多,交通拥挤不堪啊。

师:这是与之相关的联想呢。

生14:我想到了因为清明,因为祭扫,墓地价格上涨。

师:清明,是亲人哀思的日子,却在墓地上耗费巨大,反映了什么问题?

生14:利用人们对先人的尊重和悼念的圣洁感情牟利呗。这玷污了人的心,玷污了炎黄子孙过清明节的清清明明的心。

师:请大家为他鼓掌!(师生鼓掌。)仅仅是交通拥挤,那么主旨会有点浅。立意的深度,来自这样一层层广泛、深入的联想啊。大家接着说。

生15:怀念祖先、自己的亲人。每逢此时,思念亲人。

师:并不只有这个时候才思念亲人,只是通过这个仪式来表达自己对已逝亲人的悼念,使我们的传统文化更有人文气息,不再落下,不再被遗忘,一个忘了自己根的民族是危机四伏的民族。来,接着说。

生16：很多人扫墓，以前扫墓带很多菜，现在都用环保的扫墓方式，用鲜花代替了饭菜，有的甚至在网上扫墓。

师：扫墓方式在变化啊。有的还是公祭呢。

生16：思念亲人并不一定需要浪费的方式。简单的方式也很好。

师：文明扫墓，文明纪念，这是时代的风尚，传统与风尚结合，可以展现时代文明的丰富性。

生17：清明，是一个为祖先祭扫的节日，祭扫祖先不一定要停留在一个仪式上，而是追寻这个家族那么多年来一直有的，像家族顶梁柱的一种精神和品格。平时很忙，没有很多时间怀念逝去的亲人，但在清明这个安静和肃穆的环境中，这种追寻既是对自己的反思，也是对心灵的一种洗涤。

师：这位同学说得多么深刻啊！清明，不仅仅只是一种怀念，更重要的是在缅怀的同时，继承先辈或者逝去亲人的某种精神。同时，清明也是荡涤自己灵魂的最好时节。因为它清澈明朗的天，清澈明朗的情怀，自然而然就荡涤了心灵中的污垢。来到墓前，来到这方净静之土，来到这方清明的天地之间，自然而然感到了心地的澄澈，从而让自己的灵魂不断升华。这种升华中包括对自己祖先某种精神的传承。

其实不仅仅是我们自己的亲人，还可以想到中华民族共同的祖先。清明时，我们往往祭祀中华民族的先祖，祭祀炎帝黄帝，也祭拜孔老夫子。这些，可能超出了自己对亲人的一般性纪念吧。

同学们，刚才我们展开了丰富的联想，想得多么棒啊。那么，现在，让我们集中于想到的某一点，围绕这一点再展开，写一个联想提纲。可以根据刚才同学们的发言，选择你最感兴趣的某一点拟写提纲。第一次展开联想是想到了习俗、自然，还有历史、社会、人生。5分钟后，我请同学发言。

众生：（5分钟写提纲。）

师：（学生写作的同时轻轻提示）我们曾经学过相关、相似、相反、因果联想，也可用来写提纲啊。"清明"是话题，文章标题可以自拟，主旨是什么也要写写，一条条写，层次会更清楚。

下面抽查几位同学，说说你围绕"清明"话题的某一点，或某一主旨写出的提纲。陆天桓你来念念。

生18：大家好,我说的是清明期间人们传承烧纸的习俗。

师：你只是反映了这样的习俗,主旨是通过某种材料表达某种中心、某种情感、某种态度、某种观念。

生18：传承习俗是好的,但不能过多烧纸。

师：主旨倒是明确的,但不是很深刻。依据你的事实可以考虑立意为"传承习俗,但一定要有节制"。你继续。

生18：第一,在城市中烧纸的很少,但在农村等偏僻的地区,经济比较落后的地方,烧纸很多。大规模烧纸容易引发火灾。第二,焚烧的不仅有纸张,还有家具。第三,这样的焚烧是不合法行为。第四,传承习俗,但不能过分。

师：这样写来,倒有点说明文的架势。近段时期,我们训练的目标是记叙性、抒情性文章描写。主题也要深化一点。请你来说。

生19：主旨是:清明是一种缅怀,缅怀的方式并不只是表现为泪水。第一,大伯去世,清明怀念大伯,在自己的想象之中,大家应该痛哭不已,可大家显示的是一种平静。第二,我以为大家对逝去的亲人很冷漠,于是和小朋友们放心而开心地去玩火纸和祭扫物品,却突然发现家人眼角泛红,感受到一种内心的无言而无声的悲伤。第三,不流泪是为了让逝者在另外一个世界安心。

师：有条理,很感性,有情怀。你呢?

生20：主旨是表现当今名人古墓成了清明的炒作品而带来的反思。第一,清明我们在祭奠着亲人,有些人则在祭奠文化圣人和历史名人。第二,孔子有明确的孔庙、孔陵,人们祭奠的时候有明确的地方前往。第三,为了追求过多的经济效益,多地争抢名人墓地的归属,比如曹操墓。

师：反映了一种社会现象,但前两点好像不是围绕主旨展开的,有点游离,改改吧。你说说。

生21：首先说中心,中心是:回忆祖先的过程中发现自己没有传承他们的精神,从而反思,在用先人精神荡涤自己心灵的时候获取动力。然后说纲目,首先写一个引子,引清明时节全家祭扫奶奶的场景,我坐在坟旁凝视墓碑。其次,展开联想:联想一,回想奶奶的人生,表现她的坚强。通过爸爸的讲述,回想奶奶和爷爷在三年困难时期那些岁月,不曾掉一滴泪,然后联想到奶奶一直对我说的一句话,孩子别哭,要坚强。对比我,虽然我一直记得这句话,但从没好好做到这一点。总是在很多时候为小事而泪流满面。联想二,奶奶的贤淑和慈爱。奶奶工作努力,是纺织厂的先进工人,而在家又是一个好妻子好母亲,她总是在家里做好饭等爷爷回来一起吃,悉心照顾婆婆和小孩,从不抱怨劳累,对比我的任性爱耍小脾气,然后会有一个过渡。联想三,想到家族的祖先,祖先的特点是敢为人先,写荣德生、荣宗敬两兄弟,联想我为他们骄傲自豪的时候不断在学习中升华自己,在生活中锻炼自己,让家族有一天为我而骄傲。最后是结尾:在点明主旨的同时,写我从奶奶坟前起身,拥有了一种蓬勃向上而晴朗的心情。

师:联想丰富,有相关、相反联想。奶奶与荣氏祖先的精神,荡涤灵魂,升华自我。写法上有对比。写得很好!有这样的好提纲,一定会是一篇好作文。要围绕中心展开联想来选材,不要写成议论文提纲。下面给大家5分钟写一个片段。

众生:(写作5分钟。)

师:下面我们来听听一些同学的片段描写。有请。

生22:清明,正是一个祭祖、扫墓、踏青的时节。

说来惭愧,国定三天假,扫墓最终还是由父亲代劳,"学习忙,一片心尽到就好",我如是安慰自己,思绪却又回到老家的坟场。那次祭扫,还是在年关之前,多云的黄昏,风刮得紧,低矮的杂草早已枯黄,上空时而掠过一只飞鸟,能听到拍打翅膀的声音,思绪又随焚化的纸钱飘着去远方。

最新的一方墓中葬了我的祖母,祖母的容貌随时间流逝在记忆中不清晰了,但形象却是分明的,一个瘦小却不瘦弱的女子,操持内外,支撑起了一个大家庭。

师:这里,由清明的祭扫不成,自然联想起了另一次祭扫。环境描写非常吻合祭扫者的心绪,似乎要表达的是对奶奶的悼念与赞美吧。来,你说说。

生23:姥姥的骨灰是放在塔里的,被置放在高高的第十五层,违背了她那个年代所希冀的入土为安,她会不会感到委屈呢?⋯⋯

师:这个开头就会引发我们亟待追读下去啊!你说说。

生24:纷纷扬扬的雨和都市的浮躁交织在一起,然后能让人沉静下来,给自己的心灵留下一片空白,追怀自己的亲人⋯⋯

师:将自然与现实联系起来追思,又深沉了不少啊。后面这位,你读读。

生25:我费了好大的劲才能爬上奶奶的坟地,打开箱子,是备好的纸钱、香烛、点心,静静地在供桌前摆开,心头萦绕的是一种推不开的沉重。

　　"去和奶奶说说话吧!"大伯提议道,我点点头,坐在了墓碑旁,头依着石碑。奶奶走的那年,我还是个黄毛丫头,在奶奶的怀里撒了会儿娇,又急急地要溜出去玩,等到懂得相互依靠的年龄时,却发现奶奶已经不在了。

　　我不知道去说些什么,只想在佛乐声里,听奶奶的余音,听回忆说话。

师:从刚才同学们的片段里,我听到了联想的翅膀呼呼扇动的声音,我感到了清明的情怀在哗哗流淌,我看到了同学们不断成长的清明的天地!愿大家常怀清明之心,永葆清明之境!下课后,要写好这清明文章哟——有信心吗?

　　⋯⋯

现在,让我们梳理一下上面这个案例。

从宏观上看,"'清明'之念——联想与主题和选材(导练)"这一作文主题,属于"奋斗牺牲"这个大主题单元,因而,其写作目的,是让后人在清明这一时节借此表达对那些为我们奋斗甚至牺牲的亲人、伟人的思念、悼念与纪念,同时,借此培养与提升学生联想思维与集中归纳思维的核心素养。

从中观上看,笔者巧借写作时的清明时节特有的共享氛围(上海学生人人尽知、不少同学参与清明祭祀活动),联系相关诗词烘托出了清明这一时节特有的"慎终追远"的真实情境,这样,就更能促使学生主动积极地完成"'清明'之念"这一"学习任务群"。

从微观上看,通过写作此文,不仅完成了怀念之旅,还能完成培养学生联想能力这一主任务。为此,笔者采取"阶梯渐进式"作文教学流程,逐步完成由创设清明时节的真实情境—确立"'清明'之念"这一标题—"'清明'之念"的提纲构建—联系交流提纲的情境,及时点评,以指导学生提升提纲围绕主旨联想选材的能力—完成"'清明'之念"的第一个片段—联系交流第一个片段的情境,点评指导学生对已写片段的修改与后续片段写作以进一步提升写作素养—进一步促使学生课后积极高质量完成其他片段写作与连缀成文—促进下一堂作文讲评时的有效鉴赏与评价。

下面是此次作文的两篇学生习作。

 "清明"之念——联想与主题和选材(导练)选文

清 明

许大成

由寒而暖,惊春谷雨,清雨连绵,濯净了万物的尘埃,似暖还寒,牵引了对故人的思念。

清明,正是一个祭祖,扫墓,踏青的时节。

说来惭愧,国定三天假,扫墓最终还是由父亲代劳,"学习忙,一片心尽到就好",我如是安慰自己,思绪却又回到老家的坟场。那次祭扫,还是在年关之前,多云的黄昏,风刮得紧,低矮的杂草早已枯黄,上空时而掠过一只飞鸟,能听到拍打翅膀的声音,思绪又随焚化的纸钱飘着去远方。

最新的一方墓中葬了我的祖母,祖母的容貌随时间流逝在记忆中不清晰了,但形象却是分明的,一个瘦小却不瘦弱的女子,操持内外,支撑起了一个大家庭。

祖母为人处世之道自不用说,对我更是疼爱备至,而我却是不懂得。

祖母腿脚不怎么灵便,但我回乡没事就喜欢乱跑,老祖母就跟在后面小步子高频率地赶,祖母又有哮喘,便只好赶一段,停下喘老一阵,再眯起眼,望远处有没有我的人影,再赶,赶上了说一句"祖宗哎,别再跑了,再跑让人贩子抓去,我这把老骨头就不用遭罪了"。说着牵着我回家,还有些喘,我却怪祖母的限制。

当时的我也曾在亲戚面前"夸下海口",挣第一笔钱时要为祖母选根拐杖,自然是博得一片"懂事"的评论,祖母也笑着,而我不懂得祖母比起拐杖更需要的是多点时间陪陪她,拉拉家常,哪怕什么都不做也好。当明白了这一点,回家次数却因进了初中而少了,每次离乡却又引老人涕流泪下,我想回家却又怕分离,再之后,拐杖也成了一张空头支票寄往天国,我还敢再晚点懂得这丁点人情世故吗?

在祭扫中,看着纸钱的灰烬漫天飘飞,祖母啊,晚辈们送钱来给您用了,没有地址,这钱只好寄给上帝,再由他转交,但祖母是只信佛的,这份哀思通过"外交"还得打折扣,而如今似乎真的忙得连哀思的时间都余不出了——还好,有清明,但清明一天,多乎哉?不多矣。在这一天寄托哀思是远不够的,而人又不能天天活在哀思之中。

因此,只能争取树欲静而风止吧!

清　明

荣星喻

我费了好大的劲才能爬上奶奶的坟地,打开箱子,是备好的纸钱、香烛、点心,静静地在供桌前摆开,心头萦绕的是一种推不开的沉重。

"去和奶奶说说话吧!"大伯提议道,我点点头,坐在了墓碑旁,头依着石碑。奶奶走的那年我还是个黄毛丫头,在奶奶的怀里撒了会儿娇,又急急地要溜出去玩,等到懂得相互依靠的年龄时,却发现奶奶已经不在了。

我不知道去说些什么,只想在佛乐声里,听奶奶的余音,听回忆说话。

爸爸讲过那些故事,讲奶奶如何陪爷爷来上海,如何梦想着大都市的繁花似锦,但等来的却是一场漫长的噩梦。荣家摘不去的资本主义的帽子和爷爷闯荡香港的经历,在那动荡的岁月里,日子更显得艰难。

但每一天,屋子依旧是井井有条,粗茶淡饭也会认认真真地来做。奶奶是个大家闺秀,怎会想到会经受这番苦难。那些岁月里奶奶依旧把日子过得平淡,但是家里人从没有听到过奶奶叹一声气,看到过奶奶落下一滴泪。

不得不说,奶奶是坚强的。

小时候的我,一生病就哭,奶奶总哄着我:"乖,星星不哭。"长大了些,受了什么委屈,就一个人闷在角落里流泪,奶奶会把我抱到腿上,拍着我说"孩子,不哭"。

于是,在那有限的、点滴的记忆里,奶奶和那句"孩子,不哭"牢牢地系在了一起,在我脑海中浮现。

而我,终究是脆弱的,直到现在,不大的事情总能让我的泪水盈满眼眶,用掉的纸巾常常如小山丘堆在了面前。这一点上，我深深地内疚。那支撑起一代人生活的品行，我却连个皮毛都没有学到。

我所不曾学到的或许还不只这些。作为妻子，奶奶是贤淑的，永远会等爷爷来再开饭。作为母亲，奶奶是慈爱的，孩子们的衣服书包，是她一针一线缝出来的。作为邻居，奶奶是热心的，敞开的大门，迎四方来客。

奶奶总是念叨着："等有一天，星星长大了……"我想我得快快长大，让奶奶的在天之灵不再为懵懂而脆弱的我担忧。

离青龙山不远就是梅园，那一片傲雪盛开的寒梅下，躺着荣家最成功的一代人，是奶奶嘴里"我们老荣家……"的光辉岁月。

曾几何时，荣氏兄弟立在上海滩成排的工厂前，说道："全中国一半人吃我的，一半人穿我的。"用果敢与敢为人先的精神开创了荣氏家族百年不灭的神话。曾几何时，荣毅仁走出扫了八年的厕所，换上西装，一身的傲骨，震撼了美国的商务代表，创立中信集团，敲开了中国走向世界贸易的大门。

世纪的寒风没能吹倒这个家族，它依旧留有着像梅花一样傲然于枝头的气概。

记得，每一个荣家的孩子儿时便会立志：做社会大浪里的中流砥柱。或许传奇不会再现，但扎根在我们灵魂之中的傲骨，却足以撑起我们的人生。

街头的春风还有一丝冷意，汽车驶进了城区，一点一点开始喧嚷起来。我用手擦去窗上的白雾，在一段沉思之后，我期待一次蜕变的开始。

第三节　语文内场
——高一(上)"阶梯渐进式"作文课堂实录选

 高一(上)作文导练评之六

《走近新老师(新同学)》
——描写灵活,立体多样(导练)

师: 同学们,要把一个对象,把一个人写活,该怎么办? 想想《边城》,我们刚刚学过,里面的翠翠和爷爷的对话,他们的音容笑貌,鲜活得像刻在我们的脑海里,还有《跨越百年的美丽》中的居里夫人,她那深邃的目光、坚定的话语、执着的追求和淡泊名利的理性美,已深深烙在我们脑海里了。要把人物写活,怎样去描写呢? 把人物写得鲜活,我们就需要灵活——你灵活了,人物就鲜活了。如何灵活运用各种手段? 我们回顾一下这两个片段。第一段看《蒹葭》,在寻找伊人的时候,你看我们这个追逐者虽然没有出现名字,但是他追逐的形象始终不会让我们淡忘。同学们看看,作者是怎样表现这个追逐者的痴情和专注的?

生1: 从人物在空间的变换方面来写——"溯洄从之""溯游从之"。

师: "溯洄"也好,"溯游"也好,他都在追逐着,对不对? 这实际上是在写这位追逐者的什么?

生2: 行动,是行动描写。

师: 是的,而且这个行动,他不是一次"溯洄从之"和"溯游从之",而是随着时间不断地变化,还有随着空间不断地变化——对不对? 所以这就体现了他的什么特点?

生3: 追逐的执着、专注和痴情。

师: "溯洄从之""溯游从之"这是行动,属于从什么方面来写?

生 4：这是从正面来写他的。

师：那么，诗歌还从哪些方面来表现他的追求和执着？请你说一下。

生 5：从一些环境，比如说"道阻且长"，道路漫长而又艰难，但他依然前行。

师：（板书：道阻且长。）还有呢？

生 5："道阻且跻"，然后……

师：（板书：道阻且跻、道阻且右。）对不对？写道路就有"长""跻""右"。大家想想，写他面对这样的道路，实际上就是在写他追求道路上的重重困难——对吧？这是从什么角度写他的呢？

生 6：侧面描写。是从他追求道路的艰难来表现他追求的执着。

师：好。诗歌还有侧面描写吗？

生 7：他一清早就去了，是从"白露为霜"这清早之景看出来的。这是侧面描写。

师：这位同学注意到蒹葭的这个景物上白露变化的特点，很细心。

生 7：还有，"白露未晞""白露未已"，从白露的变化可见时间在不断地延伸。

师：是啊，正是以此来烘托他追求的时间很长——对不对？道路是难的，追求的时间是长的，其实还有一个非常重要的侧面——就是伊人位置的变化，哪位同学回答？

生 8："在水一方""在水之湄""在水之涘""水中央""水中坻""水中沚"。

师：是的，伊人位置一直在变，而追逐者呢？

生 8：伊人虽在不断变化她的位置，但追求者一直没放弃，一直在追求——他一直都"溯洄从之""溯游从之"。

师：哎——真好。这是伊人位置的变化。诗歌就是从别人的角度，从景物的变化等等，通过正面和侧面来表现追逐者对伊人追求的执着、钟情、始终如一、痴心不改。所以这个追求者的形象就这样形象生动地活在纸上，活在千秋，活在我们的心灵深处了。可见，《蒹葭》灵活运用了正面描写和侧面描写相结合的手段，让人物鲜活起来。《跨越百年的美丽》中的居里夫人形象，怎么会在我们的头脑里生根发芽的呢？请你说说。

生 9：我觉得，先是描写居里夫人她自己对事业的坚持。

师：嗯，这是写她的什么？

生 9：先抓住她的外貌。

师:比如说……

生9:玛丽·居里穿着一袭黑色长裙等等,写她外貌很美丽。

师:只是穿一身长裙就是美丽? 着重是抓住她的黑色长裙来突出她什么?

生9:端庄、正气、理性。

师:同时还写了她外貌中最不可缺少的一点是什么?

生9:眼睛。"让你觉得能看透一切,看透未来。"

师:对,这是她外貌中最突出的一条。这样就由外在的神突出了内在的心。
　　还抓住她什么去写?

生10:写了她的行动美。

师:她哪些行动? 譬如……

生10:终日在烟熏火燎中提炼镭,一干就是好几年。

师:这是事业上执着追求的行动,还有哪些感人的行动细节?

生10:为了学习不受干扰,她把美丽的长发剪短。

师:老师补充一个:她为了回绝所有的追逐者,每天都坐在最前排,给追逐者
　　一个无情的后脑勺。这个细节,表现她排除一切干扰而追求学业,是不
　　是? 当她卓有成效的时候,她……

生11:当她卓有成效的时候,她无视名利、荣誉。

师:从什么角度表现她无视名利、荣誉呢?

生11:从侧面,爱因斯坦对她的评论。"爱因斯坦说:'在所有的世界著名人
　　物当中,玛丽·居里是唯一没有被盛名宠坏的人。'"

师:对的,一个伟人对另一个伟人有这么高的评价,可见她是非常淡泊名利。

生12:我补充一个细节:她把奖金送给科研机构,把奖章送给六岁的小女儿
　　当玩具。

师:对的,这个行动细节,足以看出她多么淡泊名利。

生12:可见她理性超群,站在了智慧的高地。

师:能用文章的主要词句来回答,很好。刚才我们从学过的这两篇文章里悟
　　到了这样一个道理:鲜活的人物需要灵活地运用正面描写和侧面描写的
　　各种手段来达到我们把人物写活的目的。同学们与老师和其他同学见
　　面有一个多月了,应该说互相都有点印象了吧。我看大家的眼中正闪烁
　　着耀眼的光彩呀。(大家笑。)那么,现在就请说说你现在对某位老师或

某位同学的印象,好吗? 好,请你先说。

生 13:我就说金熠波吧。我见他管我们做值日的时候,特别特别认真。我们做值日的时候,他有时候拿一把扫把跟我们一起做,还给我们检查,低下头去把一个个座位下的地板都看仔细,然后看黑板擦得干不干净,有一点点灰都重新弄,是很负责的一个人。

师:多么细致呀。特征是认真,动作、神情的细节说得很传神呢。

生 14:我说一下全含。我觉得她学习特别地认真和刻苦,并且十分好问,有不懂的问题就主动地去找老师或同学。

师:"有不懂的"是指什么? 具体点。

生 14:比如说一道题目,她不理解的话,会虚心地去请教。

师:好问的"好"字在哪里? 要排除一切困难哪,譬如虽然"道阻且长",但她仍然"溯洄从之",虽然"道阻且右",她还要"溯游从之"呢,要有这种追逐精神才能体现出"好"字。对不对? 要具体点。

生 14:一个问题,她总是能够问到自己彻底理解为止。

师:还要具体。比如,当她问到写作时如何突出中心思想的时候,或者是当她问到如何把语言写得灵活传神的时候,或者是当她问到如何把人物分析得更加透彻、立体的时候,等等。

生 15:我说一下周信安。我觉得他是个做事非常认真、勤勉、刻苦的人。他每天早上带领我们做广播操,每个动作都是非常到位的。

师:哪一节的哪个动作? 一般人做不好,他怎么做的?

生 15:比如说,有个那叫什么,弯腰下去,手要碰到地面的。

师:是腹背运动吧。老师都知道呢。

生 15:他是我们班劳动委员,我们做值日生的时候,他每个细节……

师:你还是先把前面那件事情讲完讲透,好吗? 不要急着把他很多事情堆在一起。每件事情说具体,它就生动了。

生 15:他做广播操,一般人手比较松弛,而他却伸得直直的,一般人弯腰手指尖到膝盖就不再弯下去,而他总是深深弯下,手尖触地。

师:这是多么具体的对比。他刚才提到在同样的情况下别人是那样,而周信安却这样,这种对比很好。此外,还有什么"比"?

生 16:类比,比喻。

师：对的，类比、对比、比喻——这都是让我们把人物写活的重要方法。有句俗话说得好："不怕不识货，就怕货比货。"大家看看，周信安做操和大家一比，就比出了他的认真与规范。（大家笑。）这就是信安的金字招牌。所以我们要善于运用比的方式。我们的居里夫人可以和斯托夫人比，可以和诸葛亮比，还可以和毛泽东比，和宋玉比，还可以和范仲淹比，对不对啊？这都是属于什么样的"比"？

众生：类比。

生17：她还可以和在课堂上用铅笔卷头发的这些人比，这属于对比。

师：补充得不错。居里夫人，还可以和当时整个社会都以自己的姿色来炫耀的那些人比，对不对啊？这就比出了居里夫人超越别人的那种理性之美。刚才大家说得很好，下面，我们写写。我想，大家写得会比说得更好，给大家5分钟。可以先写一个印象，用一两个词，然后再围绕其写一个片段。可要把一件事情写具体写清楚呀，还可以在这件事里把正面描写和侧面描写结合起来，譬如行动啊，外貌啊，或者是语言啊，心理啊，等等。通过环境等侧面描写也可以啊，还可以通过对比、类比、比喻，把这个人的某个特征写活。就写我们班里的新老师或新同学，要对得上号啊。

众生：（认真写。）

师：还有两分钟。……好，时间到了，大家可以边听边继续写。请你念一下。

生18：不得不承认他的数学思维是很敏捷的。每当他的想法与老师不同时，我都忍不住向他求教，但拿过他的草稿本时，我的心已如冰水一般凉。（大家笑。）

师：你写的是谁呀？

生18：同桌。

师：他的特点是什么？

生18：他的特点是做题速度快，但是他的过程十分混乱。

师：哦——还可以再具体些。请你念念。

生19：开学至今，令我印象最深的便是张墣同学了。一开始我就感觉到了他的成熟、稳重。当所有人不愿参加演讲比赛时，他挺身而出。他演讲时慷慨激昂、气壮山河。我们在底下仿佛听到一个成年人发表观

点一般。他顺利拿到比赛第一名,令我钦佩不已。

师:前面的关键词是成熟、稳重,后面的事情是挺身而出,挺身而出是不是成熟、稳重的表现啊?

生 19:不是。

师:所以你写的事情,要和你的观点吻合,明白吗? 成熟、稳重——比如说在很多人说话的时候,有人冒出一句过激的话,而他忽然说了几句话,就让我们的老师都啧啧称道,让我们的同学钦佩不已,让女生们惊叫不已(大家狂笑),这样就很好,这就叫成熟、稳重。请你来。

生 20:我说的是我们的政治老师。她那小小的脸上总是挂着一副笑容,双目炯炯有神。有一次,她走进教室,看见一位同学正和同桌嬉笑聊天,不认真做眼保健操。她笑着问道:"同学,你怎么不认真呢?"

师:你写了她什么特征?

生 20:幽默。她一次说的一句话引得大家都笑了。那句话是:"抓得住脚是禽兽,抓不住脚是禽兽不如。"

师:你开头没点出她幽默,而是先写具体的事情,再点出她幽默——这样写也可以啊。再请个同学念念,来,你来。

生 21:某某是个热情的人。她虽是个女生,但有着男孩子般活泼的性格。她对每个人都是怀抱着如太阳般火辣的热情。(大家笑。)这种热情能感染他人,即使有不愉快的心情也会被一扫而光。她喜欢扑向某个令她感到温暖的怀抱,然后像树袋熊般搂着她的腰不放。

师:嗯,什么什么般? 用了比喻,再重复一下。

生 21:像树袋熊般。(大家笑。)她的记性不好。有一次和她走在回家的路上,谈着许多趣事。突然间,她猛地抓住我的手,黑黝黝的脸上露出些许紧张的神色,一句话也不说就拉着我往回跑。我十分诧异,问她什么事。她低着头,脸上泛着红晕,吞吞吐吐地回答:"我的手机遗忘在教室里了。"她不好意思地用手挠挠头,眼里满是迷茫的神色,然后傻里傻气地笑了。

师:记性不好。同学们都能很快地抓住人物的特征来写一件事情。刚刚发言的同学都很好,绝大部分都能在很短的时间里抓住人物的特点,并且善于运用正面和侧面相结合的手法,有的抓住了行动,有的抓住了外貌,有的抓住了语言,有的从旁人的评价,以及对比、类比或者比喻方面来使这个人物尽量活起来。当然,光写一件事人物还是活不起来的,一件事写具体了他就活了。一件事要写具体,那就要写这个人在这件事情的来龙去脉中的具体表现,包括他的行动、外貌、语言,包括别人对他的评价,包括他和旁人的对比、类比或者比喻,这样他往往就活起来了。为此,我们再借鉴一位大师的文章,谁的呢?沈从文的。请大家看第一段。(同学们拿出老师事先发下来的沈从文散文节选。)

师:(老师动情地读第一段)"我见到你笑了,还找不出你的泪来。当我从一面篱笆前过身,见到那些嫩紫色牵牛花上负着的露珠,便想:倘若是她有什么不快事缠上了心,泪珠不是正同这露珠一样美丽,在凉月下会起虹彩吗?我是那么想着,最后便把那朵牵牛花上的露珠用舌子舔干了。"这是《月下》其中的一部分,我刚才念的这一段,写的是作者心目中的那个"你",我们一看就知道,她和作者之间的关系非常密切。那么他是通过什么样的行动表现自己对心目中的那个"你"的爱呢?请一个同学回答。

生22:作者把那个"你"当作牵牛花来赞美……

师:他心里是怎么想的?他做了件什么事?

生22:"倘若是她有什么不快事缠上了心,泪珠不是正同这露珠一样美丽,在凉月下会起虹彩吗?"于是他舔干露珠。

师:对的。他看到露珠,结果想的是心目中的那个"你",想到她心里有不愉快的事,才有了泪珠……他写泪珠,是为了表现为他所爱分担痛苦,不再让她流泪啊。用自己的甜美的语言,用自己的真心化解她所有的痛苦,就像用舌头舔干露珠一样。一个"舔",说明他是掏心掏肺地去爱她,才愿用舌子去舔。沈从文当时27岁,才写出了这样非常浪漫的事情来。那么下面呢,我们再看看。

生23:(读原文)"怎么这人哪,不将我泪珠穿起?你必不会这样来怪我,我实在没有这种本领。我头发白的太多了,纵使我能,也找不到穿它的东西!"

师:你念之后,觉得这节写什么?

生23:(思考后)原先写"我"怎么想,现在要推想"你"怎么想。这是心理描写。"白头发",说明为自己也好,为她也好,忧愁太多太多,可见"我"

为"你"分担多少。将"泪珠穿起",泪珠,代表痛苦,穿起,就是把痛苦收集起来,那不更让他平添不少的愁了。你看,通过心理描写啊,把他们之间互相体贴的这种细微心思写得多么精细。

师: 分析得真到位啊。是的,文中当"我"询问萤火虫,"你"在哪里,而萤火虫问我什么样时,作者借此更加细致入微地描绘了"你"的美丽。请大家一起读读。

众生: "我指那些闪闪烁烁的群星,'哪,这是眼睛。'

"我指那些飘忽白云,'哪,这是衣裳。'

"我要它静心去听那些涧泉和音,'哪,她声音同这一样。'

"我末了把刚从花园内摘来那朵粉红玫瑰在它眼前晃了一下,'哪,这是脸。'"

师: 同学们看看,这里用了什么样的表现手法? 写"我"心目中的伊人,美不美啊?

众生: 美——

师: 怎么美?

生23: 眼睛是星星,衣裳是白云,声音是涧泉的和音,脸是粉红玫瑰。这一连串的比喻把"你"写活了。这其实也是侧面描写。作者不是直接写"你",而是写像什么像什么像什么,通过别的来突出"你"。

师: 绝了。如果说这一段写的是细微的情感,写心目中的"你"是那么可爱,那么下面一个片段是写船上、岸上的景物,同样写得很好。这里我提两个镜头,第一个就是我和叔远一起去买梨子时候的情形,写得多好。请你读读。

生24: (读原文)"问那老妇人,'怎么卖?'

"'四十钱一堆。'说了又在我同叔远身上各加以眼睛的估价。

"一堆梨有十来个,只去铜元四枚,未免太贱,就一共买了四堆。

"'不,先生,这一共买就只要百二十钱。'

"'怎么?'

"'应当少要点。'"

师: 这段对话是不是使我们想起了《边城》中的渡船老板? 他也是这样不要钱,只留下了情和义。文章后面还有一个细节,写得好。

师生:(一起读)"这人实在太蠢了。城里人可不这样。"叔远的话的幽默使我
作一度苦笑。

师:"蠢"这个字,好在哪里?

生 25:"蠢"字,写出了叔远对善良、老实的老妇人又敬又怜的心理。

师:瞧,体会得多深刻多细微啊。同学们,今天,大师沈从文告诉我们怎样把
人物写活;《蒹葭》《跨越百年的美丽》告诉我们如何灵活运用各种手段来
写人;刚才不少同学的交流也道出了把人物写活的秘密,那么,我们就以
《走近新教师(新同学)》为题,依据自己课堂所写与交流所获,灵活运用
各种手段把某个人物写活,好吗?

众生:明白了! 好嘞!

 高一(上)作文导练评之十一

《最后的常春藤叶》续写

——在欣赏中被欣赏(讲评)

师:同学们好。昨天,我们参加了市教委和华师大一起主办的全市作文大赛
前二十名进行的现场口语交际比赛。我们学校组成了一个朗诵队,将我
创作的诗歌《母语啊母语,您让我们如何不爱》奉献给大会,获得了阵阵
掌声。我们师生一道在欣赏比赛的同时,又享受到了被欣赏的幸福。我
们今天呢,要欣赏讲评上次写的作文。那么,让我们也来一次"在欣赏中
被欣赏"吧。现在,我在黑板上画一个五角星——虽然画得不怎么
好——其中有这么几个要素,请同学们把它们的序号填到五角星中相应
的空白处,好吗? 这几个要素是:1.人物 2.故事 3.环境 4.结构 5.主旨
6.语言。大家在自己的纸上画个五角星,填填,速度快点,30秒后我来检
查噢。

众生:(画,填。)

师:这位画得很好,填得也很快。请说说你怎么填,为什么这么填。

生 1:我觉得"主旨"是文章的灵魂,应该放在最中间。上次我们写的是小
说,人物、故事、环境等其他要素填在"主旨"周围就可以了。

师:噢——你跟朱秋悦填得一样嘛,你们俩画了同心圆喽。(学生笑。)我也

是这么填的,(将黑板上五角星的空白处正中填上"主旨"的序号"5",周围填上其余五要素的序号。)我们大都一模一样嘛,这叫什么啊? 英雄所见——?

众生:（笑）略同。

师:请一位同学来解说一下,为什么把5(主旨)放中间呢?

生2:这是中心,是灵魂,其他的都围着它转。

师:是灵魂,相当于人的什么?

生2:拿一个人来打比方,相当于人的大脑。

师:说得好。我们说,文学家是靠心脏活的,物理学家是靠大脑活的,我们做人要既靠心脏也靠大脑,而写文章写小说也要把主旨放在这样的位置,然后其他的都是围绕着它转,这就形成了个写文章的五角星。我们以后都要把这颗五角星放在脑海里,这样文章就慢慢写好了。上次我们是为《最后的常春藤叶》写后续,通过想象描写,与名人对话。现在,我们手上已经拿到了为同学们准备的这次续写的《优秀作文选》,请大家任选一篇细细欣赏,给大家5分钟。一会儿,请谈谈小说是怎样表现这个五角星的精神的。……再给大家两分钟时间,前后左右讨论讨论,你欣赏哪篇小说,为什么?

众生:（热烈讨论。）

师:同学们,你若能很好地鉴赏别人的文章,自己的文章也会慢慢写好的。下面,请各组代表交流一下吧。第一组,周书畅,你给大家分享的是哪一篇啊?

生3:我最欣赏的是《永不凋零的艺术生命》。

师:"永不凋零的艺术生命",在本文中是指什么?

生3:应该是文中结尾处所描绘的情景。

师:请你读读蕴含着"艺术生命"的这几段,好吗?

生3:（读原文）"几天后,一个在艺术道路中迷失方向的年轻人走进了这幢公寓,并住进了苏艾和琼珊原来的屋子。就在他感觉前途迷茫之际,他瞥见了窗外那片'常春藤叶'。他非常惊愕,疑惑大冬天的怎么还会有叶子挂在枝丫上。他又仿佛被那绿色震了一下,心头一热。

"无意中,他看到了那角落的画架。他轻轻将它移到房间的中央,揭去盖在上面的画布。

"'天哪!'

"画布上,是一位上了年纪的男人,在一个寂静的寒夜里,趴在梯子上,在墙上画着一片绿色的常春藤叶。这幅画的下面,是画的题目:秘密——永不凋落的艺术生命。"

师: 从这里,同学们对"永不凋零的艺术生命"有什么理解?

生4: 那幅贝尔曼"在一个寂静的寒夜里,趴在梯子上,在墙上画着一片绿色的常春藤叶"的画,应该是苏艾、琼珊的作品,以作为纪念这位恩人的礼物,也作为传递爱心的一个信物。这样代代相传,艺术生命就永不凋零了。

师: 理解得真不浅啊。这里谈到"永不凋零的艺术生命",应该指的是富于爱心的艺术杰作。如果说你从事艺术只是为了赚钱或扬名,你的艺术生命就会凋落,因此,从这个题目,我们就可以看出爱心暖流的不断传递,是为"永不凋零的艺术生命"。艺术生命关乎人性,它要体现终极关怀,传达爱心——这样才称得上是最出色的艺术生命。请第二组的代表谈谈。

生5: 我分析这一篇,我觉得它写得很大胆。

师: 谁的,哪一篇? 大胆在哪里?

生5: 邱悦的《常春藤美术馆》。她把画有最后的常春藤叶的这面墙变成了一座美术馆。

师: 变成美术馆了——倒真够大胆的。同时,这样写合理吗?

生6: 苏艾、琼珊努力作画,直到她们成功,这时候她们有经济实力了,就回来做她们一直想做的事,保存贝尔曼的杰作,筹备成立这个美术馆,也就合情合理了。

师: 这个故事情节是很顺理成章的吧。这片最后的常春藤叶鼓励了她,给了她活下去的信念,当然还要活得有价值,对不对? 这个价值,也表现在这个美术馆的名字上。

生6: 正是这样,才叫它常春藤美术馆,这个名字也很合理呀。

师: 合理。因为常春藤叶救了她的命,更重要的,它给来参观的人一种常春的艺术感染力,是不是? 还有,这个美术馆有什么特点呢?

生7: 文章写它是免费开放的。

师：对的，它是不收费用的，这有什么意义？

生7：这就是常春藤的内涵——爱心无价啊。

师：我算是碰上欣赏高手了。好的，第三组的代表，谈谈吧——请你来。

生8：我欣赏金熠波的《调色板》。

师：你真有眼光。他的这一篇，在他班级上课训练交流其中片段时，区教研员情不自禁为他鼓掌呢。他的文章好在哪里？

生8：我特别欣赏这三节（读原文）：

"不久，我再一次见到久违的阳光，有一个年轻人进来了，他是来租房子的。

"他整理房间的时候发现了我，他是一个临摹家。当他知道贝尔曼的故事后，经常观看那高大的墙上孤零零的一片叶子，他反复揣摩，后来，他决定每天往墙上画一片叶子。日复一日，整个墙面被他所画的绿叶所围绕，黄绿交错，不时露出些许砖块的棕色，显得别有生趣。

"时间一长，竟引来了鸟儿。这儿，鸟儿越聚越多，开满了鲜花，人们又种了许多花树，后来竟成了一个优美清静的花园，引众多游客前来观赏。人们时而伫立，时而聆听鸟儿的歌唱，时而呼吸新鲜空气。

"从而整个地区都变得有活力了。饱受肺炎折磨的人们，也渐渐有了朝气，他们对生活、对生命充满信心。肺炎发病率更是逐年降低。大家努力工作，积极生活，带动小镇迅速发展，没过几年，这个小镇发展成一个全国闻名的大城市。"

师：读得津津有味啊。我们也要醉了。这篇文章，好在情节设计还是传神描写？

生8：情节构思很有新意。将"调色板"作为一个见证者，叙述故事，角度新；还有，就是故事发展的大胆跨越，先是临摹家把叶子画满了墙，接着是这里变成了花园，后来是这个花园带动了小镇经济……后面我未读的两段，竟然写了琼珊参加市长竞选演讲并获胜，将此市改名为"贝尔曼市"——这情节也太给力了！

师：我发现你的复述也十分精彩。

生9：我补充一点，这篇续写的题目"调色板"耐人寻味：它不只是一个叙述者，更重要的是，贝尔曼精神就像一块神奇的调色板，把一切都调得很美很美,只能意会,不好说出来……

师:这块神奇的调色板,调新了当地的风景,调活了小镇的经济,调来了善良与奋斗,调出了一幅幅爱与美的图画啊。

生 10:还是老师会写诗啊。

众生:(热烈鼓掌。)

师:第四组的代表,在哪里?

生 11:我最欣赏《叶子收藏家》那篇。苏艾、琼珊本来是搞美术的,后来却开了一家树叶博物馆,她们已经不是为了画画,而是展示叶子。

师:噢——这个,真的出乎意料啊。那怎么又在情理之中呢? 你给我们讲讲,找找故事里有没有蛛丝马迹,或者说伏笔。

生 11:文章第 2 段末尾这样写:"找到和老贝尔曼画的尽可能相似的叶子。"她们为什么这么做呢? 是带在身边,作为对他灵魂的守护。这是一个感恩者应该做得到的。既然对这片叶子很爱,自然而然有点儿爱屋及乌啦,也喜爱上许许多多其他的叶子,由此就有可能成为叶子收藏家了……

师:简直可以当大侦探了,推理得这么好!

生 12:我认为这叶子还有一个特点,那是它甘愿牺牲自己,让花朵绽放得更加鲜艳。贝尔曼就是这么做的,为了让两个年轻的艺术家像花儿一样绽放而献出了自己的生命。从这个角度来说,也表示苏艾、琼珊受到贝尔曼爱心感染,也甘当绿叶,烘托他人,帮助他人……

师:(带头鼓掌,同学跟着鼓掌。)什么叫作"在欣赏中被欣赏",这就是啊。两位同学的精彩欣赏不值得我们去欣赏吗? 刚才呀,很多同学发表了评论,从你们的欣赏中,我们也欣赏了你们欣赏作品的绝佳风采,谢谢各位同学了。

众生:谢谢老师。

师:刚才欣赏的作品,与这个五角星所显示的规律十分吻合。可是,这次写作呢,还有一些文章,大约有四分之一的同学把活人写死了,写苏艾死了,写琼珊死了,甚至连她们的孙子也给写死了……(学生爆笑。)

生 13:想象描写不是要大胆吗? 写人死,可以让情节更吸引人呢。

生 14:关键是要看死得值不值,是不是符合突出人物与主旨的需要吧。

师：这位同学，为我作了很好的回答，谢谢。我在不少同学的文章后面写了"她死得值吗？"老贝尔曼死得值，死得其所，重如泰山啊。但是有的同学写琼珊"肺病"又复发了，然后"死了"，这就没意思了。所以同学们，你想赚别人的眼泪，不应该这么赚，主旨与个性需要她死，她就得死，主旨、个性需要她活，她就还不能死吧。

生15：还是要记住这个五角星啰。

师：当然。小说里除了"主旨"，就是"人物"，其他要素还要围绕人物来安排。写作时，要运用一切写作手段，把人物写活，这样的后续就将更加精彩。祝愿同学们的作文与人生的后续更加精彩！下课。

 高一(上)作文导练评之十二

《挥别★★★》
——想象描写在诗歌中的运用(导练)

师：同学们，我刚才听课代表说了，我们已经进入了诗歌单元的学习。我们告别过"康桥"，感受过徐志摩的诗性的世界与情怀，并且自己写过诗歌：《又见★★★》，这就有了绝佳的铺垫。上次我们展开了想象描写的双翅，从《最后的常春藤叶》的结尾出发，尽情地翱翔了一次，过了一把小说创作的瘾。这一次呢，我们还是展开想象描写的双翅，不过，这次，我们要从人物故事转向情感的天空，过一把诗歌创作的瘾。首先，我们看看文学大师们是怎么写的，读一读，一起感受一下吧。(幻灯片显示《江城子》。)这第一首《江城子》，是哪位居士的？

众生：东坡居士。

师：好的。我们一起来读，"十年生死两茫茫"起——

众生：(齐读)

"十年生死两茫茫，不思量，自难忘。千里孤坟，无处话凄凉。纵使相逢应不识，尘满面，鬓如霜。

"夜来幽梦忽还乡，小轩窗，正梳妆。相顾无言，惟有泪千行。料得年年肠断处，明月夜，短松冈。"

师：我们知道苏轼是豪放派的代表，但在这里流露出来的却是婉约情怀。这里面抒发了一种情感,这就是表达了作者在妻子去世之后,"十年生死两茫茫",非常思念自己亡妻的深深感伤啊。词句中哪里有想象和描写,你们看出来了吗? 说说。

生1:"纵使相逢应不识,尘满面,鬓如霜。"

师:他这是想象未来的——对不对? 他的妻子叫王弗,十年前去世时,词人还较年轻。一别十年,现在,即使阴阳相会,妻子也认不出"我"了,因为"我"风尘满面,鬓发如霜啊。人们说,在梦中相识也是一种享受和快乐。但是在梦中相识也是"尘满面,鬓如霜",这是多大的孤独和寂寞。原来朝夕共度恩爱情深,现在却是形同陌路"应不识",这样就将自己想象的内容通过形象的描写,淋漓尽致地抒发了自己纵使相见也不识的痛楚。诗歌中的意象与想象紧密联系,有多么重要。这首词还有一处想象描写,在哪儿?

生2:"小轩窗,正梳妆。"作者想到他的爱妻正在对镜梳妆,因为阴阳两隔,又因为"尘满面,鬓如霜",所以"相顾无言,惟有泪千行"。

师:你也有一双慧眼,这一处的想象描写看得真准啊。正是这样的想象描写,使得作者这种阴阳两隔的孤独、寂寞、相思愁苦之情感天动地,流芳千古。下面,我们读李白的《赠汪伦》,"李白"起——

众生:(齐读)"李白乘舟将欲行,忽闻岸上踏歌声。桃花潭水深千尺,不及汪伦送我情。"

师:这首大家熟悉的友谊颂歌之所以飞翔千载,也是搭乘了一个想象描写的翅膀啊,这个想象描写的一句是哪句? 请一个同学来回答,你来。

生3:"桃花潭水深千尺"。

师:是啊。"桃花潭水深千尺",桃花潭有没有那么深啊? 这是——

生4:哪有那么深! 这是用夸张的手法来描写想象的桃花潭。

师:夸张是描写手法,通过把意象夸大,借此表现潭水好深好深却不及汪伦送"我"的情谊之深——对不对啊? 这是虚化的,用实有的意象表达我们虚的情感,显得更加深沉。下面,一起读李白的另一首《送友人入蜀》,"见说蚕丛路"起——

众生:(齐读)"见说蚕丛路,崎岖不易行。山从人面起,云傍马头生。芳树笼秦栈,春流绕蜀城。升沉应已定,不必问君平。"

师：这首诗稍微难了一点。我请一位同学说说这里的想象和描写是怎么结合起来表达情感的？许雪炀。

生2：诗人用了很多意象，用路、山、云、树、流水等来表达送别时候不舍的情谊。

师：蜀地的道路，难走吗？

生3：难走。

师："蜀道之难，难于上青天"嘛，那么，到蜀地做官一般会是什么情况啊？

生3：一般被贬官流放才去那里——肯定是坏事。

师：有道理。所以他在告别自己朋友的时候是怎样一种心情呢？很复杂。为了把这种复杂的情感表达出来，诗人描写了五个镜头，最后是直接抒发感情。"升沉应已定，不必问君平"，到这里后，什么情况就不好说啦，就不必问啦。前面哪几个镜头是想象？

生4：李白当然是从蜀地出来的，但出来之后就再没回去过。他写了许许多多思乡之诗，但从来没回故乡。因为他心里的家乡是什么啊？自由。只有到处跑，他才自由。因此他一直是漫游天下，但思乡之情却屡屡见于其诗中。这里"山从人面起，云傍马头生"应该是想象描写。

师：你的积累让我十分佩服。那么，"山从人面起"两句，是什么意思呢？

生5：人从崎岖的山路走，由远到近，突然抬头仰望，一座高山兀立在眼前。走着走着，"啊"，眼前突然冒出一座高不见顶的山！就是这种感觉。

师："云傍马头生"，又是怎样的情景呢？你来说说看。

生6：说明了云很低，似乎就绕在马头边。

师：是云低呢，还是山高？

生6：噢——山高。

师：把这句情景描绘描绘。

生6：可以想象，你骑着马，在蜀道上走，看那云啊就在马头边飘浮，你就像在云海中起伏，这样就写出蜀道的险峻。

师：同时也就表达了"我"对"你"的担忧和牵挂。再读下一首，柳永的《雨霖铃》，请这位女同学读读。

生7："寒蝉凄切，对长亭晚，骤雨初歇。都门帐饮无绪，留恋处，兰舟催

发。执手相看泪眼,竟无语凝噎。念去去,千里烟波,暮霭沉沉楚天
阔。多情自古伤离别,更那堪,冷落清秋节! 今宵酒醒何处? 杨柳
岸,晓风残月。此去经年,应是良辰好景虚设。便纵有千种风情,更
与何人说?"

师:还没学,竟然读得这么好,让我们送给她掌声。(师生鼓掌。)这首词的前面
是实写,那么,到哪里开始想象啊? 有一个字作标志。哪个字? 怎么想象?

生8:"念"字。"念去去,千里烟波,暮霭沉沉楚天阔。""念"是"想"的意思,
想着去了去了,离开了离开了,离开之后的未来又会怎么样呢?"千里
烟波",就是一直乘着船,顺着茫茫烟波漂向远方,自己就像一条小船,
随着河流去漂泊。"暮霭沉沉楚天阔",这是想象中那种暮色茫茫、晦
暗沉沉、空旷无边的场景,这样就使我们感受他和她分别之后的孤独、
凄凉、无依无靠和无助无奈。

师:你让我们走进了柳永的世界,描绘得真好。下面还有想象,哪儿啊? 找找。

生9:"今宵酒醒何处? 杨柳岸,晓风残月。"前面送别时,喝了酒,他想象今
天晚上在哪里醒过来,想到在一个有杨柳树的岸边醒来,这时,刚刚凌
晨,"晓风"阵阵寒彻骨啊,还有残存的月亮挂在稀疏的柳枝梢头——
这样一幅情景,通过杨柳岸、晓风、残月三个意象连在一起,创设了一
种离别之后凄冷、孤独、冷清的意境。通过想象、描写的联姻,把这种
情感表现得淋漓尽致啊。

师:说得太棒了! 刚才,我们享受了古诗词的情韵,展开了描写和想象的翅
膀,在情感的天空里面过了一把诗歌鉴赏的瘾,那么,下面我们展开这双
翅膀,在情感的天空里来过把诗歌创作的瘾吧。题目就叫《挥别★★
★》。我们学了《再别康桥》,这回是"挥别",挥别的对象最好是未来的,
充分运用想象和描写来表达。比如三年之后,我们挥别市北,七年之后
挥别北大。(学生笑。)

学生10:几百年之后,挥别地球可以吗?

师:你想写,当然可以啊,就看你想象的翅膀能飞多高多远啦。开始,给大家
5分钟。让我们再一次展开想象和描写的翅膀,向未来飞翔。诗歌可长
可短。要表达某种情感。挥别某个地方可以,挥别某个人也可以,你要
像柳永那样挥别他的伊人也可以。挥别谁都没关系。(学生笑。)可别忘

了,用意象描写抒情,譬如:"那河畔的金柳,是夕阳中的新娘;波光里的艳影,在我的心头荡漾。软泥上的青荇,油油的在水底招摇;在康河的柔波里,我甘心做一条水草!""夏虫也为我沉默,沉默是今晚的康桥!"你看写得多好!

众生:(写诗。)

师:好——时间到,我们开始展示。

生11:

挥 别 心 怡

轻轻地我们走了

正如我们轻轻地来

轻轻地一回头

蓦然发现

那已成为一种奢侈的回忆

师:这个场面是她们告别的时候。轻轻地,是怕打搅她。"那已成为一种奢侈的回忆"这句诗真好啊。怎么样,你来。

生12:《挥别你》。

师:什么?

生12:就一个字。

师:哦,就是"你"啊,可以啊,读读。

生12:你在哪儿?我找不到你。(同学大笑。)

师:"你在哪儿?我找不到你",你告别的人结果找不到了——你别说,还挺有它内在的东西哟。你来。

生13:我写的是三年后跟同学分开,挥别同学。

挥 别 同 学

三年之后

我们将各自离散

散落在天涯

那又是生如夏花的灿烂

......

师:你这写得还挺诗意,"散""烂"还押韵。请你来念念。

生14：
挥 别 青 春

> 青春真是一个奇怪的东西
>
> 青春曾是夜光杯中的一壶酒
>
> 青春曾是日记本上的一幅画
>
> 青春曾是记忆里的一段甜

师：一段什么？

生14：一段甜。

师：甜美的甜？好，继续。

生14：
> 青春是朝阳，是希望
>
> 是每个人的黄金时代
>
> 可是没有人能长生不老
>
> 没有人能常驻青春
>
> 青春如同世上一切美好的事物
>
> 那么短暂
>
> 在你惊叹夕阳为什么那么短暂而哭泣的时候
>
> 青春已经飞走了
>
> 挥别青春
>
> 在十七岁、十八岁或十九岁
>
> 只要我能经历过
>
> 我就满足了
>
> 只有经历才能懂得青春实在是一本仓促的书

师：好，我们给刚才这些同学鼓掌（掌声响起）。我请一个同学评价一下我们凯儿的诗。

生15：我觉得吧，他的开头还挺像诗的，后来就像是一段话通过 Enter 键打回车使之断开。算散文诗吧。（大家笑。）

师：感谢你的点评噢。还有点时间，我再给大家两分钟，再修改修改，好吗？提两条，第一条，刚才有用意象表达想象和描写的，继续发扬，直接抒发感情的呢只要点到为止，另外千万注意诗歌句子的凝练性，不要把一篇散文或一段话分成一行一行。同时，你能押韵，就更好啦。……袁一鹤，你来。

113

生 16:《挥别你的微笑》。

师:"挥别你的微笑",谁的微笑? 好像不明,但同学们心里应该猜得出吧。
　　这意象也很形象、动人;还有点"羞答答的玫瑰静悄悄地开"的味道。那
　　么,你呢,把你的诗歌也发表一下。

生 17:

挥别曾祖母

就这样你匆匆地走了

静静的还没来得及让我回首

你用过的拐杖还立在墙角

孤零零的似乎还在等候

但你回不来了——我知道

坟前黑白的照片还泛着你的音容

晚风吹过坟前

我的心啊——比墓碑还沉重

……

师:怎么样? 你说说。

生 18:我知道她的曾祖母还健在,这是她想象着多少年后与曾祖母的"死
　　别",情真意切啊。描写的意象有"拐杖还立在墙角""坟前黑白的照
　　片还泛着你的音容",好感人呀。

师:老师再说就多余了,把掌声送给她们(鼓掌)。请你也发表发表。

生 19:

挥 别 女 儿

月光寂

我在织毛衣

你在动书笔

北风急

我在等候你

你在忙习题

十个月的惊喜

十八年的劳累

皆不及

你那蹒跚的足迹

稚嫩的呀咿

均化为

你那明艳的笑意

卓越的成绩

......

生 20：真没想到啊。（带头鼓掌）

众生：感人，太感人了！（鼓掌）

生 20：怎么就写得出一个几十年之后做了母亲的事情，母亲的心情，还有母亲的心愿？那么多的意象，那么生动，那么感人——真绝了！！！

师：好的，掌声！（师生鼓掌。）我们的同学真不简单啊。最后，让你们也听听我写的诗，请同学们指教。

师：（老师在背景音乐中声情并茂地朗读，全班学生沉浸其中。）

母语啊母语，您让我们如何不爱

当我们唱起《在水一方》

又怎能忘记那百转千回的"蒹葭采采"

当我们说起自由与个性

又怎能不想起孔孟老庄的目光与胸怀

当我们呼唤绿色生活

又怎能不享受你那简朴而闪亮的国际舞台

当我们正骄傲华夏文明永恒的青春

又怎能忘记"飞天"你那穿越时空的殷殷期待

这是方块字汪汪纵横的缤纷田园啊

这是普通话勃勃逶迤的斑斓世界

母语啊母语

您让我们如何不爱

可记得，奥运会开幕式

开启了方块字与中国红的崭新时代

可曾想啊，世博会中国馆

展出了独具神韵的

中国龙的风采

母语啊——

我们敬爱的母语

您就是中国龙的眼睛

您就是上海人激荡的大爱

怎能忘啊——

都江堰废墟上春笋般崛起的上海人的脚手架①

那正是母语的骨架搭建的通向振兴的步步天阶

怎能忘啊——

世博会上海人民热情与创造的辉光

那可是母语的灵魂挺拔了一个世纪的雄健与豪迈

怎能忘啊——

女排姑娘们惊天大逆转的震撼与气概②

怎能忘啊——

"翔飞人"在坎坷与悲壮中的王者归来③

那正是母语的坚韧啊

那正是母语的大爱

这是方块字汪汪纵横的缤纷田园啊

这是普通话勃勃逶迤的斑斓世界

母语啊母语

您让我们如何不爱

拂去蛛网——

把"红楼"的大观园打开

黛玉的泪水啊

会洗去一切俗世的尘埃

---

① "5.12"汶川地震后上海对口援建的都江堰,已焕然一新。

② 2010年广州亚运会女排决赛中国女排与韩国队比赛,在0∶2落后的危机里,实现3∶2大逆转,在质疑与低迷中重现女排精神。

③ 2008年北京奥运会后饱受伤痛与质疑的刘翔,在广州亚运会110米栏决赛中以13秒09的成绩打破亚运会纪录,在低谷里重现昔日奥运冠军的风采。

启封书室——

把文房四宝端来

黑白的亲吻呀

绽放了个性飞扬的五彩

寄书远方——

穿越那浮躁的雾霭

旧时的燕子呀

翔游在那明丽而又幽长的天街

吟咏唐宋——

和着那千古神妙的节拍

时代的春天哪

为古今文化血管的接龙微笑剪彩

子曰诗曰

满口乳香啊

呼之吸之

圣明的春风拂面而来

横平竖直

如耕家田啊

绿兮黄兮

曼延那万顷起伏的稻麦

这是方块字汪汪纵横的缤纷田园啊

这是普通话勃勃逶迤的斑斓世界

您是一位永不倦悔的舞者啊——我的母语

昆仑与长城是您豪情悠悠的生命摇摆

您是一位辛勤慈爱的耕者啊——我们的母语

长江与黄河是您芬芳绵绵的精神灌溉

母语啊母语

您让我们如何不爱

母语啊母语

您让我们如何不爱

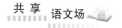

如何不爱

如何不爱……

(铃声响起,朗诵结束,同学掌声雷动。)希望同学们能超过老师,因为你们有更美丽的青春,更丰富的想象描写,就会有更矫健更美丽的翅膀!

高一(上)作文导练评之十四

《岸》

——联想描写在记叙性散文中的运用(导练)

师:同学们,上回,我们乘着想象描写的翅膀在小说与诗歌的天空里尽情飞翔,收获了无限美丽的风景,我们写了并且分享了许多优秀作文。今天,我们将在联想描写的天空里飞翔,去领略崭新的风光。如果说,想象是让我们从现实飞向未来与新奇,那么,联想就是让我们飞向过去与深处。一只飞鸟,想象里,它可以变成飞机,变成心灵的翅膀,变成一座山……而在联想里,一只飞鸟,可以是我的家信,我的山林,我的自由,也可能是流浪者,是牢笼中的罪囚。一只鸟,在想象里,它可以长四条腿,拥有不同的翅膀,可以先后轮番去飞。而在联想里,"飞鸟相与还"——这只鸟,可能是陶渊明的那只追求自由回归田园的倦鸟;"鹰击长空"——这只鸟,又可能是毛泽东的那只一览天下主宰沉浮的雄鹰。总之,想象是把无变成有,把少变成多——就像我们上次的小说续写,我们把原来的琼珊、贝尔曼、苏艾等较少的人物和短小的故事想象成了许多不同人物与他们构成夫妻、母子、爷孙、官民、医患等各种关系及其多彩的故事和多样的人物命运——这就是把无变成有、把少变成多了。想象,往往是让实走向虚,是开疆扩土,求震撼求创新求动人;而联想,是用原有的富矿丰富现有的,用储存的东西充实对象,让虚辅佐实,是发酵陈酿,求丰满求生动求感人。可还记得《背影》? 它之所以让人难忘,是因为作者朱自清一提起父亲就联想到父亲当年那蹒跚肥胖的身影艰难攀爬,为自己买橘子的情景,联想到父亲送"我"上车时,"我"对他的嫌烦等细节,又加上父亲当年赋闲在家,祖母病逝奔丧的生活上与心灵上的沉重打击等往事的联想,使眼前父亲的来信格外感人,父亲的可爱可敬可悲可叹就交织成了一股汹涌不息的情感潮水,让读者潸然泪下,回味隽永啊。又想起居里夫人的美丽,她跨越百年,震撼人们,除了她的外貌美丽,既得力于作者对居里夫人求学时拒绝以貌取人者的追求,科学研究上执着进取、永不满足,淡泊名利等事实的回忆,更得力于作者对那个时代一般女性借美貌而获富贵名利的相反联想,对范仲淹、宋玉、斯托夫人、毛泽东、诸葛亮、爱因斯坦等人、事和语言的相关相似联想。如此丰富多彩的联想,凸显了居里夫人理性美丽的永恒不朽。联想,可以与想象一样收获写作与分享的幸福啊。那么,就让我们展开联想描写的翅膀,飞扬我们的青春霓裳!

生1: 好诗好诗啊! 老师,刚才,我们正在分享您的滔滔诗情呢!

众生: (掌声响起。)

师: 谢谢。你们才是诗情的滚滚源泉啊。请看PPT,这里有几样事物:半截粉笔、白雪。同学们,让我们围绕它们的特征展开联想。你们想到了什么?

生2: 我想到了老师用粉笔,写着写着就只有半截了。

师: 哦——这是半截粉笔的来历。你呢?

生3: 我想到《最后一课》中那位老师用半截粉笔写在黑板上的几个字……

师: 什么字?

生3: 法兰西万岁。

师: 很有文化含量。后面同学,请。

生4: 我想到了于谦的《石灰吟》:"粉骨碎身浑不怕,要留清白在人间。"

师: 你联想到了半截粉笔的成分——石灰的来历,还有品质,不简单啊。

生5: 我想到了粉笔字。

师: 这是半截粉笔的结果,它会变成一个个承载着情感与智慧的粉笔字。你呢?

生6: 我想到了出黑板报,想到那些故事。

师: 可以写许多温馨的往事啊。你呢?

生7: 想到粉笔被磨损,想到粉笔灰的污染……

师: 下面你可能要发明无尘粉笔了吧……

生7: 是的,我还将为老师与同学缝制一件绿色的环保健康衣裳。

师：谢谢你的爱心。你呢？

生8：我想到了残缺美，想到断臂维也纳……

生9：错了，是断臂维纳斯，哈哈哈……

师：你很有审美潜质啊。好的，刚才同学们就半截粉笔展开了联想，抓住了它的特征，想到了许多富有价值的人物、事情与写法，真了不起。老师也有一些联想，我想到了毛笔、铅笔、水笔——这是与粉笔有类似价值的书写工具；还想到了蜡烛、传承、牺牲——这是与半截粉笔相似的精神品质；还想到了字典、书橱——这是与之有相关的文化承载；还想到了过程与结果，如果没有粉笔在黑板上运行的过程，怎么能让我们弄清问题的来龙去脉？PPT代替不了粉笔呀——这是与之有因果关系的思考，等等。每一种想法都可以写一篇文章啊。同学们，南方的白雪是难得的呀，那么，面对外面正飘飞着的这场白雪，你又有什么联想呢？给大家1分钟思考讨论。

众生：（积极思考，兴致勃勃地小声讨论。）

师：想好了、说够了吧，请你向大家大声交流吧。

生10：我想到了梅花，因为梅花也是白色的。

师：它们还是同一季节来到人间的。

生10：我还想到"梅须逊雪三分白，雪却输梅一段香"这两句诗。

生11：好有意境哟。我想到六月飞雪的奇观，想到关汉卿的《窦娥冤》那感天动地的故事。

师：你这是反季节联想，很有价值啊。本来白雪是顺时而下，而六月飞雪却是逆时而下，这说明千古奇冤，天地都为之感动啊。你呢？

生12："瑞雪兆丰年。"

师：为什么？

生12：因为大雪冻死了害虫，疏松了土地，老百姓自然欢迎啊。

师：想得好啊。你呢？

生13：我想到了化雪。想到生命的纯洁与短暂，想到要珍爱生命与一切美丽、善良、正义……

师：（鼓掌）太妙了！老师也有一些想法，请看PPT，一起读读吧。

众生：棉花、石灰、天使、浪花、云朵、藕；高尚、纯净……

梅花、冬雨、朔风、冰冻；暖春、欢舞；冬季、环境、机遇……

师：同学们想想，我不解释了。同学们，根据刚才我们一块儿展开的联想，可以归纳成哪几种呢？

生 14：有与事物相似的、相关的，还有相反的，也有与之有因果关系的……

师：说得好。请看PPT，一起读。

师生：联想的类型：相关、相似、相反、因果。

师：比如以白雪为例，与白雪特点相似的如棉花、石灰、天使、浪花、云朵、藕、高尚、纯净等；与白雪特点相关的如梅花、冬雨、朔风、冰冻等；与白雪特点相反的如暖春、欢舞等；与白雪特点有因果关系的如冬季、环境、机遇等。明白了吗？

众生：明白了。

师：我们的写作如果有了这些联想，什么写不好啊！那么，下面我们重点抓住"0"的某一个特点，展开深入的联想，写一段文字，3分钟以后交流。开始。

众生：（写作3分钟。）

师：时间到。有请。

生 15："0"是开始，又是结束。它是我小学的开始，初中的开始，高中的开始……

师：特征是抓住了，是开始，也是结束。只是应该从某一点深入往下想，而非到处说说。比如，我记得最清楚的小学开始。那年我自己报名，开始成为一个真正的学生，等等；又比如我记得最深的是那道难题解开时的那一次幸福的结束，等等。你呢？

生 16：我想到"0"，它不管被怎样放着，都是"0"，在前面是"0"，在后面也是，顺着是，倒下来还是，它从不改变自己的样子。

师：忠贞不渝啊——这构思好极了。这一特征又可以想到哪些人和事呢？你呢，说说吧。

生 17：看到"0"，我常常想到当我们碰到许多新鲜、意外的事情时，比如当我们偶遇亲人或心中偶像时，总会"啊——"的一声，张大嘴巴，做出一个"0"的口型。这是一种没有准备的表现，是一种惊讶，是一声惊叹，是没遮没拦的完全敞开……

师：好新鲜的联想啊。你看，小孩子，总喜欢发出"啊""哇""哦""哟"等声音——这是情感的真实流露啊。如果顺着这个思路，可以写人无须伪饰，要坦诚率真；也可以写要带着一颗好奇心，去对待世界与人们，这样你将永不满足，不断探求，永远年轻，等等。老师也有一些想法，请让我与大家分享：我由"0"想到了圆圆的枪口，想到战争，反之想到和平，想到我们的文明，还想到歌唱、圆满、星星、日月、地球等，这是相似联想；还想到与"0"相关的无、穷困、单纯、少、明净、空气质量高、成绩差、感情好、起点等；想到与之相反的如多、丰富、富贵、复杂、渊博、污染、辉煌、无穷大等；也想到与之有因果关系的，如低调生活、抛开名利、坦诚相待、和谐相处、轮回往复、不思进取等。每一点又可以深入下去联想，写出与之关联的人物与故事，表达一个集中的主旨。比如围绕"0"的"鸭蛋"这一特征，可以集中写我们的成长：从"鸭蛋"的得分想到不好好学习——无知识，想到不参加考试——无成绩，想到不敢回家——无归宿、无精神家园，最后还想到不敢工作——无出路、无前途，等等。刚才，我们展开了联想，可以从不同角度联想，也可以从某一角度深入下去来联想。这是联想的"预热"，下面，我们将围绕一个题目作文，过一把联想描写的瘾。请看PPT：以《岸》为题，结合下面的材料，回忆联想人、事片段，进行写作与交流——围绕主旨联想。下面的内容大家一起读。

众生：岸，可以温暖你、呵护你、激励你；也可以束缚你、限制你。人生有许多岸，我们总是从这一个岸起航，驶向另一个岸；有时候，又回到原来的岸边。当然，也有人只在岸上，而不去扬帆；还有人不断奔向不同的岸，领略了不同的风景。

师：读到这里，同学们对"岸"有什么联想？联想到岸的什么特征？围绕这一特征又想到了哪些人、事呢？老师在这里给大家分享一下我的联想。请看PPT：船的回岸与驶向彼岸；求助者对志愿者的等待与后来成了志愿者；困难弱势群体等待经适房与远离它；市民奔向公共绿地、花园与去大自然中跋山涉水；身处牢笼者对大自然的向往；人生对不断创造的追求；学者在文化之路上的跋涉；雄鹰在天空中的飞翔；游子如何回到家乡又怎样追求远方风景。杨柳岸，法制岸，富二代，仲永，童星，大器晚成……下面，就看同学们怎么写了。5分钟以后交流，开始。

众生:(5 分钟写作。)

师:(点拨)翠翠的岸在边城,我们的岸在上海;孩子的岸在妈妈肚子里,思念的岸在故乡,文化的岸在我们不断的跋涉里;富二代把遗产当岸,方仲永将天赋作岸,而有的人现在没有岸,他一直追寻着岸,最终大器晚成,成就了自己的岸……时间到,请你说说。

生 18:我们的一生都在不断地寻找岸,奔赴岸,最后离开岸,周而复始。岸,带着无法言喻的魅力,深深吸引着我们。

对于初生的婴儿,岸,也许是第一次爬行,也许是第一次行走,也许是第一次说话。对于运动健儿,岸,也许是点滴的进步,也许是突破纪录,也许是奖杯和奖牌。对于作家,岸,也许是第一篇发表的文章,也许是读者的一句认可,也许是第一部长篇小说。

正因为有了岸,我们才会在波涛中不断划行,在风浪中不断搏击。

从前,父亲是我的岸。那时的父亲在我的眼中无所不能,只要我问出为什么,他总能给我满意的答复。我在平静的海水中向前方的岸游去。而当有一天,父亲无奈地把本子还给我,告诉我他不能再帮我的时候,我便知道了,是时候离开这岸了。

我跳入了这海水中,这次,在我前方的是名为高中的岸,尽管有学业、考试的小风小浪向我袭来,我仍是带着兴奋登上了这片岸。

9 月,我再次向远方的新岸前进。我满怀希望地用力划行着,然而海不可能永远展现出她温柔的一面,这次的路途显然不再平坦。

那是一个温和的秋日,而我的内心却好似 1 月的雪天。原因无他,就是一张小小的成绩单,但那上面刺目的分数却让我心中五味杂陈。我不禁苦笑,曾几何时,我竟可以用倒数来形容了?失魂落魄地夹在一群说说笑笑的同学中走出了校门。明明是凉爽的秋风,此时却如同凛冽的寒风般刮过我的心头,生疼生疼。我就好似身处在一片白茫茫的雾中,迷失了我的岸,冰冷的海水拍打着我的身躯,将我的信心撕得粉碎。

我怔怔地坐在桌前,翻开了日记本,突然间,那行不知何时写的话跃入了我的视线——通往理想的彼岸的路从来也不是轻松的。我静静地看着这行字,读了一遍又一遍,抚摸着这行字,我突然明白了。……

师: 大家看,这里的联想多么广泛而深刻啊。请你带着大家再读读你的得意之处。

生18: 对于初生的婴儿,岸,也许是第一次爬行,也许是第一次行走,也许是第一次说话。对于运动健儿,岸,也许是点滴的进步,也许是突破纪录,也许是奖杯和奖牌。对于作家,岸,也许是第一篇发表的文章,也许是读者的一句认可,也许是第一部长篇小说。

师: 大家想想,这文章多棒啊。好的,下面请你发表大作。

生19: 置身他乡的感觉很独特。

要接触的全是陌生的东西——尤其在上海——原先的自我好像会变得很脆弱,然后会被异乡同化,体现在每当过年回家的时候,亲戚总是问:"家里好还是外面好?"这个问题一年比一年难以回答。其实异己的一切都会诱发出有关自己的思考,联想自己生命的起点,勾起越来越浓厚的愁。这愁越浓越不敢回家去,越不敢回去就越是要把自己和家乡连在一起……

——这是多么可怕的循环啊。

上海是这样一个在我的心有点回不去的时候姑且接纳我的岸。

在这个岸上站住脚很难。不是因为上海话不好学,因为有的上海人容不得不伦不类的上海话,他们是有些排外的。不过让我真正奇怪的是,他们中只有很少的几个人会在"户籍"这一栏里写"上海",往往都带个"浙江""苏州"二字——可是他们操着顺畅且抑扬顿挫的上海话,他们和我唯一的区别好像也就在这里?余秋雨先生说得的确很有道理:"于是上海人成了无根无基的一群,不知自己从何而来,不知自己属于哪块土地,既得意洋洋又可怜兮兮。"

我们都在上海这个岸上,并且处于被上海同化的进行时中。有时我甚至觉得,如果能在"户籍"栏中填"上海"二字,那么他们的确是住在"上海"这个家乡的,但是其他人呢?他们能找到上海的空间坐标吗?我觉得那些剩下的人和我一样,都只看到了代表上海的那条靓丽的时光抛物线,然后接住了这段漫长幽丽的时光所遗留下的语言。

　　温州是个鱼米之乡,靠海,每年有许多海鲜和河鲜。我每次去豆捞坊吃火锅都要点"丸""滑"之类的海鲜解馋。不过吃之前会很矜持地用内行人的眼光瞥几眼,心里说些"这怎么比得上家里的鲜?"之类的话,然后匆匆吃完,再回到听脚步声就感觉兵荒马乱似的都市里。

　　或许,之后偷得一刹那的空闲,我会想想家里这个时节桌上会有哪些时鲜,奶奶就总是记得哪个时间该吃什么,来了上海以后我也背得出,只不过我背这些是为了复习那些山水与人。

　　其实,故乡早被我丢失了——我搁在了这个岸上。其实,故乡早把我丢失了——我只能在这个岸上。……

师：多么老辣而又犀利的文字啊。上海与家乡温州都是岸,不同的岸有不同的感受。离岸与靠岸,漂泊与暂住,陌生与温暖——这就是五味杂陈的岸。如许的况味,细腻传神到骨子里,联想的广泛与深入,生命体验的广度与深度,集中在一个十几岁清澈而纯净的心湖里映现与荡漾——这样想着,我就一直当这是个让人迷醉的梦呢。唯有把掌声送给她了。(掌声四起。)最后再请一位,请你来。

生 20：最近的地理课上,听老师侃侃而谈着梅雨的形成及后果。我就坐在第一排听着那关于阴雨连绵的描述,想起了家乡梅子熟透了的季节。

　　那是一条浅浅的小溪,清澈、澄净,偶尔几条小鱼潜于河底。暖阳照耀的村落,一如柔软的棉絮。石板路上剥落的红泥,悠久岁月的踪迹。青紫交杂的梅子,砸落在雨后的湿草上。我还记得枯黄竹藤编织的箩筐,倒挂在锈蚀的铁门上。每日最后一缕夕阳折射在晒了一天的梅干上,一眨眼,一线紫光中透着点点金光,映在水天相交的边际。

　　一幅梦中怀念了数遍的水墨画。

　　如果要问我的思念有多深,就像那一川烟草;如果要问我的愁绪有多广,就如那满城飘散的风絮。我站在另一岸,那多年的玩伴,她,站在对岸。梅子黄时的小雨纷纷扬扬,淋湿了衣襟,淹没了离愁别绪的心。我知道她那屹然不动的双目在送别着我。那永远不倒的草人,随风而逝的风筝,生动有趣的鬼脸一次又一次回荡在脑海。我不舍这份青梅竹马的情谊,不舍这段无忧无虑的童年。只可惜,锦瑟华年到来,我们终将走出这方小小的天地,沉醉于流光溢彩的新世界。

　　脚下的船,缓缓驶离家乡,那片温馨的河岸,一如未熟的青梅,酸涩又甜蜜。我怀念家乡,每当学业受挫,心情沉郁时,想起儿时的一汪流水,仿佛一抬眼便是那纱般余晖,一迈步便是行于晨雾笼罩的田野。

　　华年如烟似梦,我步入了理想的学习殿堂,每日披星戴月离家回家,忙碌于学业的繁重之中。无暇再去那美丽的家乡游玩,去摘下那邻人垂涎欲滴的果实,去赤脚撩拨凉水中的小鱼小虾,去看一看年老了的、白发如霜的乡亲……只偶尔抬头抚摸一下那几年前一家人的合影,一遍又一遍地用掌心触摸,直至在夜凉如水的十二点,做完如山丘般的作业,酸麻的拇指微微泛红,火般的温度通过指尖传至心扉。似乎一切烦乱无章的思绪被指引着牵向那令人魂牵梦萦的家乡,我渴望被温暖、被保护的河岸。在大千世界中,唯一一处能让我一夜无梦的宁静桃源。……

师:同学们,大家看,这文章的联想多么自然,作者从地理课上老师讲梅雨开始自然想到梅雨时节结满梅子的家乡。更重要的是,作者把家乡写成了在外求学者的心灵之岸。作者笔下的岸,美丽、自由、朴实、温暖、清新、厚实。作者通过家乡"水墨画"的写意与"桃花源"的工笔,通过将上海学习的重压与无奈无助跟家乡捉鱼弄虾玩水摘梅子的生活情趣构成一一对照,让人陶醉其间而又深刻反思,形象生动而又回味隽永。我们还要吝啬自己的掌声吗?

师生:(热烈鼓掌。)

师:同学们,我们刚刚从联想描写的"岸"边出发,但我们已经收获了这么多佳作带来的陶醉,那么,让我们扬帆远航,驶向我们作文与人生的更加壮美的彼岸。明天的岸呀,会更美好!下课。

第四节　语文内场
——高一(下)"阶梯渐进式"作文课堂实录选

 高一(下)作文导练评之一

《□□的△△》
——人物细节描写在记叙性散文中的运用(导练)

师:一个假期过去了,我们感觉就好像过了一年,的确,也真是来到了新的一年啊。一年一年地过去,我们不断地长大,也在不断地和不同的人打交道。那么,在十多年的岁月里面,哪些人给我们留下了深刻的印象呢?你对他们印象最深刻的地方是什么呢?我想请同学们说一说。你对谁的印象最深刻?包括作品和生活中的人物。你讲一个小小的片段,从细节方面入手,来谈谈你对他的印象。谁先说说看?你吧,请——黄震杰。

生1:城管。

师:城管?你接着说。

生1:看到过这样一个镜头,到现在还触目惊心。一个八岁的小女孩,在外面摆摊卖花,然后就被一个城管抓起来打。

师:具体的情况呢?

生1:就是摆摊卖花的小女孩被城管看到。城管拉她走,但小女孩不走。城管就拖她,小女孩被拉起来,然后被提了起来。

师:哦——先拉,再拖,然后再提。

生1:小女孩就拼命挣扎……然后城管就开始打她。

师:打——由此表现了这个城管怎么样呢?

生1:粗暴,蛮不讲理。

师:蛮不讲理,没有人性。通过这些词就描述出了一个让人印象深刻的人。表达很顺畅,拉呀,拖呀,提呀,甚至打呀……这些词语就随口说出来了。如果写出来,就是形神兼备的文字,对不对? 还有哪位同学继续发言,说说你对谁的印象深刻,为什么? 哪位说? 刚才这位同学的头开得很好。看看后面跟上的,有吗? 来,你说。

生2:我看过一部小说,是熊召政写的《张居正》。我对张居正的印象非常深刻。

师:请你讲一个小镜头。

生2:当时的皇帝为了长生,很迷信方士的话。方士要用女孩子的血肉,还有男孩子的血肉做丹药。那个方士在街上大摇大摆地抓童男童女,抓住了一个女孩子。然后呢,这个张居正就过来了,这个方士就仗着自己是皇帝指派来抓的,蛮不讲理,说,我是皇帝派来抓女孩的,你不能挡我的路。方士手下一拥而上,情形很紧张。张居正对着士兵说了一番话,这段话说得非常经典,他说,你们看方士身上穿的是什么衣服,士兵就说他身上穿的是道服,张居正说你们再看看我身上穿的是什么衣服,我身上穿的是一品朝廷重臣的衣服。你们不相信一品朝廷重臣的话,而相信一个方士的话并来对付朝廷重臣,你们这算什么呢? 这些手下顿时都愣在那里。最后张居正就把这个方士抓起来了。主要是这个镜头,我觉得张居正的这种随机应变的能力以及对比鲜明的语言给我留下了深刻的印象。

师:嗯。前面黄同学的印象深刻是因为那么多细腻入微的动作细节,而这个镜头呢,是因为张居正这段话。这段话很精彩,你们看看衣服,我穿着一品重臣的衣服,他是穿着方士的衣服,你们到底相信一品重臣呢,还是相信方士? ——这话一下子让手下悟出来了,顿住了。所以,抓小孩的人反而被张居正抓住了。好,继续,哪位再说说? 作品中的人物也好,生活中的人物也好,你对哪一个镜头印象深刻,对哪一个人印象深刻? 就说一小段——好,你来。还有三位同学举手啊,大家都很积极。

生3:我印象最深刻的是我以前初中的一个朋友。初中毕业后,她和我不在同一个高中,大家很难再见面。在一次市里演讲比赛的时候,我在楼下准备着。她也作为她们学校的代表参加了。我记得她拉着一个同学就跑到我面前来,我记得很清楚,她一看到我,大叫一声我的名字,就向我扑了过来。

师:继续。

生3:然后我们就一直热烈地交谈,她说原来你也在这里,比赛马上就要开始了,我先上去了,你要相信自己一定能行,你把一直以来的对手都打过去了,还有谁打不过去呢!

师:先是扑过去,然后再是说连最强劲的对手都打过去了,还有谁能打不过去呢? 这给你的印象很深,表现了这位同学对你的深情关爱和积极鼓励。

生3:我最后讲完了出去的时候,就看到她在门口一直等我。

师:当时怎么等你的?

生3:就是她看到我出来的时候,就从口袋里掏出来一个橘子,把它分成两块说,你要拿一等奖我给你吃一半,你要拿二等奖我给你吃三分之一,要是三等奖我自己全吃。

师:作为对手,这种方式的鼓励很特别呀。这是多么独特的细节啊,怎不让人印象深刻! 你刚开始只说"等",我一追问,追出来这么一段,多么精彩的语言细节啊! 刚才三位同学都给大家呈现了非常动人的细节,我们给他们热烈的掌声。

师生:(鼓掌。)

师:可见,细节描写,在我们的课本作品《老王》《项脊轩志》中不仅能把老王和归有光所怀念的三位亲人的形象刻画得惟妙惟肖,而且抒发的情感也是淋漓尽致的。文章大家做得到,同学们刚才随口就说出来了,我们同样都能做得到,可以和大家媲美啊——对不对? 那么,是什么使人印象深刻啊,你们说? 对,是细节。刚才是什么细节? 一个是动作细节,还有语言细节、神情细节,等等。刚才大家是现场讲述,已经印象深刻了。下面我们再看看大家以往写的文章。

上学期期末考试有三篇作文,我印出来了。有些细节给我印象很深,刚才同学们说,下面老师说说作文中让我印象深刻的一些细节。我们看第一篇文章《外婆的粥》。它这里面,也有神情细节、语言细节和动作细节。首先看写外婆煮粥的这一段:"终于粥好了,打开锅盖,热气

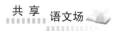

和香气夹杂在一起,翻滚着涌上来,整个厨房顿时便充满了那种只属于粥的独特而淡雅的清香,还有一两块酱瓜和外婆叮嘱着慢些吃的碎语。""我"用酱瓜蘸着吃的时候,外婆还说慢些吃,为什么要告诉"我"慢些吃呢?因为稀饭刚做好,很烫。她却早就等得不耐烦了,小孩子只想马上喝,所以外婆说慢些。这样一个简简单单的语言细节,足见外婆对外孙女的疼爱。文章继续:"趁热吃进了胃里,暖意遍布胃里,接着血液将温暖传到指尖。"——注意这种感受,这种感受传到指尖,然后传到脚底,传到身体的每个地方,你们说这是什么样的细节啊?对,心理细节。作者就是这样通过种种细节表现了那碗粥在冬天里给她带来的温暖和爱意。

我们再看看顾子瞻的这篇《姥姥的小院》,尤其是第2段。起初"我"胆小,不敢爬上那梯子,姥姥看到了就走过来,拍拍"我"的脸,说:"想吃枣了?"——小孩啊,拍一拍他的脸,那种心疼、亲切就跃然纸上了。"姥姥给你摘去"——注意,小孩子与姥姥哪个容易摘枣啊?想想这话里的温度吧。"姥姥说着就迈着蹒跚的步子,爬上梯子"——这里,一个"爬",一个"蹒跚",然后到"房顶"那么高的地方为"我"摘枣——这三个细节使我们想到了另外一个镜头……对的,朱自清《背影》中的父亲。父亲为"我"买橘子的时候,迈着蹒跚的步履,两脚往上缩,肥胖的身子向左微倾。这几个细节——蹒跚地走,爬,向左微倾——凸显了一种雕像似的印象。顾子瞻同学在写了这几个细节之后,马上写"我"爬上楼梯,感到很难,与姥姥对比,又接着写了姥姥爬上梯子时"颤颤悠悠"一个细节。"颤颤悠悠",就好像要倒下去,是梯子在抖,还是姥姥的身子在抖,还是我的心在抖啊?同学们说说。

众生:都在抖啊……

师:是啊,细微中见真情啊。还有这样的细节吗?

生4:还有一处呢,写的是吃枣:"我们在打扫时,姥姥在旁边看着,时而赶走那些跑来的母鸡,时而保护着我不要被枣砸到,万一枣光顾了我的头,姥姥便会急急走上前,连声询问,那关切的布满皱纹的脸庞老嵌在我记忆的青瓦上。"——这里的"时而赶走""时而保护""急急""连声"和"布满皱纹的脸庞"简直把姥姥写活了,关切的深度与细致入木三分啊。

师：赶得上说书人了！太精彩了！这句"布满皱纹的脸庞老嵌在我记忆的青瓦上"中的"嵌"，我们刚刚学过的《老王》里面有个"镶嵌"，也表示深刻的印象，真是活学活用了！不仅如此，他所写的这个片段，也嵌进了我的脑海里，我感觉写得非常生动、细腻、传神，把动作细节、心理细节和外貌神情细节有机结合在一起，完成了姥姥的形象塑造，表现她是何等疼爱小孩，何等感人至深啊，对不对？

生5：这一节也很好啊。"姥姥也知道我爱吃，每当我踏进小院，总是闻到发面的香气，此时我立马会钻进厨房，也不顾手洗了没有，掰开一块馒头，塞进切好的咸牛肉。"这里，"不顾手洗了没有"，之后是"掰""塞"，一个活脱脱的饿鬼啊。下面又写道："姥姥看着我狼吞虎咽的样子，笑了，露出了有些不齐的牙齿，脸上的皱纹也都挤在了一起，眼中是溺爱，宠溺的慈爱。"这里，"露出有些不齐的牙齿"，既说明她高兴，又说明她老了。一个"宠溺"，看似有点贬义色彩，但这里贬义词褒用，反而是特别疼爱。

师：真好！我们刚才欣赏了同学们随口一说的镜头和作品中的精彩段子，都因为典型的细节给我们留下了深刻的印象。那么如何写好细节呢？根据刚才我们的共同交流，我们发现，原来首先要熟悉人物，然后要仔细观察。你看刚才这三位同学说的，那肯定是仔细观察过，否则怎么会有"拉"有"拖"有"提"有"打"？开始"拉"是轻的，"拖"就重了，然后"提"，这一"提"表明城管已经愤怒而使劲用力了。而"打"呢，更是穷凶极恶了。怎么会那么细腻呢？观察细致啊。当然还要具体细致地描绘，同时你还要为表现人物的什么而选择？对，性格特点。不光要自己观察，还要细致描绘，通过仔细观察和细致描绘，表现人物的性格特点，而不是什么都写的。明白了吧？下面请顾子瞻同学上台说一件高兴事儿。大家仔细观察，之后写写。

师生：（鼓掌，生6走上讲台。）

生6：初中的时候，我们的数学老师上课跟现在的夏老师上课还是比较相像的，可能没有夏老师这么激情澎湃，但是他的课，相对夏老师的却更幽默风趣一点。他原来是做木匠的，几何图形画得是相当标准，尤其是那个圆和那个直线。画直线时，你就看不到一处是弯的，画圆也是，不是那种用好多笔好几次去描的,而是一笔完成,而且非常圆,包括圆心点也很准。有的时候可能我们图画得不准,所以怎么解都解不出来,但是老师那么一画,图就非常标准,一看就知道,噢,原来是这么回事。(生6配以用手画圆、转头等动作。)

师：真是头手并用啊,我们给他掌声。(师生鼓掌。)好,给大家3分钟,写一写"看顾子瞻说高兴事"的小镜头。(学生笑。)

众生：(3分钟写作。)

师：有些同学已经写了三四行,文思泉涌。很多同学笔下如同喷泉啊! 好,也就是照着我们看的这一幕,写下来,然后照着这段说,说多少无所谓,你写得怎么样? 看看,嗯,王步润,大家认真听,看他写得怎样?

生7：顾子瞻晃悠悠走上讲台,用手摸摸下巴,就开始讲高兴的事儿了。他的声音十分响亮,好像要把他心中的高兴事通过他的大嗓门一股脑倒出来。每说一句,那副眼镜就要时不时地翘一翘,他一边还比画比画,真是手舞足蹈,大概他感觉自己画得比老师圆……

师：嗯,这观察多敏锐啊——晃悠悠,摸摸,翘一翘,大嗓门一股脑倒出来,手舞足蹈……这几个神情与动作细节,再加上几句语言细节,把顾子瞻的高兴劲儿真给写活了。谁再说说?

生8：我就是写了顾子瞻那一双手,那是双颤抖的手。他的手不禁摸了摸他的下巴,好似下巴上浅浅的胡子里有说不完的故事。当他提及他的初中老师黑板上的那些几何图形时,顿时用手画过一条直线,随后两只手又画出一个圆,讲话中不断地交叉着手指。

师：交叉着手指——这样? 那不叫交叉,那是互相轮着转,轮着转。继续。

生8：这双手勾勒描画出老师那高超的绘图水平,也将自己内心深处的高兴与赞叹淋漓尽致地表达出来了。

师：真是不错啊。她这里是着重抓住了顾子瞻手的比画的细节来写。她把注意力专门放在他的手上,一是托着下巴,好像是摸着胡子,胡子里面有无数的精彩故事,这是一些心理描写,然后呢再是神态描写。下面请吴晓昱读读。

生9：从他站到前面开始,他就开始不停地晃,好像永远不能在讲台上稳稳当当地站住脚。好像是配合他面部眉飞色舞的表情……

师：哦——他整个身子在晃，然后在保持他的眉飞色舞。你这两个细节搭配得好。

生9：谈起那些开心事，顾子瞻侃侃而谈，同时眼中还放着一种光芒，顾子瞻仿佛是在竭力将自己的灵感宣泄出去。

师：好，还是晃动，看来这是我们观察的共同点，但是他有一种心理的写法，仿佛要把内心的情感不停地晃出来，不停地表现出来，尤其是眼光，眼光还可以写得细致一点。

生9：顾子瞻低着头，不知道在想什么，过了几秒，他忽然站起了身子，讲起了数学老师。不停描述的顾子瞻，像他的老师一样画一条直线，画一个圆满的圆，可惜却是觉得画不圆，一遍又一遍地描，头也随着手一遍又一遍地画着直线和圆。

师：好啊，头也随着转。

生9：这样（做动作）。

师：哦，头也随着手的晃动而晃动，哎，这个很好。他不光是这样的，还是这样的（做动作），是吧，头随着手指一起画圆，下面画了一个圆，上面又画了一个圆。他这个观察就更细致了。我们给刚才这三位同学鼓掌。

师生：（鼓掌。）

师：我想大家会将这个精彩的片段写到随笔里面去的。我们已经进行了四个回合，首先是同学们自己从回忆里说镜头，然后主要是老师再说文章，后来是顾子瞻同学示范表演，刚才是同学们一同写了交流。刚才同学们观察得比较细致，大都抓住了神情的细节、语言的细节和动作的细节等等，用这些来描述他。可见，要表现一个人呢，有很多描写细节的方式。还记得我们学过的《老王》吗？老王就是一个平凡的人，为什么能给作者那么深刻的印象？我们所学的《项脊轩志》中的三个人物形象，他们其实出现的次数也不多，但为什么能给作者留下那么深刻的印象，并且让我们读了之后感觉情深义重，为什么这样呢？原来细节有那么奇妙的作用啊——对不对？那么下面，我们同学写一个平民，老王不就是平民吗？平民就是平民百姓，不是官，不是大知识分子，不是伟人，不是名人。

请用这样的题目写篇文章。（板书：□□的△△。）□□是范围，△△是某一平民的称呼。譬如隔壁的老二，对角的小贩，大家还可以说什么？

你来说一个。

生10:屋里的小猫。

师:屋里的小猫是人吗?(学生笑。)他这个也可以的啊,他可以打引号,他可能称人为小猫。请坐,你呢?

生11:报摊的小贩。

师:就是卖报纸的小贩,嗯,你来。

生12:楼下的阿姨。

师:还有吗?

生13:对岸的小王。

师:人家有老王,你来了个"小王",挺亲切。你来。

生14:乡下的老赵。

师:眼光放开了,看到乡下了。你来。

生15:小区的门卫。

师:你呢?

生16:吃饭的胖叔。

师:呵呵。注意题目的要求——范围。你呢?

生17:同屋的小孩。

师:这是平民吗?你呢?

生18:北电门口的年轻人。

师:啊——能够更确切些吗?你呢?声音响点。

生19:班里的同学。

师:班里的同学?我说的是一个人,一个平民。你来。

生20:路口的交警。

师:好的,具体点啊。你呢?

生21:公园的老人。

师:公园的老人,哦,是一个吧!譬如,公园的"老妖"。

众生:老妖(笑)。

师:因为他是"老来俏",人家说他是老妖怪,所以说是公园的"老妖"了。平民处处都是啊,大家视野很广阔啊,但要选择与你有交往或印象深刻的一个平民啊。

现在写一个人物,通过细节描写,表现这个人的个性特点,同时最好是与你有交往,有交情的。给大家 5 分钟,先写一个片段。题目自拟,按照刚才的要求。

我们学过的《老王》,描写的有四五个片段,《项脊轩志》中描写每个女性都有两三个片段。你们现在就写一个片段,可以吗? 然后我们再交流。注意,这个题目中的△△不要写具体名字,可以写老王啊,小二啊,这种很亲切的称呼。我们知道,老王其实有名字的,但作者没写他的名字,感觉更亲切。

众生:(写作 5 分钟。)

师:有些同学写了很多啊! 王步润写得很快啊。赵元正,你念念,其他同学听听。

生 22:《酒桌前的老杨》。

师:《酒桌前的老杨》,这个题目很有新意,继续。

生 22:他已经 50 多岁,有一张白白的脸,圆圆的脑袋,大大的耳朵。(学生笑。)

师:你可不要什么都描写啊,继续读。

生 22:他一到酒桌前,就像孩子看到了心爱的玩具,眉开眼笑。

师:哦——"像孩子看到了心爱的玩具"——把老杨写成孩子,我们联系他那圆圆的脸蛋,大大的耳朵,眉开眼笑——这些神情外貌细节写得多好! 看到了酒就像看到了玩具,写出了他对酒如痴如醉的程度。请坐。好,我们为他鼓掌(掌声)。

我想这篇文章,大家一定能写好,因为大家都选择的是非常熟悉的人,通过描述一个个平头百姓,写出他们闪光的东西,抒发我们该表达的复杂的情感。希望大家记住,通过细节描写,仔细观察日常生活中的小片段,能更好地写出一个人物的形象,抒发自己的感情。结合今天课堂上的交流点拨,把这篇作文完成好,题目就是刚才写的,下个星期一交,能够交出一份满意的答卷么?

众生:能!

......

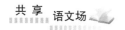

 高一(下)作文导练评之二

《落在心田的★雨》

——环境细节描写与人物细节描写的结合(导练)

师: 同学们,今天,我们首先合作背一背曾经背过的诗——好吗?

众生: 好。

师: 青箬笠,绿蓑衣——

众生: 斜风细雨不须归。

师: 沾衣欲湿杏花雨——

众生: 吹面不寒杨柳风。

师: 渭城朝雨浥轻尘——

众生: 客舍青青柳色新。

师: 七八个星天外——

众生: 两三点雨山前。

师: 一起来吧。夜来——

师生: 夜来风雨声,花落知多少。

师: 山河破碎——

师生: 山河破碎风飘絮,身世浮沉雨打萍。

师: 好了! 同学们,我们刚才背的这些诗,你们回想一下,有一个字,出镜率最高,哪个字?

生 1: 雨。

师: 你很敏捷。那么,同学们,刚才在古典诗词的语海里,我们沐浴了一场文化的"雨"。现在我们一起走进我们现实生活的"雨"——许许多多的"雨"。下面我请大家说说看,在你们心目中有哪些雨,它们具有什么特点?

生 2: 春雨。

师: 什么特点?

生 2: 细雨绵绵。

师: 绵绵不绝,很好。这位同学说说看。

生 3:秋雨。

师:什么特点?

生 3:一场秋雨一场凉啊。

师:一场秋雨一场凉。"一层秋雨一层凉了",这是《故都的秋》里面的一句话。同学已经提前读到了,了不起啊。

生 4:倾盆大雨。

师:倾盆大雨,这一般是什么时候的雨?

生 4:夏天。

师:夏天的雨。嗯——你呢?

生 5:春雨。

师:你也说了春雨,她说春雨绵绵,你看它怎么样?

生 5:润物细无声。

师:哦,"润物细无声",多好! 都说春雨,谁说说冬雨?

生 6:粒粒透骨凉到心啊。

师:一针见血啊。好了,刚才这组同学,说了不同的雨,有春雨、夏雨、冬雨;也有细雨、倾盆大雨……其实,还有阵雨、暴雨;还有冷雨、苦雨……许许多多的雨,各有特点。自然界如此,我们的生活中,我们十多年的青春岁月其实也经历了许许多多场雨,是不是啊? 你们会由不同的雨想到什么与此类似的不同的故事? 那么,请同学先写"一场雨"。(板书:一场雨。)把你们的作文本拿出来。请根据自己的生活经历,描写出"一场雨"的情景,春雨、夏雨、细雨、大雨,等等,不限。给大家 5 分钟吧,开始。

众生:(写作 5 分钟。)

师:下面请写得充分一点的同学与大家交流一下。有请这位。

生 7:在一个暴风雨的傍晚,硕大的雨珠打在叶片上,碎在大街上,滚进低洼处汇成一片片小湖。不一会儿积水已经淹过了脚踝。校园里的喷水池原先还能见到一条条小鱼,现在都躲到水底了。

师:真好。好在哪里? 请你评价一下。

生 8:他渲染了一种氛围。

师:什么样的氛围?

生 8:暴风雨。

师：怎么说？

生8：开始是"硕大的雨珠"，然后是"碎在大街上"，如果不急就不会碎，这个"碎"字用得非常好。"汇成一片片小湖""积水已经淹过了脚踝"，这是路人的细微的感受。

师：是的，细微到连池中的鱼也躲起来了。前面是正面描写，鱼躲起来是侧面描写，正面和侧面都来表现雨大，具体、生动，不错！再请一位同学说说。

生9：那场雨是伴着夏季罕见的强劲的大风来的。那是暑假的一天，我们刚走进宿舍楼的大门，不过是五秒钟的时间，原来还白云飘飘的蓝天迅速暗了下来，越来越暗，直到完全黑得伸手不见五指，就像泼了一层浓浓的墨汁，下一刻就能泼出水来……

师：嗯，"下一刻就能泼出水来"太形象了。这个段落，细致入微地写出了暴雨欲至时云的不断变化！这位同学念念你的。

生10：我们站在山顶的亭间，起初天空一片灰暗，雨淅淅沥沥地下着，黄豆大的雨滴渐渐转成根根雨柱。只见山崖间悬空处挂起了一幕雨帘，根根银线丝丝分明。我站在休息处伸出手来触碰那雨幕，手指伸张开来指尖微沉，感受着雨珠落下化成一摊水的快感。不久整只手渐渐湿成了一片，那微冷的凉意透过指尖传至心扉……

师：嗯，这个描写非常细腻、细致、生动，如果要取一个名字，应该是什么雨？之后你想想。刚才有三位同学念了，我请一位同学简要地评价一下。

生11：我觉得那位同学写得很生动，天空可以泼出墨汁来……

师：我来补充补充。刚才，交流的三位同学都渲染了一定的氛围，前面两位写的都是滂沱大雨，有的是写大雨到来了，有的是写即将到来；还有一位同学写的是细雨。细雨是根根、丝丝的，绵绵啊缠缠啊，很能突出它的特点，渲染了春雨带来的美好心情。每一种雨都会带来不同的心情，也会带来不同的故事，在这场雨里会发生什么故事呢？一场雨，一个故事；一件事，一个或几个人。我给你们取一个题目叫"落在心田的★雨"，这个地方可以是名词，刚才有同学说了有春雨、夏雨、梅雨等等；也可以是形容词，有冻雨、暴雨、细雨、喜雨、苦雨……把题目上空出的那个字补充好，之后接着前面的那场雨，继续往下写一件事，写一个人、两个人或一群人,具体细致生动地表现心情,表现雨和你的心情。注意是落在心田的雨,要不浇灭了你的热情,要不滋润了你的"旱情"。根据你的情况、氛围写一个故事,利用人物的语言、动作、心理等细节描写,将人写活,故事写生动,和那场雨紧密地结合在一起。生活中有很多故事,家庭原因、社会原因、自然原因、人为原因等的不同会产生许多故事啊。再写5分钟。

众生:(写作5分钟。)

师:刚才有三个同学交流了,单从一个场景来说,写得很不错,下面看看我们写的故事怎么样。请你说说你那场雨和雨中的故事吧。

生12:《落在心田的春雨》。淅淅沥沥,轻得如同细纱,一场春雨已经悄然而至。我在室内,打开窗时才发现地面早已被这层细纱轻笼。春雨真是细啊!真像朱自清所说,像牛毛,像花针,就连那敏锐的皮肤也只能感受到一丝微寒。我情不自禁地走出去,幸福地接受着大自然的馈赠。这雨纱盖在头上,有些微寒,浑身的神经都似被激活,一下子变得爽朗起来,心里也不禁流露出往日的回忆。我是个下雨不喜欢打伞的人,淋雨对我来说更像是一种享受……

师:这需要写一个故事出来,看这样的氛围可以牵出怎样一个甜美的故事。

生12:我准备写我们为敬老院老人服务的细小事儿。

生13:你那事儿一定如春雨一样滋润那些孤独苍老的人。我写的题目是:《落在心田的苦雨》。西风携来了一场雨,赶走了本来明媚的天。我站在这片狼狈得在世人面前无所遁形的废墟前。炎热的天气让空气中都浮动着尘埃。圆明园那场强盗们空前盛大的狂欢,尘埃落定成现在的一片狼藉。落雨了,豆大的雨点重重地砸在我的身上,砸进这片干燥皲裂的土地,砸进了圆明园鲜血淋漓的伤口。夏天的雨毫不留情地越下越大,天空翻滚的云层阴霾暗沉,让人害怕得想后退……

师:真好啊。我请一个同学评价一下。

生14:她写得很好,角度跟我们不一样。

师:她不是写苦雨吗?有什么特别的?这雨苦在哪里?

生14:苦在圆明园被劫掠的那种痛。

师:老师也有同感哪。"圆明园被劫掠的那种痛",用于表现我们民族心灵上

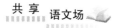

的痛,苦雨不光落在小作者心田里,也落在民族的心田里。故事才刚开始,下面还将写怎么痛,为什么痛吧?

生13:我会往这方向去琢磨的。

师:那我们期待那场苦雨给我们带来圣洁的泪水吧。有请这位才子。

生15:我的题目是《落在心田的冰雨》。春雨润夏雨急秋雨稀,但我就爱这冬天的雨,冬天的雨很少,来得总是不那么热烈,往往像个羞涩的小姑娘含着几点眼泪,刚下几滴就在地上留下了一路冰痕。冬雨很冷,但也给这干燥的空气增添了几丝湿润。雨中漫步是很浪漫的,在这个冬天,撑把伞,品味着不大不小不急不缓的雨,实在是一份再细腻不过的感觉。那一天是情人节,这雨的冰冷孤寂,正好可以反衬出一种浪漫的氛围。一个女孩推了一辆自行车,兜里装着鲜花。小女孩的脸红彤彤的,说道:"自家的花,大家看一下吧。"大家一看,那么鲜美自然,没有一点修剪的痕迹。于是,一对对青年情侣从她手上买走一枝又一枝玫瑰花。我一摸口袋,正好有一些零钱,就去买了一枝康乃馨,谁叫我妈妈昨天问我"情人节送我什么呢?"

师:妈妈问他情人节送她什么,今天他竟然送她康乃馨!前面说是冬雨,营造的是比较凄寒的环境,后来用情人节一转,原来人们在情人节买玫瑰,奉献的是一颗温暖的心——这立意真好。以悲景衬乐事美情,故事与环境的反差构成了文章的巨大张力。还可以写得具体一点,使冬雨变成暖雨——好吗?这位同学,请你念念。

生16:《落在心田的黑雨》。独自走在回家的路上,漆黑的夜如此强势,仿佛想把我吸进它的黑暗里,唯一无法阻止的是这潇洒四溅的雨滴,伴随着我的孤寂,伶俐地扑过单薄的伞面,仿佛在嘲弄,以一种不经意的姿态给我的心理造成冲击。此刻每一滴雨珠都刺痛着我毫无防备的心房。为何又是孤单一个人?我讨厌这种感觉,就像被全世界遗弃,然后被忘却在某个角落里,寂静得让人发慌,让我想要逃离。讨厌这样的黑暗无声的下雨天,讨厌孤单一个人的感觉,更讨厌在这样一个下雨天孤单一个人的冰冷,那是一种不可言说的讨厌。

师:好多的"讨厌",难怪是黑色的雨。让我们为刚才这几位同学精彩的交流鼓掌。(掌声响起。)我想,刚才这几个同学都是侧重于抒情,写的是一种心情。我们可以通过写一件事抒发一种感情。不过我们要注意的是,一场雨是一个场景,然后再写一件事,可以通过这件事具体描写感情或具体刻画人物,可以通过刻画人物抒发感情,单纯抒情会过于单调。在这个基础上,大家继续往下写。如果前面写的雨与后面的事情对不上的就要改一改了,如果对得上的,就继续写。再给大家 3 分钟。尤其是要注重细节描写。这场落在心田的雨不仅仅是自然界的雨,更重要的是人与人之间的交往,或者是什么样的事情带来了某种心情,或者是表现一种什么样的品性。

众生:(写作 3 分钟。)

师:哪位先说?

生17:我的题目是:《落在心田的太阳雨》。我念其中一段。雨,或许给你的感觉是冷冷的,但并不是沉闷的。相信大家也都看到过在阳光下的雨吧,她和阳光配合得那么默契,那种感觉会给雨增加不少的活力,也让它们彰显自己的风采——水晶般的透亮,跳舞般的灵动,也更令人振奋,就好像刚刚甩开了所有的灾难似的。每逢此时,太阳公公一边笑一边流泪,它在笑什么呢,又在哭什么呢?豆大的泪珠变成了阳光,难过之后又是一片希望。

去年的夏天是各奔东西的时刻。中午的毕业聚会已经结束,下雨了,我们在说说笑笑的聚餐过后又是无尽的失落。四年的同学,四年的一家人要散了——但是仔细想想,之后我们奔向远方,我们要去实现理想,这样的希望掺杂在我们的泪水之中、心田里就像太阳雨一样,像在阳光底下的暖雨一样,会给我们力量吧。

雨停了,太阳也擦干了眼泪,我们也应该擦干泪勇敢地向前迈进。

师:很好,尤其是前面的场景描写非常好,故事也应该体现出又难过又喜悦的心情,最好用具体的细节来表现,进一步把它写好。离别时分、相聚时分,可以说是悲喜交加。有请这位才女。

生18:《落在心田的秋雨》。"君问归期未有期,巴山夜雨涨秋池",这真是一句好诗,空荡荡湿漉漉的巴山蜀地,青砖上啪啪作响的、自房檐瓦片上不紧不慢地落下的水滴,院子里是青灰色的氛围,雨点落进中央的水缸里,这是何等寂寥的雨夜。"何当共剪西窗烛,却话巴山夜雨时",这本是该由两双手两个人执一把剪刀在滴答的雨中衬着窗里一盏昏黄的小油灯,剪下烛花,但在这忽明忽暗的薄薄窗纸里面,只有一个孤坐在窗前的人抱膝灯前,直直盯着自己因烛火跳跃而摇曳不定的影子,听着秋风吹起雨点的声音……

师:(带头鼓掌,大家齐鼓掌。)精彩啊。她是从一句诗里引出话题,文化气息丰富,抒发了浓浓的情愁。当然,可以把现实中的事情与之结合在一起,可能会更有生活气息。刚才展示了部分同学的习作,雨景、事情、心情都得以较好地表达。

一个场景、一种心情、一个故事或者一种品性,这场雨一定会下在我们的心田,一定会滋润我们的人生! 再见。

众生:老师再见!

 高一(下)作文导练评之四

《青春舞台》

——联想与审题(重写导练)

师:同学们,我们看看全年级都写过的《青春舞台》,大家自我感觉怎么样? 你们展示了自己的青春的盛宴了吗? 你们的青春舞台上上演了怎样的节目呢? 你所看到的青春舞台上闪耀着怎样的光彩? 我们首先来想一想这个题目。"青春",指的是什么? 我请一位同学来谈谈。

生1:十四岁以前。

师:这是青春吗?(学生窃笑。)你再来说说!

生2:十四岁以后吧!

师:有点犹豫。(示意后面一位同学)你的看法呢?

生3:十四岁到十八岁。

师:(示意后面的一位同学)你觉得呢?

生4:十五岁到二十五岁。

师:哦——这青春长多了。(示意后面一位同学)你来说!

生5:十四岁到二十五岁。

师：十四岁到二十五岁。你比前一位同学的定义提前一岁了啊，早熟了吧。（师生笑。）

　　刚才五位同学谈了"青春"，共同点是从年龄上谈青春。（板书：年龄。）其实，如果从年龄上来看，《现代汉语词典》上对"青年"的解释应该是十五六岁到三十岁左右。我之所以推荐《青春舞台》这个题目，就是因为我们刚好踏上了青春的舞台，刚好在上演我们青春的剧目呢。

　　这次作文，没有任何指导，因而不少同学写"我在幼儿园的青春是怎么闪烁的""我初一的青春是怎么闪烁的""我初二的时候又怎么闪烁的"。其实，我们现在才刚刚踏上这个舞台。如果写自己的话，你的感受可能都是新鲜的，当然写他人另当别论。我们可以看到，有很多人在青春的舞台上演绎了自己的传奇，包括青年毛泽东，青年周恩来，青年李白，青年苏东坡，青年居里夫人，青年莫扎特……世上有杰出表现者，大多都演绎过自己青春的传奇啊。

　　上面我们说到的是年龄限制。那么是不是正如词典上所说的，青春只是"十五六岁到三十岁左右"，而三十岁以后就没有了青春呢？（示意一位同学）你说说看。

生6：前面提到的都是从年龄上来说的。其实，心理上，也可以有一种年轻的青春的心态呢。

师：前面是从年龄来谈青春的，现在你提到了心理，思路一下子就打开了。好的，你举一个例子。（板书：心理。）

生6：就像老师们，你们经常接触的是十五六岁的学生，所以往往都可以保持一颗年轻的心。

师：保持年轻的心态。这一点我也有同感。我们和同学们一起唱歌、跳舞，老师的确被你们的年轻感染，因而也年轻起来了呢。请你说，或者举一个例子，是一个不在那个年龄段的青春达人。

生7：曹操，通过他写的"烈士暮年，壮心不已"可以看出青春不仅仅只是体现在年龄上。

师："烈士暮年，壮心不已"，这个联想很好。注意我们今天就是要通过联想来看青春舞台！那你呢？举个例子。

生8：苹果公司的总裁，被自己创建的公司赶出来之后，又另立门户，那时他虽已不是青年,却有青年的勇气。

师:你这是从对事业的状态来谈青春——事业也有第二春啊。(板书:事业。)所以,青春舞台既可以说是人年轻的阶段,也可以说是一种年轻的心态,甚至还可以是他对事业的不倦追求啊。(示意后面一位同学)你呢,还有什么见解?

生9:苏东坡的词中写道,"老夫聊发少年狂"。

师:他当时四十岁。四十岁照我们词典的定义上来说,早就超过了青春的年龄。但他写道"老夫聊发少年狂"。苏东坡虽然不在青春的年龄段,但仍然将自己的青春豪情挥洒得淋漓尽致。

刚才这组同学,从不是青春年龄段的青春——即心理、事业等方面举例子诠释了青春,原来,青春不仅仅停留在十五六岁到三十岁左右这个词典意义的舞台上啊。那么青春到底有哪些特点呢?(示意另一组的一位同学)请你告诉我。

生10:青春就是狂傲不羁,不愿意向困难低头。

师:狂傲!不向困难低头就是不服输,青春是一种不服输的状态——很冲啊。(示意后面一位同学)你来!

生11:青春就是要充满活力。

师:充满活力,举一个例子。

生11:就是很多时候,无论我们做什么都不觉得累。

师:这是生命力旺盛啊。(示意后面一位同学)你来。

生12:青春是激情。

师:激情!激情和活力往往是在一起的!的确,有激情的人往往是充满着活力的!举一个例子。

生12:就说我们班这次排球比赛吧,大家都表现积极,很有激情。

师:(示意后面一位同学)你说说,青春还有什么特点?

生13:青春是带着理想的,要有抱负。

师:有理想——理解更有内涵了,很好。一个没有理想的人可能只有青春的招贴画吧。青春要有理想,有目标,有追求。那这种理想,这种目标,这种追求是什么呢?比如说你爸爸的追求就是把你送进一个很好的大学。这算是具有青春活力的目标与追求吗?所以对什么样的目标,什么样的理想,什么样的追求,我们要有界定。

生 13:理想应该是远大的。

师:远大的,比如说?

众生:(窃窃私语。)

师:远大的理想,说得太宽泛了。比如说,中国共产党的最高理想和最终目标是实现共产主义。这是最高的理想,那么在这个大的理想的前提下还会有哪些理想呢?(示意后面一位同学)你来。

生 14:比如带领中国人民推翻压在中国人民头上的三座大山,建立一个民主、自由、平等的新中国,这就是毛泽东的理想。

师:多精彩啊。(示意后面一位同学)你再来说说。

生 15:就是我们要对未来有一个规划。

师:那如果规划三年、十年之后赚多少万元,这是不是远大理想呢?所以,你说的这个规划还不够具体。大家要注意,这是青春的理想,它不是一般的理想。

生 15:就是对自己的未来要有一种热爱。

师:关键在于热爱什么?你需要描述得更加具体,更加形象,让大家能够真切感受到。事实上,青春的理想除了要远大,还要什么?还要高尚,还要纯净。这才是青春的理想,而不是其他的理想。(示意后面一位同学)请这位同学举个合适的例子。

生 16:理想,就是将来的生活过得舒舒服服而且很充实。

师:活得很舒服,很充实,这就是你的青春理想。那这个充实和舒服具体是指什么呢?再想想吧。(示意后面一位同学)你来。

生 17:我觉得青春的理想应该是比较诗意的。我的一个朋友,小时候就决定要走音乐这条路,他也为此在努力奋斗着。

师:她提出了"诗意"这个词。的确,青春是充满诗意,充满热情的。青春本身就是用诗来写就的,诗可以写出多彩的年代。(示意后面一位同学)来,你呢?

生 18:青春要有创造。

师:她刚又赋予了青春另外一个词——创造。(示意另一排的一位同学)举个例子。

生 19：比如说导演，要拍出一部好电影，需要发掘新的东西。

师：像《阿凡达》，是吧。你呢？

生 20：青春要有自己的主见，要积极向上。

师：从思想上谈青春，更深刻了。（示意后面一位同学）举个例子。

生 21：比如说很多人毕业之后都想待在城市，待在赚钱最多的行业，但有的大学生到西部去支教。

师：去比较贫穷的偏远山区展示自己青春的风采。其实那些偏远落后的地方，更是他青春舞台闪亮的地方——你说得太棒了！

　　同学们，在青春的舞台上，上演的可以是悲剧、喜剧、正剧、闹剧，不同的剧目。我们在青春的舞台上可以充当不同的角色。可能会在青春舞台的幕后，可能会在其前台；可能会在青春舞台的中央扮演主角，也可能只是在台下做一名观众。但无论你是在幕后也好，台前也好；配角也好，主角也好，只要你是积极向上的，充满创造力的，充满活力激情的，永不服输，永不言败，有远大理想，不断追求，我想，你就一定能在青春舞台上演一幕永恒的青春剧，这一幕青春剧将永不谢幕，可以演绎到生命的最后一息。

　　下面，我们来看看上次同题作文的选文。这篇是我们在这次作文中发现的立意、选材较为新颖的一篇。同学们看一下这篇文章。找三位边读边品评，读出来一起分享。（师生同看事先印发的选文。）有请。

生 22："不知什么时候起，小区的门口多了一支腰鼓队。一群年逾古稀的老太太在暮色中舞动着：有时月光在她们的小腰鼓上投下迷离的影子，散发着灵动的光，照亮了她们陶醉的脸。那是一张怎样的脸啊？刻满了岁月的痕迹，周围嵌出一道又一道深沟，仿佛看到了岁月的年轮。她们松弛的皮肤仿佛诉说着饱经岁月的风霜。"开头是一个形象的镜头，通过对外貌细节的刻画，尤其抓住皮肤、皱纹这两点，还有月光、暮色等环境细节的点染，表明了老太太和腰鼓这种装备的不太协调，为下文老太太的精彩表演作反衬。

　　"可你看啊！火红的飘带正在空中飞旋，时高时低，时快时慢。这是腰鼓棒上的红带子，操纵它的人该有怎样的一份激情！可你听啊！细密的鼓声如春雨一点一滴渗入人心，声音时疏时密，时而如倾泻的瀑布,时而如流转的玉珠,听得人心神畅快。"这里通过写带子和声音,表现了这群老太太她们火热的青春激情和灵动的青春舞步,以及智慧的青春创造。

师：读得动听,评得服人啊。(示意后面一位同学)有请。

生23："老太太们舞着,笑纹在她们的嘴角绽放成花,低眉时的少女怀羞,眼神清澈、明亮。""低眉时的少女怀羞",这个细节和老太太是绝然不相称的。眼神清澈、明亮,这完全是青春的激情。

"这时,一位慈祥的老太太走了过来,拍了拍我的肩膀说：'小姑娘,你看我们几个跳得好不好?''哦,好! 当然好啊!'我没想到她会问我,有些不知所措。'太好了!'老太太笑得像个孩子。"其实这句"太好了"不仅是能够得到别人认可和赞赏的一种由衷的喜悦,她也是在自我赞赏啊!

师：善于捕捉细节,抓住关键词评析,鞭辟入里!

生24："其实我原来一直觉得她们怪怪的。至于怪在哪里却又说不上来。"这是心理描写。不明写出来,就是让你回味。你看老头、老太太如果这里插枝花,那里戴个鲜亮的东西,看起来的确是很不相称的,是有点儿怪怪的感觉。

"从那以后,那几个老太太以及那晚的一切都像是电影般在我的脑海里回放。她们的样子,她们的眼神,她们的畅快、自信的笑……最近,在大龄的舞台再次看到那几个熟悉的身影。只不过这次,有好多好多的人观赏,他们拍着手,叫好、鼓掌,越来越多的人驻足停留。老太太们舞得更欢了,瘦弱的身躯仿佛长出了翅膀一样轻盈。大家都被她们感染了,一种失落了很久的东西仿佛被找回,很多和她们同年的,或者小些的妇女、男士也流露出和老太太一样澄澈的神情,仿佛响起一声声呼之欲出的呐喊。喊些什么呢? 该是他、她、他们流逝的青春吧!"点出主题了! 那是流逝了很久的东西,但是因为老太太的表演,让周围的人都焕发了青春的热情。这该是一种多么浓烈的青春美酒!

"今晚,老太太们很美,化了淡妆。那腰肢,那舞步,那欢笑,她们从来都很美,从来都不曾老去。"这里,抒情和议论结合了。

　　　　"这也是一个青春的舞台啊!"点题了。"这也是一个",说明不仅
　　　　仅是年轻人所拥有的青春舞台。

　　　　"青春永远都在路上……"多么耐人寻味啊!

师:善于扣住一点深入展开来评析,而且说起来有理有情——送你一个名
　　字:青春评论家。

　　　　这篇作文,立意、选材都很新颖。不过,她所描绘的场景我们并不是
　　没见过,只是没有想到。那么,我们缺了什么东西? 缺少联想啊。这篇
　　作文的作者联想到了同学们之外的舞台上:不是自己的舞台,而是别人
　　的舞台;不是这个年龄段的舞台,而是另外一个年龄段的舞台。文中的
　　老太太演绎的是青春——刚才同学们赋予的所有的因素与样式:活力、
　　激情、创造力,等等。

　　　　看完别人的杰作,我们自己该怎么做呢? 希望大家展开丰富的联
　　想,自己去写一个片段,写一个青春舞台的镜头。还是以《青春舞台》为
　　题目来写吧。不是不可以写自己,关键是写什么。请大家在充分展开联
　　想的基础上,精心选材,细心描写,把青春舞台描写得绘声绘色,让人感
　　动。要写出赋予青春内涵的东西,就像刚才这篇作文一样。刚才同学们
　　已经赋予了青春很多特点,你的那个镜头里面能够赋予青春哪些全新的
　　东西? 不服输的、激情的、纯净的、创造性的……

　　　　上学期我们学过联想,现在还要展开广泛的联想。这次作文,全年
　　级大部分同学写的都是运动会啊,班班有歌声啊,比赛啊。当然这些材
　　料也可以写,关键是你要从这些材料中发掘出与普通的比赛、普通的鼓
　　掌、普通的呐喊不一样的充满青春特性的东西。青春舞台演绎的,应该
　　是富有创造力的东西。另外,也可以写写其他人是怎样感受青春的,你
　　又赋予它怎样的内涵。

　　　　上学期,我们学过相似、相关、相反等联想,我们要学会运用这些,选
　　好材料,写好这个镜头。第一,联想到了什么;第二,怎样把联想和描写
　　结合起来,使这个联想变得具体、生动、形象,真正绽放出青春舞台上该
　　有的耀眼的光彩、动人的情怀。写作开始,5分钟。

众生:(写作 5 分钟。)

师:时间到了,我请下面几位同学,展示一下自己的"青春舞台"。(示意前排

一位同学)你来。

生 25：一辆跑车在黑白的画面中失控。用黑色的线条描绘了一种轨迹,没
有多余的痕迹。当这样一幅素描展现在我面前时,我看到了青春的
张力跃然纸上。这种看似简单的黑白,却让我的心灵不由地为之
一振。

师：开头描绘得很好。大家为之一振吧!(师生鼓掌。)这几句话,好在哪里?
大家思考思考。

生 26：很到位。

师：很到位! 我都听了,他是通过就近取材,同时通过张力来表现他青春的
躁动。下面再请一位同学来说说。

生 27：弄堂门口总可以看见几个老爷子坐在那里下象棋,在那一方小小的
世界里面,他们是唯一的主宰者。每当太阳快要下山时,都会照红他
们的脸,好像有满腔的热血要迸发出来。"哈哈,我多了一个马,赢定
了!"时不时从巷口传来这样一声欢呼。多子的老人就像一个孩子一
样,高兴地跳起来,手舞足蹈。少子的老人则满脸沮丧,就像刚刚丢
了心爱玩具的孩子。又常常看见他们为一局棋争论不休。你说跳
马,他说走炮,非要战到底。

师：很好!(师生鼓掌。)他写得非常具体生动。我们眼前好像真的跃动出了
这样的画面:两个老人下棋,一群人在围观。双方争来争去,这就是不服
老啊! 不服老,不服输,这就是青春的灵魂啊! 灵魂之一就是永不言败
啊! 当然把这篇作文继续写下去,要赋予它新的内涵,不仅仅是在下棋
上,那就更加感动人了。不仅仅在棋上,接下去要怎么写,就看你的笔
了。看看这两位老人在其他的事情上是不是也有这种不服输的精神。
来,(示意后面一位同学)你说说。

生 28：脑海中无法忘怀的是他站在山顶上眺望天边时的样子。他举起双
手,伸着头,目光坚毅。哥哥说:"两年前,他也是这样站在山冈上,看
着淡蓝色的天空,想象着远处大海的波涛汹涌。"有一天,眼前就突然
是碧蓝的真正的大海,扑向大海的怀抱是他青春的梦想,哪怕在大海
上颠簸,被风暴所困扰,被缆绳磨破双手。待回家来,哥哥瘦了整整
一圈,但他也依旧会说:"我热爱航海……"

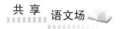

师:结束了？

生28:还没有写完……

师:开头写得挺好的。这位同学的选材还是很新鲜的,写的是一个最底层的海员,后面的故事会怎样展开,我们拭目以待。下面,再请一个同学来说说(示意后面一位同学)。

生29:那一年,这四个青年有一个共同的梦——音乐的梦。梦想、青春、音乐这三个要素互相撞击着。他们无时无刻不在努力着,让青春更精彩,让梦想成真,让音乐成为生命中的挚爱。如今,他们站上了真正的舞台。他们站在音乐的舞台上挥洒着他们的青春。

师:选的题材是音乐人。音乐本来就代表了青春的力量。音乐人当然是从事青春事业的,应该是最容易展示自己青春魅力的一群人。这位同学的选材有自己的独特之处。当然,你需要写出与众不同的音乐人的特色,而不只是三五成群的人在一起玩玩音乐而已。应该写出他们在挫折面前,如何坚守自己对音乐的某种追求、某种梦想。有创造性才能写出一些新东西。能不能在青春的舞台上让这四位音乐人展示自己独有的魅力与创造力呢？还要看你的笔怎么运。

　　刚才四位同学述说了自己的片段,有的是就近取材,有的取远来写;有的写年轻人,有的写老年人;有的是诗化的人物,有的是简朴的人物。但不管是什么人物,大家都展开了积极的联想,不再是只写我们的运动会,不再是我们的班班有歌声,不再只是我们的体育节了。这已经是这堂课的成功之处了。希望同学通过自己的联想,结合前面训练的描写,使我们这次青春舞台的作品,能够展示我们青春的风采,让我们自己的青春能够在我们自己这方青春的舞台上,闪烁得更加美丽、永恒。

　　……

 高一(下)作文导练评之八

《追梦》

——描写与抒情的结合(导练)

师:我们每个人都有一个梦！但是梦在每个人的心目中都不一样。比如说,在马蒂尔德的心目中,梦想是跻身上流社会,做一个万人迷;在格里高尔的心目中,梦想是变回人类。可是,他们的梦想因为不切实际,最终只能化为泡影。而在居里夫人的心目中,梦想是发现人类还没有发现的稀有元素,让她的天赋成为人类追求文明的光辉;在毛泽东心目中,梦想是主宰沉浮,指点江山。他们的梦想纯真崇高,跨越百年,美丽而辉煌! 那么我们的梦想又是什么呢? 从1号开始,一个个往后接着说。

生1:穿越到古代,遇见大诗人李白,和他月下共饮。

生2:周游世界,感受不同的自然和人文风景。

师:真是浪漫的梦啊!

生3:做一个有用的人。

生4:考入理想的大学。

生5:拥有美好的一生,实实在在的一生。

生6:做一个插花艺术家。

师:多么有生活味的梦啊。

生7:梦想成为总统。

生8:过平静的生活。

师:一个叱咤风云,一个云淡风轻。

生9:追求自我,放飞灵魂。

师:放飞灵魂就是让自己的灵魂飘浮起来,舞动起来,一个多么自由的梦啊!

　　同学们告诉了我们这么多灿烂迷人的梦想:不管是雄心壮志的梦想,还是比较实在的梦想;无论是追求功利的梦想,还是纯真个性的梦想,它都是我们一个真实的梦想啊。当然,它们的价值是不一样的。有的价值大一些,有的价值小一点,有的可能甚至没有多少价值。但是,我们青少年追求的梦,应该有一定价值,有远大价值。

　　居里夫人和毛泽东的梦想为什么都成功了? 因为他们在不断地追求,所以我们以"追梦"为题,写一篇作文。(板书:追梦。)现在我们在课堂上先写一些片段,注意将描写和抒情相结合。上次我们是以"红歌"为话题写了描写和议论相结合的片段。现在是描写、记叙、议论、抒情的多方面结合。其实,我们学过很多感人的文章,它们都是描写、记叙、议论和抒情有机结合的好文章。

请大家打开书本,看到《为了忘却的记念》其中的一部分,作者在先后收到柔石的两封信之后,这样写道:"其时传说也更加纷繁,说他可以赎出的也有,说他已经解往南京的也有,毫无确信;而用函电来探问我的消息的也多起来,连母亲在北京也急得生病了,我只得一一发信去更正,这样的大约有二十天。"这里运用记叙,为议论、抒情铺垫。

作者鲁迅是怎样牵挂那些人的呢?"天气愈冷了,我不知道柔石在那里有被褥不?我们是有的。洋铁碗可曾收到了没有?……但忽然得到一个可靠的消息",前面抒发了万分牵挂的情愫,然后接着记叙,"说柔石和其他二十三人,已于二月七日夜或八日晨,在龙华警备司令部被枪毙了,他的身上中了十弹",这表面是平静的记叙,而实际上却是在源源不断默无声息地注入情感的潮水,只为下文打开那感情潮水的大门——抒情。

忽然,来一个"原来如此!"单独成段的四个字,无异于轰轰作响的四发炮弹啊!震怒与悲痛,发发命中!

然后下面接着记叙:"在一个深夜里,我站在客栈的院子中,周围是堆着的破烂的什物;人们都睡觉了,连我的女人和孩子。"

紧跟着抒情:"我沉重的感到我失掉了很好的朋友,中国失掉了很好的青年,我在悲愤中沉静下去了,然而积习却从沉静中抬起头来……",记叙和抒情结合,结合得多么深切啊。

此外,还有我们学过《哦,香雪》。当她用一篮鸡蛋换回铅笔盒后,如何向家里交代呢?香雪想了很多很多,"香雪很想吃芝麻糖,可她到底没换。她还记得,那老头真心实意等了她半天呢。为什么她会想起这件小事?也许现在应该骗娘吧,因为芝麻糖怎么也不能和铅笔盒的重要性相比。她要告诉娘,这是一个宝盒子,谁用上它,就能一切顺心如意,就能上大学、坐上火车到处跑,就能要什么有什么……娘会相信的,因为香雪从来不骗人"。这段描写了香雪的心理。接着作者通过景物来抒情。大家一起来读读,感受一下吧!

师生:"小溪的歌唱高昂起来了,它欢腾着向前奔跑,撞击着水中的石块,不时溅起一朵小小的浪花。香雪也要赶路了,她捧起溪水洗了把脸,又用沾着水的手抿光被风吹乱的头发。水很凉,但她觉得很精神。她告别了小溪,又回到了长长的铁路上。前边又是什么?是隧道,它愣在那里,就像大山的一只黑眼睛。香雪又站住了,但她没有返回去,她想到怀里的铅笔盒,想到同学们惊美的目光,那些目光好像就在隧道里闪烁。她弯腰拔下一根枯草,将草茎插在小辫里。娘告诉她,这样可以'避邪'。然后她就朝隧道跑去。确切地说,是冲去。"

师: 大家看看这一段,通过景物来抒情,其情景多么动人。小溪高昂地歌唱,欢腾地奔跑,抒发了香雪内心的欣喜若狂。一般我们看见隧道,会很害怕,但她说是"大山的一只黑眼睛",因为她有一个宝盒子,非常高兴,所有的害怕都消失了。因为香雪有了这个宝盒子,她内心的喜悦之情、满足之情、幸福之情便一一袭来,朵朵晶莹,浪浪升腾。

借景抒情、借事抒情、借物抒情,都是间接抒情,间接抒情和直接抒情结合在一起,就可以使我们的片段描写更加动人了。

我们有一个什么样的梦想,我们的梦想是怎么来的,我们的梦想是在哪样情感的冲击下产生的,刚才同学们都已经说了。九班有一个同学曾这么写道:"当我看见熊熊烈火吞噬一间间房屋的时候,当我看见遍体鳞伤的受害者一个接一个被抬出的时候,我除了流泪,我就想做一个及时扑灭火魔,拯救人们生命的消防战士。"下面请大家用抒情结合着记叙描写的句子,写一段你的梦想。让我们的梦想也如此美丽动人。5分钟。先写第一个片段,有一个什么样的梦,把这个梦描述出来,同时带有一定的情感就非常棒了。

众生: (作文5分钟。)

师: 时间到了,让我们来看看大家写下的第一个片段,看看大家对自己美丽而独特的梦想的描述吧!

生10: 每当《隐形的翅膀》这首音乐响起,我总会梦想自己也能长出坚实的翅膀,能勇敢地面对狂风暴雨,能在广阔的高原像鹰一般地翱翔,蓝天白云似乎触手可及,一切都那么清新自然,心灵自由自在。现在是属于我们的,未来更是属于我们的——因为我们有梦,一切都是属于我们的。

师: 写得很美,也很动人。梦可以有很多,可以有一个梦、两个梦、三个梦,最多写三个梦够了,写得太多,会导致连一个梦都写不好的。

生 11：或许有的人梦想着去太空探索无尽的宇宙奥秘,或许有的人梦想着拥有如钻石般璀璨的舞台人生,但是我的梦想却是做一名平凡而又独特的教师。我想站在讲台上,用自己的热情点亮孩子们的心灵,创造一个崭新的世界,让孩子们机械的脸上绽放原本属于他们的青春的灿烂笑容,让孩子们拥有生活的快乐以及生命的精彩。我还要深情地告诉孩子们,每个人都会有一个独特而美丽的梦想,都会有一个靓丽的人生,只要你不懈地为之努力,你就可以拥有整个世界。

师：多么精彩啊。这个片段所写的梦想,是想当一名教师。精彩在于围绕教师梦想,作者一连描写了好几个镜头:让孩子怎么样,怎么样,好形象好感人啊。再请一个同学说说,你的梦想是怎样的?

生 12：林语堂说他想要一间自己的书房,不必宽敞不必整齐,也许有股茗茶的清香,或许有丝丝缕缕的烟味。我也想有一间不必明亮,不必复杂的书房,书架上随性地堆放着几本文艺书籍,另一边又是几本历史古籍,中间也许夹杂着几本休闲娱乐的书,不必很多,只要自己喜欢就好。

师：这就是你小小的梦想。拥有一个充满历史书籍、文艺书籍、消遣小说的随性的书房,她这个梦想很真实很亲切啊。刚才那位同学的梦想是很可贵的,你的梦想是很可爱的。他的梦想带着一点激情,你的梦想带着一点柔情。大家都把情感和描写结合起来了,非常不错! 你再来说说自己的梦想吧!

生 13：十七年前的一个秋天,在全家人期盼的目光中,我来到了这个世界,而之后的岁月中,我也在他们体贴入微的照顾下,从咿呀学语的小不点成为拥有梦想的少年。这十七年的岁月对于我而言是幸福而美好的。而对于一直陪伴在我身边的家人来说,岁月却在他们每个人脸上都留下了印记,所以我的梦想就是做一个能带给家人幸福的人。

师：很好,很有责任感,做一个带给他人幸福的人,这成梦的过程更动人。刚才几个同学充满感情地描绘了自己心目中那个纯净的梦想。既然这些梦想已经描绘出来了,那么,我们该怎么去追寻这些梦想呢?请大家继续写第二个片段,如何追寻梦想。(板书:如何追寻梦想。)前面说过,有些梦想通过追寻能变成现实,但有的梦想却变成了泡影。那我们怎么追梦呢? 通过描写一个镜头、一个片段,表现你是怎么追自己的梦的。比如刚才有同学说自己的梦想是做一个教师,那么你的行动、你的心理是怎样的,哪一个镜头表现你要成为一名教师;还有想使自己的家庭更幸福,那么你现在是怎么去追寻这个梦想的,选其中的一个镜头,继续描写。5 分钟之后大家再交流。

众生:(作文 5 分钟。)

师:好的,时间到。沈艳秋同学你来说说。

生 14:它,是黑与白的完美交融,当墨汁在宣纸上渐渐晕染,行云流水间,是一场美的盛宴;它,是中华民族文化传承的载体,一点一滴里,是一段文化的跨越;它,亦是我的梦想……书法,是中华民族文化的精粹。一个懵懂无知的孩子从一笔一画中感受到了神奇,第一次的接触,书法就已植入了我的心间。十一年的春夏更迭,十一年的秋去冬来,这个懵懂无知的孩子告别了她无知的童年,走入了绚烂的青春,青葱岁月不再稚嫩,不再天真,唯一不变的是她对梦的执着……

师:你写了对书法的追求,这个梦想非常高雅,但是如何追还要继续写下去。陈骋来说说你的梦想以及如何追梦吧。

生 15:为实现教师之梦,我与书结下了不解之缘。轻呷一口清茶,捧起一本好书便成了我不改的积习,让茶香驱散心中的火性,茶的苦可以让我品味书中的甘甜,这样,我就可以更容易地进入我的世界,没有公式的困扰,书中的世界也会更加清静。我沐浴在历史的长河,让人文精神清洗我心中的污垢,灌满我空洞的内心;我行走于文字的丛林中,让行云流水填补我匮乏的内心;我穿行于哲学的天空,感受理性之广阔与伟大,以扶正我的信念。

　　除了人文、理性外,广阔的知识面也是一名教师不可缺少的一部分。

　　站在烈日的树荫下,我涉猎着各方面的名著。就像在树荫下仍会出现点点阳光一样,全面的知识是必须结合一切,但天生随性的我真的很难进入那一步步严密的逻辑中,逻辑就像树荫中的那些阳光,如此刚正,也就只有站着才能体味它们的坚不可摧。它们是那么的神秘,但为我的梦想,我绝不退缩。

师：追梦的过程历历在目、感人至深啊！给他热烈掌声。请你也说说。

生16：从前我还在读小学的时候，每次穿过这条路，红色的大楼，宽广的操场，美丽的校园，每当这些映入眼帘，我都向往有朝一日成为这里的一员，成为这里的学子。时光流逝，三年初中生活匆匆而过，我们虽然没有中考的压力，但我依旧没有忘记我的梦——市北，为了进入我心目中的这所学堂，我一直在努力着。当拿到志愿表的时候，在第一志愿栏，我毫不犹豫地写上了四个字——市北中学。

师：我感到非常高兴，因为我是市北中学的老师嘛。你那么向往市北，而且梦想成真了，应该祝贺你！刚才这位写了构成她的梦的要素，对梦进行了描绘，追梦的过程也有了一点，下一步开始要着重写这个追梦的过程。不过，我建议，现在在写这个梦的时候，要有一点高度，比如前面成就我的书法梦想，传承文化的梦想，还有报效祖国的梦想。

总而言之，我们要确立明确而较为远大崇高的梦想，更要为此细细描写追梦的过程，还要抒写追梦的点点滴滴的情感，适当点出追梦的感悟——总之，课上的"追梦"刚刚开始，人生的追梦任重道远啊，让我们一起加油！除了《追梦》，我再给两个题目：《书海轻舟》《一路春风伴我行》，大家可以挑一个去写。下课，同学们再见！

众生：老师再见！

 高一（下）作文导练评之十

《那一片天空》
——记叙性散文导练总结（赏析与评导）

师：同学们，今天这堂课是本学期最后一堂，也是整个高一学年的最后一堂。乐观一点讲，我们未来的路还长；功利一点讲，离考试的路已经很短。今天我们着重讲什么呢？学了一年，讲了一年，写了一年，不断地提高了一年。因而，今天着重请同学们来谈谈，谈谈如何把记叙文或者记叙性的散文写好。（板书：如何写好记叙文、记叙性的散文。）先从同学们的作文谈起，然后再谈谈我上次发下来的那篇文章《又去散步》。你可以从刚刚发下的示范作文说起，也可以从这一年中自己学习写作的经验与感受谈起。有请许雪炀同学。

生 1：那我还是讲讲自己写作的感受吧！

师：好的。你觉得怎样才能写好记叙文或者记叙性散文？讲一点也可以呀。

生 1：高中生写文章不能像初中生那样去纯粹描写记叙很具体的一件事，这样会显得比较稚嫩、单薄。高中生的作文可以适当地用到一些抒情或者一些修辞，以增加文章的可读性与感染力。

师：不错，修辞可以增加可读性，抒情、描写等表达方式也可增强感染力。你的不少文章之所以成为优秀示范作文，或许，这就是原因之一吧。

（板书：表达方式的运用　描写、记叙、抒情、议论

修辞手法的运用　排比、对偶、拟人、比喻等。）

袁一鹤，你再来谈谈。你感觉记叙性的散文应该怎样才能打动人？

生 2：真情实感，有感而发。

师：言简意赅啊，那么举一个例子说说吧。（板书：真情实感。）

生 2：数不胜数，好文章嘛都是真情实感，有感而发。

师：是的，你的那篇《清明》就曾以你那朴实真挚的感情深深感动了老师和同学们啊。可见，真情实感是多么重要。来，你再来谈谈。

生 3：可以适当地加一点议论。

师：嗯，议论。我们还专门学习过记叙、描写、议论的结合。前面的同学提到了抒情，现在你提到了议论，举点例子吧！

生 3：议论一般要紧扣主旨。最好有点思想深度。

师：很有道理。如果只是单纯地记叙事情，不发点议论，文章主旨就很难深化，所以要在文中进行适当的议论，要少而精。

生 3：读周书畅同学的文章，就感觉她的文章思想具备深度。

师：对，这就是例子！

生 3：我还记得她去年写过的《致车站》。

师：哦——看来这篇文章给你印象很深刻！朱心怡，你再来谈谈吧。你写的《妈妈给女儿的》那首诗歌特别感人呀！

生 4：比如说许雪炀《书海轻舟》这一篇，她写她去书店捧着书读，这个场景描写得很细致，很贴心。

师：哦——描写细致。所以，写好记叙性散文，非常重要的一条是描写要细

致生动。我们学过的很多文章,包括《项脊轩志》《哦,香雪》《回忆鲁迅先生》,你们看为什么那么动人? 原来有那么多的感人的细节! 有很细致的描写——对不对? 你再来谈谈。

生5:我觉得还是真情实感最重要。比如说鞠玉森同学的一篇文章,写他文思不畅的时候,写不出好文章的时候,他的脸都会憋得通红,一遍又一遍地写,一次又一次地将草稿扔向垃圾桶。这个细节让我印象很深刻。如果他自己没有亲身经历过,怎么能写出这样真实而深刻的感受呢? 如果不是他自己的真情实感,又怎么能让我们读者也为之动容呢?

师:你也是感同身受啊。

生6:我觉得选材很重要,要有典型的材料,有独特、新颖的视角。

师:选材也要典型、新颖,对!(板书:选材典型、新颖。)比如说上次我们写的作文《我的另外一片天空》,朱秋月同学写的提纲让我至今记忆犹新。她写得非常独特,"我"的另外一片天空竟然是外婆。她写在这个"天空"里面,"我"获得了什么、什么……后来写自己也想成为像外婆一样的"天空",能让亲人、朋友、同学也能够收获很多关心、很多帮助、很多爱,或者是能在这样一片天空里面去获得阳光、获得雨露。这个选材、构思就非常新颖。这真是有感而发,而又独特新颖。你再来谈谈,还有什么是刚才同学们没有讲到的? 或者你补充事例也可以。

生7:上学期给我留下很深印象的一篇文章,是《最后的常春藤叶》的续写,那位作者是从画板切入展开的。我觉得写好记叙文要善于想象与联想。

师:对的。但是,要注意联想和想象的区别,想象指的是由无到有,就是自己去创造东西;联想指的是存在的东西,只是把有的东西拉到眼前来。

生7:许雪炀的这篇文章结尾也写得很好。

师:它好在哪里?

生7:它一开始是从音乐讲起,然后再讲到自己。

师:刚才有两位同学提到许雪炀同学的《追梦》,可见这篇文章给人的印象还是很深刻的。读同班同学的文章感觉比较亲切,对不对? 你再来谈谈,夏定国。

生8：兴之所至。

师：你的意思是想到哪里就写到哪里，这就叫好散文，对不对？

生8：也不完全是这样。

师：那是怎样的呢？

生8：写散文就是内心的真情独白。

师：很好！心灵的絮语。但是它也是需要外在的东西作基础的。

生8：你心里想什么就写什么，但是你毕竟还是需要一定的逻辑，不能太凌乱了。

师：对，需要一定的逻辑。这就是我们常说的一句话——形散而神不散，神不可散啊——这，就是内在的线索。（板书：内在的线索，形散而神不散。）记叙文和记叙性散文没有明显的区别。一个是文学性更强一点，一个是纪实性更强一点，而二者都需要一条明晰的线索。我们学过的《回忆鲁迅先生》，看起来只是由几个片段组成的，似乎没有线索，但它其实都是围绕着鲁迅先生在平凡生活中体现出来的亲切可爱的一面、善解人意的一面而展开的。作品始终是围绕这一条线来选材的。

好，刚才我们探讨了怎样写好记叙文或者记叙性散文。你们看看这些（指板书内容）都是很重要的。我还要强调一下，线索其实就是一条思想情感的红绳。所以，我们在写记叙性散文的时候要用这红绳去串起材料的珍珠。而这条红绳，其实就是确立的中心主题。因而，我们审题立意时，尤其要依据作文题目确立中心，而且还必须努力让其深刻而新颖一点，这是非常重要的。刚才，我给大家提供的这些优秀示范作文，无论是《书海轻舟》《追梦》，还是后面的几篇，如《"我可是一个老师"》《老屋不了情》等，其审题立意都是非常准确、新颖的，比如说七班的阮珺艺同学的《书海轻舟》，读来就非常亲切自然。哪位谈谈？

生9：作者开头写的"我写不出来文章，就去问父亲，父亲就说，多看看书吧"一下子自然而然地引出了"书"这个主体，扣文题"书海"而来。那么"书海"体现在哪里？作者接着写："无论是父亲带回的《堂吉诃德》，还是我从图书馆借回来的《海底两万里》，抑或是网上购得的《黑客攻防》，甚至是《西红柿的一千种做法》，我都能看得津津有味。"这里的"津津有味"，就是"轻舟"自由徜徉的甜蜜情态。可见，这里的"轻"就

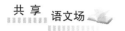

是那条串起珍珠的红线啦。

师：那么，这"书海轻舟"之"轻"，是如何作为线索串起了一粒粒材料之珠的呢？

生10：她下面就写了这些材料："那一本本书，绚烂了我童年的梦，我的梦里不再单纯是小白兔和大灰狼，在梦里，有亚瑟王和他的圆桌骑士，有矫健的狮子爱尔沙，有一艘用来环游世界的巨型游轮……"这几个镜头都取自书海中的一朵朵浪花啊。

师：红绳与珍珠都很重要啊。刚才许雪炀同学提到了，既然是记叙性散文，那么就要展开联想。阮珺艺同学的《书海轻舟》就是联想到书海中这一朵朵晶莹多彩的浪花，如何绚烂了她童年的梦，又如何让她"轻"了起来。可见，围绕中心联想，散文才能既撒得开又收得拢啊。审题立意重要，扣题行文也关键。下面我请同学读读同学们上次写的几个提纲，看看记叙性散文该怎么立意和搭建框架。

生11：我念念这位同学的立意。他的立意是：音乐是我的另一片天空。这一立意是准确而新颖的。因为，这里的"另一片"，不能写普通的"一片"，我认为它一般是秘不可宣的或者是别人看不到的，而不是譬如我们做作业、上课等师生看得见、父母看得见的"天空"。"另一片"，往往是我们现在已经放弃，或者曾经拥有过的，或者是别人还不知道的。比如顾依萌同学的《我的另外一片天空》这样写道："虽然没有动听的歌喉，可是我热爱歌唱；虽然没有优美的舞姿，可我渴望舞蹈；虽然没有过人的技巧，可是我对乐器有着一份坚持和执着。我要飞翔，和那些黑色的小蝌蚪一样，在我的另外一片天空，音乐的世界里飞翔。"这开头就道出了准确而非凡独特的立意。而且，这"天空"也扣得很紧，因为，"天空"，让我们想到"天高任鸟飞"的自由与快乐，所以你应该在这里得到美，得到快乐，得到幸福，要有飞翔的感觉，否则就不叫"天空"了。所以"我的另一片天空"就是大家不知道的给我们带来自由幸福与美好的天空。她的立意棒极了。

师：你对她立意的分析也棒极了！其实，她的散文框架也很出色，她联想的材料又被这条立意的红绳紧紧串起来了。谁说说？

生12：我念念她的文章再说吧。"虽未学过声乐，从未进过合唱队，不懂得腹腔共鸣,不懂得真声假声,不懂得美声、通俗和民族唱法,但还是喜欢唱歌,学音乐频道里放的歌,学音乐书上写的歌……后来会唱的歌多了,便喜欢在浴室里开起音乐会来。洗澡的时候也在听歌,就如'快乐女生'说的,'想唱就唱,唱得响亮,就算没有人为你鼓掌',我就在那另外一片,我认为蔚蓝的天空下,尽情地放歌。"请注意,浴室里开音乐会,这是很私密的,这材料一出来,就把"另外一片天空"幻成了多么神秘多么让人迷醉与向往的天空啊。

　　这是第一个片段。第二个片段是音乐里的跳舞,第三个片段是乐器弹出的音乐。总的来说,音乐把唱歌、跳舞、乐器三个片段组合起来。一条音乐的红线贯穿始终,"我"在唱歌的世界里飞翔,在舞蹈的世界里飞翔,在乐器的世界里飞翔。——这思路这框架灵动而严谨。

师: 我只能用掌声来评价你了。(师生热烈鼓掌。)因此写散文,一定要有一条明晰的线索。此外还有联想要广泛,选材要典型,要紧紧扣住那条红绳。把多种表达方式综合在一起,衬托、对比的运用,人物各方面的细节描写等都是写好记叙性散文的法宝啊——在此不赘述了。真情实感,这是一篇文章的灵魂。如果没有真情实感,你的文字再美丽,搬弄文字的技巧再高超,都毫无价值,所以写好记叙性散文的重中之重就是一定要表达真情实感。

　　以上是这堂课的第二个环节。那么这堂课的第三个环节是什么?让我们看看《又去散步》这篇文章。语文课代表周书畅同学你来谈谈——好不好?我们给她掌声。(掌声一片。)

生 13: 这篇文章的外在线索是散步,分三个方面展开:散步是祈福和求寿;散步,也为抉择与寻乡;又去散步,更为丈量记忆与未来。全文写了一些很平常的散步:开始是和父亲一起去散步,后来是和自己敬仰的老校长一起散步。他的散步串起了他的种种人生经历:与父亲散步及父亲的逝世,与母亲的散步及不得不远离她到了另外一个城市,与老校长的散步及一次次"苏醒",与妻儿的散步及对过去的丈量、对思想情感的回流等。他的散步所涉材料不仅仅局限于一件事情,不仅仅局限于一个时段发生的几件事情,他的视角就是他的整个人生,他把他活到现在能写的事情都写进去了,关于散步的多种不同角度的情感都写进去了——丰富与深刻,我觉得这是这篇文章能让我全部看完的原因之一。

《又去散步》让我认真看完的原因之二,是他的每句话都在写自己的真实而朴素的感情,就像萧红写的那篇《回忆鲁迅先生》,她文章表现感情的语言是很淡的,她的每个细节是写得很细的,但是她每句话中间藏着很丰富的感情。

师:你是说,萧红的语言包含着丰富细致的感情,对吧?

生13:萧红不会用"啊,鲁迅先生,我好敬仰你"之类的话来表现她对鲁迅先生的那种很特殊的感情。她只是去写一些细节来表现鲁迅先生是一个怎样的人,所以《回忆鲁迅先生》这篇课文我认真看完了。主要是它的每一个细节都很吸引人,其实还是细节的捕捉和真情实感的问题,我认为在我看完的文章里,真正喜欢的是那些很淡的。

师:这是个人欣赏趣味的不一样,你喜欢很淡的文章。

生13:《又去散步》字面上的感情都是很淡的,可能只是在说一些事情,但这些事情表现出来的感情就是文章的线索了。

师:情感就是线索。对吧?

生13:对。我觉得好的文章不能拿一个东西当线索,而是拿这个东西上的感情当线索。

师:比如说《项脊轩志》,是吧?

生13:对。

师:好,我们给她掌声(掌声)。最后还有几分钟,我们请我们的实习老师来谈谈。

实习老师:因为我的实习即将结束了,所以今天的交流,就算是一种告别吧。

首先,我想先谈一下这篇文章的题目《又去散步》。"又"字用得非常好,这说明他的散步不是一次而是很多次,这就有了一种大容量,而又巧设了悬念。其次,开头的两段形象而又耐人寻味:"曾见,小溪在山涧里散步,又见细鱼在溪流里散步——原来,我也在散步,是山间。曾见,马路在城市里散步,也见路灯在马路上散步——原来,我也在散步,却已是城市。"你看,前面是山间,后面却已是城市,显示出一种时空的转变,以前"我"是在山间,现在呢,"我"是到了城市,这两段就总起了全文。

而且,这篇散文的结构是非常清晰的,散步原是为祈福与求寿,散步也是为抉择与寻乡,更为丈量记忆和未来,基本上就是按照这三个部分来写的。我想告诉大家,大家在写作文的时候,一定要让自己的思路清晰,让读者明白你到底想说什么,然后就是你的语言要平实,这些做到了基本上就是一篇很好的文章。

最后,谈谈几个印象最深的片段。第一处就是这里:"果真,我,一直活到今天,并且从三尺木匣旁竖起来,而今登上了三尺讲台。"你看这里的两个意象,三尺木匣,三尺讲台。三尺木匣就是说"我"的生命快要结束了,是躺着的,而现在呢,是在三尺讲台上竖起来,又站了起来,这里面包含一种生命的张力。

第二处,是"我要去上海的时候,母亲眼眶湿润,扭头不语;告诉女儿我将去上海时,她欢呼雀跃,数晚难眠"。可能大家没有离开过家,所以对"母亲眼眶湿润,扭头不语"的理解不是很深刻。我是湖北下面一个小城市的,到省会城市武汉读大学时,那是第一次离开家,我爸妈一起送我去上大学。那天,他们走的时候我就感觉很伤心,很想哭,但是我忍住了,不想哭出来让爸妈看见,让他们伤心难受。爸妈也舍不得我,他们也是眼眶湿润。我说,你们走吧走吧。我爸妈还是不走,依旧不舍地看着我。我已经忍不住了,就立马转身,一转身的那一刻,我的泪就流出来了。我偷偷回头,发现爸妈一直看着我,过了好久才走。一个母亲,一个父亲养育一个孩子这么多年,看见你离开他们,他们心里是很难受的。我读书刚开始是在武汉,现在是在上海,离家越来越远,我父母,尤其是母亲啊,非常舍不得我,非常难受,经常想我。我想以后大家要读书,特别是去外地读书,你的母亲也会有这种感受,而且以后你自己做了父亲做了母亲,也会有这种感受的。我读文章,不喜欢逐字逐句地分析,我喜欢看一篇文章它本身所具有的一种情感力量。它的情感能够打动我,能够让我产生共鸣,我会觉得这篇文章就是好文章。……

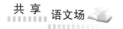

师：感谢实习老师的赏析，也谢谢她与我们朝夕相处的一个个水灵灵的日子！（掌声）

如何写好一篇记叙文或者记叙性散文，是我们一辈子的命题，不是我们这一年来所学就能完成的，也不是我们考场上的分数所评定得了的。真情实感，是我们文章的生命；线索神韵，是这生命的支柱；生动、典型而独特的材料，是文章丰满的血肉；所表现的深情哲理就是它的灵魂啊。懂得了这些，让我们展开心灵的翅膀，驮着生命的文章，飞向更广阔而自由的世界，飞向那一片美丽绚烂的天空。

......

第三章　语文阅读内场的思考与实践

　　语文阅读内场,主要通过阅读与欣赏,梳理与探究,交流与表达来培养学生的语文核心素养:语言建构与运用、思维发展与提升、审美鉴赏与创造、文化传承与理解。语文阅读内场是最能综合培养学生核心能力的重镇。这一阅读内场包括"古典诗文类文本的阅读教学与思考""现代文学类文本的阅读教学与思考""现代思辨性文本的阅读教学与思考"三个板块,突出体现了笔者阅读教学所追求的"审美性""实用性""同构性"与"生活化""多样化"。

　　审美性,就是着眼于文本语言的情志美、意境美、表达美与独特美去鉴赏。尤其是教文学作品时,笔者特别致力于此——因为审美性是文学作品赏析的灵魂。在教读小说《最后的常春藤叶》时,主要让学生就其情节结尾处的"出人意料"与前面的"伏笔"联系起来而"抽丝剥茧",抓住贝尔曼形象前后的反差尽量"自圆其说"等审美赏析。在教读诗歌《梦游天姥吟留别》时,主要让学生通过朗诵与品味抓住"梦"来展开:"梦"从何处来?"梦"的形象有什么特点?"梦"的内涵是什么?"梦"是怎样表现的? 在教读散文《荷塘月色》时,重点通过朗诵"月色下的荷塘"与"荷塘里的月色"等内容,通过品味文字的艺术表现力等来感受"自由、宁静、清幽"的画面与作者渗透其间的生活情怀与向往追求。

　　实用性,就是在阅读教学中引领学生获得语言构建、运用与创作的能力。教育部统编新教材实用类文本主编朱于国提出,实用类文本的实用性阅读旨在引导学生学习当代社会生活中的实用性语文,包括实用性文本的独立阅读与理解、日常社会生活需要的口头与书面的表达交流,进而丰富学生的生活经历和情感体验,提高阅读与表达交流的水平,增强适应社会、服务社会的能力。这里的实用性,除了实用类文本而外,当然还有文学类文本、思辨类文本的实用性。阅读文学类文本尤其注重对其形象及其表现艺术的形象感受、理性梳理与探究;特别重视形象特点与表现语言、手法、选材等方面的联系性、比较性研读,以不断提升对文学作品的鉴赏力。阅读说理性或思辨类文本,重点关注其思想观点与思路表达的探索,以培养学生的逻辑思维能力。

同构性，就是在品读时注重阅读体验的一般性与个性化，注重教师阅读体验与不同学生阅读体验的共同交流，而非教师的"独裁性"和教参上的"一刀切"，亦非"有一千个读者就有一千个哈姆雷特"的"分散性""随意性"。追求我们阅读的体验：既尽量贴近文本又个性鲜明，丰满多样而理由充分。

生活化，就是将文本还原成生活，这种还原，既可以是在"文本诞生地"教文本，以文印境，以境明文，也可以在教室里或其他类似场合，通过"演课文"而还原现场或情境。

多样化，就是依据单元中的单个文本的地位与特性，可以研究性教读，可以浏览性教读；可以以一篇为单位教读，也可以把单元中同类性强或反差性大的文本组合在一起教读，甚至可以以整个单元为单位分类分段教读，等等。

第一节　语文阅读教学内场的支柱
——阅读的"大情境"与"大单元"

一、现代语文教学呼唤生活世界——语文教学内场的"大情境"

有人说，爱情之花失去了生活的甘露，也如夹在书缝中的花卉终而枯萎。其实，语文阅读教学如果离开了生活世界，离开了这一语文阅读的大情境，便也如同那失去晨露的花卉，没有源泉的水塘。

世界需要语文，语文也需要世界——生活世界。

西方哲学家胡塞尔说："生活世界，是指对人生有意义的且人生活在其中的世界，是人生的过程，生活着的心物统一的世界。"因此，我们的语文教学应置于生活世界之中，甚至可以说，我们的语文教学就是师生生活世界的经验与体验，更多的主导的应是体验。唯有体验，才能品尝生活的真味，才能懂得生活的真谛。语文教学不只是艺术世界，因为艺术世界的"美"与"乐"远难涵盖生活世界的"丑"与"苦"；语文教学也不只是科学世界，因为科学世界的理性和求真，也难替代生活世界的感性与灵动。语文教学的人文性和语言交际的工具性只有在具有直观性、相对性、主观性、复杂性、不规则性的生活世界里才得以立足而蓬勃生成。因此，语文教学的世界只能是生活世界！现代更是。

既然，现代语文教学是一个生活世界，哲学家胡塞尔便进一步指点我们："它既是一个实体世界,又是一个关系的世界,在这个世界中,人的地位是至高无上的,人是能动的主体。"现代的语文教学对象自然是现代的人,现代人的特性是人的本性的复活——他们越来越需要独立、民主、平等、和谐,语文教学中的师生世界,应建构现代人深切呼唤人的本性所适应并由此而生成生活世界所需人才的鱼水之川。当然,这个世界是有秩序的,正如河上放舟,河岸行人,水中游鱼一样。

既然语文教学是一个生活世界,那么,在这一世界体验生活的教育对象——学生,也应获取生活的恩赐,这主要是:兴趣、习惯和能力。学生的语文学习有一个从"步入"到"深入"到"走向"的过程。"步入"是指学生步入语文世界。这就需要教师把这个世界的美妙和谐充分挖掘并及时呈给学生,没有"兴趣"的语文生活,是要干涸的。"深入"是指学生在"兴趣"导引下乐此不疲地深入学习,获取知识和能力的生活,这是语文生活的实质。如果没有良好的语文学习的习惯,就如同没有良好的生活习惯一样既无规律,又无意义,"深入"便成空谈,听、说、读、写、创新诸能力也便难成。"走向"是指学生获取语文世界里的兴趣、习惯和能力之后,走向语文生活世界之外,去适应并创造新的生活世界。此时,语文生活世界的三件宝贝——兴趣、习惯和能力将为世界中的学生和学生未来的生活世界大显神通,完美人生,完美世界。

德国哲学家雅斯贝尔斯说过:"人的回归才是教育改革的真正条件。"生活世界的创设便可使学生真正实现"人的回归"。语文阅读教学要实现学生回归语文的家园,也必须创设一个生活的世界——语文阅读的大情境。

二、现代语文教学呼唤"大情境"——真、活、新的教学世界

前面提到,作文教学需要"大情境",而阅读教学中的许多经典阅读材料,因为时空的遥远与隔离,往往让学生缺乏与现实生活世界的参照与体验。怎么才能让学生有一种"一见如故""久别重逢"或"如梦方醒""原来如此"的真切感受与鲜活体验呢?这就需要我们创设一种"真、活、新"的世界——阅读教学情境。

"真",基于前面所论,学生已有的知识能力、生活在当下的实实在在的人类世界、自然世界与精神世界和未来可能存在的世界就是真实的情境。这是实施文本阅读的真实情境,教师通过将这两个世界唤醒、沟通与对话,就能让学生在文本世界与所生活的这个真实世界自由出入、拥抱、融汇。这样,师生心里踏实,因而阅读教学要学习的知识和培养的能力就能真正落到实处。

"活",主要指这个情境要呈现出一种让阅读的师生生命蓬勃活跃的多样化的动态。主要是指师生双方的积极互动,活的思想观念,活的方法、方式、手段、步骤等。这要"因材施教""因势利导"。笔者针对需要学生背诵的文章采取了"背教法";针对抒情散文采取了"情境法";针对戏剧、小说采用"扮演法""讨论法";针对听说训练采用"实践法";针对学生不愿答问的情况采取"赛问法",等等,都是实现师生互动,培养兴趣和能力的较好尝试。

"新",这是现代中学生追求的时尚,也能在教学情境中促使学生积极活动、不断创新。我们反对花拳绣腿的无价值的新花样,但一定要不断给学生提供可口的新鲜的语文生活"小吃"。这不仅是吸引学生的良方之一,更是培养学生创新意识和创新能力的借鉴和示范。

三、现代语文生活世界的初步探索——"大单元"阅读教学课堂初探

过去语文阅读教材大多以文体为单元。而文体的特点和学生自读规律性的需求,暗示并呼唤着教师的指导,因此,笔者根据文类特点和学生接受文本的心理实际,将教材按单元文体分成几类和几步,让学生逐类逐步完成解读,如将小说分成情节、人物、环境及主题等,分三步完成解读赏析;将议论文分成论点、论据及结构、论证方法及语言等,也分三步完成。当然分类和分步要灵活进行,长且深的文章宜以一课为单位分类分步完成,短的或浅的宜以几篇,甚至一个单元、几个单元去分类分步进行。这种模式的最大特点和作用是易操能成,学生完全可以自读并收获。同时,比较能力、综合能力、创新能力也就逐步形成了。笔者将此法总结成一篇论文,曾荣获湖南省教育教学优秀论文一等奖。

现在部编版新教材特别强调"大单元"的阅读教学。笔者代表静安区参加了统编教材国家级示范性培训,全新的体会很多,认识到新教材组织单元有两条线索,即"人文主题"和"学习任务群"。"人文主题"的设计充分考虑新时代高中生人格和精神成长的需要,涉及面宽,但聚焦在三方面:"理想信念""文化自信"和"责任担当"。每个单元的"人文主题"都会突出其中某一方面。"学习任务群"是单元组织的另一条线索,每个单元都设计有若干指向语文核心素养的学习任务,保证语文工具性的落实。

单元与"学习任务群"——以课文学习为主的单元,设计有四方面内容:单元

导语、课文、学习提示和单元学习任务。教者需要联系这四个方面来设计阅读教学，依据单元内文章的地位与特点来确定是单文还是群文教学。单元学习任务应置前，是设计单元教学方案的主要依据。我们可以参照单元学习任务来设计一个单元的阅读教学，但不能只是奔着任务去阅读，也不是单纯为了解决问题或者参加讨论去阅读。因为，课文有很丰富的内涵，可以有各种个性化的理解，如果太功利，又先入为主，反而就窄化了对课文的理解。不应该把课文纯粹作为解决问题、完成任务的材料或者讨论问题的"支架"，在实施"学习任务群"单元教学，设计任务驱动时，既要设定"活动"，又要警惕一边倒，还要尊重学生个性化的阅读，留给学生更多感受和理解的空间，避免被任务捆绑。

教师更需要转变角色。教师要转变角色，由主要担负讲授，转为引导学生，在语文实践即"活动"中把教学的落脚点放在安排好学生的自主学习上。

群文教学是根据任务来设"课"。新教材不再以单篇课文或者课时作为"课"的基本构成单位，而是根据任务来设"课"。现在，更多的情况是一组课文为一"课"。因此教学的方式也会变化，不再一课一课地教，而是一组一组地学，就是"群文教学"。

总之，现代语文教学观呼唤着语文教学的生活世界，这就要求我们语文老师倾力精心创设"大情境"（这是一个真实、鲜活而又新颖的情境），充分利用"大单元"与"大任务群"的"密切"联系，致力于打造时代所需、学生所爱的现代阅读教学课堂新高地的伟大工程。下面分别展开三方面探讨："古典诗文类文本的阅读教学与思考""现代文学类文本的阅读教学与思考""现代思辨类文本的阅读教学与思考"。

第二节 古典诗文类文本的阅读教学与思考

一、古典散文阅读教学的姿态

从余秋雨"文化散文"的流行谈高中文言文教学

众所周知,自20世纪80年代末至21世纪之初,读余秋雨散文简直是一种时尚,尤其是大中学生。《文化苦旅》《山居笔记》《文明的碎片》《千年一叹》《行者无疆》等作品在华人世界将人类文明尤其是中华文化传播得潇潇洒洒、淋淋漓漓、痛痛快快,"余秋雨热"由此产生。余秋雨散文为何如此流行且好评如潮呢?主要原因之一是他那份执着传播中华文化的使命感和亲切对话的交流姿态使然。

读余秋雨的"文化散文","道士塔"的愚昧、"莫高窟"的灵光、"阳关雪"的沉吟、"都江堰"的豪壮、"贵池傩"的神秘、"酒公墓"的悲愤、"废墟"的凝重、"十万进士"的悲叹、"遥远的绝唱"的飘逸和哀怨、"天涯故事"的凄丽和慰藉、"历史的暗角"的惊恐和警示……这些均让人们如临其境,如见其人,如闻其声,悠悠千古事,尽在心中活。

同样传承中华文化的文言文教学,也能学学余秋雨吗?余秋雨在那些文化散文里早已放下了学者的架子,步入了与朋友谈心对话的平台,将深藏于古书典籍的文化现象、文化人格、文化良知亲切平和而又形象生动地传递给他的读者,并且从不妄下断语,只是谈谈个人的感受和体会。归纳起来,笔者认为我们的高中文言文教学可以师从余秋雨的有三个方面:学术性结论的小说化描述;古雅性内蕴的生活化张扬;陌生性事件的热切化吟叹。

将古代文化精粹吸纳并融化为自己的骨血与灵魂,是高中文言文教学的人文教育着力追求的目标。但文言文无论是先秦的,还是明清的,无论是记叙性的,还是论说性的,因其社会历史条件和文化背景的不同,总与当代中学生遥遥相隔。即使是孔圣人驾临垂训,他们也未必洗耳恭听。再者,文言语言过简、倒置,古籍记载或民间传说不少为概述式、片段式、结论式,其过程尤其是具体细节、人物的神情动作、事理的前因后果则大多模糊。这与当今文学作品或影视相比既是一个局限、缺憾，其实也是一个机遇。当这些古文、史料或传说一旦为人们拥有，学者便致力于考证、判断和推理，其产品多为严肃科学的论断；文学家们则借助虚构将其演绎成精彩动人的故事。那么，我们教者呢，则应吸纳二者之长，既应有科学的评价，也应致力于片段的推演描述，或让学生编织五彩的故事。这样做，既是唤起学生学习古文兴趣之需，也是培养其分析、想象、联想、表达能力之需，更是将枯冷的古代文化遗产内化为学子们骨血与灵魂的有效途径。

下面就让我们学学余秋雨先生传播中华文化主要的几个招式。

余先生的第一招是，将铁冷的概述式结论用热情的想象和联想伴之冷静的分析模拟出近乎原本态的多姿多彩的故事，将一帧帧照片式零碎的片段演绎为影视故事式一个个连贯起来而又有声有色的镜头。

可以理解，史料中关于"道士塔"和王圆篆的记载仅仅是简介式的几句话，或这样一个结论：王圆篆在守护莫高窟敦煌壁画时，既糟践了国宝，又将其拱手送给外国人。然而，余秋雨笔下的《道士塔》却这样去写王道士对待国宝壁画的情形：

> 他（王道士）对洞窟里的壁画有点不满，暗乎乎的，看着有点眼花（神情）。亮堂一点多好呢（心理），他找了两个帮手，拎来一桶石灰（动作）。草扎的刷子装上一个长把，在石灰桶里蘸一蘸，开始他的粉刷（细节）。
>
> 第一遍石灰刷得太薄……他再细细刷第二遍（层次过程）。
>
> ……
>
> 什么也没有了，唐代的笑容，宋代的衣冠，洞中成了一片净白（诗化的感叹）。道士擦了一把汗憨厚地一笑，顺便打听了一下石灰的市价（神情描写中农民的憨厚、愚昧、小家子气如在目前）。
>
> ……
>
> 道士想起了自己的身份，一个道士，何不在这里（莫高窟洞壁上）搞几个天师、灵官菩萨？（心理细致真切）他吩咐帮手去借几个铁锤，让原先几座雕塑委屈一下。
>
> 事情干得不赖，才几下，婀娜的体态变成碎片，柔美的浅笑变成了泥巴（诗化的描述中悲愤难忍）。

......

道士吐了一口气,谢过几个泥匠,再作下一步筹划。

本来史料无多记载,干冷枯索的道士只是一个模糊的印象。然而这么一描述,道士的身份、性格、形象历历在目,其愚昧而粗暴践踏国宝的罪行让人悲愤填膺。读者的心怎不感动,读者的血又怎不沸腾?! 原本枯索的结论现已映现出一个让人痛心不已的愚昧形象,由这一形象我们不难看到这是一个如何愚昧黑暗的社会! 一个不仅不珍惜文明成果反而漠视并加以毁灭的罪恶的世道啊! ——这便是余秋雨对中华文化承传保护的深切呼唤,这便是他放下学者架子而采用大众化描述手段,将历史结论小说化表现而获取的巨大成功。

有感于此,教《诸子喻山水》一文时,诸子的言论也可配以适当的情境虚构,让人物活起来。

片段:子在川上曰:"逝者如斯夫! 不舍昼夜。"(《论语·子罕》)

教者:孔子周游列国,宣传自己的治国抱负,可惜许多主张不被采纳。这一天,他来到滚滚东去的大河边上。他的弟子子罕跟随在身后。这时夕阳西下,阵阵河风掀起孔先生的青青长衫,那高大的身影也似乎在发颤。只见他久久凝望长河,忽然长叹一声:"流逝的时光就像这匆匆东逝的流水呀,一刻也不停留。"子罕深知先生的叹息。是啊,时间又过了一天,可是先生的理想什么时候才能被天下人理解并付诸实现呢? 这水流啊流,何时才有个尽头! 我们走啊走,何时才能欣慰地停一停? 时间不早了,得赶前面的路。于是子罕叫来艄公,扶先生上船。茫茫江面上,漂着一只执着前行的小舟……

片段:徐子曰:"仲尼亟称于水,曰:'水哉,水哉!'何取于水也?"

孟子曰:"源泉混混,不舍昼夜,盈科而后进,放乎四海。有本者如是,是之取尔。苟为无本,七、八月之间雨集,沟浍皆盈;其涸也,可立而待也。故声闻过情,君子耻之。"(《孟子·离娄下》)

教者:这是孟子与他的弟子徐子的一段对话,请同学们根据下面几个问题设计一段精彩的解说词:孟子是孔子孙子子思的学生,他是儒家学派的大师。徐子向老师求教时心态如何? 他的理解能力和学习成绩怎样? 孟子在解答徐子的困惑时,神情怎样? 当时他们正在哪儿? 山上,水边? 家里,旅馆? 走着,坐着? 孟子说了前一句已经解答了徐子的提问,为什么又补充"苟为无本"等内容呢? 这位老师你们喜欢他吗？喜欢他什么？"故声闻过情，君子耻之"与前面的内容有关吗？听了孟子的话，徐子会有什么话说吗？

教师的故事和学生们多彩的解说，会使原来枯燥难懂的道理变成形象可感的情境，从而使学生倍感身临其境，如睹圣人，如闻圣音。

余秋雨传承中华文化成功的第二招是：将古雅性内蕴进行生活化张扬。以此化深奥为浅易，促使学生于平易中获精粹。请看他的《西湖梦》选段：

> 西湖所接纳的另一具可爱的生命是白娘娘。……
>
> 她是妖，又是仙，但成妖成仙都不心甘。她的理想最平凡也最灿烂：只愿做一个普普通通的人。……
>
> ……
>
> 普通的、自然的、只具备人的意义而不加外饰的人，算得了什么呢？厚厚一堆二十五史并没有为它留出多少笔墨。于是，法海逼白娘娘回归于妖，天庭劝白娘娘上升为仙，而她却拼着生命大声呼喊：人！人！人！
>
> 她找上了许仙，……她深感失望。……可怜的白娘娘，在妖界仙界呼唤人而不能见容，在人间呼唤人也得不到回应。……她认了，甘愿为了他去万里迢迢盗仙草，甘愿为了他在水漫金山时殊死拼搏。一切都是为了卫护住她刚刚抓住一半的那个"人"字。

以上所录，阐述了一个严肃而深刻的学术命题：西湖文化圈中的白娘子在封建文化的包围中却用她的人格和生命寻求一个西方文化中关于"人"的答案——幸福的爱情，自由的生命，平等的人格。这里借白娘子的抗争与失败无情地鞭挞了中国封建文化中罪恶的一面。上述片段给我们的感受不是板着面孔的训诫，而是一个可亲的朋友在和我们拉家常、聊天。作者自然平朴而又生活化的描述，吸引我们避开了学术的深潭，蹚过浅纯的小溪，追逐着白娘子可亲可爱而又满含哀怨的情影，随之喜随之悲随之怒，心贴心，情换情，不知不觉中完成了对白娘子文化人格的认同和自我灵魂的熔铸。

因此，笔者教读《诸子喻山水》中"老子说水"一节时，便设计了下列"解说词"：敦厚温良的李耳面对孔子水的评说，微微一笑，捋着飘飘银须，平平缓缓说出一番让人心动的高论来。他说呀："最好的人呢，就像这一汪绿水。因为这水呢,她与人为善,只要你开口,她立即满足你,滋润你,沐浴你! 花儿一个劲儿露出迷人的微笑,树苗儿一个劲儿拔出长长的身段,水呢,只是默默的,平静的,从不与它们争比高下。瞧,别人不去的坑坑洼洼,她就抢着去! 她真傻吗? 她比什么人都聪明,她善于适应地势,善于利用时机,她有谦谦君子的风度,也有一心为人的仁爱,她说一不二,坚守信用,她待人处世有条有理,精明强干,确实是一个最合我心的好人、智者、仁者啊!"

这是原文:"上善若水。水善利万物而不争,处众人之所恶,故几于道。居善地,心善渊,与善仁,言善信,正善治,事善能,动善时。夫唯不争,故无尤。"(《老子》第八章)

对比一下原文这么难懂的语言与说话时难以触摸的情境,笔者的这段就浅显好懂而更贴近学生了,因而更能促使学生闻其语,知其人,悟其理,进而索其源——老子的哲学。

余秋雨传播中华文化值得我们借鉴的第三招便是:对陌生性事件发出热情亲切而又深深的咏叹。

面对千年、百年的文化活动、文化现象、文化人格,他总是主动地贴近它们,深情地凝望,恰如其分地热切回应。

《道士塔》选段:

今天我走进这几个洞窟(已被道士请人涂白砸坏的地方),对着惨白的墙壁、惨白的怪像,脑中也是一片惨白。我几乎不会言动,眼前直晃动着那些刷把和铁锤。"住手!"我在心底痛苦地呼喊,只见王道士转过脸来,满眼迷惑不解。是啊,他在整理他的宅院,闲人何必喧哗? 我甚至想向他跪下,低声求他:"请等一等,等一等……"但是等什么呢? 我脑中依然一片惨白。

……偌大的中国,竟存不下几卷经文! ……

我好恨!

《莫高窟》选段:

色流猛地一下涡漩卷涌,当然是到了唐代。……一到别的洞窟还能思忖片刻,而这里,一进入就让你燥热,让你失态,让你只想双足腾空。不管它画的是什么内容,一看就让你在心底惊呼,这才是人,这才是生命。……唐代就该这样,这样才算唐代。

《乡关何处》选段：

> 从一个没有自己家的家乡，到一个有自己家的异乡，离别家乡恰恰是为了回家，我的人生旅行，怎么会变得如此怪诞？
>
> 火车外面，陆游、徐渭的家乡过去了，鲁迅、周作人的家乡过去了，郁达夫、茅盾的家乡过去了，丰子恺、徐志摩的家乡过去了……
>
> 其中有一个曾经洒脱地吟道：悄悄的我走了，正如我悄悄的来；我挥一挥衣袖，不带走一片云彩。

当你笑吟吟地走近古代文化、传统文化时，不管是昔之古人还是今之学子，哪有不为之动情进而与你深情相拥的呢？

由此，笔者在教《诸子喻山水》中"孙子说水"一段时，设计了下述"解说词"：《孙子兵法》是人间一大军事奇书，孙子这一有大智大慧的军事家说起水来也非同凡响。这段用水势、水形比喻作战的一席话，真是道尽古代军师用兵之妙！"避高趋下"与"避实击虚"，一水一兵是何等相似，何等贴切而又多么富有哲理！"水因地而制流，兵因敌而制胜。"这对应多工整，这比喻多准确！难怪他在师法自然中变成了智者，变成了常胜将军啦！如果我是一个士兵，我一定恭听和享用他的神机妙算！如果我是一个将帅，我一定抱着他的兵书一展千古军师的神威——要不，干脆当一回他的敌人，在他的神算里来一把过瘾的拼杀，即使一死，也笑向九泉啊！

教《前赤壁赋》，学至"浩浩乎如冯虚御风，而不知其所止；飘飘乎如遗世独立，羽化而登仙"时，为了丰富学生的感受，激发飘逸畅达的情感，笔者吟出"我欲因之梦吴越，一夜飞度镜湖月。湖月照我影，送我至剡溪。……脚著谢公屐，身登青云梯。半壁见海日，空中闻天鸡"的诗句，吟出"朝辞白帝彩云间，千里江陵一日还。两岸猿声啼不住，轻舟已过万重山"的豪兴；笔者让同学描述八仙过海的神情，唱起"让我们荡起双桨，小船儿推开波浪……"的歌曲。

当然，如果以教师来示范，读了古文再适当写写，就是一种承传传统文化中内化于行的更高姿态了。

笔者教了《诸子喻山水》，还让学生以山水为喻来说说自己生活学习上的道理，全班编一本《诸生喻山水》。笔者在学生互相交流后，将自己写的《竹君说学》也拿给学生们交流。

竹 君 说 学

余曾学之无路也。不读而不甘,读之而不达,浅学而无聊,专学而不博。泯泯然茫茫然不知所措矣!呜呼。

不觉踱至一片竹林,风拂细叶,如竹互语,亦似慰人。对竹良久,容光微明。

青青翠竹,馨香浸脾,四时婆娑,万人瞩目。静则袅娜动人,动则翩翩缭心。

竹哉竹哉,实乃物之君子也。

竹之身迅长而秀美也!以竹之虚心而致之。吮纳万萃,嗖嗖向前,昼进夜步,何曾足矣!学者以虚怀孜孜求之而无休无止,则何业不达,何德不厚?

竹之叶整齐而灵动也!以其中规应变致之。依枝而生,循序而结,随风而舞,何其妙哉!学者以绿叶严谨灵活而无紊无僵,则何文不章,何学不立?

竹之节坚韧而不移也!以其一心向上致之。节节相连,直至云天,风摧雪压,何曾折矣!学者以劲节环环不渝而无畏无惧,则何卷不破,何牍不薄?

竹之根结实而稳固也!以其处处深扎而致。瘠土厉石,不择而下,秽坑幽穴,何曾止矣!学者以牢根默默钻之而无怨无悔,则何功不成,何名不就?

快哉,人所以为君子者,竹明也;竹所以为君子者,余知也。

这样,自然更带动了同学们对古文学习的热情,并将其内化为文、为德、为行了。

总之,余秋雨的"文化散文"终成一脉,以上三点功绩不可抹杀。而同样传承传统文化的高中文言文教学,当然也是应该借鉴于此的。除开同样的目的决定了相近的途径这一原因而外,高中生所具备的自身条件也是理由之一:高中生有一定的文化积淀,有一定的审美情趣,有青年人特有的求知欲望和炽烈的求真求善求美之情。

因此,应该明白,在传播古代文化时,我们不是古代的传教士,也不是象牙塔里的纯学者,我们应该是蕴文化精华、绽文学鲜花的现代新人,是肩负承传和开拓重任,与学生平等交流、共同创新的使者和亲密伙伴。

二、古典史传阅读教学的做法

"见面礼"要"赏心悦耳"

每堂课的导入语,就是送给学生的"见面礼"。"见面礼"好,学生就会兴味盎然,且事半功倍。"见面礼"要好,须体现一个"新"字和一个"趣"字。

《鸿门宴》是笔者教了十多次的文言文。见过一般的导入语是这样设计的:

先介绍鸿门宴的发生背景,再谈鸿门宴的影响,然后引入新课。

而笔者是这样设计的:同学们,你们知道天下"第一宴"吗? 它别有意义,因为它,人物命运开始转变;它别有味道,因为它,让古今读者回味再三;它又别具影响,两千载而来,它像一口钟,敲击着愚者、昏者、智者、仁者……我们愿意赶赴这千古第一宴吗? 请接受司马迁的请柬吧。让我们一同去"鸿门宴"。

这样一份见面礼,自然让学生十分兴奋,眼中生光,埋首追读。这个导入语,抓住学生的心理,从熟知而感兴趣的话题入手,自然巧妙。这样就远远好于背景介绍等老套而乏味的"见面礼"了。

之后,不少学生仍然互相开玩笑,今天又要赶什么宴? 吃什么饭? 品什么茶? ……

比喻艺术要贴切新鲜

每堂课的主旨解说都是不可或缺的,此外,人物、情节、意境、结构等的解说与表述也往往必不可少。而纯语文术语往往枯燥、抽象、单调,因而少不了生动形象的语言,"打比喻"就是其妙招之一。

再如,笔者教《鸿门宴》。其故事情节是文章重点之一。以前,笔者的解说和概述主要依据参考书,比如:宴前,风云际会——无伤告密——项伯夜访——张、刘设谋;宴上,剑拔弩张——刘邦谢罪——范增举玦——项庄舞剑——樊哙闯帐——刘邦如厕;宴后,刘邦脱险——张良入谢献璧——诛杀内奸。

而此次教学,笔者抓住"宴"字,将故事情节与吃喝挂上了钩:

宴前:

先是上了一个冷盘:醋酸萝卜——无伤告密,项羽大怒

再是来了一个热炒:油淋辣椒——范增劝战,项羽咬牙

又上一个冷盘:水煮毛豆——项伯夜访,刘、张设谋

宴上:

先来一杯"杨梅酒"——刘邦谢罪(又甜又酸)

再喝一碗"丝瓜汤"——项王留饮(顺溜悠哉)

忙敬两杯"二锅头"——范增举玦、项庄舞剑(热辣烧人)

快上两杯"醒酒茶"——项伯舞剑、樊哙闯帐(化解危机)

宴后:

先喝一碗"白开水"——刘邦如厕(金蝉脱壳)

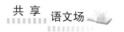

又灌一回"迷魂汤"——张良献礼(稳住项羽)

后上一碗"断头酒"——刘邦除奸(消除隐患)

这样的情节,用上这样的比喻,就能形象生动地展现这天下"第一宴"的具体场面,学生听来口舌生香,津津有味,印象鲜明而深刻,对把握人物和理解主旨起到了重要作用。

现代文教学同样渴望这样的导入。

《荷塘月色》的教学中要谈其中的情感:不平静。以前,见过这样的解读:"不平静"是文章的题眼,是作者复杂情感的表现。因为作者恰逢1927年那个血雨腥风的年月,身为积极的民主战士,朱自清自然颇不平静,忧心,伤痛,愤怒……种种情感尽蕴其间。

笔者是这样解说的:一石激起千层浪,这不平静的湖面来自怎样的石头,产生了怎样的涟漪呢?这块石头,是对时局的大逆反,这块石头,也是一个具有社会良知的知识分子的责任感和危机感。难怪他的心湖波澜起伏,难怪他在追寻月光,让它帮忙抚平涟漪和劝慰呢。

这样一来,学生自然从比喻的形象里,清楚而鲜明地体悟到了朱自清那不平静的内心了。

当然,"见面礼"要应时应景,比喻要贴切生动,这是颇费功夫的,往往会加大备课难度。因而,这些创新做法,要因人而异,因材施教。

三、古文阅读教学的策略

笔者曾问学生,学习语文最怕什么?几乎没有一个不回答:文言文。足见文言文阅读给学生带来了怎样的"恐惧"。

那么,在没设任何"路标""拐杖"之时,如何让学生自愿而又自信地步入文言文学习园地,让古代文化的春风沐浴他们的心灵?

感情、兴趣,决定了他们学习的态度与效果。笔者常对学生说,文言文其实是现代白话文的"娘家","常回家看看",会重获母性的温暖和滋润。现代流行歌曲《涛声依旧》《霸王别姬》等借经典而丰盈繁盛就足以证明。

如果顺应学生的感情和兴趣,不只在积累层面和词句方面兜圈子,而是让他们走向故事,走向人物,走向情感,走向哲理,那么,学生自然兴趣盎然,抖擞精神,乐此不疲,并进而会常回古文化家园去看看,去体验体验的。

让故事召唤他们步入"娘家"的路

在学习《促织》一文时,笔者设计了这样的开头:曾见过一只小小的蟋蟀决定人生命运的故事吗?它既可以让人倾家荡产,家破人亡,又可以让人一步登天,"仙及鸡犬"啊!愿意陪蒲松龄去成名家看看吗?那是一种多么惊心动魄而又发人深思的情景!之后,学生便进入一种寻根探路的阅读中。故事,成了他们步入"娘家"的召唤,也成了他们曲折阅读中的慰藉和欣喜,因此也成了攻关破难的钥匙和武器。

故事开头,成名被报充里正,负责上交蟋蟀,但未能抓得符合要求的蟋蟀。这故事之后有一句话:"宰严限追比,旬余,杖至百",笔者请一个学生依据故事来推断翻译。这里有几个词难译:"宰""追比""杖"。同时"杖至百"的对象也不明。我提示学生,前面的故事是说成名做了一个不愿做的乡村最小的官"里正",那么,这儿的"宰"就是能较直接与他发生工作关系的人了,再看看前文"有华阴令欲媚上官"之事,该知道这"宰"是什么官了。他很快推断出"宰"是"县令",又依据"严限"而推出"追比"是"规定的期限",依据后面故事"两股间脓血流离"而译出"杖"是"用杖打",依据这段故事的主要人物和他的遭遇而确定被杖打的该是成名而非其他的村民。由此可见,故事的召唤和作用,让再大的难关也迎刃而解了。又如,笔者让学生翻译"又嘱学使俾入邑庠"一句,学生译为:"(县令)又叮嘱督学官员,让成名进入地方学校学习(考上秀才)。"笔者问他这么翻译的理由,他说:"前面的故事告诉我,成名虽已年老,但仍未考中秀才,还在'操童子业','俾'应该是'使、让'的意思,是县令让学官做的事。县令、学官、成名三人关系在故事中合乎情理地有机统一起来。"他说得真好。由此可见,以故事为主的文体,可以将故事作为学生通向"娘家"的"人文通道",通过对故事情节的把握,理清来龙去脉,进而理清词句的现代文译文,读懂它。

那么,如何依据故事让学生大胆快乐地往前走呢?这大体是从把握故事的主要人物、主要事件以及故事的发生、发展、高潮、结局等过程来梳理文脉,进而准确流畅地翻译原文。有故事相伴,没有越不过的坎儿,没有半途而废的理由,没有不感兴趣的事!原来"回娘家",就是听"妈妈讲故事"!

让人物引领他们凝望"乳母"的"脸"

在学习《鸿门宴》一文时,笔者让学生带着这样的问题去感受文本:刘邦和项羽,一个老谋深算,一个骄横霸气,在这篇文章里将各有什么表演?让我们依据他们各自的表演去感受他们的个性,依据个性去准确地翻译吧。

作为谋士范增,看问题往往一针见血,他对刘邦的分析可谓入木三分。笔者让学生依据这两个人的个性去翻译"今入关,财物无所取,妇女无所幸,此其志不在小"一句。这位学生马上就译了出来,并说明理由:"今入关"中间要补上"他",这只能是刘邦,因为谋士范增在楚汉争霸中重点揣摩的人物就是对手刘邦,因而此处也离不了他。"取"应是"掠取","幸"是"宠幸",在那个特定的历史时期,正符合刘邦对"财物""女人"的态度。刘邦收买人心,谋士分析到位! 话音刚落,全班报以掌声。这掌声,不仅仅说明这位同学译得好,更说明他走的路子对:他紧紧抓住人物个性去译,有深度也有情趣。

又如,笔者让学生翻译《鸿门宴》的"鲰生说我曰:'距关,毋内诸侯,秦地可尽王也。'故听之"。这位同学先这样解释:这是刘邦回给张良的话,以刘邦的精明和圆滑,当然要把引来"杀身之祸"的原因推到他人身上,所以他引出别人的话回张良,并说别人是"鲰生",推断可知,这意思不是称赞而是骂人的话,听了别人的主意还骂别人,这是无赖刘邦常干的事。当然,"鲰生"之话,确也见识短浅:仅守一关,即可为王,此乃匹夫之谋,因而这话中的"距"应为"拒",是"占领",而"内"也是"收纳""让……进来"之意,"尽王"之"王"应为"称王",这样翻译才符合刘邦和"鲰生"的个性特点。笔者脱口称赞他。这样建立在对人物个性的把握上的译文一定准确流畅,而更重要的是,翻译的过程促进了学生对人物个性分析和把握的准确性、深刻性。

那么,如何依据人物轻松读懂原文呢? 这需要把握人物身份、地位,性格、品质,言、行、貌、心、神,等等。

譬如,依据刘邦当时处于劣势,大难临头,不惜运用一切看似不可能的手段去扭转被动局面的背景和个性,笔者让学生翻译"沛公奉卮酒为寿,约为婚姻",学生很快分析:"奉",应为"捧",说明刘邦对前来向张良告密的项伯极为尊重——用双手捧酒。当然,这是刘邦装出来的,因为自己是大将,而项伯则不可与之对等。但他深知项伯的分量,他是项羽的叔叔,能说上话;他是张良的朋友,他救张良,也可以顺手救他刘邦,所以他敬项伯酒,还是双手捧起,并且"为寿"——祝项伯健康长寿,甚至还立即与项伯约为婚姻,成为儿女亲家。只有刘邦,才会把一个不相干的普通人,因为利益和救命的需要,顷刻间抬为人上人,视为如胶似漆、生死与共的朋友、亲戚。多么鲜明的个性!

这样的译文和分析,始终伴随着人物,人物成了引领学生感受文言文文本的枢要，让他们无限深情地凝望这位"乳母"美丽的"脸"。

让情感激荡他们体验"乳母"的"心"

为什么"梁祝"之情至今让人落泪，为什么一读《出师表》就让人不禁潸然，文言文经典中也不乏言情动人之作。对于每字每句都浸满了作者深情的作品，我们只能去感受，去体验，这是对文本的最大尊重。

学习《祭妹文》时，笔者让学生反复朗读，之后让他们翻译时，紧紧扣住一个"情"字。无论是直抒胸臆，还是间接抒情，笔者都让学生带着"情"去体验，在体验中读懂、翻译。例如，文中一句"宁知此为归骨所耶?"如何体验、翻译呢？笔者是这么教学生的：袁枚对妹妹谢世是悲痛万分啊。平日里本来就兄妹情深，而妹妹一死，他更是心如刀割。这句话前面的"呜呼"正是打开了痛悼之情的闸门，随之"汝生于浙，而葬于斯，离吾乡七百里矣"便一泻而下！是啊，妹死他乡，又加上平生婚姻不幸，作者倍觉妹妹命苦，死后凄凉，放心不下，才脱口而出："我怎么知道你的尸骨会埋在这里呢?"这句话，有悲，有痛，有爱，有惜，还有愤愤不平啊。"宁"应译为"怎么"，表示这结果这打击意想不到，有说有笑有情有义的好妹妹忽然变成冷冰冰寒嗖嗖的一具尸骨，而且只能远葬他乡，这一切作者怎能承受得了?!

笔者听到了学生的呼吸，也看到了他们眼中的泪光。这时，笔者便让他们在轻轻朗读中体验如下句子。他们也说出了自己的体验与感受。

例一：旧事填膺，思之凄梗，如影历历，逼取便逝。

学生："填膺"，是指往事堆积在(我的)胸中，这里补上一个"我的"，既准确说明那些旧事在袁枚心中重要的位置，也显出作者念念不忘与妹妹共度的美好时光和失妹的悲痛；这里的"凄梗"译为"凄切得像被堵塞似的"，这说明作者失妹的悲痛欲绝；"逼取"，就是作者"紧紧贴近往事想快快抓住它"，这样体会，才符合作者失妹之后神情恍惚，靠回忆往事来打发日子的真情实感。

例二：前年予病，汝终宵刺探，减一分即喜，增一分则忧。

学生："刺探"，应译为"打听，探望"，而一个"终宵"，又超出了一般的兄妹之情，极为真挚深厚；"减一分则喜，增一分则忧"，更说明妹妹随着兄长病情变化而变化的心神，表现她对兄长细致入微的关心和疼爱。

例三：故自汝归后，虽为汝悲，实为予喜。

学生："归"是指妹妹婚姻不幸而毅然回到娘家来。为什么悲？应是"为了妹妹的不幸遭遇"，该补译出来才更准确。为什么"我"也很高兴呢？是因为"得到你的帮助，能重温兄妹之情"而喜，其中的感激和欣喜全现出来。兄长的这种矛盾心情，更为真挚感人啊。

笔者告诉学生，去感受体验真情并准确流畅地读懂这类抒情文，需要多朗读，并且需要理清抒情双方或多方的人物身份、语气、情感关系、场合等。这样，就可以读好抒情文，并让文中的"情感"激荡着他们，深深体验"母爱"的"心"。

让理趣指引他们思索"回家"的"道"

笔者在教学生学习《六国论》《过秦论》《师说》《劝学》等以说理为主的文章时，往往首先让他们去思索作者的意图和把握中心论点。抓住了这一点，文章的阅读就容易多了，快乐多了。他们抓住《劝学》中"学不可以已"，便进而懂得了学习的意义如同"青，取之于蓝，而青于蓝""冰，水为之，而寒于水"；懂得了学习的作用如同"登高而招""顺风而呼"；懂得了学习的态度和方法如同"积水成渊，蛟龙生焉"的积累，"锲而不舍，金石可镂"的坚持，"蚓无爪牙之利……用心一也"的专一。他们抓住了《六国论》中"六国破灭，非兵不利，战不善，弊在赂秦"这一总论点，便逐步懂得了"赂秦而力亏，破灭之道也"的赂秦必亡之理，也明白了"不赂者以赂者丧，盖失强援，不能独完"的不曾赂秦之国的后亡的理由，更进一步明白了作者苏洵其实是借此讽喻所处宋朝的统治者，让他们别走六国灭亡的老路，谨记教训，励精图治的善良用意。这样，在"道理"的指引下，他们洞彻了文本中的"暗礁""险滩"，便一帆风顺，直抵那"家园"的彼岸。

之后，笔者与学生共同归纳出如何读懂说理性文字的"道"，那便是：首先找出全文总论点（中心论点），再找出分论点（或主要论据），然后理出它们之间的关系，主要是证明与被证明的关系，还有因果、正反对照、层进、并列等基本关系，这样，学生就可在理趣的指引下，突破障碍，获取一路的理性滋养。

通向文言文家园的道路有很多。笔者认为，让学生眼前一亮，愉快前行的路，应为符合文本特点，如符合叙事、写人、说明、抒情、议论等不同类型的文体特点的路，更应是顺应学生心理，调动其情感、兴趣的路。这是一条刚刚打开的人文之路！这样，我们的学生就不仅不怕文言文，而且还会常回"娘家"看看，获取"娘家""母乳"的温暖和滋养，带着欣慰和自信，建设我们理想的母语家园。

（此文发表于《语文报·高中版》第 673、第 674 期）

四、古典诗歌阅读教学:"三一律"与"教眼"的运用

(一) 高中生古诗词鉴赏浅谈

面对中国文化的瑰宝——中国古典诗词,高中生大多是敬而远之,又爱又怕。换句话说,爱读,但道不明说不清。一提到鉴赏,望洋兴叹者有之,浅尝辄止者有之,曲解误评者有之,空谈虚陈者有之。

原因何在? 不会读,不会想,情难察,境难入。笔者近年来依据新大纲要求、高考要求和高中生的实际,带着学生,曾尝试运用"三一律"去解读,效果不错。

此处的"三一律"不过是借其名称而已,其内涵,宏观上是指与单一分析的解读法有别的鉴赏的准备、鉴赏的姿态和鉴赏的运作等三方面的有机统一,其内涵的微观意义又是指每一个方面内部的三个组成部分的有机统一。

先谈鉴赏的准备。它包括三个部分:一是背诵一定数量的古诗词;二是积累必备的古汉语知识;三是积累一定的文学常识。

"厚积而薄发",不仅指积累对创作的作用,也有对鉴赏的作用。刘勰《文心雕龙》说:"凡操千曲而后晓声,观千剑而后识器。"这话道出了其中的真谛。这里的积累,既指多读——篇目多,也指读多——遍数多,还指背诵——沉淀多。于谦有言:"活水源流随处满,东风花柳逐时新。"就是指读的篇目多而产生的效果。他还说:"书卷多情似故人,晨昏忧乐每相亲。"是指反复读同一诗文的好心情、好收获。而背诵得多,则更如陈师道所说:"胸中历历著千年,笔下源源赴百川。"这样一来,要说出诗词的道道来,岂不如流涌泉喷?

鉴赏准备之二是积累必备的古汉语知识。因为古诗词的格律要求和精练性,给其句意理解带来一定难度,只要我们把握其倒装句、省略句、词类活用等特殊性,疏通词句意义就容易了。而这正是我们鉴赏的基础,不可忽视。如蒋捷《兵后寓吴》第一句"深阁帘垂绣",按古汉语知识应理成这样才懂:"绣帘垂深阁"。又如温庭筠名句"鸡声茅店月,人迹板桥霜",依据知识与习惯应理成这样:(闻)鸡声,(出)茅店,(抬头望)月,(天尚早),(可来到)板桥,(竟发现桥上的)霜(已印有早行)人(的足)迹。没有必备的古汉语知识,这些句子是难以理解的,也就为深入鉴赏带来麻烦。

光有这类知识,远远不够,还要贮备一定的文学常识。如,诗词的发展脉络,诗词的各种类别,各种创作风格和流派,还有一些专门的文学术语,如赋、比、兴、

重章叠句、动静结合、虚实相生等。这些知识和术语是鉴赏的工具,也是搭在鉴赏者与读者中的理解之桥。

遵循鉴赏准备中的"三一律",我们便为鉴赏活动蓄足了势,拉满了弓。那么,当以什么姿态投入诗词鉴赏,方能有的放矢,事半功倍,深入到位呢? 让我们看看鉴赏姿态的"三一律"。其归纳如下:一是步入作者的生活道路——弄清作者生平经历和艺术修养等;二是进入作者的心灵世界——弄清作者思想状况、精神境界等;三是融入作品的情景境界——把握画面、情感。这三者统一,就为我们从读到悟找到了捷径。

当我们了解诗词作者是谁时,可以根据"准备"的内容从上述一、二两点入手解开"谜团"。当我们不知道作者是谁或知道是谁也不了解他的"底细"时,就应盯住文本,把握"画面、情感"以求共"解"。总之,三者统一,对诗词大致内容的把握就八九不离十了。如了解陶渊明不慎入仕而别别扭扭,最终辞官的经历,对"羁鸟恋旧林,池鱼思故渊"的理解就会准确深入些;知道他不为五斗米折腰的故事和"五柳先生"的雅号,对"采菊东篱下,悠然见南山"的闲适自得就觉得那是发自内心而非造作。又如,倘若对"今宵酒醒何处? 杨柳岸、晓风残月"的画面能够形象地把握,那么,对词作者与恋人离别之后的凄凉、孤寂、痛苦就会理解得更具体、更深入。

如果说正确的鉴赏姿态为诗词的鉴赏找到了一个亲密接触的机会,那么,如何与作者倾心交谈、深入理解、结为"知音"的重任,自然落到了鉴赏运作的"三一律"的肩头上。

鉴赏运作的"三一律"是指读法、想法和表述法的统一。"读法"是指通读、美读和情读。通读,旨在疏通词句,把握大意,读时宜慢宜轻。这有助于弄清较难较深诗词的含义。美读,旨在寻找一个作者审美平台和读者审美平台的共同点——鉴赏的切入点。这一点也是教学要求和高考要求的重点之一。因为一首诗的鉴赏不必面面俱到,但在个性化解读时应至少找准一个角度,切入到位,解读到底。"美读"时应带着欣赏的心态、夸张的口吻——如同美声唱法的"假嗓"发音——去放声诵读。这样,能够将诗词中的"灵光"激活,放大,突出,显现,让读者顿悟而把握切入点。如读欧阳修的《蝶恋花》上片的头一句,可这么处理:庭院深深(重读)深(深长)几许(上扬、幽怨)? 这么一读,其含义、分量和作用——浓浓愁情,深深闺怨,总领下文——便让人顿悟而可以将其作为鉴赏的切入口。

又如读苏轼的《江城子·密州出猎》下片的最后一句,可作如下处理:会挽雕弓(快,有力)如满月(自豪、自信、亮、长),西北望(一字一顿,"望"字高声上扬),射天狼("射"有力,"天狼"愤怒、蔑视)。这样一读,即可将苏轼"狂"的具体表现凸显出来,也可将其作为鉴赏切入点展开鉴赏。情读,旨在完全融入作者的创造意境,与作者一同创造艺术的最高境界,更加深入全面地鉴赏。这种读法是在通读、美读的基础上进行的,它能促使鉴赏活动全面展开,赏析表述全面到位。

总之,通读、美读和情读的"三一律"主要从感情感性方面去鉴赏,这时的鉴赏还不完整,不十分确切、明晰。要使之更明确、更完整,使之上升到理性认识,便要结合"想法"中的"三一律"了。这里的想法,指联想、想象和思索。

联想与吟诵同时展开,读时我们让学生联想到他们经历过,听说过,看到过,感受过的生活画面,让诗中的画面与脑海中的叠映起来,就能使"作者的"成为"我的",使"静的"成为"活的",这便为鉴赏提供了丰富的内容。想象,也是不可缺少的。因为古典诗词语精意丰,许多画面和含义需要我们去补充和再创造。如读"海上生明月,天涯共此时"时,可让学生联想并描述如下:一轮明月从海上升起,月华高照,海水映月,海月浑融,多么雄阔幽美!这时,"我"与"情人"(与今日含义不同)天各一方,举目望月,遥遥相思,绵绵不尽呀!这时,还可让学生通过想象,充实内容:"我"在海边走走停停,望着海水起伏的波涛,心潮澎湃,想起"我"与"她"曾在海边拾贝逐浪的欢乐时光;听到海水轻轻絮语,想起"我"与"她"说过的悄悄话,而今,"她"望着明月会对"我"说什么呢?诵读时联想,联想并加以想象,就大大丰富和凸显了诗词的意蕴,能够进行更具体、更美、更深的鉴赏。

如果说吟诵时辅之以联想和想象可以使感性的鉴赏更完美、更明确,那么冷静的思索则能使感性认识上升到理性的客观的公正的评判。如上述名句在我们通过联想和想象后进一步思索,可以明确其主旨和表达技巧产生的效果:这句子是写"相思之情"或"望月怀人",它选择了具有传统怀人特征的景物——月和具有地方特征的景物——海,来表达"天涯"游子思乡怀人的真情;而"海上生明月"的雄阔幽美更衬托了这种思念的博大、圣洁和美丽。而获得这样的效果,其语言是十分朴素自然的,就更见作者用词造句的匠心。"海上生明月,天涯共此时"两句,前句是实写,后句是虚写,以实引虚,虚中寓实,更见此句耐人寻味。至此,学生才渐渐明确这个名句的意蕴和真正价值,获得鉴赏的美感和成功感,同时,也培养了他们读与想的兴趣、习惯和能力。

要检验鉴赏的成果除了读与想,最能外化表现的则是表达鉴赏体会了。这就是鉴赏中的表述法,既指口头也指笔头,此处主要指书面表述。鉴赏其实是指导学生进行二度创作,其表述也是多样的。但就高中生而言,至少要把握三点:一是切入点明确,二是内容具体到位,三是语言简练流畅——这,既是教纲要求,也是高考要求。笔者曾经给本届学生提供了上届学生的鉴赏练习作为参照,现改录于下(共三例)。

例一:杜甫《阁夜》鉴赏表述概要。

阁 夜

岁暮阴阳催短景,天涯霜雪霁寒宵。

五更鼓角声悲壮,三峡星河影动摇。

野哭千家闻战伐,夷歌数处起渔樵。

卧龙跃马终黄土,人事音书漫寂寥。

这是杜甫寓居夔州西阁时写的一首诗。当时蜀中军阀混战,吐蕃又犯边境,好友李白、高适先后去世,作者自己又流亡漂泊(根据"鉴赏准备"而得)。此诗突出体现了他虽处险境,心境悲凉,然仍不忘国家百姓的"穷年忧黎元"之高尚品德和博大胸怀,同时也表现了他沉郁顿挫的风格(鉴赏的切入口)。"五更鼓角声悲壮""野哭千家闻战伐"表现其对百姓遭兵灾之苦的悲愤、沉重和郁悒。"人事音书漫寂寥"则表现其因忧国忧民而忘却个人、家庭不幸的广阔胸怀。这与"安得广厦千万间,大庇天下寒士俱欢颜,风雨不动安如山",与"朱门酒肉臭,路有冻死骨"的立场、情感是一致的。由此,足见杜甫"穷年忧黎元"的诗魂。沉郁顿挫的风格在本诗中表现得尤为突出。诗中第三句"五更鼓角声悲壮"与第四句"三峡星河影动摇",一是写时局,一是写自然。诗中第五句"野哭千家闻战伐"与第六句"夷歌数处起渔樵",一句写战争和哭声,一句写少数民族的"歌"声。这两联的"顿挫"即起伏、变化、转折都很大,却又以"沉郁"的基调和谐地统一在一起,使诗作意境壮阔而幽美,深沉而豁朗。(这符合内容要具体、实在与语言简练流畅的必备要求。)

例二:张九龄《望月怀远》的鉴赏表述纲要。

望 月 怀 远

海上生明月,天涯共此时。

情人怨遥夜,竟夕起相思。

灭烛怜光满,披衣觉露滋。

不堪盈手赠,还寝梦佳期。

切入点之一:"相思"之情的表达淋漓尽致。

赏析纲要:抓住"怨""怜""不堪""梦"几个直抒感情的词语,抓住"遥夜""竟""觉露滋""还寝"几个意义隽永的词语,均可谈清说明。

切入点之二:渐进式结构有助于渐进式抒情。

赏析纲要:见月思人(起"思")—玩月不寝("思"而生"怨",情更深)—揽月入梦(由"怨""怜"而入"梦"去寻"佳期",情最深)。

例三:欧阳修《蝶恋花》鉴赏表达纲要。

蝶　恋　花

庭院深深深几许,杨柳堆烟,帘幕无重数。玉勒雕鞍游冶处,楼高不见章台路。

雨横风狂三月暮,门掩黄昏,无计留春住。泪眼问花花不语,乱红飞过秋千去。

切入点之一:闺怨的女主人公形象,凄楚动人。

赏析纲要:先是怨"庭院"太深,"杨柳"和"帘幕"太深,再是望郎而"不见",更见其可怜,后是"无计留春",可见其无奈,最后是"泪眼问花",可"乱红吹过秋千去",更是又悲,又怨,又凄苦。

切入点之二:情景交融,景衬情浓。

赏析纲要:景的层次性与情的渐深性交融在一起。时间的渐进性:"杨柳堆烟"是早晨,"门掩黄昏"是傍晚,可见主人公从早到晚一直盼望着情郎的心情渐渐急切。空间的渐变性:从"庭院"到"帘幕"再到"章台""秋千",更见女主人视点的游移变化,立足点变化之多,借以表现其急躁不安而又无可奈何,无人理解而独尝孤寂的幽怨和凄怜。

总而言之,中国古典诗词的鉴赏之法颇多,这里所谈,仅是笔者在借鉴诸贤基础上的一点探索。虽然只是尝试——与两届高三学生一同这么做过,好在尝到了一点甜头:学生对学习古诗词不再敬而远之,而是兴趣渐浓,不是"蜻蜓点水"式鉴赏表述,而是能道清说明,像模像样了。故而,拙陈于此,或可引玉。

(二)曲折而甜美的探寻——用"三一律"教《渡汉江》《凉州词》

教学设想:

古典诗词是中华民族的瑰宝,是中华文化的精华。如何让当代学生认同并吸纳它,是一个艰难而又美丽的探求。本人认为,以"诚"为基,让"美"引航,消除

187

时代的隔膜,搭建古今交流的桥梁是其重要的途径。这"桥梁"应搭建在"以人为本"的"桥墩"上。因此,笔者采取"三一律"模式去搭建赏析之桥。这"三一律",从宏观上看,就是使"鉴赏的准备""鉴赏的姿态"和"鉴赏的运作"相统一。从中观上看,"鉴赏的运作"又是采取"读法""想法"和"表述法"三者的统一。从微观上看,"读法"是通读、美读和情读的统一;"想法"是联想、想象和思索三者的统一;"表述法"是切入口、内容和语言三者的统一。这堂课笔者选取绝句二首:五绝《渡汉江》和七绝《凉州词》。其目的之一是运用"三一律"开展赏析,以取得学生乐学、会学的效果;目的之二是根据古诗词体裁的特点,赏析绝句,主要采取抓住词句展开赏析的方式,以体味其句句凝练,字字珠玑的语言特点,从而丰富学生的语言表达;目的之三是由于古诗词可以从不同角度分析,学生难以面面俱到,因而笔者试图引导学生把握其一,进而深入赏析,收获以少胜多之效。

教学过程:

第一步,导入并背诵《望月怀远》:同学们,我们驾着"鉴赏"号飞船,飞临了中国古典诗词那浩大而灿烂的星空。我们体味到了律诗的悠悠情韵。还记得那多情而圣洁的月华吗? 让我们一起背诵《望月怀远》。

第二步,学习《渡汉江》。律诗四联,联联相扣,韵律悠悠,而绝句呢? 绝句四句,句句凝练,字字珠玑。让我们驾着"鉴赏"号飞临绝句领空,去看看唐代韵律大师宋之问是如何"渡汉江"的。这一步又分几小步:

第一,全班齐读《渡汉江》:岭外音书断,经冬复历春。近乡情更怯,不敢问来人。

第二,疏通字面意义,介绍诗作背景(从对"岭外""汉江"和"乡"三词的内涵与关系去介绍)。

第三,让两生比读,读后谈体会,以体味诗作情感。

第四,师生共同体味情旨,并归纳为:思乡深切,矛盾痛苦。

第五,让学生从某一角度切入,主要从词语切入,充分展开联想、想象、分析,体味其精妙之处,充分展开讨论。(此处有八位同学发言。教师点拨语:"怯"为什么好? 有哪些"怯"? 为什么?"断"凝集了作者什么感情? 与"怯"有什么联系吗?"更""复"是两个副词,在诗里各起什么作用呢?)

第六,教师归纳:本诗主要运用"断""复""更""怯"等字,尤其是"怯"字,抒发了作者思乡深切和矛盾痛苦的感情。

第七,齐背《渡汉江》。

第三步,学习《凉州词》。刚才我们看了宋之问从岭南逃到汉江的情形,体味到了他那独特的复杂的乡情,下面让我们的"鉴赏"号飞向北方边塞,看看王翰笔下的将士们是如何痛饮美酒的,好吗? 这又可分几小步:

第一,齐读全诗:葡萄美酒夜光杯,欲饮琵琶马上催。醉卧沙场君莫笑,古来征战几人回?

第二,抓住"欲饮琵琶马上催"提问:是"催征",还是"催饮"? 让学生讨论。

第三,介绍背景,并明确:这是欢庆畅饮场面,是催饮。

第四,教师范读两遍,第一遍以"低沉"调读,第二遍以"高昂"调读,并请学生评点:哪种读法符合诗歌真正的基调?

第五,学生展开辩论:是高昂之情,还是低沉之情?

第六,归纳明确:高昂、热烈。

第七,学生从某一角度切入谈本诗的精妙之处。

第八,教师归纳:1. 首句是用美酒和名贵之杯渲染欢庆畅饮的气氛;2. 场面描写,将欢乐激情逐步推向高潮,主要是运用"催""醉""卧""笑"几个词使欢快昂扬的气氛趋向极致;3."古来征战几人回"内涵十分丰富:欢乐之至的玩笑,有家难回的淡愁,从容高昂、视死如归的情操,主基调还是高昂的。

第九,按主基调齐读全诗。

第四步,拓展品读练习。同学们,刚才我们先后鉴赏了五绝《渡汉江》和七绝《凉州词》,倍感绝句的语言凝练,内涵丰富,的确是字字珠玑。其实,像律诗那样韵律悠悠的,像绝句这样精妙的诗词还有许多。让我们的"鉴赏"号起飞,飞越这浩瀚星空,探寻那些光彩夺目的名诗名句。我给大家准备了与《渡汉江》同内容的"乡情"诗中的 5 条名句,还有 5 条是与《凉州词》"饮酒"有关的名诗名句。

练习:古诗名句 10 条

1. 昔我往矣,杨柳依依。今我来思,雨雪霏霏。

2. 鸟飞反故乡兮,狐死必首丘。

3. 少小离家老大回,乡音无改鬓毛衰。

4. 思归若汾水,无日不悠悠。

5. 丛菊两开他日泪,孤舟一系故园心。

6. 人生得意须尽欢,莫使金樽空对月。天生我材必有用,千金散尽还复来。

7.艰难苦恨繁霜鬓,潦倒新停浊酒杯。

8.今宵酒醒何处?杨柳岸、晓风残月。

9.故乡何处是,忘了除非醉。沉水卧时烧,香消酒未消。

10.醉里挑灯看剑,梦回吹角连营。

第一,分任务。

第二,分组讨论。

第三,各组抽查交流(抽四位同学,其余放课后完成)。

第四,教师总结:刚才,同学们品读时,有的是从字词入手,有的是从某种表现手法入手(如比喻、比兴等),有的是从背景入手,有的是综合几个方面去分析。同时,展开了联想、想象,运用比较、分析等方法,多角度、多层面地品读了这些名句。我们品读时,享受了美的陶冶。下面,让我们一起朗读下列这些名句,再去体味这种曲折而又甜美的探寻吧!

第五步,齐读拓宽品读的10首名诗中的名句,结束于下课铃响。

教学后记:

这堂课下来,我的最大的感受是:张扬了学生的个性,凸显了教材特性,展示了教师的个性,累则累也,唯心快矣。古诗词绝句的词语的凝练性,内涵的丰富性,品读的差异性得以充分体现。学生积极品读思考,踊跃发言,气氛热烈。例如:关于"怯"的含义就有五位同学说出了6种意思:一是作者因私自逃回怕被熟人发现报官追捕;二是怕逃回牵连家人;三是家信全无,怕亲人已遭不幸;四是怕因自己是戴罪之身给家人丢脸;五是长期在外,未尽孝心和爱心,愧对上下老小;六是怕家人为自己担惊受怕。这样,便充分体现了我在前文提到的微观上"三一律"中的"读读、想想、说说"的想法和做法。而我本人,正如学生评价的一样,有激情,也有朗诵演讲的素质,因而在抒写"性灵"与真情的古典诗词领域找到了一片天空,可以尽情展示自己的教学个性。

这堂课,我的总体感受是,带着学生进行了一次曲折而又甜美的探寻。

(三) 以"眼"探"心"——古典诗词的诗眼与"教眼"例谈之一

以眼见心,既是判人之法,也是赏诗之术,亦为教学之途。

何为诗眼?诗词中最集中、最直接、最鲜明地表达作者思想感情的词语或句子就是诗眼。如何捕捉诗眼?在诗词题目中和诗句中搜寻。譬如,杜甫的《春日忆李白》、白居易的《钱塘湖春行》、温庭筠的《商山早行》等就可分别抓住"忆"

"春""早"等最鲜明地表现诗歌情感和主要特征的字词,透过这只"眼"就可以看到诗的"心"。又如王勃的《别薛华》,其中有"悲凉千里道,凄断百年身";刘长卿的《长沙过贾谊宅》中有"万古惟留楚客悲""怜君何事到天涯";苏轼的《蝶恋花》中有"多情却被无情恼";张可久的《人月圆·山中书事》中有"兴亡千古繁华梦,诗眼倦天涯",等等,无论是诗,还是词、曲,以上句子,尤其是其中的词语如"悲凉""凄""悲""怜""多情""无情恼""兴亡""倦"等,都是一只只可凭之"眼",从中可以获取"隐"于古典诗歌中的情感主旨。

沪教版高一教材中《饮酒》的诗眼,自然是"悠然见南山"之"悠然"了。对此,前人认为,"悠然"二字用得很妙,说明诗人所见所感非有意寻求,而是不期而遇。苏东坡对这两句颇为称道:"采菊之次,偶然见山,初不用意,而境与意会,故可喜也。"这种看法,很有道理。笔者要补充的是这种"悠然"的内涵与审美效果。此诗的内涵除去如上前人所说,至少还有如下几解。

其一,"悠然"呼应诗题"饮酒",足见此"悠然"乃饮酒或者醉酒之后的一种飘游恍惚之态。饮酒,也是他生活的常态,"性嗜酒,家贫不能常得。亲旧知其如此,或置酒而招之"(《五柳先生传》),所以,"设酒杀鸡作食"是一种向往,"过门更相呼,有酒斟酌之"(《移居》)则是一种往来之常事,而且,他往往"造饮辄尽,期在必醉"。因而,怎见得他采菊之前没有"饮酒"而醉呢?

其二,"悠然"暗示这时正值农闲时节。否则,他不可能抛开手头农活,置一家老小于不顾。他辞官回乡后,是勤于农事的。"晨兴理荒秽,带月荷锄归"(《归园田居·其三》)足见其早出晚归的勤苦,"农人告余以春及,将有事于西畴"(《归去来兮辞》)更见其责任与担当。

其三,"悠然"是对他理想生活高度而形象的概括、陶醉与赞美。自由自在的田园生活,使他的身心都得以淋漓地伸展。"引壶觞以自酌,眄庭柯以怡颜。倚南窗以寄傲,审容膝之易安。园日涉以成趣,门虽设而常关。策扶老以流憩,时矫首而遐观。"(《归去来兮辞》)这就是明证。

其四,"悠然"也是对他所厌弃的官场桎梏人性的一种反讽。"既自以心为形役,奚惆怅而独悲?悟已往之不谏,知来者之可追。实迷途其未远,觉今是而昨非"(《归去来兮辞》)就是他对官场的否定与批评。

其五,"悠然",是一种物质与精神之追求相宜和谐的状态。"既耕亦已种,时还读我书。""泛览《周王传》,流观《山海》图。"(《读山海经·其一》)。时耕时书,时传时图,好不惬意悠然。

其六,"悠然",更是他对人生境界与诗文境界的一种追求。就这首《饮酒》而言,"心远地自偏",一个"远"字,道出了他远离纷繁喧嚣、尔虞我诈的东晋乱世与官场的心愿;"偏"字,则"偏"去了功利与束缚,"偏"来了净土与自由。"人生无根蒂,飘如陌上尘"(《杂诗》),他是何等落拓逍遥,俨然自然赤子。正因为"性本爱丘山",所以执着追求"户庭无尘杂,虚室有余闲"的所在——这正是他执着于斯的人生境界。"奇文共欣赏,疑义相与析"是一种对待诗文的珍惜与率性,也是一种求真务实的态度。"春秋多佳日,登高赋新诗"是那有感而发的"悠然","登东皋以舒啸,临清流而赋诗"则是随物赋形的"悠然"——正是这种淡远、质朴、浑然天成的文风,使得五柳先生独开田园诗派,成为万世师宗。

洞见诗眼,窥见诗心——这是教师教诗的第一步。如何将教师所得转化为学生所得或以此引发学生的新得呢?唯有把诗眼变成"教眼",让学生从教师设立的"教眼"中获得"诗心"与"师心",进而生成新的"生心"。"教眼"的设立主要有四个方面:一是带着学生识别诗眼;二是引发学生充分互动,逐层洞见"诗心";三是师生共同归纳寻"眼"摘"心"的方法与步骤;四是指导学生以诗眼为切入点,表述与评点"诗心"——这就是引领学生赏析诗词的目标、重点与难点——"教眼"。

告诉学生,识别诗眼有三法。一是把握诗眼形式,二是品味诗眼内涵,三是验证诗眼。内涵与形式前文已述;验证之法,是以此为帅,让它从诗词之始依次管至末句,能否一以贯之,一以宰之。譬如,欲验"悠然"是否为诗眼,只要看它是否统率了"饮酒"的十句诗。一、二两句是环境之悠然,三、四两句是悠然之因,五、六两句则是行动之悠然,七、八两句则是自然之悠然,九、十两句则为内心感悟之悠然。可见,"悠然"统摄全诗,足为诗眼。

如何引发学生充分互动,逐层洞见诗心呢?由表及里,由此及彼,由文及人,知人论世。譬如,"悠然"的内涵及审美效果的解读,就可以由表层意思的采菊、醉酒与农闲的悠然,进而赏析其热爱自然的悠然和对所厌弃的官场的反讽,再进一步追溯其物质与精神之追求相宜和谐的悠然,最后再联系其人格与文风,探究出他对人生与诗文境界的最高追求——悠然。这样,学生对诗眼与诗心的探究,自然循序渐进了。

归纳寻"眼"摘"心"的方法与步骤,是从感性认识上升到理性认识的必由之路。识别诗眼的方法,瞄"眼"摘"心"的方法、步骤,以及表述诗心之法,此时应该与学生一道归纳生成。表述诗心与点评诗心,是由思维训练为主转入表达训练为主,即由读而写。赏读与写作都是一种创造,而且二者缺一不可。如果让学生在前三个"教眼"里获得了赏读创造的乐趣,培育了思想的果实,那么,最后一个"教眼",就是将这种乐趣转化为品尝与分享这种果实的幸福。如何表述?"悠然"而成。怎么想,就怎么写,自由随意为佳。因为这只是片段,是凤凰的一片羽毛,而非那一双排列精致的翅膀。有了美丽的羽毛,学生自然迟早会编织成魅力无穷的翅膀,飞翔于一抹品读诗文与品读人生的彩虹。

这就是从诗眼到"教眼"明"生眼"的探"心"历程,缤纷而斑斓,艰难而绚烂。

(此文先后刊于《中小学教材教学》2015 年第 8 期与《中文自修》2015 年第 9 期)

(四)以"眼"看"象"——古典诗词的形象与"教眼"例谈之二

以"眼"探"心",是探究古典诗歌的思想情感;以"眼"看"象",是品味其形象的特征及其与教眼的关系。

古典诗歌形象一般从三个方面鉴赏:一是景物形象。它是指写景诗或杂诗中的一般景物。诗中的景物主要有季节、时令、地域等景物描写,农事、战争、狩猎、离别等场面描写以及色彩描写等。二是事物形象。它是以某些事物为具体描写对象,在形象描写中将事物人格化。从全诗看,即把诗人要表现的品格节操或思想感情用象征性的形象曲折地表达出来,这种象征性的形象就是事物形象,如咏物诗中常见的松、梅、竹等。通过分析事物形象的特点,来探求象征体和本体之间的联系,进而分析并把握诗歌的思想和情感。三是人物形象。诗歌中的人物形象有两类。一类是抒情主人公自己的形象,如陶渊明的《饮酒》中结庐、采菊、望鸟者,就是主人公自己。另一类是作品刻画的人物形象,如《孔雀东南飞》中的刘兰芝、焦仲卿、焦母、刘兄就是几个个性迥异的人物形象。

前人对于《登金陵凤凰台》一诗的形象赏析,可以概括为三点:其一,解读了李白登望的历程及心情的变化;其二,解读了历史遗迹与自然景象的特征及其象征意义;其三,依据前二者归纳出形象表达的内涵和全诗的情感。

作者先登台,见"凤去台空江自流",流露出由繁华易逝,盛时难在,惟有山水长存所生发出的无限感慨。接着作者远望古迹,"吴宫花草埋幽径,晋代衣冠成古丘"。"生子当如孙仲谋"的吴大帝，风流倜傥的六朝人物，以及众多的统治者，他们都已经被埋入坟墓，成为历史的陈迹；就连那巍峨的宫殿也已经荒芜破败，一片断壁残垣。李白对这些帝王的消逝，除去引起一些感慨之外，没有丝毫惋惜。这时，作者转向自然之景。"三山半落青天外，二水中分白鹭洲"，表现出李白没有让自己的思想完全沉浸在对历史的凭吊当中，而把深邃的目光投向大自然的情怀。自然力的巨大、宏阔，赋予人以强健的气势、宽广的胸怀，也把人从历史的遐想中拉回现实，重新感受大自然的永恒无限。最后，回到现实，作者"总为浮云能蔽日"，只好"长安不见使人愁"。他极目远眺，试图从六朝的帝都放眼到当时的权力中心，亦即自己心之所向的首都长安。然而他的努力失败了。于是，浮云悠悠，愁思无限，壮志难酬，哀怨如缕。

这样的赏析，虽然看上去似乎较全面，但千篇一律，缺乏重点与特点，即看不出"教眼"，所以，学生难以把握。因而，我们不如以"眼"看"象"，即通过捕捉诗眼，来设立这样的"教眼"——目标与重点：从诗眼入手，"看"形象品内涵，进而明了形象与诗眼的关系。

从拙文《以"眼"探"心"》的探讨中，我们知道了识别诗眼的方法，据此我们可以找到设有诗眼诗词的一切诗眼。

《登金陵凤凰台》的诗眼，自然是："总为浮云能蔽日，长安不见使人愁。"诗句暗示皇帝已经被奸佞所包围，朝政已经腐败。这两句诗表达了诗人在全诗所表达的世事变幻、物是人非与忧国忧君而又报国无门的沉痛心情。

探明诗眼之后，如何"看"准形象，品味内涵，进而明了形象与诗眼的关系？

本诗形象有两类：一是李白这位主人公的形象；二是人文历史遗迹与自然景物的形象。

依据诗眼，从易到难，"看"准本诗的形象。教师应该指点学生先从具有鲜明特点的历史遗迹与自然景物的形象着眼。

这里的人文历史遗迹有凤凰台、吴宫幽径、晋代古丘。其特征为"凄凉""空茫"，芳草萋萋（幽径），亡魂森森（古丘）——呈现一派昔盛今衰、物是人非、凄冷荒颓的形象。这一情景，正好契合本诗诗眼里作者流露的世事变幻令人怅惘忧叹而又无可奈何的情感。

这里的自然景物有长江、三山、青天、白鹭洲、浮云、日。除日外，其特征为长江浩荡而亘古、山天辽阔而高远、水洲美丽而灵秀、浮云变幻而迷蒙——雄伟瑰美的风景,折射了李白胸中那种经纬天下、佑护君民的壮丽而豪迈的伟大抱负与凌云志向。诗眼里流露的怀才不遇、报国无门的忧痛与怅惘,正是李太白这种理想襟怀难以实现的折射映照。

浮云与日这两个形象,亦幻亦真,形象地传递出作者的忧愤与伤痛,也是诗眼的灵魂。

这样,我们从局部一一理顺了人文遗迹和自然景物与诗眼的关系,接着就可以从整体上来"看"李白这位抒情主人公的形象了。这里,教师应该和学生依据如上"看"的经验共同归纳出"看"的方法:一瞄准对象,二捕捉特征,三品味内涵,四验以诗眼。操作上,可以朗读感受,可以问答互动,可以扮角体验等。

瞄准对象,包括主人公的现身与隐身。《登金陵凤凰台》中李白走到台前的是首联与尾联。一"游"字,一"愁"字,一起一收,完成了作者的"登""台"。由"游"而"愁",落拓飘逸中沉郁深痛,这就是一个儒道同育、矛盾真实的活生生的李白,这是诗眼的遥望与自照。颔联与颈联中,作者隐身了,但是只要抓住借以隐身的形象之特征,自然也能见其"真身"。朝代的盛衰巨变与作者对此的不屑与洒脱,山落天外的极目远眺及壮阔无垠,水分白鹭洲的飘逸灵秀瑰丽的慧眼捕捉,唯有青莲能及,本来"诗仙"风度。全诗描绘了一个率性洒脱而又胸怀壮志,此时不屑功名而又忧国忧君,逍遥世外而又怀才不遇的李白! 这与诗眼互为表里。

辛弃疾《水龙吟·登建康赏心亭》中也有景物形象与人物形象两类。"楚天千里清秋,水随天去秋无际"之水天的辽阔与凄清,"遥岑远目,献愁供恨,玉簪螺髻"之远山的美丽与忧郁,"落日楼头,断鸿声里,江南游子"之落日的衰落与忧伤,"断鸿"和"游子"的孤寂与飘零等,共同表达了作者面对摇摇欲坠的南宋,报国无门、回天无力的喟叹、凄凉与忧愤!"把吴钩看了,栏杆拍遍,无人会、登临意"三句,是作者具有典型意义的动作,这一人物形象的描绘,淋漓尽致地抒发了自己报国无路、壮志难酬的悲愤。这与本词词眼"献愁供恨""揾英雄泪"也是互为表里的。

王维《终南山》、杜甫《登楼》等形象描写突出而鲜明的诗词,均可如此赏析。

如此以"眼"看"象",岂不显"象"明"眼"? 而学生,亦终能以"象""眼"相映,而"仰观宇宙之大,俯察品类之盛,所以游目骋怀,足以极视听之娱"矣。

（五）以"眼"对"言"——古典诗词的语言与"教眼"例谈之三

眼为心窗，言为心声。对于传达诗歌的思想感情，诗眼与语言可谓殊途同归。所不同者，语言是面，诗眼为点。以眼对言，是以点对面。

几乎所有古典诗词的赏析，都涉及语言。但从教学的目标、重点——"教眼"来看，不是所有诗歌都适合把语言的对话品味作为"教眼"；即使以语言赏析为"教眼"，也应该不求每词每句面面俱到。那么，如何以诗眼确定诗歌语言赏析的"教眼"呢？这要依据诗眼的内涵及其与之密切呼应的语言特点来确定。依据诗眼与诗歌语言的关系，语言对话赏析的教眼大致有四：一是以重点词语为单位的赏析——炼字；二是以句子为单位的赏析——炼句；三是将词语与句子联系在一起的赏析；四是品尝诗歌的语言风格。

对于全局有领起作用、对于诗眼或思想情感有重要作用、词性活用或者内涵丰富的词语，均可作为教学中的炼字对象——语言对话的"教眼"。炼字主要是瞄准代表诗眼或与之密切相关的词语，从字的语境义及其审美效果来品味，还要炼出与诗眼或者全词思想情感的不同联系。下面以柳永《八声甘州》为例来谈。这首词的诗眼是："不忍登高临远，望故乡渺邈，归思难收。"漂泊异乡，思念情切，忧愁凄凉，孤寂伤痛——正是这诗眼传递的深情。

前人对本词的炼字主要是这些：一个"对"字，已写出登临纵目、望极天涯的境界。"雨"字，"洒"字和"洗"字，三个上声，循声高诵，定觉素秋清爽，无与伦比。"渐"字承上句而言，当此清秋复经雨涤，于是时光景物，遂又生一番变化。这样词人用一"渐"字，神态毕备。秋已更深，雨洗暮空，乃觉凉风忽至，其气凄然而遒劲，直令衣单之游子，有不可禁当之势。一"紧"字，又用上声，气氛声韵写尽悲秋之气。一"休"字寓有无穷的感慨愁恨，接下来"惟有长江水，无语东流"写的是短暂与永恒、改变与不变之间的这种直令千古词人思索的宇宙人生哲理。"无语"二字乃"无情"之意，此句蕴含百感交集的复杂心理。

这种炼字，单个看很好，然而缺乏与诗眼或情感的联系，显得支离破碎，背离了诗词阅读的真谛。其实，诗词中的重要词语总与诗眼与情感分割不了。炼字，不仅应该炼出个体的内涵与美，而且也要炼出它在整体中的作用与美——所谓以"眼"品"言"，以"言"应"眼"。

同样是如上几个词语，即可这样来炼。一个"对"字，即写出登临纵目、望极天涯的境界，更有借此望乡，遣愁排忧之妙。"洒""洗"二字，洒的是乡愁，洗的也是乡愁,思乡而又不愿思乡的矛盾更见其不胜其愁了。"渐"字道出变化,由前面的"清秋"转为"霜风凄紧"的"凄秋","直令衣单之游子,有不可禁当之势"。这个"渐",不只是指天气的渐变,更是愁情不仅未遣反渐浓的表现。一个"紧"字,不只是风紧,更是他因风而裹紧单衣与难耐内心孤独冷寂猛袭的写照。一个"休"字,不只是表现自然景物由盛而衰的悲凉,更是昔日在乡的欢情转为此刻漂泊的悲情之写照。"无语"二字,不只是"无情"的水,更应是要对家乡与情人千丝万缕无从诉说的离情、恋情、苦情。这样,将诗眼与炼字密切联系,就不仅无烦琐凌乱,而且情词紧随,点面一体。

对于全局有领起作用、对于诗眼或思想情感有重要作用、内涵丰富而有较多词语的语句,均可作为教学中的炼句对象——语言品味的"教眼"。就以黄庭坚《登快阁》为例来炼句,诗歌末句"万里归船弄长笛,此心吾与白鸥盟",既是诗眼,又可作为"教眼"炼句。

对于这一句,前人这么分析:结句诗人说自己希望能坐上归船,吹弄着悠扬的长笛,回到那遥远的故乡——我的这颗心啊,早已和白鸥订好盟约了。从全诗的结构看,这个结尾是相当精彩的:起首处诗人从"痴儿了却公家事"说起,透露了对官场生涯的厌倦和对登快阁亭欣赏自然景色的渴望;然后,渐入佳境,诗人陶醉在落木千山、澄江月明的美景之中,与起首处对"公家事"之"了却"形成鲜明对照;五、六句诗人作一跌宕:在良辰美景中,诗人心内的忧烦无端而来,诗人感受到自己的抱负无法实现、自己的胸怀无人理解的痛苦。那么,解脱的出路何在呢? 这就很自然地引出了诗人的"归船""白鸥"之想。这一结尾,不但呼应了起首,顺势作结,给人以"一气盘旋而下之感"(潘伯鹰评语),而且意味隽永,让人想象无穷。

这段文字,可谓全面而深刻。笔者要补充的是,对于句内语言也应适当炼炼——如上文所说语言鉴赏之三,将词语与句子联系在一起来赏析。

"万里归船"以"万里"言其"公家"至"船"的距离,既体现了作者对船与公家截然不同的生活的深刻认识,更显出作者"了却公家事"而"归船"的坚定决心与万分痛快。一个"弄"字,何等逍遥,又自然承首联"快阁""倚晚晴"之惬意与向往而来。"此心吾与白鸥盟"中的"此心",归统颔联"落木千山天远大,澄江一道月分明"之辽远阔大与空明澄澈所体现的作者那纵享天地山川之襟怀抱负。"此心",也是颈联"朱弦已为佳人绝,青眼聊因美酒横"所现诗人颇感抱负无法实现、又无知音的痛苦之情的自然发展。一个"盟"字，是作者的归隐情怀与"白鸥"的悠游自在的悠然神会。这样一炼，从内容与结构上将诗眼与全诗紧密联系起来，让二者丝丝入扣，细密绵长，更见诗歌语言之精致匠心。

对于语言风格十分明显且该风格与诗眼或情感内容密切关联的诗歌，可以将其语言风格作为"教眼"。语言风格的赏析，不仅是针对诗歌语言的形式。这是一个由整体到局部，由情感内容到形式表现的综合性品味。可以通过比较来品味不同语言风格的诗作。

同样是愁与恨，柳永的《八声甘州》是漂泊羁旅的念人怀乡之愁，而辛弃疾的《水龙吟·登建康赏心亭》则是忧国无果、报国无门、回天无力之愁与恨。因而，与之匹配的语言风格，三变的婉约凄美、缠绵悱恻更能细致婉曲地表达个人难言的离愁；而稼轩的豪放愤激、大气吞吐更能痛快淋漓地表达他的家国情怀与胸中块垒。同样是面对秋天，前者是"对潇潇暮雨洒江天，一番洗清秋"，这是一个暮气凄清的萧瑟之秋，后者则"楚天千里清秋，水随天去秋无际"，是一个辽阔无边的爽朗的秋。这样语言所描绘的空间与背景，就符合各自表达的情感特征。同样是山水含愁，前者是"是处红衰翠减，苒苒物华休。惟有长江水，无语东流"，委婉含蓄，纤毫毕至；后者是"遥岑远目，献愁供恨，玉簪螺髻"，开阔壮美，愁恨兀现。同样是登楼，愁恨难当，前者是"不忍登高临远""倚栏杆处，正恁凝愁"，此一个文弱书生在无奈哀叹，默舐伤痛；后者则"把吴钩看了，栏杆拍遍""倩何人、唤取红巾翠袖，揾英雄泪"，此一个威武将军在忧愤吟啸，迎风洒泪。这种比较，让学生不仅准确而鲜明地体会了不同的语言风格，而且进一步懂得了语言风格的形成与人物个性和表达的内容之间的密切关联。当然，语言风格的品味，自然也应联系诗眼。

以"眼""对""言"，"教眼"多样。只有依据诗歌特征，灵活运用，才能获益生趣。

（六）以"眼"悟"法"——古典诗词的方法与"教眼"例谈之四

以"眼"探"心"，是体味诗词的情理；以"眼"看"象"，是玩味诗词的形象；以"眼"对"言"，是品味诗词的语言艺术。那么，所谓以"眼"悟"法"，就是以诗眼特点结合诗词特色，确立以体悟诗词艺术表现手法为目标重点的"教眼"，或者说，以诗眼、"教眼"来悟法。这是对话古典诗词时应有的尊重与高度。

其实，古典诗词内蕴的丰富性、深刻性，形象的多义性、灵动性，语言的精炼性、含蓄性自然决定了艺术表现手法的多元性与巧妙性。

古典诗词艺术表现手法是指作者在塑造形象、创造意境、表达思想感情时所采取的表达技巧。它的含义非常广泛,既包括各种修辞手法、表达方式的使用,也包括艺术构思上的巧妙使用。最常用的艺术表现手法有:比喻、比拟、借代、夸张、对偶;比兴、用典、对比、陪衬、反衬、化动为静、虚实结合、象征;抑扬、意象组合、卒章显志、照应,等等。

过去古典诗词艺术表现手法的赏析与教学大多呈现两种模式:一是先体其情,后品其法;二是情法俱下。前者,层次感强,但失之于割裂;后者,交融性好,但往往流于杂乱无序。而对艺术表现手法的目标定位,也有两种极端:一是一网打尽式,修辞手法、表达方式、艺术构思全覆盖;二是一枝独秀式,只赏析某一种手法。而对艺术表现手法的识别与审美效果的赏析,具体做法往往存在两种偏差:一是识别某种手法与公式化答题的操练为主的二项式做法;二是泛泛涉猎其他诗作的同类手法及其效果的联想佐证式做法。以上种种,无论哪种模式,哪种目标定位,哪种偏差,都缺失了三个实际:诗词本体艺术表现的实际,学生学习的实际,高中的阶段教学的实际。因此,笔者认为,古典诗词艺术表现手法的赏析教学的教眼,应突出一个"悟"字,师生共同悟法,而非教师授法。这样,依据诗眼、诗词特征确定的艺术手法赏析目标的"教眼"、赏析教学的样式而非固定的模式与具体的合适的做法就有了"谱"。

诗词艺术表现手法的"教眼",依据诗眼与诗词特色可以大致确立为几类。一是显性手法,一是隐性手法;一是独门绝技,一是多样手法。

对于古典诗词里的显性手法的教学样式,可以采取学生"自悟赏析法"。有些古典诗词的艺术手法,是高中绝大部分同学一读一品即可发现的法,因而就应该让学生在读品诗眼或诗词情感的过程中自己悟出。譬如《诗经》里《蒹葭》的重章叠句、左思《咏史》的借古讽今与对比手法、辛弃疾《水龙吟·登建康赏心亭》的用典。如何让学生"自悟"? 主要有两种做法:一是让学生先品读,通过找诗眼或体会思想情感再分析体悟手法。二是由教师从某一个方面提问,让学生自己思考寻找体会,进而自悟。品读中,《蒹葭》的重章叠句,学生会说成反复。这只是术语说法问题,不存在本质的不同,不必担心,只要向学生说明即可。当然,教师应该让学生比较二者,从形式上与内容上找出异同,进而重点品味其审美效果,尤其要依据诗眼"溯洄从之""溯游从之"所表达的追求者执着与失望交织的情感,来体会重章叠句中重复而稍有变化的时间、道路、"伊人"的位置的安排的匠心与效果。《咏史》的借古讽今手法,是怀古诗的共性。教师应重点让学生充分互动,在内容上体会作者运用这种手法的目的及其效果。对比手法,学生虽然容易识别,但它在这里的具体作用要让学生在互动中准确深刻地把握。《水龙吟·登建康赏心亭》的用典特别多,学生自然可以从书中注解中了解每个故事。教师的任务是让学生对应本词词眼"献愁供恨"来体会每一个典故对表达情感主旨的具体作用。这样,一望便知、一读即明的艺术表现手法,就可以让学生在充分互动中获得其审美效果的自悟。当然,最后,教师可以与学生共同归纳出显性艺术表现手法的识别依据及其审美效果的基本法则。

对于古典诗词里隐性手法的教学样式,可以采取教师启发下的"共悟赏析法"。有些古典诗词的艺术手法,是高中绝大部分同学仅靠自主品读无法识别与体验其审美效果的,因而就应该在教师的启发下识别并一同悟出其表达效果。譬如《诗经》里《蒹葭》的铺陈手法及其效果、王维《终南山》意象选择的奇幻神秘性与意象组合的艺术性、柳永《八声甘州》想象对方心声的侧面描写。铺陈,这种手法的名称及其语言运用表达效果,对学生来说比较陌生,同时识别起来也颇费心思。在《蒹葭》里,铺陈手法的具体运用是,着力表现追求者在不同时段、遇到不同困难、"伊人"变化的不同位置等方面毫不放弃地不断追求。这就要求教师指导学生把三章里不同的词语先找出来,然后师生共同讨论归纳,"共悟"出上述认识。《终南山》表面的夸张、由远及近、由下而上的写景之法及其效果,可以让学生品读"自悟"。而结合诗眼"欲投人处宿",可见作者由此而表达的热爱自然山水以至于"欲""宿"山而再游的思想情感。由此深入思考,作者见山水者众也,何以在此要投宿再游? 自然要重新审视一番这一路的游景。这时你会发现这些景物构成的意象呈现出三个特点:一是高远辽阔(首联"太乙近天都,连山接海隅"),二是神秘奇幻(颔联的"白云""青霭"的"合""无",颈联的"中峰""众壑"的变化),三是回味无穷(颈联、尾联)。其中单独一种特点是一般写景诗都有的,而这首则兼而有之。自然让见山识水无数的王维,也禁不住要投宿重游了。意象的精心选择与搭配,正是此诗最突出的艺术手法——而这正好隐于诗内了。这种绝妙的手法,就需要教师指引学生而"共悟"了。

对于主要运用一种艺术表现手法的古典诗词,我们应该让学生依据诗眼或思想情感先深挖本土,精耕细作,再类比联想,广为羽翼,是为"彻悟赏析法"。要学习卢纶五言绝句《塞下曲》的抓住特征来衬托人物形象的手法、王昌龄七言绝句《从军行》间接与直接抒情相结合的表达方式、杜牧咏史诗《过华清宫》的正面与侧面相结合的表现手法,均可施以此法。譬如《塞下曲》并无鲜明的诗眼,但对将军的威武雄壮与治军严明的讴歌之情是显而易见的。教师可以就此来设立艺术手法赏析的"教眼"——引领学生赏析全诗的主要表现手法——通过描写人物特征与军士呼号来衬托将军形象,以赞美其军威与军纪。如何刻画?让学生抓住将军的形象特征——高贵而锐利的佩箭与精美而飘飞的军旗,悟出以此刻画威猛而又矫健的指挥者形象的目的及其效果,再抓住"千营共一呼"的军士呼号的整齐与声势,进一步悟出以此衬托将军军纪严明、治军有方的用意与审美效果。在此基础上,让学生联想到《孔雀东南飞》里刘兰芝回娘家之前对她美丽外貌与精细地打扮的描写,以衬托其高贵美丽、不可轻侮的个性等等。虽然手法不多,但有深有广的赏析,足以让学生"彻悟"。

对于综合运用了多种艺术手法的古典诗词,我们应该让学生围绕诗眼或内容情感读读议议,畅所欲言,见仁见智,自圆其说;同时,师生适时适当点评,最后归纳手法及其审美效果,还可撰文交流,此称"赛悟赏析法"。譬如《八声甘州》围绕表达作者的羁旅离情——"愁",富有意象的选择与精心的组合艺术,采取了直抒胸臆、侧面描写等手法;《登楼》围绕诗眼之"伤"(万方多难、报国无门)采取了以乐景衬哀情、历史与现实结合、用典等手法;《登金陵凤凰台》围绕诗眼之"愁"(昔盛今衰、小人当道、怀才不遇),采取了写景、叙事结合抒情、人文古迹结合自然景观、比喻象征等手法。对于手法多样的诗词,放开学生,让他们从各自体会出发,从不同的角度、侧面、句子、词语等着眼,展开赏析,自圆其说。这样,可以多角度赏析诗词,学生在互动交流中,不仅学会了一首诗词手法的立体赏析,而且形成了你追我赶的诗词赏析大竞赛,提升了学生赏析兴趣,促使学生对古典诗词综合赏析的内驱力与能力的不断提高。

当然,古典诗词艺术手法的赏析,在学生到达一定水平后,还可以将上述几种悟法互相渗透,以取得更好效果。

总之,以"眼"悟"法","眼"多"法"多,悟法亦不少。如何去悟?教师应该扣住三个维度:诗词本体艺术表现手法的实际,学生学习的实际,高中阶段教学目标的实际。

五、"四看"的学问

中国古典诗歌,讲究委婉含蓄,或一字传神,耐人回味,或含而不露,如梦如幻,这正切合中国乃至东方文化的神韵和审美感受。

因而,古典诗歌的整体感受,情感与主旨的把握十分重要。它是高考必考的考点之一,也是解决其他问题,如形象、技巧和语言赏析的金钥匙。

而要整体感受,把握情旨,笔者的"四看"之法,则是十分行之有效的。

一看"眼神"。古典诗歌虽然较为含蓄,但个别词语或句子,常常溢出诗歌的情旨来,"泄露"其内在的秘密。而要捕获"眼神",就要看清"两只眼":一是题眼,二是诗眼。

譬如,杜甫的《春日忆李白》、白居易的《钱塘湖春行》、温庭筠的《商山早行》等就可分别抓住"忆""春""早"等最鲜明地表现诗歌情感和主要特征的字词,透过这只"眼"就可以看到诗的"心"。

又如,王勃的《别薛华》,其中有"悲凉千里道,凄断百年身";刘长卿的《长沙过贾谊宅》中有"万古惟留楚客悲""怜君何事到天涯";苏轼的《蝶恋花》中有"多情却被无情恼";张可久的《人月圆·山中书事》中有"兴亡千古繁华梦,诗眼倦天涯"等,无论是诗,还是词、曲,以上句子,尤其是其中的词语如"悲凉""凄""客悲""怜""多情""无情恼""兴亡""倦"等,都是一只只可凭之"眼",从中可以获取"隐"于古典诗歌中的情感主旨。

二看"脸色"。如果古典诗歌"闭"了"眼",难见其"神",我们还可以看它"耳""鼻""嘴"等组成的"脸色",即诗歌的意象。因为古典诗歌的生动形象与耐人寻味,大多靠意象来实现,所以这意象就包含着作者的情旨。如《春日忆李白》中的"渭北春天树,江东日暮云"两句中的两个意象"树""云",从横向距离来看,一在"渭北",一在"江东";从纵向距离看,一在地,一在天;从时间来看,一是"春天",一是"日暮"。距离的遥远并未隔断"树"与"云"的二者相望,特定的时间与季节又引发浓浓的相思之情,自然将杜甫对李白的深厚友谊和深切思念生动形象地传达了出来。这样,我们何愁不能把握诗歌的情感主旨呢?当然,看"脸色"要善于抓住意象的特征,善于将其组合成一幅画面,然后就可"品"出"味"来。

三看"手相"。这"手相"指的是诗歌的用典、比喻、象征等表现手法。如果用了典,只需将典故之意弄清即可明白它的用意;如果是象征、比喻等手法,只需抓住相似点的联系,由物及人,获取情旨。如刘禹锡诗中的"怀旧空吟闻笛赋,到乡翻似烂柯人",我们只需了解向秀怀念被害挚友嵇康之事,王质观棋不觉手中斧柄已烂之事,其用意与情旨自然就会明了。

四看"背影"。这"背影"就是指诗歌写作的背景。这背景的提示大致有三:一是古典诗歌的作者,他是我们了解的某个名诗人。如李白、杜甫、苏轼、文天祥等,他们的生活背景无须注解,我们大体知其十之八九。二是在诗、词、曲的作者前用"〔〕"予以写明,如"〔元〕周德清""〔北宋〕黄庭坚"等。这样,我们也能推断某某诗人的相关背景。还有一种,就是古典诗歌正文下面的注释。只要抓住了"背影",我们也可大致"猜出"全诗的情旨来。

以上"四看",即"看眼神""看脸色""看手相""看背影",既可"单看",也可"合看"。这样,哪怕古典诗歌再晦涩难懂,也能"猜"它个究竟。而总体感知是赏析诗歌、回答问题的首要一步,因为,相关试题总与之或多或少地有联系。

因此,这"四看",不可小看。

(此文刊于《语文报》第712期第三版)

六、"气""情"与"功"——《窦娥冤》教后感

"你们班的学生朗诵水平很出色,这篇元代杂剧就该让学生去诵读。你让学生对唱词的改编有创意,能让他们充分展示自己的才情。你的朗读和你的课堂节奏都很好,课堂脉络清晰,三桩誓愿作为重点,很突出。看得出你训练的工夫,更见你钻研的功力……"刚出课堂,全国中语会副会长、上海市中语会秘书长、市北中学校长、著名特级教师陈军便对笔者的课如是评价。

这堂课——《窦娥冤》,是笔者代表闸北区参加上海市"廉洁教育"的评比课。

《窦娥冤》,笔者教过许多遍,但从未有过这样强烈的感动。感动笔者的有许多,包括同行与专家的指导,师生之间融洽的合作等,而最让笔者感动的,是同行与专家评价我的三个字:"气""情"与"功"。

这"气"是指"气势""气氛"与"气场"。笔者教《窦娥冤》,课堂一开始,笔者就这样开头:"我们今天学习元代杂剧第一大家的大悲剧——《窦娥冤》。其实,它原先的题目是《感天动地窦娥冤》。千古奇冤不知多少,而窦娥的冤情何以感天动地呢?"随着赏析的展开,笔者又随即先后插入下面的评点:"一个善良、孝顺而

苦命的小女子,变成一个刚烈勇敢的怒目金刚,这是为什么?是黑暗的社会逼出来的!""关汉卿曾说自己是蒸不烂、煮不熟、捶不扁、炒不爆、响当当一粒铜豌豆。其实,这窦娥又何尝不是一粒铜豌豆?!她矛头所指,有天,有地,有皇权,有昏官,无论是怒骂,还是发下三桩誓愿,一个弱女子,在一个高压的时代,发出了生命的绝唱,那是什么?是黄河滔天,是火山喷涌啊!"在这种气势中,课堂气氛也在不断浓厚起来,笔者与学生在从故事中探讨冤情的时候,形成一种悲愤的气氛;在感受窦娥屈招、绕道和别诉时,一种悲凄和无奈的气氛在弥漫;在感受窦娥怒骂和发誓时,一种怨怒和不平之气在激荡。这样的气氛和气势形成了一种气场,一种难以置身其外的浓浓的强烈的气场,正如前文评课老师所说,"一直控制着我们"。其实,这是一种幸福,一种沉浸其中而被激情温暖与滋润的幸福。这个"场"也应该是语文课的命脉,如果语文失去了这个"场",什么人文情怀、创造精神往往也会离"场"而去的。

再说"情"。这应该成为语文课不可或缺的重要字眼,它应该写在每篇体验性的阅读与写作课的第一面。现在,语文课大多由原来的"满堂灌"变成"满堂问"。质疑研讨,固然重要,但这不是语文课的首选。文学是人学,也是情学。语文阅读,包含许多文学作品或文学元素。离开了"情",还读什么语文?很早就喜欢于漪老师的课,最重要的原因就是那一个"情"字。出于此种考虑,笔者在教《窦娥冤》的时候,有意加大"情"的分量。在朗读【滚绣球】时,笔者扮着窦娥的口吻,灵活运用连读、断读、气音、虚音、托音等读出了窦娥的怒、怨、悲和无奈等复杂矛盾的个性与情感,也赢得了学生的掌声。平时笔者让学生朗读时,尤其强调他们表达的情感,因而这堂课上,学生的朗读,总是合着窦娥的心脉跳动着,从而也感动着每一个听课的师生。此外,在讨论时,无论是探寻冤情,还是感受人物个性,还是探究写作意图,体味对比与夸张的艺术手法,笔者都扣着一个"情"字去铺开,让在场的师生被浓浓的情怀浸润着,滋养着,感动着。其实,前面说的气势、气氛、气场,往往也源于一个氤氲不化的"情"字呀。可见,语文课,情未了。

无论是"气"还是"情",都是语文课的要脉。而要抒"情"生"气"则需其"功"。这功,是备课与课堂的支柱。

首先要有"读"功。笔者一直在朗读与演讲中锤炼此功。笔者带校园演讲社参加各种比赛获得了不少奖,而每一个奖的背后都有笔者反复示范讲、读的不懈努力,甚至让我口舌生疮。笔者教的学生除了每堂课都有朗读训练外,每天的五分钟演讲,坚持至今。同时,笔者自己还参加市区多次演讲,并获一、二等奖,而每个奖的背后更是无数遍的朗读和演讲。笔者和学生的"读"功就是这样练出来的。

还有"钻"功,这是对教材与学生的探究。眼中有教材,心中有学生,这话永远不过时。语文教学正在呼吁回归,其中之一,就是回归于对教材的深入研读。

譬如,对"感天动地"的原因理解,我是逐层深入的:窦娥之冤,冤深冤奇,此其一;窦娥平时守节尽孝,被告时承担责任,押解时绕道后街,临别时细嘱后事——这是贤惠与孝善的美德,此其二;刚烈勇敢的反抗精神,此其三也。

再如,研读《窦娥冤》时,笔者曾将窦娥怒骂的"天地",引导学生逐步理解为:自然的天地(窦娥等视为人类命运的主宰)—黑暗的世道(这是窦娥借骂天地来骂混淆是非、颠倒黑白的元朝社会)—皇权、官僚统治者(这是借骂世道来骂渎职枉法的官吏和任其作恶的最高统治者)。

这是对教材的"钻"功。对学生的"钻"劲,我更舍得下。笔者设计朗读的段子、朗读的各种方式,都是依据学生的水平与兴趣而定。笔者设计学生改编的几支曲子,还有赏析探讨的主要问题等都体现了对学生认知内在逻辑的理解与尊重:"冤"在哪里?怎样对待"冤"?如何表现"冤"?作者为何写"冤"?从历史之"冤"这面镜子,看到了现实的什么?

总之,一堂课力求完美,即使巨细兼顾,但是深究起来,也往往难免遗憾。不过,笔者的这堂语文课,同行与专家能用"气""情"与"功"来表扬,我想,也可聊以自慰吧。

第三节　现代文学类文本的阅读教学与思考

抓住文学作品审美性及各类文学作品的特性,通过文学语言的玩味与梳理、文学形象的赏析、情志内涵与表现艺术的感受、品味与探究,获得较为丰满而又鲜明的文学阅读体验,获取审美能力与素养的有效培育。下面主要从小说、散文、诗歌等方面谈谈笔者的思考与实践。

一、散文篇

(一) 散文阅读教学的审美活动

散文,学生难学,教师也难教。如果抓住了散文学习与教学的"牛鼻子"——审美活动,那么,散文的学习与教学,不仅容易得多而且情趣盎然。如何审美呢?

首先要善于发掘美。

大纲和教材规定了较固定的审美对象,理应以其为主去发掘。如何进行?这就要全面深入地研究它。如教朱自清《绿》,笔者就将"绿"的美通过全面深入研读,得出了其外表美在于潭水的碧绿、清澈、嫩软、明滑等;其内在美为温馨可人,积极向上等结论。就此,"美"的发掘便为"美"的加工打下了良好的基础。

第二步是加工美,即针对学生实际对审美对象之美的外化设计与加工。如为使学生准确鲜明地感受到《绿》的外表美,既可以准备读一些诸如绿似"明油""鸡蛋清""少女的裙"之类形象鲜明的文字,又可以准备读一些散布于文中的诸如瀑布前的"一带",岩石前的"一角",潭前的"一碧"等鲜活的数量词,让学生有意识地去感悟体会。为让学生完整地体味美,笔者还准备针对那些含蓄隽永的文字用联想和想象去充实补充一些意象或文字,使美更完形更直观。如"可爱的,我将什么来比拟你呢?"一句,笔者将其演化成山中那喷涌的清泉,溪岸那鲜艳的花朵,小妹那嫩红的小脸等亲切可爱的形象,让学生一旦接触那"可爱的",立时泛起朵朵欢快的心花。

第三步是表现美。教师应是导演兼演员。可从下述五方面入手:第一是教师的装束。语文课的人情、人性决定了语文教师的表现形式——要利用外装表现这种人情人性美。《最后一课》里韩麦尔先生那绿色礼服、皱边领结、镶边黑帽，一下子就使小弗朗士们意识到这一课的特殊意义，意识到老师那身庄严的外装与学习祖国语言的神圣、维护祖国尊严是多么的契合。因此，可考虑教议论文穿得严谨些，教散文适当洒脱些，讲小说、戏剧甚至可以照着主人公的打扮去打扮。第二，讲究表情。原则是教者表情应与审美对象中美的内涵相关或相似，这样能诱使学生快速入境，同教者一道沉浸于某种美的氛围之中。如与《绿》相适应的表情应该是惊诧的喜悦和欢欣；与《荷塘月色》相适应的表情应该是平静中时而浅浅微笑，时而淡淡忧伤。这样，就使学生随教者和作者产生了强烈共鸣。第三，教者的语言声音要能表现美。说好普通话本身是一种美，而偶或来点文中人物方言，或名人土语也是一种美的调料，扮出各种年龄、性别、个性、身份等的不同人物的语气、语调，那效果更佳。第四，创设其他条件和氛围表现美。如诗歌意境的情景性板书，说明文思维的条理性板书。有时，可以故意反弹琵琶导引唇舌之战以利于展开主题辩论；特意导演各个角色让学生各显身手以利体会各种人物思想性格。第五，要安排好审美层次和程序。

通过如上发掘美、加工美和表现美的活动的展开，在美的诱导和审美引导下，学生在散文这片天地里不断获取语文审美养料，自然会对散文产生浓厚的兴趣和获得成功的快乐。

（此文刊于四川大学出版社《全国语文教学研究新成果全书》第 278 页）

（二）审美文化的感性化与语文教学

语文，一提起它，人们就怦然心动。它是最具审美的学科之一，也是培养人们审美情操和素养的学科。

审美文化的感性化与语文学习的感性化是契合的。没有审美的感性化，也很难在语文学习中培养审美的情愫。

诗歌鉴赏是培养审美情愫的重要阵地。"春风又绿江南岸"，这样一读，就能联想到春风吹拂大江，万物苏醒，草木竞相吐绿，一派春光醉人、生机勃勃的景象。这种联想，本身是结合读者个人的感性生活体验而产生的。而诗作也是结合作者的感性生活写就的。品读是一种呼唤，它唤醒的是读者与作者共同的感性体验，引起强烈共鸣，产生了审美活动和乐趣。

又如"飞流直下三千尺，疑是银河落九天"。虽是夸张，与实际似为不合，但是它也来自生活体验,是李白远望庐山瀑布所见时,情至沸腾的梦幻感受,是纯然的感性结晶。没有这种思维千载,视通万里的审美思维,也就没有了这千古佳句。李白借助审美活动完成了这一杰作,而读者也是借助这一审美活动,完成了审美体验,构筑了审美形象。

审美文化涉及雅与俗的问题。让俗而雅,让雅而俗,方能完成审美。这就是说,一般的审美者是"俗"人,而语文所传授的绝大部分内容均属经典。这种经典,如何让"俗"人接受? 这就要寻找一座桥。这桥就是审美文化要探讨的重要课题,就是审美的情趣性的转化。

文学就是人学,再是经典高雅的东西,都是从"俗"人的生活中提炼出来的。有了这份认识,就可以搭桥了。从生活出发品味经典,完成审美体验是一佳途。因为生活是经典与"俗"人共存的时空。有了这一平台,就没有沟通不了的山水。在语文教学中,有了这座桥,就有了雅通俗,俗入雅的通行证。

《跨越百年的美丽》是一篇传颂居里夫人高尚人格、伟大情怀的佳作。而居里夫人的美,是一种智慧的美,一种难以形象感受的美。我们从居里夫人虽然长得美但常给那些骚扰者一个无情的后脑勺,把漂亮的长发剪短,将荣誉奖章送给小孩玩等一系列生活细节,让我们在"生活"这一平台上看到了她的美。她,美在美而不骄,美而追求更美,美而追求理想的永恒的美。

《把栏杆拍遍》是一篇传颂古代文人兼政人辛弃疾的佳作。如何让学生走近辛弃疾,从而获得审美体验呢? 我们可以抓住他的"生活"——在政治舞台上起起落落二十余回的史实,让我们联想学生自己的承受能力,对照一下辛弃疾,就不能不深深感动:他是一个蒸不怕,煮不烂,烧不坏,砸不破,晒不干的不折不扣的铜豌豆,是一个坚韧不拔,愈挫愈奋,愈老愈热血沸腾的爱国主义大词人,民族危亡的大救星。

总之,审美文化与语文教学有着千丝万缕的联系。没有审美活动的语文教学是枯燥无味的,更是浅薄生硬的,对学习和做人无异于面对一片戈壁,一潭死水。而将审美文化与语文教学联姻,将获得审美文化的新天地、新突破,获取语文教学的新世界、大跨越!

我们应该积极促成语文的审美文化建设,让审美文化驮起语文教学飞翔在新世纪的天空,让语文教学拓出审美文化的一片越来越灵动,越来越广阔的绿洲。

(此文刊于《语文报》第 671 期第 3 版)

（三）《漫谈散文》(电视课堂讲稿)

如果说,有块最能自由地表达情感和心灵的好地方,我们会想到亭前,河边,草滩,沙洲,或茶社。散文就是这些好地方。如果要找一个指点散文的好导游,我想季美林先生就是最佳人选。同学们,让我们走进他的《漫谈散文》,去感受他的平易随和、他的睿智和大气。

学习这篇文章,我们将为三个目标而奋斗。一是随着季先生去漫步,去看看他指给我们的风景,把握散文特征。二是品味季先生散文的独特魅力,朴素中含真情,疏朗中显严谨。三是在学习季先生理论和佳作的基础上,学会表达真情。

我们先讲第一点。在漫步中,看他指点风景,即作者在一种随谈中,指出散文最突出的三大特征。看完全文,发现共有 19 个段落。你有什么感觉呢？我们读书时,感觉是在跟着一位和蔼的导游去浏览风景。由此可见,这篇谈散文的文章本身也是一篇散文,一篇议论性散文。什么是议论性散文？简言之,散文的样子,议论的架子。语言和结构是散文化的,而内容是表达自己对散文的看法,是表明观点的议论文。我们在读这篇文章时,一点也不紧张,仿佛在一位平易近人的长者的指导下浏览风景,渐入佳境。文章开头说:"我有偏爱,又有偏见。"第 2 段说:"我没有读过《文学概论》一类的书籍,我不知道,专家们怎样界定散文的内涵和外延。"第 3 段又通过各种文学样式在中国历史上发展的比较,评点散文的独特成就。从第 7 段开始谈散文不可以"随",对那些随意写散文的行为及其原因加以揭批,为正面提出观点做反衬。作者写道:"读这样的散文,就好像吃掺上沙子的米饭,吐又吐不出,咽又咽不下,进退两难,啼笑皆非。"再深的道理,通过这一贴切的比喻,也能说得形象鲜明、通俗易懂了。随着季先生一路走走停停,一直在漫步,直到第 9 段到第 11 段,作者才指给我们散文的第一大风景点,正面提出散文的第一大特点:"真情"。他写道:"散文的精髓在于'真情'二字,这二字也可以分开来讲:真,就是真实,不能像小说那样生编硬造;情,就是要有抒情的成分。即使是叙事文,也必有点抒情的意味,平铺直叙者为我所不取。"并且把这样的好作品给人们带来的效果形象地表达出来——他说:"如饮佳茗,香留舌本;如对良友,意寄胸中,如果真有'三月不知肉味'的话,我即是也。"就这样,散文的第一帧风景就让我们明晰而陶醉,这就是:生命,真情。

从第 12 段开始到第 17 段结束,季先生又指给我们散文的另一大风景。大家看看,那好似散文的什么特征？对,散文结构的严谨,特别提到开头和结尾的重要性。这样,就回应了前文提到的不可"随"意去写,而要苦心经营。第 18 段讲了散文的第三大特点:风格多种多样。就这样,作者似乎让我们随他漫步,可我们却从中了解了他的"偏见"——这正是散文三大风景,即散文的三个特征。

按照一般议论文的习惯,作者往往把自己的观点开门见山,一股脑地告诉读者,这样,清楚是清楚,可是读者却少了一份境界,那就是从容、大气。季先生不仅这么说了,而且这么做了。让我们打开《名师课堂》配套教材,看到本文"推荐阅读"中的《清塘荷韵》,这是季先生的散文实践,读完真觉得真情感人啊。请看,他先写盼荷,再写两年等荷,后写第三、第四年时荷叶初出,层层扩开的慢动作,让人平静地观荷、赏荷。作者就这样一点点地指点你。我们再看看他按时间顺序安排的几个段落的开头吧。第 1 段:"记得三十多年前初搬来时,池塘里好像是有荷花的,……再也不见什么荷花了。"这是开初,他不紧不慢缓缓起笔。第 2 段说:"每一次望到空荡荡的池塘,总觉得好像缺点什么。……总觉得是一块心病。"第 3 段说:"有人从湖北来,带来了洪湖的几颗莲子,……我用铁锤在莲子上砸开了一条缝,让莲芽能够破壳而出,……"第 4 段说:"可是,事与愿违,投下去的第一年,一直到秋凉落叶,水面上也没有出现什么东西。……到了第二年,……我翘盼的水面上却仍然没有露出什么荷叶。"第 5 段开头这样说:"但是,到了第三年,却忽然出了奇迹。"接着第 6 段开头就说:"真正的奇迹出现在第四年上。"这是一环扣一环啊。看来似流水账,但细细品来,如同漫步时,一步一步自由自在地划着,既顺乎情理,又和缓自如,更能表达作者盼荷和赏荷时细腻的真情。

同学们,刚才我们从上述两篇文章中,从季先生漫谈理论和佳作实践中,理解了散文三大特征,尤其是要抒发真情。下面,我们研究季先生散文的语言风格特征,那就是朴素中流露真情,疏朗中显出严谨。说他朴素中流露真情,只需一读就能感受到。比如第 1 段中"我有偏爱,又有偏见",第 2 段中"我堕入了五里雾中",第 3 段中"再进一步,我就穷辞了",第 5 段中"在专家们眼中,我这种对诗的见解只能算是幼儿园的水平,太平淡低下了",第 7 段说"愿意下笔就下笔;愿意收住就收住""结果往往是,虽然自我感觉良好,可是读者偏不买你的账""我回天无力,只有徒唤奈何了"。这些话,是人人皆知的通俗话,但听起来特别亲切,真情已包含其中了。"可是读者偏不买你的账",这表明了作者对随意写写的文章竟然能刊登在报刊上的情形,表现出极大忧愤和无可奈何的真情。季先生的这篇文章还有一种特点就是清新疏朗中显严谨。第1段至第6段未涉及散文特征,只是铺垫,徐徐导引,似乎不怎么紧凑。但仔细一品,疏朗中有精细,有严谨。第1段写"我有偏爱,又有偏见",总起全文。第2段写各国关于散文的不同界定和说法,似乎与"偏爱"一词无关,其实,如果无关偏爱,又怎么会翻查比较得如此认真细致呢?第3段写"偏爱"的理由之一是因为"中国是世界上散文第一大国",自小受其恩惠和熏陶。第4、第5段是谈散文从"五四"至今的发展变化,还是写偏爱,否则不会探究得这么多,这么深。虽然文中每段并无"偏爱"一词,但所涉无不关乎第1段中的总起词——"偏爱"。可见,文章各段看似散漫疏朗,实则内部联系十分严谨,季先生文章外在的朴素疏朗和内在的真情、严谨有机交融在了一起。

下面,让我们再看看他的另一篇文章,上面提到的《清塘荷韵》。其中的一段这样写道:"可是,我翘盼的水面上却仍然没有露出什么荷叶。此时我已经完全灰了心,以为那几颗湖北带来的硬壳莲子,由于人力无法解释的原因,大概不会再有长出荷花的希望了。我的目光无法把荷叶从淤泥中吸出。"这段话,朴素中的真情显而易见。"我已经完全灰了心"一句流露出作者的多少失望和伤感!"我的目光无法把荷叶从淤泥中吸出"又表现出作者急盼荷叶长出但又无可奈何的复杂心情。这里用眼光"吸出"荷叶实属超常,但更能表达作者的浓浓真情。

这里在抒情时,又不忘表达上的严谨。"我完全灰了心"的"完全"一词是指一点指望都没有,这又为第三年忽然长出荷叶时的欣喜之情作铺垫。这个词既表现了失望程度的加深,又为来年情感的巨大变化而蓄势!多么严谨、精巧。请看《清韵荷塘》第9段:"我在一片寂静中,默默地坐在那里,水面上看到的是荷花的绿肥、红肥。倒影映入水中,风乍起,一片莲瓣堕入水中,它从上面向下落,水中的倒影却是从下边向上落,最后一接触到水面,二者合为一,像小船似的漂在那里。我曾在某一本诗话上读到两句诗:'池花对影落,沙鸟带声飞。'作者深惜第二句对仗不工。这也难怪,像'池花对影落'这样的境界究竟有几个人能参悟透呢?"这里,语言朴素而真情感人,疏朗而又细腻、严谨——这是季先生散文的最大特点。品读他的佳作,真如他自己所说"如饮佳茗,香留舌本;如对良友,意寄胸中"。

最后,我们奔向第三个目标——学会表达真情。文章论说了散文特征之一是表达真情,而作者这两篇文章,无论是议论性的《漫谈散文》,还是写景抒情的

《清塘荷韵》，都流露出作者的真情实感，着实动人。那么，我们在写作中，如何表达真情呢？我认为至少要从以下三方面入手。

一是从选材入手，要选取熟悉而又让人感动的材料。季先生写《漫谈散文》这篇议论性散文之所以也有真情，是因为他写作和阅读的丰富实践。如文中随手拈来的例子，文章写道："《史记》中许多《列传》，本来都是叙事的，但是，在字里行间，洋溢着一片悲愤之情，……"又如："欧阳修的《醉翁亭记》，是流传千古的名篇，脍炙人口，无人不晓。通篇用'也'字句，其苦心经营之迹，昭然可见。"再如，为突出文章结构和开头结尾的重要性，他举了欧阳修的例子，欧阳修把改定的稿子送走后，还不放弃推敲开头，终于"心血来潮，觉得还不够妥善，立即又派人快马加鞭"追回原稿，重写开头。由此可见，欧阳修是多么重视文章的开头。作者评价欧阳修文章的开头"有雷霆万钧的势头，有笼罩全篇的力量，……有如高屋建瓴，再读下去，就一泻千里了"。这里体现了作者十分注重的真情，而表达真情正是选取了熟悉而又令人感动的材料。

传递真情的途径之二，是选取细节。细节虽细小，但往往最传神，最耐人寻味，最直接最感性。如《清韵荷塘》的第8段中写道："其他地方的荷花，颜色浅红；而我这里的荷花，不但红色浓，而且花瓣多，每一朵花能开出十六个复瓣，看上去当然就与众不同了。这些红艳耀目的荷花，高高地凌驾于莲叶之上，迎风弄姿，似乎在睥睨一切。"这里正因为写出了荷花的细节，如花色浓，花瓣多，神情高傲，所以自然就流露出作者内心深处的喜悦和快乐。再看该文这段："我忽听扑通一声，是我的小白波斯猫毛毛扑入水中，它大概是认为水中有白玉盘，想扑上去抓住。它一入水，大概就觉得不对头，连忙矫捷地回到岸上，把月亮的倒影打得支离破碎，好久才恢复了原形。"这里的小白波斯猫扑水抓月后又矫捷回岸，荷影月影支离破碎，十分富有情趣，幽静中有灵动，雅趣中有俗趣，各种趣味一泻而来。可见细节传神、传情，写作时不可少用。

传递真情的途径之三，是运用各种修辞，如引用、比喻、拟人、排比等。这样使真情得以更加淋漓地表达。如《漫谈散文》中，在谈到结尾的重要性时，作者以诗论文，引用杜甫的《望岳》结尾："会当凌绝顶，一览众山小。"引用钱起的《省试湘灵鼓瑟》的末尾句："曲终人不见，江上数峰青。"这些引用的诗句本身就有情感，或豪情充沛，或柔情绵绵等，自然就使作者的情感不断加浓了。比喻的形象亲切，拟人的浓浓人情味，排比的充沛的气势都能让真情得以酣畅地表达。

同学们,今天,我们学习了季先生的《漫谈散文》,从中了解了散文的三大特点,尤其是表达真情。我们还品出了季先生的散文风格,那是朴素中传真情,疏朗中求严谨。我们还懂得了如何传递真情的要领,那是在熟悉中体验真情,在细节中感受真情,在各种手段的运用中加深真情。同学们,让我们走进散文园地,会读,会写,从容,平和,愉悦,幸福。

（此文刊于华东师范大学出版社《名师课堂·高二语文第一学期》第70页）

（四）《想北平》的个性化审美教学

个性化审美教学,强调的是个性化,要求读出不同于以往所有专家对作品的赏析,这也是当代作品赏析审美追求的新境界,也是新课标创造性阅读的新要求。对于《想北平》的审美教学,就是一例。

操作层面的做法是,先让学生读出一般的味道,再提供一些同类的或相关的文章与作家作品的其他背景,通过设计一些问题,以将阅读逐步引向学生依据个人生活经验与其他材料而读出独特的个性化味道。当然,教师的个性化阅读也可以在引导交流中相机分享给学生,以此促使学生更大胆更智慧地赏析与品味。

《想北平》,就是一篇朴素而真挚的小文大作——这是笔者初读《想北平》时的感受。时隔五年,笔者再次捧读;时隔十年,又一次捧读,笔者的眼眶湿润,眼前只有形象,一个朴素慈祥、平和亲切的母亲形象,闪现,闪现。

这当然是幻觉,这里只有北平呀。这又不是幻觉,这与笔者游过的北平迥别,而与我们心中的母亲尤其是作者心中的母亲又何其相似!

笔者终于恍然——这是老舍先生献给我们的一份多么独特而让人感动的厚礼!

独特而动人的怀想视角——面向复合的母性的北平低语诉说

这份厚礼的独特之一,是《想北平》确立了它独特的怀想视角——复合视角:家乡——明线与家、国、母——暗线交织在一起。

自然,老舍也当自己是一个家乡的游子,只有北平才是家乡。下述语言一读便知,无须赘言:"我真爱北平""我的每一思念中有个北平""像杜鹃似的啼出北平的俊伟""北平也有热闹的地方,但是它和太极拳相似,动中有静""北平在人为之中显出自然""喜爱北平的花多菜多果子多""真想念北平呀!"

但这么感人的文章,其怀想的对象与注入的感情绝非明面上的单一。老舍还暗暗地将北平视为一个家,自己是家里不可分割的一分子——哥姐母等亲人的一分子。看看这些文字就懂了:"每一细小的事件中有个我,我的每一思念中有个北平""使我能摸着——那长着红酸枣的老城墙""可以使人自由的喘气""家家有院子,可以花不多的钱而种一院子花"。再看看背景材料,更可佐证这一点:"……但能长大的,只有大姐,二姐,三姐,三哥与我""我生下来,母亲晕过去半夜""一岁半,我把父亲'克'死了""大姐二姐都已出了阁""兄不到十岁,三姐十二三岁,我才一岁半,全仗母亲独力抚养了"。而作者写此文的时候,近80岁的母亲,只能独自在家生活。

其实,这篇文章的更深处、更动人的原因,更在于作者已经暗暗地将怀想的北平,完全移情为母亲了。这是理解本文的难点,也是本文情感张力的"泪点"。

怀想之作众多,而把家乡当成某一特定对象的并不多,尤其把一个霸气十足的帝王之都当成慈祥朴素的母亲来写,其形象的反差之大,确实令人惊诧。然而,正因其二者的遥远与陌生,而又将其自然巧妙地联系,则更见作者深厚的爱母境界与深厚的文学功力——这就是批评大师艾略特所论赞的巨大张力。

当然,浙江慈溪中学欧阳凯认为,本文是自言自语,是老舍自己想北平,北平是自己的天地。"由于不可对话、不能对话、不必要对话的现实境遇,作者往往放弃了交流,沉入玄想,而采用独白式的述说,以梦呓般的话语,拷问自我,纾解心结。"但文中,有"不说了,要落泪了",足见其还是对人说的,那么对谁才"不可对话、不能对话、不必要对话"因而这样自言自语呢?是情人、妻子吗?像。但他妻子一直陪在他身边。

浙江温州中学宋登水说,《想北平》就是想"家",倾诉对象为家。理由有四,一是从感情上看,"像想念母亲一样想念家园","从想念家园到担忧家国";二是内容上选"家"的素材描述北平;三是结构上以"家"的理念构设全文;四是语言上用"家"的方言。即使都正确,但老舍这个"家"的主人是谁?在他写这篇文章时,家里只有母亲了。这,刚好印证了这里的"家",其实就是母亲。北平本就是他的家园,宋老师理由中"母亲一样",不还是想母亲而又委婉地去说吗?

另外,同一座城,在老舍笔下是《想北平》,在浙江人郁达夫笔下是《故都的秋》,在福建人林语堂笔下是《说北平》。《故都的秋》与《说北平》,以"隔"的视角在远观、眺望"北平",作者是旁观者;唯老舍是心在北平的人,是与北平融为一体的人——是怀胎十月而又以乳哺育的母亲的儿子。换句话说,他想的北平,倾诉的对象,其实,最主要的,就是母亲。

所以,本文写作视角,或读者对象,或倾诉对象,其实更是母亲。

而这一独特的类比,又是多么自然地进入了我们的共鸣系统。作者在第一节将怀想的北平聚于"我所知道的北平""我的北平",这样我们自然把目光投向他所指向的北平,而远离一般广角镜头里的北平了。第二节,想北平与想母亲一经联系,就将二者想念的共同表现——流着泪、微笑着——描述出来,让人不知不觉与他一同怀想。接着,作者又将"我"与北平的关系说成"你中有我,我中有你"的"整个儿黏合"的密切程度,我们不能不认可,这种思念,若非母子之爱、母子之思,那是不足以形容的。

老舍舍弃一切经典的人文景观,而将目光平和地凝望着那一切威严与伟大之外的平朴而亲切的风物,写出一个独特的北平,这实乃圆了自己也圆了读者一份念想——原来,北平,也可以是一个平凡的北平,可亲可爱的北平,家一样温暖的北平,母亲一样密不可分的北平啊!

这样定位,并非只为角度的新而奇,更重要的,则源于老舍那独特的人生阅历。老舍一岁半丧父,自小与母亲相依为命,因而对母亲的依恋和敬重自非一般人所能及。老舍在《我的母亲》里说:"白天,她洗衣服,洗一两大绿瓦盆……晚间,她与三姐抱着一盏油灯,还要缝补衣服,一直到半夜。"

而一个漂泊于各地名城的羁旅学者,对自小安睡于北平摇篮般的感受,就在坎坷人生的鲜明对照中显得尤为刻骨。因而,归依母怀的情感就更为执着而强烈。而北平就如同母亲一样自小温暖了他,也孵化了他,是让他血连魂牵的所在。他说:"与母亲相依为命的是我与三姐。因此,她们作事,我老在后面跟着。她们浇花,我也张罗着取水;她们扫地,我就撮土……从这里,我学得了爱花,爱清洁,守秩序。这些习惯至今还被我保存着。"

老舍将北平视同母亲,当是自然了。加之,《想北平》写于1936年,作者当时不在北京。那时,日本帝国主义已经加紧了对中国的侵略,丧权辱国的何梅协定的签订,适应日本侵略需要的"冀察政务委员会"的成立,都说明华北危急,北平危急。作者作为一个热爱北平的爱国知识分子,忧心如焚,想念家乡,犹如想念母亲,自然而然就写下这篇抒发儿子对远处处于患难之中的母亲般的北平的深情思念的散文。

"……不能到那些琼楼玉宇里边去,连看一眼的福气也没有啊。许多的地方不许人民通行""医院、图书馆、剧场、大饭馆……以前劳动人民不能进去",这是老舍说的。因此,想北平,体现的更多的是朴素的平民眼光、平民情怀,母亲正是这样的平民代表。

《想北平》的特殊情感首先是游子之"想"。文中,老舍先生完全是一个思故里的游子形象。但老舍的情感,不止于此,从14年的漂泊经历来看,老舍先生对北平有如同爱恋母亲一般的思乡之情,这恰恰是人之常情。老舍先生在文中反复强调"我真爱北平!""不再说了吧;要落泪了。真想念北平呀!"确实是发自内心深处的真情流淌! 正因为这样,作者才把北平比作母亲,说"我的北平""每一细小的事件中有个我,我的每一思念中有个北平"。老舍先生这样写,是在强调自己与北平之间"我中有你,你中有我"的亲密关系,是在强调自己与北平之间亲如母子的情感。这样一种独特的表述视角,超出了一般的思乡作品,只有漂泊多年的游子面对母亲一样的北平,才能表达出这样深沉的爱恋!

当然,《想北平》的特殊情感也是"国破"之"想"。作为漂泊14年的游子来说,老舍先生确实想北平。不能肤浅地理解为老舍先生只是对北平之人,北平之物的"想",这里面还包含着"国破"之前老舍先生深深的民族忧患意识,即老舍先生在为北平的前途、命运与安危在担忧。当政府接二连三地与日本签订出卖主权的协定时,老舍先生的"要落泪了,真想念北平呀"更多地是表现了一代知识分子的民族眷恋与民族良知! 所以,老舍先生"想北平"的目的,也是要唤醒国人对北平的记忆,更是对家园母亲、祖国母亲的捍卫。老舍先生此刻的"想北平",不仅是想念,也是想象。他想象着,一旦北平被日本人占领,作者将再也回不到北平,再也享受不到"西山的沙果,海棠,北山的黑枣,柿子"! 这就是作者在英国时不写《想北平》,在新加坡时不写《想北平》,恰恰在1936年,在近在咫尺的青岛写作《想北平》的原因。所以,老舍先生"想北平"时,应该是忧心如焚,涌动着一腔爱国热血! 但是,他"想北平"时,他只"想"北平的日常生活及见闻。因为,他同时最牵挂自己的母亲,而母亲就是平凡生活的北平,二者浑然一体,不可分割。因而,他将真正的民族情感和民族忧患隐藏于母亲日常生活里"青菜,白菜,扁豆,毛豆角,黄瓜,菠菜"等带有母性的意象中,由读者自己去揣摩,去意会。所以说,《想北平》表达的是作者特殊经历中特殊背景下的特殊情感——即将国破家亡的时刻,对家园对母亲的深深眷恋与对民族前途的深深担忧!

老舍在抗战胜利后,曾写《望北平》这样说:

八年流浪,到处为家,反正到哪里,我也还是写作,干吗去挤车挤船的受罪呢? 我很想念家乡,这是当然的。 可是,我既没钱去买黑票,又没有衣锦还乡的光荣,那么就教北平先等一等我吧。 写了一首"乡思"的七律,就拿它结束这段"八方风雨"吧:

> 茫茫何处话桑麻? 破碎山河破碎家;
>
> 一代文章千古事,余年心愿半庭花!
>
> 西风碧海珊瑚冷,北岳霜天羚角斜;
>
> 无限乡思秋日晚,夕阳白发待归鸦!

《想北平》与《望北平》虽然时隔近 10 年,虽然一个写在全民抗战前,一个写在抗战胜利后,但乡思之情是一致的:是思乡忧乡,也是"破碎山河破碎家"的思家忧家、忧国爱国,更是"夕阳白发待归鸦"的思母爱母!

再看《想北平》,在第 2、第 3 两段,作者一是直抒胸臆,多次表明对母亲般的北平的爱"说不出";二是借助想"成为诗人"与"不是诗人"的矛盾心理,表达自己对北平这份独特的复合而深厚的怀想:对家乡北平、对祖国母亲、对自己的家与母亲的忧与爱——这就是特别感动我们的主要原因所在。

由此,笔者想到了朱自清的《背影》的视角定位。

他定位的抒情主体,是一个从少不更事而准备上大学的儿子,到渐渐走入父亲心灵,终于理解父爱而自愧自责的人;而抒情的对象——父亲,则是一座具有宽厚而坚韧的父爱的大山。 个中定位,自然是由于作者家庭几遭变故,如祖母去世、父亲赋闲、经济拮据等背景与父子长别(儿子去北京读书)、父亲因病老境惨淡、孤寂无聊等原因所致。 四次"背影"的反复叠印与点滴话语(包括临别赠言与来信片语)的选材,自然契合其独特的视角定位与情境,父爱如山、子孝有泪的至深动人,终得以充分地表达。

由此,笔者又想到了沈从文《边城》的视角定位。 这里的作者,应该是一个因为"边城"的淳美爱得深切,可耐不住其"孤独""凄凉",终于离她而至京城"闯世界"的"浪子",这个"浪子"因为现代都市的"阉寺病""伪善"等给深深刺痛了,又想归于"边城"来"疗伤"。 而"边城",则应该是曾经被冷落现在又应呼而来的"好女人"。 作者与"边城"应该是一个浪荡男子与一个凄美女友的定位。 这样,《边

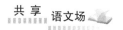
城》自然就会让"边城"的翠翠们美得淳朴而野性,炽热而凄凉,真实而孤寂,动人而感喟。当笔者捧读《边城》,眼前常常会浮出这样一幅画面:作者站在名为拥有现代文明但却让人深深失望的京城,遥望故乡湘西的"边城"——这时,她是那样美丽、真切,而又那样凄凉、孤独,完全是一首略带忧伤而又魅力无穷的田园牧歌——让人向往而又心疼。此时,作者这位"傩送式""浪子"真想回去一头扎向凄美水灵的"翠翠式""边城"而又举步维艰。

是的,优秀的文学作品,无论是散文还是小说、诗歌,作者与写作对象应该有一个准确而合适的角色定位。

独特而动人的选材视角——饱含母性的怀抱与哺育

这独特的视角定位,也决定了作者那独特的选材。本文作者,亦是如此。老舍抛开北平所有的人文景观,而选取独具母性的材料,以抒写这份独特的真挚的情怀——这是本文独特性之二。

这选材,体现在下述四大方面。

一是摄取北平的环境——母亲的家园。且看下面这一节:

> 面向着积水潭,背后是城墙,坐在石上看水中的小蝌蚪或苇叶上的嫩蜻蜓,我可以快乐的坐一天,心中完全安适,无所求也无可怕,像小儿安睡在摇篮里。

这里,潭中有小蝌蚪在游,荷叶上有嫩蜻蜓在吻,多么有趣而温馨。其快乐舒适可以"坐一天"!而背后的老城墙,"使我能摸着",还有"红酸枣"。一个多么安适而又安全的"家"!这水之动,这墙之静,动静相宜,"如同小儿安睡在摇篮里",醒着,摇篮则动;入睡,摇篮则静——何等安适惬意,不正像躺在母亲怀抱一样自由自在、温暖亲切吗?这里的"无可怕",既体现了北平呵护的力量,又有作者的几分坚韧。何以得之?请看作者在《我的母亲》中的一个镜头:"皇上跑了,丈夫死了,鬼子来了,满城是血光火焰,可是母亲不怕,她要在刺刀下,饥荒中,保护着儿女……这点软而硬的个性,也传给了我。我对一切人与事,都取和平的态度,把吃亏看作当然的。但是,在作人上,我有一定的宗旨与基本的法则,什么事都可将就,而不能超过自己划好的界限。"原来,作者的"无可怕"来自于母亲的呵护与榜样的基因。可见,母性,浸润在北平的每一个细胞与毛孔里。

二是选取北平的人为中显出自然的特有的"布置"——母亲的怀抱。老舍称之为"天下第一"，他先从客观上写出它"既不挤得慌，又不太僻静"；再从主观上认为"它处处有空儿，可以使人自由地喘气""在建筑的四围都有空闲的地方，使它们成为美景"，这更是母性宽松平和，甚至宽容大度的怀抱的写照。作者的姑母与他们一同住，作者说道："她单在鸡蛋里找骨头。她是我家中的阎王。直到我入了中学，她才死去，我可是没有看见母亲反抗过。'没受过婆婆的气，还不受大姑子的吗？命当如此！'……当姑母死去的时候，母亲似乎把一世的委屈都哭了出来，一直哭到坟地。不知道哪里来的一位侄子，声称有承继权，母亲便一声不响，教他搬走那些破桌子烂板凳，而且把姑母养的一只肥母鸡也送给他。"正是生命里有了这种胸怀宽大的母亲哺育，才使得作者的文章爱屋及乌地写到他与母亲共同生活的北平，让人感到"自由"，处处成为"美景"。

三是选取北平特有的物质品类——母亲的哺育。这里，花多菜多果子多，而且便宜、新鲜、贴近自然。对此，作者如数家珍："花草是种费钱的玩艺，可是此地的'草花儿'很便宜"，这里的"花"是"草花儿"，草在花前，朴素亲切，"便宜"而又美丽芬芳，正如母亲的关怀无时不在，亲切而甜美。"菜"是"送到家门口的"，"韭菜叶上还往往带着雨时溅起的泥点"，"果子"呢，许多是北平城里能一眼望见的"西山"与"北山"上的，"进了城还带着一层白霜儿呀！"新鲜、可口，养眼、养口、养人心——这正如母亲的乳汁那样鲜美、清甜，那样养人。这花这菜这果子，好多是北平"自己产生的"，"这就使人更接近了自然"，母亲供给孩儿的乳汁不是舶来的，而来源自她整个身体和精血的养料。喜欢花、果子、蔬菜，也是作者母亲的遗传。正如他说的："她（母亲）终年没有休息，可是在忙碌中她还把院子屋中收拾得清清爽爽。……院中，父亲遗留下的几盆石榴与夹竹桃，永远会得到应有的浇灌与爱护，年年夏天开许多花。……从这里，我学得了爱花，爱清洁，守秩序。"

四是文章特别选择了独特的一些带有"水"的环境与意象来表达自己对北平的思念与爱——这更是适合于献给母性的礼物。主要是"血""泪""雨""茶""泥""霜"几个意象。老舍化用了"杜鹃啼血"的典故，想要"把一切好听好看的字都浸在自己的心血里，像杜鹃似的啼出北平的俊伟"。同时，"把文字浸润在血中"在点明老舍乡愁情感的无比浓郁与真挚之外，也暗示北平的文化环境对于老舍性格气质的塑造作用："它是在我的血里，我的性格与脾气里有许多地方是这个古城所赐给的。"血，在说北平之为母对作者之为子的遗传，也是作者这位游子对母之北平的独有的思和愁。

文本第 2 段与结尾都写到了老舍的落泪。"泪"这一意象本身即具有凝聚、晶莹、积聚后流下的特点。老舍以"我爱母亲……我欲落泪"来比喻自己对故乡北平的挚爱,在点明自己的乡愁是纯净无瑕的同时,也暗示了乡愁是无法言说的,只能以"老母""泪水"的双重象征来曲尽其妙。结尾的落泪则使整体的行文过程与"流泪"这一过程暗合,从形式上渲染了这一无法言说的乡愁。文末的"要落泪了",一方面是第 2 段"我欲落泪"的逻辑发展;另一方面也是整体行文过程中"乡愁"势能累积的必然结果,具体意象的积累、与其他城市间横向比较的不断推进使得情感在书写中不断加深加浓。唯有泪,方能表达对北平母亲的愁思与爱念;换句话说,唯有面对母亲,方能以泪洗面,泪流不止。

同时,文本中还有多处写到北平具体的"水",如什刹海、玉泉山、积水潭、香片茶、雨等。从水原型意义的角度来看,正如杨昌国所说:"水原型与大母神崇拜不可分,初民从观察自然中发现,植物、动物和人一旦离开水就会干枯和死亡,意识到水对于一切生命具有养育之恩。""水"的意象本身在作为"自然"这一抽象概念的具体实物时,其本身就具有庇护、栖息、哺育等母性意义。

"茶"作为水的一种具体形式在文中是作为与"咖啡"和"酒"对立的意象而出现的。如果说刺激性极其强烈的咖啡和酒是作为"工业文明侵蚀个体生命感知力"的恶果而出现的话,那么温和的香片茶则是作为"人与自然两相交融以获得栖息"的象征而存在的。人与自然的关系亦如香片茶一般温和、圆融。正因为此,老舍才把北平视为灵魂的栖息地,让北平与他自己的心灵相融。

对于"雨"而言,首先,它是糅合了老舍一腔真情与浓郁乡愁的"泪"的另一种形式,即以"雨"泻"泪"。更重要的,"雨"还作为生命的催发剂,暗示老舍渴望回归并栖息于母体北平的最本质原因——它是生命的乐园。城墙前的积水潭是未蒸发掉的雨滴积成的,而这,恰好成了小蝌蚪与嫩蜻蜓的乐园;此外,在雨后充满生机的韭菜上,也往往带着雨时溅起的泥点,正是因这"泥点"才新鲜得如此可爱、如此动人心扉!

文中两次提到水果上的"霜",并且说"美国的橘子包着纸,遇到北平的带霜儿的玉李,还不愧杀"。这"霜"也是"水"的另一种形式,它是最原初、最新鲜、没有任何污染与枯死的象征,这不正是游子与母亲之间没有任何尘渍、任何包装,只有最本质最动人最有生命力的拳拳之心么!另外,那些饱含水分的果子与蔬菜就不消说了,哪一样不是水之母性或母亲之乳的象征!

什么样的视角定位,就该选什么样的材料来表现。在徐志摩的眼里,康桥应该是一个自由温柔的女性吧,因而他在《再别康桥》一诗中,选来告别的材料,就是云彩、柔波、软泥上的青荇、夕阳下的垂柳、长长的水草等,她们以"挥别""招摇""荡漾"来传递那百般轻盈、千般妩媚、万般温柔、眷恋和缠绵呀。而康桥这个历史文化圣地的经典与威仪全都为之遁形——这说明,那一切与徐志摩要表现要告别的心中自由美神相去甚远。

独特而动人的语言表达——饱含母性的口吻与乳香

《想北平》的独特性之三,还在于作者不仅让选材与情感定位相吻合,而且运用朴素、醇厚而带有乳香的母性的语言风格来表现平凡亲切而甜美的北平母性之形象。语言与形象相吻合,是一条文学创作取得成功的规律,本文隽永耐读,亦源于此。

语言朴素而直白,体现在情浓而难于言表,干脆就直抒胸臆:

> 可是,我真爱北平。这个爱几乎是要说而说不出的。我爱我的母亲。怎样爱? 我说不出。
>
> 言语是不够表现我的心情的,只有独自微笑或落泪才足以把内心揭露在外面一些来。
>
> 我不能爱上海与天津,因为我心中有个北平。可是我说不出来!

在中国普通家庭表达爱意的字典里,因为大多严父慈母,所以自然父爱山一般沉默,母爱河一般流泻。与之相呼应的,也自然大多是儿女像山一样对严父而难开其口,而像水一样面向慈母,自然倾诉了。

本文语言醇厚,体现在用最熟识的东西,三言两语就让人跟着去久久涵泳:

> 真愿成为诗人,把一切好听好看的字都浸在自己的心血里,像杜鹃似的啼出北平的俊伟。
>
> 我将永远道不出我的爱,一种像由音乐与图画所引起的爱。
>
> 在北平,有温和的香片茶就够了。
>
> 雨后,韭菜叶上还往往带着雨时溅起的泥点。青菜摊子上的红红绿绿

几乎有诗似的美丽。

北山的黑枣，柿子，进了城还带着一层白霜儿呀！

这里，杜鹃的深切思念，音乐与图画之爱的难言性、无限性，香片茶的隽永醇和、韭菜的鲜活诱人，果子的清新馋人，在我们的涵泳中，栩栩如生，如饮甘醴，唇生桂兰。

语言的母性味、乳香味，最能反哺乳养儿女的母亲了。所以老舍的语言母性味浓、乳香阵阵：

> 虽说巴黎的布置已比伦敦、罗马匀调得多了，可是比上北平还差点事儿。
>
> 北平的好处不在处处设备得完全，而在它处处有空儿，可以使人自由的喘气。
>
> 花草是种费钱的玩艺，可是此地的"草花儿"很便宜，而且家家有院子，可以花不多的钱而种一院子花，即使算不了什么，可是到底可爱呀。
>
> 果子有不少是从西山与北山来的，西山的沙果，海棠，北山的黑枣，柿子，进了城还带着一层白霜儿呀！哼，美国的橘子包着纸，遇到北平的带霜儿的玉李，还不愧杀！

这里"匀调""还差点事儿""有空儿""'草花儿'很便宜""到底可爱呀""进了城还带着一层白霜儿""还不愧杀"这些话，不仅朴素通俗，更带有溺爱般的"自恋"与"自夸"，这种母亲对自己的东西、儿子对母亲的东西因为"母子连心"的共鸣自然就脱胎而出了。

语言的母性味，体现在母性"循循善诱"的表达艺术——比较、比喻与细节描写。

比较方面，先拿天津、上海比北平，再拿四大"历史的都城"尤其是拿巴黎来比较，后又拿天津、上海比北平——自然，独有的母性特点十分鲜明。

比喻方面，"我的北平大概等于牛的一毛"，谦卑而温暖；"像杜鹃似的啼出北平的俊伟""一种像由音乐与图画所引起的爱"炽热而深沉；"但是它和太极拳相似，动中有静""在北平，有温和的香片茶就够了"典雅而醇厚。就这样，母性的语言,自然描绘出北平这个历史文化名城所具有的亲切而雅厚的独特母亲形象。

语言的母性味,还体现为母性"细细碎碎"的表达艺术——细节的捕捉。

> 面向着积水潭,背后是城墙,坐在石上看水中的小蝌蚪或苇叶上的嫩蜻蜓,我可以快乐的坐一天,心中完全安适,无所求也无可怕,像小儿安睡在摇篮里。
>
> 北平在人为之中显出自然,几乎是什么地方既不挤得慌,又不太僻静:最小的胡同里的房子也有院子与树;最空旷的地方也离买卖街与住宅区不远。
>
> 墙上的牵牛,墙根的靠山竹与草茉莉,是多么省钱省事而也足以招来蝴蝶呀! 至于青菜,白菜,扁豆,毛豆角,黄瓜,菠菜等等,大多数是直接由城外担来而送到家门口的。雨后,韭菜叶上还往往带着雨时溅起的泥点。青菜摊子上的红红绿绿几乎有诗似的美丽。果子有不少是从西山与北山来的,西山的沙果,海棠,北山的黑枣,柿子,进了城还带着一层白霜儿呀!

这里,老城墙的背景与积水潭的前景,北平的整体与"水中的小蝌蚪或苇叶上的嫩蜻蜓""最小的胡同里的房子也有院子与树"等细节,花、菜、果的种类与种种名字,都体现了母性的宽厚与心思的细切。

语言的母性味,还体现在母性独有的语言节奏——长长短短,不紧不慢,舒缓自然:

> 设若让我写一本小说,以北平作背景,我不至于害怕,因为我可以捡着我知道的写,而躲开我所不知道的。……北平的地方那么大,事情那么多,我知道的真觉太少了,……以名胜说,我没到过陶然亭,这多可笑!
>
> 就伦敦、巴黎、罗马来说,巴黎更近似北平……不过,假使让我"家住巴黎",我一定会和没有家一样的感到寂苦。巴黎,据我看,还太热闹。自然,那里也有空旷静寂的地方,可是又未免太旷;不像北平那样既复杂而又有个边际,使我能摸着——那长着红酸枣的老城墙!
>
> 是的,北平是个都城,而能有好多自己产生的花、菜、水果,这就使人更接近了自然。从它里面说,没有像伦敦的那些成天冒烟的工厂;从外面说,

它紧连着园林，菜圃与农村。采菊东篱下，在这里，确是可以悠然见南山的；……像我这样的一个贫寒的人，或者只有在北平才能享受一点清福了。

这里，句子短时，只两三字，或四五字；句子长时，或八九字，或近二十字，全凭意思驱遣。"这多可笑"四字一句，太短，会逼促，长了，没趣味；"不像北平那样既复杂而又有个边际，使我能摸着——那长着红酸枣的老城墙！"连用两个十五字句，细致入微而又酣畅淋漓地表达了作者倍觉安适、温暖、自在而又"清福"满满的愉悦与自足。而这几段时长时短，长短自然轮换的节奏，正是切合了母性的北平"人为中显出自然"的审美追求。

进一步说，在上述的品赏中，我们发现，北平这位母亲的形象，已经化成作者的"血""性格与脾气"，自然外化成一件奉送给她的语言的衣裳，恰如其分地装点了"母亲"的神韵，那么调匀而熨帖。难怪作者说道："它是在我的血里，我的性格与脾气里有许多地方是这古城所赐给的。"

由自己阅读这样感人的散文，自然想到如何教学生阅读与写作了。其实，散文的情感体验，最需要唤醒读者与作者的"感同身受"，而这个，就需要教者去发酵了。

如何发酵？诵读浸润与品味鉴赏相结合。笔者在教这篇文章时，就安排了至少一半的时间去诵读。教师示范着读，学生比较着读；单读，齐读……自然还有品评赏鉴。这就是，由感性感动梳理为理性感受，由零星感触探究为整体感悟。当然，最好还是要写写。

怎么练习写作？可以是一个镜头，一个片段，也可以是一篇整文；可以在品味原文的同时，联想式摹写片段，也可以是课后写一篇回忆类的散文。

教师紧扣《想北平》这一写作情境，正是激发学生写作的良好时机。为了创设更好的情境，教师也可以参与写作。于是，在学生试写片段时，教师可以及时加入，也可以拿自己曾经的类似文章与学生共享，进而提升其写作兴趣与质量。

以下是笔者的散文片段，曾经与学生交流，以期刺激与启发学生去写作。

山坡草甸上还翻滚着我们的疯癫。牛羊们正追吃一株株一蓬蓬青青黄黄甜甜润润的草儿。我们却瞄准了鸡腿子、奶浆菜、三叶泡儿、茶苞、救命娘、伴船儿、棠梨儿……我的山啊，我们可顾不了你地上的泥渣、树上的花粉、壳里的薄慢、皮间的微涩，好一个挖呀、摘呀、掰呀，使劲咬呀、吸呀，直着喉咙吞啊——哟，一直到打着嗝儿拍打肚皮呢。就这样，我和牛羊们吃着山、玩着山，不觉就长大了。现在，哼着我老乡李谷一的《乡恋》，一闭眼，老在梦里的小田山间，舔着"三叶泡儿"红红的鲜甜，拎着敷了白霜儿脆爽得要命的大茶苞，山风，捎来了鸟唱、花草香和树叶哗哗的唠叨……

——《想小田山》(初稿)

此片段，怀念对象名为小田山，实际主要为童年时的伙伴兼有母亲。其野果、野菜的多样性与猴子似的吃相等特点及其活泼而野朴的地方性语言均贴合其怀念对象。

常读老乡沈从文的《边城》，我一闭眼，就是小田山上那一垄垄青青的红薯藤，软绵绵的直叫我一个劲儿打滚，一边想着这果子一咬，就脆成白浆满嘴直冒出来；还有一苑苑结满黑荚的熟绿豆儿，就想着摘下掰开绿豆儿籽来晒干，等到冬天磨成豆浆，用山上枞树落下的又黄又细的枞毛，烧成一片片薄薄的绿豆面——那个味道儿哟，像鸡蛋清，又像豆腐脑儿啊……小田山呢，还是默默守在那儿，什么也不说呀。

——《想小田山》(初稿)

我们上山牧放的是野趣，而山呢，牧放着的是它想要的那种劲儿。它催你种种树培培土呀，或者换个活儿，砍点儿柴火打点儿猪草……手酸了就叫你换成挑挑子，手起泡了就叫你背点儿东西，不想玩了就劝你忙点儿正事，忙昏了头就硬是按下你歇下来喝几口山泉水……慢慢地，感觉自个儿真成了这山上的一根根直挺挺的硬邦邦的松柏树呢。

——《想小田山》(初稿)

这两个片段，怀念对象名为小田山，实际主要分别为童年时的伙伴兼有母亲，以及自己的童年兼有父亲；第一个片段中自己在红薯藤上的行动及果子和吃果的特点，绿豆荚、绿豆籽以及绿豆面的烧法和味道等特点，温软、朴素的母性语言均贴合其怀念对象；第二个片段中童年时自己干活的情况与山的"催、唤、叫、劝、按"呼应起来，更贴合自己干活的多样性、连续性和自由性与父亲锤炼儿子的坚韧性与变通性、仁心与苦心,语言符合父亲淳朴而刚劲的个性特点。

自然,这篇《想小田山》怀想对象的视角定位,也是复合式的:游子兼朋友、母亲、父亲及自己的童年。文章虽然是写给所有读者的,但是符合复合式的怀念对象的特点及其选材与语言,就使文章具有了个性的真切,细节的饱满,生命的力量。

再读《想北平》,笔者不能错过这些文字:"因为我最初的知识与印象都得自北平,它是在我的血里,我的性格与脾气里有许多地方是这古城所赐给的。"笔者又重温了老舍先生的另一篇文章《我的母亲》,这是他母亲去世后的悼文。末了,老舍静静地说:"生命是母亲给我的。我之能长大成人,是母亲的血汗灌养的。我之所以能成为一个不十分坏的人,是母亲感化的。我的性格,习惯,是母亲传给的。"两相对照,其语貌、语意,甚至语调、语气何其一致!

所以,如果说,一向不多言辞的老舍先生写的《我的母亲》是一篇只能献给母亲亡灵的祭文,那么,《想北平》则是他献给自己在世的母亲的心语——一份独特而动人的孝敬。

再教《想北平》,每一次都回到过去,每一次又走向未来,来来回回,生命再次充盈,情感再次充盈,感悟再次充盈。

再读《想北平》,又要落泪了;再教《想北平》,也要落泪了——真爱这《想北平》呀!

以下是笔者和学生共同学习《想北平》之后共题写作的个人作品。

想 小 田 山

陈世东

半夜爬起来,蔓延的灯花爬满了高楼与别墅。

这是高高矮矮的山吗? 那座高高的,定是张家界吧。这些矮矮的——这座,还有这座,不就是刚才爬满了脑山、心地,还有梦树、手藤脚蔓的那座山吗?

是的,这正是我的小田山。

这是第几次半夜里被爬醒了,不知道。

而我知道,这座山上,可爬满了我那么多的"兄弟姐妹"。山上的枇杷亮着黄黄的小灯笼,叫我们夜夜为她失眠;老树上一个个拳头大的蜂糖梨,让我们整个夏天为她熬煎……最撩人的,是那树冠如一团青云的枝叶,忽然落下——羞得我,不敢正眼面对:赤裸裸,一个个红红大大的柿子,如同……而且还面带凝脂似的白霜呢。

春去秋来,我总是被这山上的"兄弟姐妹"撩拨着,常常带着小学课本爬到树丫上"牵"着他们不放手。

这些家栽的果树,总有歇着的时候。可这山坡上、树脚下、苇草间,却藏了不知多少秘密。

牛羊们正追吃一株株一蓬蓬青青黄黄甜甜润润的草儿。我们却瞄准了山坡上那些鸡腿子、奶浆菜、三叶泡儿、茶苞、救命娘、伴船儿、棠梨儿……我的山啊,我们可顾不了你地上的泥渣、树上的花粉、壳里的薄幔、皮间的微涩,好一个挖呀、摘呀、掰呀,使劲咬呀、吸呀,直着喉咙吞啊——哟,一直到打着嗝儿拍打肚皮呢。就这样,我和牛羊们吃着山、玩着山,不觉就长大了。

长大了,总有离开山的时候。当我沿着山溪过了木桥,蹚过澧水,撑过洞庭,顺着长江来到东海边上——小田山,越走越远了——可它又化蛇为梦,越爬越近了。

又去读了一回老乡沈从文的《边城》。我一闭眼,就是小田山上那一垄垄青青的红薯藤,软绵绵的直叫我一个劲儿打滚,一边想着这果子一咬,就脆成白浆满嘴直冒出来;还有一苑苑结满黑荚的熟绿豆儿,就想着摘下掰开绿豆儿籽来晒干,等到冬天磨成豆浆,用山上枞树落下的又黄又细的枞毛,烧成一片片薄薄的绿豆面——那个味道儿哟,像鸡蛋清,又像豆腐脑儿啊……小田山呢,只是抿着嘴,抹一缕山风,拢拢那凌乱的茅苇。

天渐渐亮了,爬满山的灯花也渐渐谢了——城市的轮廓与面目,凌厉,竦立。车声、广告、时髦、正装与雾霾一并随风而至。

一排排行道树匆匆掠过——恍惚间,又想起小田山来……除了野趣,还有树木与土地。这山呢,它一会儿催你种种树培培土,或者换个活儿,让你砍点儿柴禾打点儿猪草……手酸了就唤你换成挑挑子,手起泡了就叫你背点儿东西,不想玩了就劝你忙点儿正事,忙昏了头就硬是按下你歇下来喝几口山泉水……慢慢地,感觉自个儿真成了这山上的一根根直挺挺的硬邦邦的松柏树呢。

是的,我正穿行在街道。我似乎成了这车上运往哪个公园的景观树;或者,就站在路旁吧,成为这一行行行道树——至少,我还能确认自己是山的孩子,至少,我还能靠近我的小田山。

这样最好——可以靠近那些熟悉与陌生的"兄弟姐妹"或者"野小子",让那抹不敢正眼瞧见的敷着凝脂的红晕爬满半夜时分的城市之山,让那薄薄的绿豆

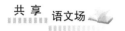

面、嫩嫩的豆腐脑儿,切换一下梦的沧桑、险恶与心的迟钝、疲惫。

二、现代诗歌研读外篇

《眠钟》"难眠"——内批评:舒婷之《眠钟》

对于舒婷的《眠钟》,我以一个撞钟人去尝试,一撞,再撞,竟而至于失眠。

当然,联系作者的生活,社会批评会给出结论:《眠钟》是一首写给刚去世的母亲的悼词。女儿对母亲的痛悼、怀念、崇敬之情尽泻其间。笔者认为,这首仅18行114个字和一个标点的短诗,读来让人激动且感受一言难尽,绝非易事。尽管内批评有着排斥文体以外的作者和读者等因素的偏激,但是,解读这首心灵之诗,运用内批评还是合适得多。

内批评,又称新批评、形式批评、文本批评。具有"新批评之父"美誉的理查兹和艾略特等人认为,对待文体要采取"细读法",即通过对作品中词语的选择和搭配、比喻和象征、反讽和复义以及叙述角度和作品意义的关系等的细密考察,来探讨文学自身的意义。他们还认为,只有"完成了的内容"即形式,才是研究的对象。他们主张对文本进行精确和深入的分析是值得我们借鉴的。他们主张诗歌内容的复杂性、包容性,诗歌结构密集性,诗歌语言的弹性,同时还创造并运用诗歌某些独特的修辞方式进行批评:复义、反讽、悖论、隐喻、象征等。这些主张都有其合理性,因而我们可借以评诗。

本诗的意义根据其象征、隐喻的内涵不同出现了复义:三层意义。

第一层意义,可以将其看成一首悼念亡者的诗:对亡灵的哀歌和颂歌以及自我内化而升华的人生感悟。题目"眠钟",就是一个可歌可泣的亡灵的象征。顺此分析如下。第一节,"向往"对"钟"而言,是抒情主人公(实指"女儿")对亡灵(实指"母亲")无限崇敬和深情的呼唤。然而,老钟已眠——"一直/不响"四个字分成两行排列,突出了作者久唤无音的痛惜之情。为什么母亲之死锥心彻骨呢?"你的一生有许多细密的啁啾"而"音响如鸟入林"——接下来的这两行,道尽了母亲艰辛而美丽的付出。这儿将"钟"与"鸟入林"两个意象两种声响在想象时空里和谐地统一起来,产生了丰富的含义和张力:是母亲那被林露打湿的翅膀为"我"扇动了柔美的摇篮曲,是她那在山风中嘶哑的嗓子为"我"衔来了淡香的野花,是她那被林霭缠住的信念为"我"驮来了人生的月亮和太阳。然而,人们也这么想吗?第二节,一转,便展现了另一幕:有"缺口"的某些"人心"里,"讣告"变成了多余的烦躁的"走来走去"的东西。此处,运用了拟人式的移情之法,本写"人心"却转写"讣告"。那么带着"缺口"的"人心"如何呢？"倒出一大堆攒积的唏嘘"。"一大堆"指多而无聊；"攒积"指平时想说而未说的，积累时间很长，足见其虚伪；"唏嘘"更是复义式的：无关的告问，无聊的闲叨，无情的咒语，无尽的叹息，无限的痛心等等。"钟"之"眠"让女儿想到的是"鸟入林"，而让"缺口"的人们"倒出"的是"唏嘘"，这一对比，将女儿的"不解""不平""不快"含蓄曲婉地传达出来，这是诗所暗示的言外之意。其实"唏嘘"中也不乏"怀念"，"怀念的手指""不经许可""伸进你的往事摸索"。这里的"怀念"有复义：真诚的怀念和虚伪的眼泪。这两行的整个意义也有复义：一是情不自禁地诚对亡灵，一是"不经许可"地粗暴地咒渎死人。他们终于"翻出"了母亲那未被忘却的生活碎片——"一寸寸断弦"：它滴着女性的情爱，闪着母性的灵光，踩着人生的琴键。因而不同的人们会惊讶或惊疑或惊叹：这就是那钟吗？这一句语义更复杂的诗，既有人们的种种疑惑和感喟，也有女儿对母爱麻木的忽然复苏，难酬母恩的良心拷问和由感悟而升华的一种崇高的反思和怀念。这是第二节，主要是通过几对矛盾的对比，将情与理融为一体，使诗作具有了一种夯实而勃动的丰盈。诗作的第三节，是作者通过两个意象的对比，抒发了对亡灵的痛悼之情。

　　其实，我们将《眠钟》看成一首积极人生的礼赞诗，似更有意义，这便是本诗的第二层意义。

　　"钟"是人生之钟，是一种不断追求、不断奉献的信念和行动。"眠钟"默默奉献而从不夸耀。第一节，抒写了作者对这种"一直/不响"的"眠钟"精神的崇敬之情——"向往"。因为它虽然"不响"，但为人们的付出则是"响当当"的："你的一生有许多细密的啁啾"，并且"音响如鸟入林"。"细密的"从"量"上是指出奉献之多，而"如鸟入林"是从"质"上指出奉献之美。此节让"不响"和"啁啾"在同一对象中构成一种外显的矛盾对立，让人们新鲜吃惊之后，一想便悟出它又统一在内化的情理传达之中："眠钟"对自己的付出和成绩是持"眠"的态度，而为人们则是"钟"的追求。第二节，诗人展开想象，把读者聚焦在人们对逝者的反应与评判上。她又让"讣告"作为一位评判人生的陪审员，让它在人们中间"走来走去"，去窥视那些有"缺口"的"人心"，在被钟敲的"缺口"里，玩味那些"倒出"来的"一大堆攒积的唏嘘"，探听人们那"一次用完"的评判，在他们"翻出"的"一寸寸断弦"并"细细排列"的"行动"中向读者展示一层层丰富的内涵。此节有四个意象意味深长。一个就是那个"走来走去"的"讣告"，它的凄冷、凝重和深刻让人颤抖而又引人深思而悟觉。第二个是有"缺口"的"人心"。这个意象让人有两重感觉：一是像钟一样有着积极意义的人生具有巨大的震撼力,使平庸的人相形见绌;二是指庸人们只求索取,不予他人,私欲的"缺口"永难满足。——这又是作为"眠钟"人生的对比意象出现的。第三个意象是"一大堆攒积的唏嘘",这里运用了通感,"一大堆"是视觉感受,而"唏嘘"则是听觉感受,故而"唏嘘"呈现出质感。当然,"唏嘘"内涵则是虚化而多义的,这如前文所说。"一次用完"是指有意义的人的死对人们触动极强,因而评价也是淋漓而透彻。第四个意象是"怀念"者用"手指""翻出""一寸寸断弦"并且"细细排列",作者又用通感把内化的情感外化并加强,突出了诗的意义。四个意象之后,诗人用了一个反问句:"这就是那钟吗?"这一句正是作者对人生意义的深深叩问和感喟。

诗的最后一节,运用两个意象形成鲜明的对比,暗示并强化了人生礼赞的主题。这里也有两层含义。一是"眠钟"式的积极向上、默默奉献的人的死,使人深切地痛悼而追念,感受便是:人在黑框里愈加苍白。人们由怀念进而学习"眠钟"精神。"凤凰木"的情态说明这种精神正在我们心中扎根开花——"兀自/嫣红"。第二层是指如果人们只是为了个人活在狭小的阴暗的"黑框"里,那么,其人生将"愈加苍白",毫无意义;反之,如果人为了他人和社会而活,这诚然将经受那"雨窗外"风雨雷电的考验,但他将一如勇于牺牲的凤凰鸟一样,鸟去树留,这昭日月、动天地的凤凰精神之树——"凤凰木",将绿化人生,花香后人。

第三层意义,是诗作对社会的叩问。"眠钟"的形象是悲剧性的,当"钟"响起时,人们对它恭维趋从,"钟"听到的是阿谀的"啁啾";而一旦"钟"退而"眠","讣告"一来,人们便将平时的怨气尽泻而出——"倒出一大堆攒积的'唏嘘'",并且一次用完,方才过瘾、解恨。拟人化的"眠钟"在人们世故的"黑框里"将显得毫无意义——"愈加苍白",旁观在"窗外"的"凤凰木"毫无"钟""眠"后的同情和悲悯,它竟然"兀自/嫣红"!这样说来,此诗无疑是对社会的叩问:商品社会的冲击,人性、人情在解构、在裂变、在悲吟。

上述三层意义是笔者的心得,众所周知,于诗探微,要用真心,笔者是怀着一颗真心试着以不同人物的心态在"撞"这"眠钟",故而有三种心得。其实,这也证明了此诗无穷的张力。

(此文刊于《语文教学通讯》2001 年第 10B 期第 17 页)

第四节　现代思辨性文本的阅读教学与思考

一、思辨类文章阅读教学的思考

关于思辨类文本的阅读,部编新教材思辨类文本主编、上海师范大学教授郑桂华说:"思辨类文本阅读,旨在引导学生学习思辨性的阅读和表达,发展实证、推理、批判与发现的能力,增强思维的逻辑性和深刻性,认清事物的本质,辨别是非、善恶、美丑,提高理性思维水平。对于文学评论,部编版教材要求,阅读文学与史传文要关注文章文学的审美价值,关注叙事曲折有序、写人生动传神的特点,尝试理性评价文学与历史描写、叙述中体现的思想、观念,认识文学价值与历史人物和历史事件。"

如何有效完成此类文章的阅读而达到其目的呢?郑桂华又说:"教学过程要注重对学生思维过程和思维方法的引导,注意发展学生的辩证思维和批判性思维,注重培养学生思维的逻辑性。结合学生阅读和表达中遇到的实际问题,适时适度地引导学生学习必要的逻辑知识。"

所以,对于思辨性文章的阅读,应该重点抓住其思维及其表达的逻辑关系对其思辨的"广度、深度、高度、特度"等"多度"进行梳理与探究,来获得对学生逻辑思维及其表达能力的有效提升。在教读《获取教养的途径》《在马克思墓前的讲话》《拿来主义》《简笔与繁笔》《谈白菜》等课文时,教师主要要做三件事。

一是抓住思想观点梳理文章思路与论据,可以运用到不同的思维方法(譬如比较思维、发散思维、逆向思维等)的知识和复句中分句与分句之间的逻辑关系(譬如转折、递进、因果等)的知识,让学生由感性逐步上升到理性认识。部编教材主编有言,要准确把握作者的观点和态度,关注作者思考问题的角度。譬如《劝学》和《师说》都是我国古代探讨学习问题的名篇。熟读这两篇文章,找出文中谈学习的名句,推敲句子的含义,以此为基础就能把握两篇文章中关于学习的主要观点。教读《改造我们的学习》,先让学生把握文章观点"我主张将我们的学习制度与学习方法改造一下",然后依据行文脉络让其逐步梳理出作者论证"改造我们的学习"的理由,即"研究现状""研究历史""研究马克思主义"等三方面问题严重、危害很大;进一步让其找出作者指出的问题的根源;最后让其梳理出作者提出"改造我们的学习"的举措。这样,文章的思想观点与论证思路就梳理出来了。之后,再让学生进一步探究作者这样安排思路的逻辑智慧与论证力量。自然,就可以有效培养学生的逻辑思维能力。

二是抓住思想观点探究其针对性与概括性之间的逻辑联系。部编教材主编有言,学习他们有针对性地表达观点的方法,注意领会作者观点及其现实针对性,把握其解决现实问题的理性思维方式,鉴赏文章的说理艺术,学会在辩证分析与合理推理的基础上进行理性判断,养成大胆质疑、缜密推断的批判性思维习惯。

譬如教读《在马克思墓前的讲话》,就应抓住恩格斯针对前来参加追悼会的全世界无产者、马克思的亲友等对象,把重点放在"述其哀,颂其功,歌其德"来展开;教读《获取教养的途径》,就需要抓住黑塞针对当时更多人只是阅读通俗读物甚至放弃阅读而耽于享乐的时弊,重点论及经典的重要价值及尊重经典的态度与阅读经典的方法。而教这两篇抓住其针对性强且能深刻分析、有效解决问题的同时,不要忘了,这既有个别针对性,也有普适性,带有很强的概括性,完成了从个别到一般的逻辑思辨,产生了深刻而广泛的辩证说理艺术。

三是抓住思想观点体会其论证语言与论证方法的思辨艺术。教读《在马克思墓前的讲话》就要让学生围绕歌颂马克思伟大品格与伟大功业玩味作者在语言表达与论证方法上的思辨艺术。

先看语言,这篇悼词,体现了作者鲜明的个性:思想家的严谨性,革命战友的深厚感情。从措辞中可见这一点。

"两点三刻":对时间交代得具体,可见作者对这个时刻的永志不忘,刻骨铭心,可见悲痛之情。写明具体时刻,表明马克思的逝世对于恩格斯来讲,对于整个世界来讲是多么非同寻常,在这一时刻恩格斯没有在马克思身旁,终生的挚友就这样静静地走了,恩格斯抱憾终生。这一时刻更是令世人万分悲痛和无法忘记的。

"停止思想":不说去世,是不忍。亲人去世,谁忍心说去世呢?可见悲痛之深。讳饰的修辞,也切合马克思的身份,暗含了对战友生命不息,思想不止的崇敬。

"还不到两分钟":"还"流露出在马克思临终时未能陪伴在他身边的无限惋惜和遗憾的感情。两分钟,强调时间短暂,可见去世之突然,饱含了作者对战友溘然辞世未能见最后一面的深深遗憾。

其余每段之间的与每段内部的关联词语,诸如"不仅如此""即使……也""但是……甚至……都……而且……""正因……所以……"等,就更见其思想家的严谨与深邃了。

再看论证方法的运用。这篇悼词,也是一篇演讲稿,一篇思辨性议论文,充分体现了作者鲜明的说理艺术:思想家的严谨性、深刻性,演说家的鲜明性、形象性。

原文:正因为这样,所以马克思是当代最遭嫉恨和最受污蔑的人。各国政府——无论专制政府或共和政府,都驱逐他;资产者——无论保守派或极端民主派,都竞相诽谤他,诅咒他。

——对比。和下文千百万革命战友的尊敬、爱戴和悼念,马克思的毫不在意形成鲜明对比,突出了马克思的伟大和无畏。

原文:他对这一切毫不在意,把它们当作蛛丝一样轻轻拂去,只是在万不得已时才给以回敬。

——比喻、对比。充分表现了马克思对政敌的极大蔑视,表现出大无畏的革命精神,充分表现了马克思的人格魅力。由此可以领略伟人在政治迫害的疾风骤雨中巍然屹立的伟岸与无畏。

二、一般思辨类文章阅读教学

以下将通过两个一般思辨类文章阅读教学的案例,重点谈谈围绕思想观点展开论证分析的思维及其语言表达的逻辑运作。

(一)《拿来主义》(节选)的思路梳理与探究

中国一向是所谓"闭关主义",(解说)自己不去,别人也不许来。(并列)自从给枪炮打破了大门之后,又碰了一串钉子,(承接)到现在,成了什么都是"送去主义"了。(解说)别的且不说罢,(并列)单是学艺上的东西,近来就先送一批古董到巴黎去展览,(转折)但终"不知后事如何";(并列)还有几位"大师"们捧着几张古画和新画,在欧洲各国一路的挂过去,叫作"发扬国

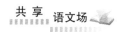
光"。(并列)听说不远还要送梅兰芳博士到苏联去,(目的)以催进"象征主义",(承接)此后是顺便到欧洲传道。我在这里不想讨论梅博士演艺和象征主义的关系,(总分)总之,活人替代了古董,我敢说,也可以算得显出一点进步了。

这里运用了逆向思维、比较思维、发散思维,对应地运用了解说、承接、并列、转折、目的等逻辑表达方式,针对与"拿来主义"相反的"闭关主义""送去主义",有了逆向思考的独特,也有了探究的广度、高度与深度。

譬如罢,我们之中的一个穷青年,因为祖上的阴功(姑且让我这么说说罢)(因果),得了一所大宅子,(解说)且不问他是骗来的,(选择)抢来的,(选择)或合法继承的,(选择)或是做了女婿换来的。那么,怎么办呢?我想,首先是不管三七二十一,"拿来"!(转折)但是,如果反对这宅子的旧主人,怕给他的东西染污了,(假设)徘徊不敢走进门,(因果)是孱头;(并列)勃然大怒,放一把火烧光,(目的)算是保存自己的清白,(因果)则是昏蛋。不过因为原是羡慕这宅子的旧主人的,(因果)而这回接受一切,(解说)欣欣然的蹩进卧室,大吸剩下的鸦片,(因果)那当然更是废物。

这里运用了发散思维、因果思维和比较思维,对应地运用了解说、选择、并列、转折、因果、目的等逻辑表达方式,从而使"拿来主义"的正面阐述与论证有了广度、高度与深度。

(二)《善良不该是规则的牺牲品》阅读与梳理、探究

选择思辨性强的学生习作来阅读分析,往往更贴近时代生活与学生视野。部编教材主编说:"选择日常生活和学习中、历史或当今社会学生共同关心的话题,要求学生通过阅读与鉴赏、表达与交流、梳理与探究等语文学习活动,阅读思辨性文本,学习与梳理论证方法,学习用口头与书面语言阐述和论证自己的观点,驳斥错误的观点。"

下面是 2017 年一模卷中的一篇一档作文,后来发表在 2018 年 4 月的《中学生》上。

那对小姐妹未必是理应下船的最后两个人,(转折)但她们仍出于善良选择了众人的利益,(目的)以牺牲"小我"而保全"大我"。(因果)毕竟,艄公为了航行安全坚持不能超载的规则,(并列)其他乘客坚持自己不能吃亏的规则,谁也没错。(并列)即使已经浪费了足够渡船来回两次的时间,(假设)这些规则也如卡住咬死的故障齿轮般纹丝不动。(因果)于是这对小姐妹选择了退让,(目的)用善良当润滑剂,(解说)好让这"规则"在无辜者的牺牲中接着运转。

——《善良不该是"规则"的牺牲品》

这里运用了比较、发散、因果、逆向等思维,对应地运用了转折、因果、解说、并列、目的等逻辑表达方式,使对原材料的分析朝着作者的观点有了一定的深度与高度。

(转折)然而,这样的运转,碾压的竟然是善良。(解证)如此诡异之现象早已司空见惯:(目的)超载的电梯里铃声大作,(承接)退出的未必是最后一个上电梯的,(并列)而是不堪僵持、甘愿牺牲自己时间的人;(并列)地铁上老人要求年轻人让座,年轻人拒绝,两人在一句句"你凭什么"中吵得满面红光,(承接)最后让两个声称自己更需要休息的人安静下来的,往往是旁边座位上不堪其扰、焦头烂额、满眼血丝的上班族……(目的、分总)为了维护这些人自己的某种规则,往往是善良者以牺牲自己来做出让步。

——《善良不该是"规则"的牺牲品》

这里运用了比较、发散、集中等思维,对应地运用了转折、解证、承接、并列、目的等逻辑表达方式,使人们对于善良往往成为规则的牺牲品的观点,认识得更加广泛而深入了。

个人的善良美德固然值得称赞。(转折)然而从社会良性运转的角度出发,善良不应成为规则的牺牲品。(解证)若这种风气发展下去,一定会形成一种"人善被人欺,马善被人骑"与"会哭的孩子有奶吃"的所谓"常态",(假设)那真正的良性规则岂不成了一纸空文?(解证)每个人都等着善良的人

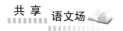

先下船,(因果)最终发现一船人怀着同一个鬼胎。(转折)而这样靠吸食善良的血液苟延残喘的所谓规则社会,最终只会让善良等于吃亏,(因果)自然善良也越来越少,(因果)社会的运转也就越来越无真正规则了。

——《善良不该是"规则"的牺牲品》

这里运用了比较、发散、因果等思维,对应地运用了转折、解证、假设、因果等逻辑表达方式,让我们对善良往往成为规则的牺牲品的危害有了更深更广更高的认识。

综上,思维与表达的"多度",论证的实在性、丰富性与独特性,不只是上海高考的关注重点,也是培养学生核心素养的时代之需。因而,论证的实在性、丰富性与独特性,不是外在的砖石水泥等材料的堆砌,而是在材料与观点之间搭建的多个坚实的桥墩。这些桥墩的构成、制作与搭建、雕饰,上面提到的思维与表达的各种技法自然被需要,而我们教学中对客体即学生生活阅历与阅读体验的实实在在、真真切切的有序持久的探究更加被需要,"放胆量""放长线"的探究态度尤其被需要。

以上是属于一般议论说理(思辨性)文章的阅读教学。关于文学或史传评论也是需要关注的。除了上述做法,还需要感受与梳理研究文学与史传文章的文学或历史价值。下面是三个案例:《白莽作〈孩儿塔〉序》《密室的生活》两文的《名师课堂》电视讲稿,与公开课《米洛斯的维纳斯》实录。其中,这两篇讲稿属于以单元为单位的多篇"集束"式教学。

三、文学评论阅读教学

《白莽作〈孩儿塔〉序》与《密室的生活》单元"集束"式教学(电视课堂讲稿)

同学们,这一周我们学习两篇书评文章:《白莽作〈孩儿塔〉序》和《密室的生活》。什么叫书评? 书评不同于读后感,二者有两个显著区别:

一是读后感的主要任务是记录个人阅读某种书籍后的感受、感悟和情怀,而书评呢,是对书籍进行价值判断后的成果;二是读后感是以读者的心理活动为中心,在写作上它通常只是围绕阅读对象的某一个点而生发开去,几乎可以不考虑书籍的整体情况,甚至可以仅仅把阅读对象作为引子,而书评是以阅读的对象(书籍)为中心,引用与评论兼重。常见的书评模式大致可以分为五种。《密室的生活》就属于专业性书评;《白莽作〈孩儿塔〉序》就属于阐发性书评。

同学们已经看过《白莽作〈孩儿塔〉序》和《密室的生活》这两篇书评。这堂课,老师给同学们主要讲三点。

一、探究书评视角,这是为了引导同学如何读懂书评并进而写好书评。

二、品味语言风格,这是为了引导同学从语言中体会书评精髓以及引用与评论的关系。

三、阅读品味人生,这是为了引导同学明确阅读的态度与人生的追求的关系。

现在我们讲第一点:探究两篇书评独特的视角。

独特的视角往往决定书评的质量。一篇书评可以有许多角度,归纳起来可从两大方向入手:这就是作品的内容与形式。"有一千个读者,就有一千个哈姆雷特。"可见,对同样的作品可以有不同的评价。面对同样一棵松树,画家说,这是写生的好材料;诗人说,那是一首常青的诗;木匠看了说,这是一根上好的柱子;生物学家说,它的树龄大约 100 多年了。这真是仁者见仁,智者见智啦。那么,面对《孩儿塔》《安妮的日记》,世人又如何评价呢? 让我们先看鲁迅先生的《白莽作〈孩儿塔〉序》。我们先来读读原作《孩儿塔》的头一节和末尾两节:

> 孩儿塔哟,你是稚骨的故宫,/仁立于这漠茫的平旷,倾听晚风无依的悲诉,/谐和着鸦队的合唱! 呵! 你是幼弱灵魂的居处,/你是被遗忘者的故乡。
>
> 幽灵哟,发扬你们没字的歌唱,/使那荆花悸颤,灵芝低回,/远的溪流凝住轻泣,/黑衣的先知者蓦然飞开。
>
> 幽灵哟,把黝绿的林火聚合,/照着死的平漠,暗的道路,/引主无辜的旅人仁足,/说:此处飞舞着一盏鬼火⋯⋯

读了这两节,同学们,你们会怎样说呢? 我会说,这是一首激情澎湃的诗,这是从情感风格的角度去看的;我还会说,这是一首才华横溢的诗,这是从艺术表现的角度去看;我还说,这是一首呼唤和平、反对战争,发出满腔怒吼的诗,这是从他的思想价值方面去评价的。凡此种种,书评视角各不相同。一般的书评是引用、叙述与评价结合,而鲁迅先生呢,则不是这样。本文有两个独特的视角。

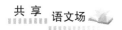

一是炽热、深沉的感情作为主基调贯穿全文。这种情感基调来自白莽及其《孩儿塔》,战友的牺牲与诗作中孩儿的悲鸣交织在一起,构成一种伤痛,一种悲壮,这是白莽为孩儿作的悲叹和不平,也是作者为白莽痛悼和呐喊。春风化雨,白莽的情怀已滋润鲁迅,鲁迅的笔自然流露出这种炽热而深沉的基调。可以说原作找到了知音,书评传达了深情。

文章开头说"春天去了一大半了,还是冷""有些凄凉""就使我更加惆怅",这样,一种浓浓的感伤和惆怅就笼罩在开头。文章第 2 段以记叙与白莽相识为主,但记叙里饱含深情。文章说"我"曾写过一篇《为了忘却的记念》,要将他们忘却。这其实是正话反说,意思是说白莽等人真是让人难以忘怀啊。第 3 段情感奔泻而出,作者写道:"收存亡友的遗文真如捏着一团火,常要觉得寝食不安,……"同学们,一位老先生对于一个晚辈的诗集,竟然如此激动,如此惶恐,足见其对白莽的敬重和挚爱了,也表现了鲁迅生怕所为有愧于他的歉疚之情,而后面几段是在议论中讴歌和礼赞。这是本文独特的视角之一。

《白莽作〈孩儿塔〉序》的第二个独特的视角是什么呢?那就是,鲁迅重点评说白莽其人,抒发自己的感情,简单评价他的诗。或者说,重说人抒情,轻诗集评论。文中第 2 段写了与白莽的相识的经历和感受,写出白莽在作者心中的印象,他写道:"……穿着大棉袍,满脸油汗,笑笑的对我说道:'这是第三回了。……'"这里,重点表现白莽憨厚、顽强而又乐观的革命战斗的情怀,让人难忘。而对于诗,他不仅一字不引,而且只是简单评述,说它是"东方的微光""林中的响箭""冬末的萌芽"等。作者为什么这样写呢?原因是知人论世,以写人格来显示书的灵魂,这样,文章便深刻含蓄,独树一帜,具有很强的文学价值。

迈耶·莱文的《密室的生活》一文的视角也很独特。这就是在评析过程中将神秘气氛一层层渲染出来,让读者带着一种好奇心,急切地探求其中的秘密、其中的真谛。

日记,本身是神秘的,而日记所写"密室生活"乃神秘之中最神秘者。且看作者如何"渲染"这种"神秘"感。归纳起来至少有三个层递的阶段。

第一阶段,题目渲染,让读者奔文而去。文题的正题是《密室的生活》,而副题是"评安妮·弗兰克著《安妮的日记》"。一正一副相得益彰,使读者未见其文就已经先被笼罩在这种神秘的氛围之中了:何为"密室"?"日记"写了什么?百念待解。

第二阶段,开头渲染,让读者通读全文。文章开头就说:"安妮·弗兰克日记太细腻翔实,不能硬邦邦地贴上'经典'的标签,但是又没有比'经典之作'更妥切的称呼。"这一句就让读者在上一阶段悬念未决之时,又添一念:"太细腻翔实",到底是什么样子的? 为什么既然是"经典之作",又"不能硬邦邦地贴上'经典'的标签"? 这样就吸引读者不得不追读下文了。

第三阶段,行文渲染,是让读者从文本中写的"密室生活"的感性认识跨越到安妮对"人性"的新的认识和执着坚守的感悟,这一由感性到理性(其实也是理性主义)的认识,让读者感到格外兴奋而又耐人寻味。随着作者边引用原作边评论,我们似乎感到,在导游的带领下不知不觉进入了神秘、紧张而又充满人性趣味的密室,来到这里,读者不再是旁观者,不再只有新奇,而已然成为"密室"中人,为他们的经历和心灵而深深震撼。这是《密室的生活》独特的评价视角。

两篇文章的高质量,也因为它们独特的评价视角。在阅读的过程中要紧紧抓住书评的视角,这样就把握了书评的"脉搏",真切而准确地感受到书评独特的"心跳"。这样的阅读就是高质量的,同时对于写作书评,也是一个良好的借鉴。众所周知,当红教授易中天、于丹倍受欢迎的原因之一,就是他们以其独特的视角去解读《三国演义》和《论语》。易中天从"人性"的视角讲《三国》,于丹是从"生活"的视角谈《论语》,亲切自然而又巧妙新颖。因此,同学们读书评写书评,千万要十分关注其独特的评价视角。

现在我们讲第二点,品味两文不同的语言风格。《白莽作〈孩儿塔〉序》一文的语言具有两个特点:一是简练平朴中见激情与丰富;二是诗化语言和战士风采有机的交融。

先讲第一点。第一段中写天气冷和独坐"凄凉",看似闲笔,却与书评的情感密切联系,并且有三层含义。哪三层呢? 一是正如文中所说,"深夜独坐"。为什么要"深夜独坐"? 联系背景,可知是鲁迅身体欠安,病痛所致。这是凄凉之一。第二层意思,是时局动荡,革命者流血牺牲让鲁迅心如刀绞,感到透骨的凄冷。第三层,正如文章所说,"要我给白莽的遗稿写一点序文之类""这就使我更加惆怅"。为何如此"惆怅"? 联系鲁迅与白莽的关系就可得知。本来他们是亲密的师生关系,更是战友关系,战友牺牲让人伤痛,可遗稿未能出版,就更是遗憾;而作为战友的鲁迅未能主动为其遗稿出版而奔走,反而还要让别人索求自己为之写序,更让作者万分愧疚、自责了,因此更加惆怅,于是从内心深处感到一阵冰冷、凄凉。简单平朴的几句话，竟包含这么丰富的内容和作者炽热激动的情怀。再举一例，请看文章第 3 段末尾句："现在，对于他的诗，我一句也不说——因为我不能。"为什么"不说"和"不能"说呢？我想，至少也有三层意思：一是国民党的文化围剿，禁止言论自由，迫使他"不能"说。而"不说"还有什么原因呢？依据他们的关系，更可理解为鲁迅先生谦虚的心怀和对白莽的高度敬重，因而不敢乱说；还有一层，那就是，作者认为好诗是读出来的，是品出来的，何须多说呢。这更是对文学体裁的尊重。一句平朴而简练的话，又有这么多内涵和这么激越的情怀，真让人叹服！

不仅如此，本文的语言还有第二个特点，这就是诗化风格与战士风采的交融。请看，文章写道："一个人如果还有友情，那么，收存亡友的遗文真如捏着一团火，……"这是一团什么火？我认为，这"遗文"燃烧着一颗爱国青年追求真理、以死报国的赤子之心，这是一团革命青年的熊熊报国之火；我还认为，这"遗文"也点燃了一颗为牺牲的革命战友完成遗愿的急切之心，这又是一团活着的革命者决心实现战友遗志的焦灼之火，希望之火！这形象的比喻，诗化的语言交织着一个革命战士的豪情啊。当然，下面一段更可以说那是战士的诗，诗的战士。请让我们一同读起来："这是东方的微光，是林中的响箭，是冬末的萌芽，是进军的第一步，是对于前驱者的爱的大纛，也是对于摧残者的憎的丰碑。"

这里，作者连用了六个意象，通过形象独特的比喻和气势磅礴的排比，把作者对白莽《孩儿塔》诗集的高度肯定和热情讴歌，表达得酣畅淋漓，令人拍案叫绝。你看，这"东方的微光"、这"林中的响箭"，还有这"进军的第一步"，不正是白莽所代表的热血青年正奏响让千万民众向反动派进军的震天号角吗？这"冬末的萌芽"，不正是白莽在黑暗中向人们报道春天的消息，鼓舞人民奔向希望的明天吗？还有，这"爱的大纛""憎的丰碑"，正是对白莽爱憎分明、英雄虎胆的深刻评价，也是对诗集的社会意义和道德价值的崇高礼赞。对诗集评价，用诗化语言，高扬着战士的旗帜，真可谓珠联璧合，相映生辉啊！

《密室的生活》一文的语言也有独特的风格。我们知道对作品语言评价最忌贴标签，本文就走出了这个套子。请看几例。

（1）对安妮·弗兰克的评价，文章写道："勇敢、阴郁、机智、自我怀疑"，这些评价准确、贴切、严谨、完整。

面对生命危险，安妮不停地写下犹太人的密室生活，其本身就是一种勇敢行动。而文中写出少女的初恋及破灭，对人性的质疑与坚守，这更表现她的勇敢；"阴郁"一词表现了她生活的环境和整体的心境包括恐惧，这是纳粹的残暴折射在她心灵的投影。"自我怀疑"是在写她幼小的心灵对成长过程中的困惑和现实问题所产生的思考、否定和坚守的复杂表现。而"机智"一词则在文中下列材料中很好地展示出来："如果我当真，但每个人都以为是出喜剧，我就必须把它变为笑话。""最后，我必须再度扭曲自己的感情，所以外表显得邪恶，而内在仍保有良善……我受内在的纯粹的安妮指引，但是外表却伪装成活蹦乱跳的小山羊。"综上所述，文章评价与实际内容相符合，准确、贴切、严谨、完整而又独特。

（2）第3段中谈到《安妮的日记》，评价道："它的逼真令人惊叹不已，如此贴近，让人感受到人性的共通性。""逼真"突出其史实价值和文学价值；"人性的共通性"表明这日记唤起人们强烈的共鸣，给人带来深刻的启迪。这种评价也体现了准确和严密，感性的情怀闪耀着理性的美丽。这是本文的风格：贴切、严密而又新颖。总之，两文的语言艺术风格真是独特而有魅力啊。那么，这种独特风格是怎么产生的呢？

书评的语言风格往往由两点来决定：一是原作风格，二是书评作者的个性。把握了这个，我们阅读时可以快捷而深切地品味它的精髓。

（3）读书，评书，书写有品位的人生。读《钢铁是怎样炼成的》，产生了一大批为自由而奋斗的钢铁战士；读雷锋日记，形成了学习雷锋、做好人好事的时代风尚。这就是阅读的力量！当然也有读过经典但仍为败类的人，原因何在？在于对书的态度，对书的价值取向的认同与否。这两篇书评，均是名人读了名作而写出的佳作；或者说这两篇有品位的佳作，来源于名人对名作的有品位的阅读。白莽是"左联五烈士"之一，是一个为争自由民主而牺牲的英雄，其诗作《孩儿塔》正是他战斗的号角，报春的信使。作为他的老师兼同志的鲁迅先生，更是文品人品俱佳的中国的"民族魂"。当鲁迅的灵魂与诗作的英魂对话时，自然而然产生了情感、思想、智慧、艺术互为辉映的高品位。这篇序，这书评当然也是高品位了。它书写着一个高品位的人生，它是现代伟大的文学家，思想家，革命家的大智慧、高品位。《安妮的日记》，诞生于特殊环境下特殊群体的犹太少女之手，这种"特殊"正是走向高品位的途径。一个小小的"密室"让一个散漫的群体走向密切，让一种稀疏的情感走向浓厚。不同的人因为共同的战争恐惧与获取自由的目标聚集在一起，自然形成了休戚与共、存亡与共的共同体。这里，成了人性的真、善、美最集中也最坚韧的成长的温室。而年幼的安妮,真正是这温室里静静开放的一朵鲜花。面对死亡的威胁,她忠实地记录着密室生活和她内心的感受。当这位美国进步作家捧读这位少女的日记时,我们可以想见,他是如何被深深地感动了。难怪当看到安妮"认真地描写密室中的居民,包括他们的缺点和优点"时,他高度评价说:"安妮·弗兰克的日记探讨到比《墙》更深刻的问题,触到人际关系的核心,而且更能让我们了解饱受威胁下的生活。"把安妮的日记评价为"成了六百万被屠杀犹太人的灵魂之声",并且高度肯定地说:"安妮的日记是今天对生命存疑的最有力的答案,因为她告诉我们,一般老百姓如何在苦难的折磨中坚守对人类价值的执着。"这日记是高品位,这评价也是高品位。真情融汇着真情,美好呼唤着美好,善良珍爱着善良。同学们,让我们细细品品下面几段:"我把自己全交给他。但他只能摸我的脸,其他都不许做。""她爬上彼得藏身的阁楼,以及不小心落在她耳朵上的初吻……"对此,书评作者热情赞颂,说她"好像是躲在石头下的一朵小花"。这话真妙啊。这朵花是初恋之花,虽然是躲在石头下,环境恶劣,但仍顽强绽放,播撒青春迷人的芬芳,播撒人性的温柔与爱,同时也暗示了这小花的悲剧命运。这里用了一个词"躲",这是对"小花"的珍爱,也是对"小花"的悲悯,人类的真善美通过日记又映射在书评作者的心灵,这正是高品位的人生阅读。再看一段,安妮的日记写道:"我希望我死后也能继续存在,我很感激上帝给我这项天赋,我和我的写作因而有发展的可能,可以表达出所有我拥有的东西。"对此,书评作者早已摆脱了客观冷静,一头扎向感情的激流,他这样写道:"一想到这么多创作力和美好的生命因为种族屠杀而毁灭,就令人感到痛心疾首。但安妮因为日记而与世长存。……(她)必然会受到广大读者的喜爱,因为这个聪明的小女孩在有限的人类精神中带来锥心刺骨的喜悦。"

同学们,这样的书评,不是高品位又是什么呢!由此,我要负责任地告诉大家,高品位的佳作能打动高品位的读者,高品位的佳作需要高品位的读者,高品位的人生需要高品位的阅读与高品位的对话。这就是我们学习这两篇书评之后获得的另一种启迪。

同学们,让我们走近高品位,让我们收获一个高品位的人生。

(此文刊于华东师范大学出版社《名师课堂·高二语文第一学期》第21页)

四、文学评论外一篇

让"残缺"与"反常"展开美的双翅

——《米洛斯的维纳斯》课堂实录

1. 教材简析

本文是日本作家的一篇艺术评论。其难点有二：其一，文句的反常性，本文句子结构不符合中国人的赏析习惯；其二，赏析对象的残缺美，艺术赏析中涉及的专业概念和价值判断等问题令人费解。据此，本文应将培养学生主动探究的兴趣和能力作为教学目标。

2. 教学重点

（1）探究句子意义，寻找作者观点及其支持观点的理由。

（2）理解并运用支持观点的主要理论依据——虚实相生——进行赏析尝试。

3. 课时安排

本文作一课时安排：30 分钟解决第一个问题，即理解文章的语句意义及作品内容（如观点及理由）；15 分钟理解并运用虚实相生进行艺术赏析尝试。

4. 方法手段

启发探讨式，直观想象式——用断臂维纳斯小塑像展开。

5. 课堂实录内容

师：同学们，我们和这个世界，最需要什么？

众生：爱！美！

师：不错，爱和美。那么，如果一位爱与美的化身向我们走来，我们会怎么样？

众生：我们会高兴地迎接她！会笑着拥抱她！

师：让我们请出这位爱与美的化身吧。（师从讲台下托上维纳斯塑像。）请看，她叫什么名字？

众生：维纳斯。

师：（板书：维纳斯。）看来，她，早就成了我们的好朋友啦！知道她从哪儿来吗？

生 1：希腊。

师：对，是希腊的米洛斯。（板书"米洛斯"于"维纳斯"之前，并在二者间写上一个"的"——完成课题板书。)请看,这位米洛斯的维纳斯果真那么美、那么可爱吗?

生2:当然美啰! 真的可爱呢!

师:如果给她配上已断的双臂,又会怎么样? 是会更美呢,还是反而不美了?

生3:会更美!

生4:反而没意思了,不美了。

师:有了看法,能说说理由吗?

众生:(沉默,有的小声交换意见。)

师:还是让我们看看日本作家清冈卓行的见解吧。请打开书翻到第45页,听我读第1段,听时请在表明作者观点的文字下打上横线,听完后回答:作者对这断臂的维纳斯持什么态度?(朗读第1段。)

众生:(讨论交流,约1分钟。)

师:对断臂维纳斯的态度,谁先告诉我作者的观点?

生5:观点是第一句:"她为了如此秀丽迷人,必须失去双臂。"

师:(板书:必须失臂。)还有不同的看法吗?

生6:我认为是第二句:"人们称为美术作品命运的、同创作者毫无关系的某些东西正出神入化地烘托着作品。"

师:(板书:某些东西,出神入化。)还有什么意见?

生7:我认为,这两句都是态度:第一句是观点,第二句是理由。

师:三位说得都有理。作者的观点是第一句"必须失去双臂",理由是第二句。第三位同学说得更好,我同意他的看法。可是,我要再问问,这理由大家都懂吗?

生8:不懂。

生9:知道一点。"某些东西"指什么呢?

师:这个句子是一个长句,又是一个外国人说的话,也难怪大家不太懂了。其实呀,掌握方法后就不难理解了。(出示小黑板。上面是这个句子的分析图,教师指着它解说。)请看这句话,其主干为:某些东西烘托作品。"某些东西"指什么呢? 看后文,知道它的作用是"烘托作品"。看它的前文呢? 对了,它有两个定语,一个是"人们称为美术作品命运的",一个是"同创作者毫无关系的"。前一个定语通俗的说法怎么讲?

生 10: 可说成"决定美术作品命运",或干脆说成"它是美术作品的命"。总之,它是作品最重要的。

师: 很好! 那么,从艺术的美学观点来看,什么是作品的命,什么是作品最重要的呢?

生 11: 艺术价值。

生 12: 艺术魅力。美。

师: 都对! 标准的说法是艺术价值。这一句中的这个定语可以这么通俗地说了。那么好,这一句与这个定语搭配就可以这么说(指小黑板上的板书):"是艺术价值决定了她的命运并使作品达到了出神入化的艺术效果。"那么,第二个定语与中心语的搭配,按中国人通俗的说法,该怎么说?

生 13: 因断臂而使人产生的无穷美好想象的艺术价值与原作者无关。

师: 对极了! 为什么会无关?

生 14: 这是断臂后产生的,原来没有。

师: 是的。由此看来,本文先提出作者的观点,再阐明理由。我要提请大家注意的是,刚才,我们对这一理由的理解的步骤和方法正是对这类文章理解的基本途径。(出示小黑板的另一面)这就是刚才我们分析这个难句的基本做法:总体是先压缩句子,分成主干和枝叶,再调整句序分头解析,然后调整为中文说法中的通俗说法。

　　具体做法是:(1) 联系观点,顺藤摸瓜——万变不离其宗。(将难句对着观点来分析。)

　　(2) 联系上下文,左顾右盼——远亲不如近邻。(将难点对着前后文来分析。)

　　(3) 化洋为中,化雅为俗——平平淡淡才是真。(将反常化成习惯来分析。)(让优生示范研讨第 2 小段,弄清该段句意及作者的态度。)

　　知道了刚才的分析过程和归纳的具体做法,请大家阅读下文,主动探求难句的意义,进而寻找并探究类似于第 1 段提出的作者的观点和理由。下面,大家齐读第 2 段。

众生:(齐读第 2 段。)

师: 第 1 段,是老师作示范,通过上述三种方法从理解难句入手,进而理解观点,尤其是支持观点的理由,下面请几位同学把这第 2 段给同学们示范分析一下。请你指出本段的观点,并解说解说。

生 15:本段观点:维纳斯巧妙地遗忘了她的那两条玉臂,或者说,无意识地隐藏了那两条玉臂。这句类似于前段的"必须失去双臂"。不过,前段是直接说,这里是用了拟人手法。

师:太妙了!下面请一位同学与这位同学联合起来,找出类似于上段的"理由"来。

生 16:理由是为了漂向更远更远的国度,为了超越更久更久的时代。

师:(板书:更远更久。)还有别的说法吗?

生 17:根本理由是:从特殊转向普遍的飞跃,借舍弃部分来获取完整的偶然追求。

师:(板书:特殊→普遍,部分→整体。)都很好!前者,是断臂女神的艺术效果的形象说法,后者,是断臂女神的艺术魅力的理性说法。前面的理由是从时间和空间的跨度上去谈断臂的妙处,而后面的却不太好理解。应该怎么办,怎么说呢?

生 18:先压缩再分解吧。"这是特殊转向普遍的飞跃"一句中"飞跃"前的定语是重点。"特殊",联系背景去看,是指有双臂的维纳斯,她的双臂是固定的姿态,因而只能展现某一特殊动作意义。"普遍"则是指断了臂的维纳斯,她的双臂的姿态,人们可以作许许多多不同的想象,因而,断了双臂反而可以使其展现出普遍性意义。由单一到丰富,当然就是"飞跃"了。"矫揉造作"也好理解了:因为断臂不是故意的,而是自然的。

师:你看,分析多严密呀。

生 18:下一句也可压缩后分解:这是舍弃部分获取完整的追求,"追求"前的定语也是重点。双臂对于整个作品是"部分","断臂"就是舍弃"部分","完整"则应指因断臂展开了丰富的想象而产生的完美的艺术效果。"追求"前面用"偶然"作定语,是说这"完整"的效果是人们争抢雕像时无意间摔断了其双臂而获得的。

师:太妙了!几位合作得好自然,好默契!同学们从你们这"部分"分析中获得了"完整"的艺术享受哇!大家明白这种做法吗?

众生：明白了！

师：好！刚才几位同学作了良好的示范，下面几段的内容，由全班同学分头合作去解读。请注意任务：第 3 段由第一大组完成，第 4、第 5 两段由第二大组完成；第 6、第 7 两段由第三、第四两大组完成。先独自从理解文字入手，找出类似于第 1、第 2 两段中的作者的观点和理由，再四人一组相互交流，5 分钟后，每个大组抽一组在全班交流，看谁做得好！

众生：（自学—互议共 5 分钟。）

师：请注意提示：抓住抒情性议论的句子回答。（逐一抽查，并同时接着前面的板书完成下列板书：

〔观点：必须失臂→遗忘隐藏→畏惧重现→复原倒胃口→否定原形→必须失臂

理由：某些东西　更远更久　不可思议　无——幻想　驰骋想象　千变万化

　　　出神入化　特殊→普遍　无数秀臂　有——限制　无数梦幻

　　　部分→完整　无比神妙）。〕

众生：（第一组至第四组的五位、四位、三位、五位同学依次发言答问。）

师：刚才每个大组抽了一个小组交流，也有其他同学补充，顺利完成了合作学习的任务之一：通过对句子的理解，找出了每段里作者的观点和理由。由同学们的分析可见：本文作者，为了表明同一个观点，用不同的语言形式和不同的方法、不同的角度层层推进地反复评论。这正是本文特点之一。那么请问，作者分别是从什么角度入手，又是怎么层层推进评论的呢？请看板书，并联系刚才的交流情况来说一说。

生 19：分三部分三个阶段三个角度展开：前三段是正面展开论述，第 4、第 5 两段是从反面论证；第 6、第 7 两段是从侧面，从更深的层次谈为什么只能丧失双臂，才能产生这无穷的美。

师：大家看，对吗？能具体些吗？

生 20：我也同意分三个部分三角度展开。第一部分三个小段是写为什么应该失臂，谈失得好！第二部分 4、5 两段是写为什么不可重生断臂，第三部分 6、7 两段，是写为什么只能失臂，而不能失去其他，的确是层层推进，角度不同。

师:大家看,说得怎么样?

众生:好!(鼓掌。)

师:两位用不同的语言形式作了很好的概括!值得我们学习!好!同学们,通过大家的共同努力,我们明确了两点:一是运用解读外国作家对高雅艺术评论的基本方法疏通了文句障碍。二是体会到本文观点是十分鲜明的,而理由又是十分充足的,可是,还有一个更深的问题,大家想过没有?

生21:什么问题?

师:作者所持观点的理论依据是什么,知道吗?

生22:刚才不是找到那么多理由吗?

师:刚才谈论的理由是表层的,感性的,而非深层的和理性的。

生22:那么,作者所持观点的理论依据到底是什么呢?

师:通俗一点说吧,(托起小塑像,然后指着她的正面头部)从正面看,清楚了吗?

众生:看清楚了!

师:(指着背部)这后面知道吗?

生23:不知道,要猜。

师:前面的头部是看得见的,称它为"实",后面不清楚了,称它为"虚"。由前面的妩媚的脸和丰满的前胸,匀称的身材,去推想她的背部,这就是"由实而虚"。

生23:哦,原来,作者文中设想的那几种双臂的姿态,是由看得见的其他部位推想出来的呀!

生24:哦,这就是由实而虚,虚实相生啦!

生25:原来,作者评论的依据,就是虚与实相辅相成的道理!

师:几位说得对吗,同学们?

众生:对极了!

师:是的,作品正是依据虚实相生的理论,才谈起由此而产生的无穷想象,产生无穷的艺术魅力,进而产生高度的艺术价值,产生美好的艺术效果等道理。失去的双臂构成的"虚",正是依据没有失去的其他部分如面部、胸部、臀部等"实"而存在,并且让人在这"虚"的空间里"驰骋想象","追求可能存在的无数双手"的娇姿美态。写文章讲究虚实相生,艺术塑像也一样,对艺术品的赏析更离不开这一条。下面,让我们按照这理论,交流一下对这尊小塑像的看法。方法是:先按观察的视角去分清虚实,再由实向虚展开想象,最后还可以对想象评论评论。可以吗?

众生:来吧! 把塑像给我们。

师:可只有一个塑像。好,让我托着,从不同角度展示给大家。请注意,我手指指向的角度和部位。请看这正面,从面部娇美而庄重的神态,从眼神的方向和双腿迈进的方向,大家知道她正在干什么吗? 别用书中的几种设想。

生26:可能沐浴之后在侧着脸照镜子呢! 那两只手,一手托着镜子,一手在拢头发,要不,是在擦胭脂吧!

师:大家看,这位女同学的想象很有生活气息呢! 还有什么看法呢?

生27:可能刚洗完澡,听到丈夫回来了,准备前去迎接夫君呢? 你看,她一手在提着裙子,一手准备披上衣呢!

师:很有人情味! 很有意思! 刚才是我给大家提供的"实",同学们由"实"而"虚"地幻想了双手的姿态,真的很美! 下面,请大家就这小塑像的正面,独立判断"实"与"虚",并猜猜"虚"该是怎样的千姿百态。

生28:整个正面是"实","背面"则是"虚",有了前面这实实在在的婀娜多姿的身材,我想背部的"虚"一定很美:或许有一个曲线美的后背,这后背,一定是白皙而富有弹性的,可能还有一颗美人痣呢!

师:你看,他多有想象力,想得多美啊! (转过塑像)没有美人痣呀! 但确实很有曲线美呢! (又转回正面)还有什么幻想吗?

生29:有了这丰满的前胸,那些可爱的婴儿,准会一下子扑上去,吮吸她的乳房! 再怎么淘气,准给哄得乖乖的。(众生边大笑,边鼓掌。)

师:这位同学好有爱心呀!

生30:丰满的胸是这么美,她的臀部可能更有曲线吧! (众生边大笑,边鼓掌。)

生31:有点下流!

师:不,这是艺术家的眼光!

生32:瞧,她的脚趾露出来了——这是"实",可她的双腿被褶皱很多的裙子盖住了,应该"虚"。这双腿呀,我想,它们不比双臂差,从这些隆起部分看,她的双腿一定是修长而又光滑,富有弹性和生命力!

师:你可以做健美教练! 同学们还有别的看法吗?

生33:光这双腿,她一定是跑步名将,赛场飞人!

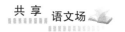

生34：那么温柔，怎么会是运动员呢？这腿一定是跳芭蕾的吧！可能正在排练，哦——是"天鹅之死"！

师：你真是舞蹈专家了！

生35：不，是在跳双人舞，瞧，可能是正在侧着玩花样呢。

师：一个比一个精！

生36：不，可能是跳舞跳了一身汗，正说"太热了"的时候，被同伴冷不丁拉脱了上衣。你看，她好像有点不满呢！

生37：不是，那是娇嗔。请她做模特的那位艺术家，怕是情不自禁……

生38：爱上她了！

生39：盯上她了！

生40：那是逗她呢！……

师：太棒了——同学们，面对大家的想象，我只能鼓掌，让我们为刚才想象的和评论的同学祝贺吧！

众生：（热烈鼓掌。）

师：面对大家的灵活运用，我想我的评价是苍白而多余的了！为了留住我们的精彩，请大家课后按照这虚与实的绝妙关系，写一篇文学评论或艺术鉴赏，或就以这个塑像为依据写一篇《断臂维纳斯的虚与实的艺术》（同时板书题目。）——愿意吗？

众生：愿意！

生41：可是课文后面的练习题做不做？

师：掌握了方法，我想大家会完成得很好。这篇文章中，还有一些没有专门分析的难句子，我不准备讲了，留给大家想想吧。这没有讲解的一些，可以说是一个遗憾，其实，这是老师的虚与实的处理。我这么做，不正能像断臂女神一样，留下一个让同学们各显身手，主动探究，不断创造无限美好的广阔天地吗？大家想在这空间里自由飞吗？能飞起来吗？

众生：想！能，我们会的！

师：好，我期待着，看谁飞得美！

（此文刊于浙江教育出版社《名师课堂教学实录》第226页）

第四章 语文内外联场之读写场的实践演绎

　　共享语文场,除了共享语文内场之作文场而外,还应该具备语文场之读写内外场的共建共享。对此,笔者更倾向于语文阅读的内外场的联通、融合:即从内场出发,辐射外场。其原因有三:一是从阅读内场出发走向外场,自然而神妙;二是内外场联通,可以激发学生兴趣、扩展学生视野、培养审美素养、提升学生综合思维的能力;三是读写融合,可以读写互促,既解决无米下锅之困,也促使阅读鉴赏能力与品位的提升。

　　在语文读写内外场融合实践中,笔者主要着力于培养学生语文核心素养的两个抓手:一是开展想象型读写实践以提升学生感性、形象思维品质;二是开展研究型读写实践以提升学生抽象、理性思维品质。二者结合,方能完整而立体地提升学生的语文核心素养。高中阶段,在想象型阅读单元里,笔者集中做了三个专题:一是读了《梦游天姥吟留别》《登金陵凤凰台》,做了一个两周专题阅读——"山水读李白",写成读书笔记交流;二是读了《最后的常春藤叶》,继而让学生写《最后的常春藤叶》续集,再进一步花一个寒假让学生选读 5 篇沪教版六本教材中的小说,并让学生选写 3 篇小说的后续,最后交流并编成班级读写专集;三是读了《水调歌头》《前赤壁赋》,做了一个一月周末专题阅读——"赤壁读东坡",进而交流读书随笔。在研究型阅读单元里,笔者集中做了三类专题:一是整本书阅读专题,譬如读了《跨越百年的美丽》,让学生来一个假期读写专题,即阅读梁衡整本书——《追寻那遥远的美丽》,并写随笔交流、评奖;二是篇章经典阅读专题,譬如师生共读《边城》节选,师生共同研究沈从文,即以"乡土文学之父——沈从文"为主题进行阅读与交流读后研究新得,笔者与学生均写好研究文章,课上交流并编成文集共享;三是经典篇章的个性化研读专题,譬如师生对老舍《想北平》的个性化研读,作者就此先后面向静安区高中语文教师与区语文研修基地骨干教师班上了两堂公开课,并作了讲座,受到专家与师生的一致好评。

第一节 内外场想象型读写实践——形象思维的养成实践

一、从《最后的常春藤叶》阅读到写续集

《最后的常春藤叶》笔者教了 6 次。其中，2011 年和 2018 年，先后两次为上海市高中语文教师与参加华东师范大学国家级骨干培训班的香港教师开了一节读写结合、以写为主的公开课。2012 年，这堂课的录像参加全国中学语文专业委员会主办的"全国中学语文教师基本功课例大赛"，获得一等奖，并作为全国唯一的作文读写训练优秀课例为大会作讲座。下面是本人将读写内场融通的作文实践的做法（实录见前）。

一剑磨薄半生读

——《从结尾开始》的开课体验

做事，有"好事多磨"之说，作诗，有"吟安一个字，捻断数茎须"之说，那么，讲课，尤其是公开课，自然是磨而又磨，才会靓而又靓的。所谓"磨合"，要求的就是通过"九九八十一难"的"磨"，逼出你那"七十二般变化"，进而让其与教材合，与学生合，与教师合，与大纲合，与时代合，终至使你的课，合而和，合而活，合而火。

笔者曾向全市开了一堂公开课——《从结尾开始——想象描写新颖合理，具体生动》，该课也受到专家们的充分肯定。究其原因，得力于我们用了九牛二虎之力的磨课。

这一课，是怎样磨成的呢？笔者是从六个方面努力的。

磨课题，莲开并蒂日出东海

想象与描写，都是高一年级写作能力训练的重点，以前是单独进行系统训练，但往往出现两类偏差：描写训练时，多限于眼前描写对象，缺乏必要的想象；而想象训练时，又因缺乏具体生动的描写，要么泛泛而谈，流于口头浅层单调的表达，要么缺乏逻辑，条理紊乱，甚至荒唐可笑，要么无主题无价值无情理可言。对此，笔者尝试着将两种训练有机结合起来，将偏于表达的描写与侧重思维的想象融为一体。其理论的依据与实践的铺垫，决定了它的行之有效。思想的过程，其实始终要伴随着语言的表达，而所有的表达又都是思想的结晶，而以形象思维

为主导,伴有一定逻辑思维的想象内容,最合适的表达方式则是以形象生动表达为其首要特征的描写——这可谓"好马配好鞍"。说了理论支撑,再谈实践铺垫:一是初中阶段有过描写与想象单项训练的实践,二是笔者在高一上的前半学期已有过描写实有对象,如人、物和事的系列描写实践。这就为描写与想象的有机结合搭好了桥,铺好了路。

但是,这一课题,从哪儿突破呢?笔者终于找到了它——《最后的常春藤叶》的结尾。为什么这么说呢?因为我们刚刚学习这一课,读写结合,趁热打铁,正逢其时;同时,欧·亨利的结尾是一张名片,他几乎成了"在意料之外,又在情理之中"的代名词——这结尾让人震撼,让人惊叹,让人回味,也更能让人想象那之后的人、事——这正是想象描写训练的好材料。而《最后的常春藤叶》是小说,小说的人物与景物又活灵活现,足以构成后续故事的"原料",而这些想象,只有通过描写才能最合适地表达出来。

简言之,在确立课题与寻找课题切入口的两项工作中,终于在"众里寻他千百度"之后,于"灯火阑珊处"寻得"佳偶"。如果说,想象与描写的结合,是莲开并蒂,那么,这一课题与《最后的常春藤叶》结尾的对接,就是如鱼得水,日出东海,风光无限。

磨目标,立意高远正好扬帆

如何将想象与描写的训练落到实处?目标要明确、合适。想象的新颖大胆是其生命所在,而合情合理是其价值所在。因而想象描写的新颖、合理与具体生动就构成了想象描写的三维目标。缺失了想象的新颖性,就难以形成创造创新的思维能力,从而降低了人才的思维品质;而缺失了想象的合理性,就让人感到荒唐可笑,不当回事,失去了表达的价值;而缺少了想象描写的具体生动,就使得表达显出苍白干瘪,毫无生命力可言。这一目标实现的可行性可以找到充分的现实依据。一是《最后的常春藤叶》结尾确实令人震撼。这一结尾的示范性,激发了学生的创作冲动,他们总是跃跃欲试,想与名人比一比。而让他们为这一结束写后续的做法——这一写作的切入口,为他们实现想象描写的目标搭建了宽广的舞台。二是,通过试讲,效果初显,课堂十分活跃,来听课的江苏江阴一中的老师和教研员都为课堂同学的精彩表现击掌叫好。这,再一次坚定了笔者将目标最终定位在这一点上:想象描写新颖合理,具体生动。上了公开课之后,特级教师、闸北教育学院王曙院长这样评价:想象描写这一课的目标确立,可以说是

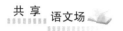

立意高远,是一个成功的创举。真可谓日出东海,风光无限。

磨环节,"放""收"自如锦上添花

目标确定之后,如何做才能事半功倍呢?笔者曾请教市北中学陈军校长、方仁工名誉校长等语文特级教师,并结合高一阶段,笔者在陈军校长课堂里听课所得,最后确定三个主要环节来达成目标。这第一大环节是想象描写的新颖性。那么,为什么把想象描写的新颖性这一较高要求摆在其合理性的前面展开训练呢?

这是考虑到同学们的兴趣。因为求新比求稳更符合同学们的"兴趣中枢"之需。因而,当笔者让学生为《最后的常春藤叶》写后续时,就鼓励同学们大胆想象,不受拘束,精骛八极,视通万里,耳听四方。不要怕别人笑话,也没有人会笑话,即使荒诞一些,也很有价值。这样之后,同学们一个个目光炯炯,思如泉涌,笔下洋洋洒洒,发言也争先恐后,滔滔不绝,气氛十分活跃,不时发出笑声、惊叹声与掌声。之后,笔者让学生评价,哪些故事特别出人意料。随后,让学生适时总结出想象描写新颖大胆的规律,从而自然进入第二大环节——想象描写的合理性训练。而对于想象描写的合理性训练——"在情理之中",笔者先让学生对刚刚交流的大胆想象描写的故事进行点评,其重点改为合理性。如,笔者让学生回答哪些故事人物是可信的,为什么?学生一点评,自然就知道了故事人物不仅要"出乎意料",还应"又在情理之中",并及时让学生在原故事的基础上要么认为合理就继续往后写,要么对不合理或缺乏铺垫的故事重新改一改,让它自圆其说,目标是让人信服。这时,学生就由热情变成冷静,又由冷静热情起来,出现了第二次创作高潮。果然,这样设计带来了良好的效果,在第二次交流中,故事人物更合情理,并且描写交代更加具体生动,场景与人物也丰富多彩了。因为要求合理,要自圆其说,同学们就会更多考虑人物个性的增加与命运的改变,故事的承转变化,场景的细致烘染等。第二阶段交流时,几位同学的作品更加有血有肉,立体可感。如果说想象描写的新颖性与合理性是一"放"一"收",那么,第三环节,则侧重于想象描写的具体生动训练,目的主要是对前两个环节的想象描写进行适当"装修",以求人物更立体、主旨更突出。这个环节训练时间虽然不长,但作用可不小,可以说使想象描写做到了"锦上添花"。这一阶段交流的作品基本成型,是一篇较完整的作品了。试讲时金熠波同学的发言与公开课上荣星喻同学的交流,受到师生一致赞赏,课后受到几位专家高度评价。可见这三个环节的安排,既是循序渐进,又让学生兴高采烈,效果很好。

磨方法,行云流水水到渠成

磨好了课题、目标与环节,如何让其带来良好成效? 教法与学法的精心设计,是重要的因素。这堂课,笔者主要从"激兴法""提升法""点评法""写作法"等方面进行了反复的思考,同时,通过试讲和请教,形成了下述具体方法的设计。

"激兴法",其设计适用于"导入""想象描写大胆新颖""想象描写合情合理""想象描写生动具体"等主要课堂环节。笔者主要采用了下列做法:把切入口——《最后的常春藤叶》的极富震撼力的结尾,作为第一个兴趣点,激发学生将余韵回味,在回味中与名人对话,在对话中激情创造,想象描写;在放胆想象环节,主要是解除同学们的顾虑,并一再鼓励他们大胆想象描写,让他们牢记"越让人意外越成功"的信条,并让他们比一比,评一评其故事的新颖性,以激励他们的写作活动。

"提升法",主要指为实现目标而设计的各环节训练效果的步步提升,即由感性实践上升为理性规律。如,将想象描写新颖大胆的行动兴趣向其规律与方法把握的提升,笔者就是这样设计安排的:先让学生先后写、读作文,然后让学生评价其中最大亮点——让人意外;再让学生归纳出想象描写新颖大胆的点滴方法,最后师生共同得出规律——可以改变故事发展方向、人物命运与场景环境,也可以增加新人物、新场景,编写新故事。这样,就让学生从兴趣作文到理性创作,有了一个较大的提升。如何让学生的想象描写合乎情理? 笔者在第一轮写作时就要求学生写一行空一行,便于修改,使之合理生动;其次,让学生评点所交流的故事,进而从中悟出规律:必要的铺垫、细设的伏笔、符合文本与生活逻辑。这样,就使学生既有可行的操作,也有理性规律可循了。

"点评法",笔者教学生或自己点评时,都依据每一环节训练重点去展开,并用肯定法、反驳法和辩证法去点评。另以"抬杠法"授课,往往在学生互评中"煽风点火",让学生争辩起来,以增加他们的智慧与兴趣。这种点评,往往使写作不断精进,使交流不断变奏而热烈。如上种种方法的设计,使得每一个环节的重点目标的落实水到渠成。

磨语言,激兴点拨诗意盎然

课堂语言是决定课堂质量、气氛与风格的重要因素。《从结尾开始》的评课会上,闸北教研员和著名语文特级教师方仁工一致肯定:陈老师的课堂语言优美动人,时时充满诗情画意。

笔者听来深感惭愧。

但,笔者本人为了课堂语言确实下了不少功夫。一是针对整个语言风格的定位,笔者再三思量,将其定位于热情奔放,充满瑰丽奇幻的诗情画意这个风格上。这是为想象描写目标量身定做的。为此,笔者先是在营造想象描写的氛围上下足功夫:笔者想到了飞翔,翅膀,雄鹰,海洋,天空,神话,天使,上帝,飞天等意象与词语。笔者还联想到了许多美丽的事物与比喻,写成一句句开场白、串联词,然后把它口语化,流畅化,生活化。如,"让老师和同学们共同的故事园里,绽放思维的花朵,让我们的灵感,争奇斗艳"。

又如开头语:"这结尾已成了欧·亨利的一张名片。其实,这结尾之后的故事可能会更精彩动人呢? 想知道吗? 它就在同学们的宽广无边的脑海里,就在你们喷如泉涌的笔头下呀。那么,让我们从《最后的常春藤叶》的末尾开始,展开想象的翅膀,尽情地大胆地飞翔,把后面的故事续写得更加精彩。需要大胆想象,精骛八极,视通万里,耳听四方啊。……"

再如结尾语:"这次续写,我们从文本出发,紧密联系文本拥有的人物与故事,在想象描写的河流上摇了一回船,我们自由扬帆,收获了一路风光。如果说文本与我们丰富的生活,是我们想象描写的船舵与航道,那么,我们广泛的联想与激情的创造,便是我们想象描写的双桨与广阔的海洋。让我们荡起想象描写的双桨,迎接作文与人生的无限风光。"

这样,让学生的思维与语言,随着教师的点拨和激兴灵动起来,难怪学生的笔下也诗情画意起来,请看现场学生的表达片段。

我是一块调色板,我的主人是平民区中大家都熟悉的老贝尔曼。

记得在一个暴雨天,在他竭尽全力饱含深情画下那片叶子之后,我就再也没有看到过他,我只是断断续续听到人们在哭泣声中提到我的主人,我只好静静地待在这里。

不久,我再一次见到久违的阳光,有一个年轻人进来了,他是来租房子的。

他整理房间的时候发现了我,他是一个临摹家。当他知道贝尔曼的故事后,经常观看那高大的墙上孤零零的一片叶子,他反复揣摩,后来,他决定每天往墙上画一片叶子。日复一日,整个墙面被他所画的绿叶所围绕,黄绿交错,不时露出些许砖块的棕色,显得别有生趣。时间一长,竟引来了鸟儿。这儿,鸟儿越聚越多,开满了鲜花,人们又种了许多花树,后来竟成了一个优美清静的花园,引来众多游客前来观赏。人们时而伫立;时而聆听鸟儿的歌唱;时而呼吸新鲜空气。

——金熠波《调色板》

琼珊开始为作品上色,颜料板上是些金色至绿色的颜料。画笔轻舞着,脑海不断闪现着蓝天、绿水、金沙、海鸟,一切美得足以让琼珊忘记了画笔……琼珊抹好了呈叶状的一片,叶梢是金色的沙滩,沙滩的质感让它看上去像叶的细齿,海水自然地由金色过渡至深绿,波涛似的起伏的叶脉,靠茎部是弧形的海平面,将人们的视线带向更远处,那永远不可企及的弧线似乎能勾起每个人心中尘封的往事,辛酸、艰难相交织,心情波动起来,但终又在这注目间归于平静。她走向墙角的画布,留下淡淡铅笔痕,而后离开了画室,跨出门了还深情地回望了一眼,似乎预示着一场离别。

那画布上隐约一行娟秀的字迹:"未完成或许已是最好的杰作。"

画布隐约飘出一阵杜松子酒香,正如一个老画家渴求知己时常喝的。

后来,人们给了琼珊一个雅号:常春藤画家。

——朱晓伟《常春藤画家》

听笔者课的学生大都说,上这样的课,是一种享受,再枯燥的教学内容因为陈老师的语言都滋润鲜活起来了。虽然学生是过奖了,但笔者的努力没有白费,足感安慰。

磨课件,千回百转直观新颖

PPT课件,是这堂课重要的组成部分,也成了一个亮点,这是几位专家共同的评价。

而笔者的课件,虽然仅有十张,但每一张都注入了大量心血。

第一张,是课题,那上面的图片是一张蝴蝶作为风帆的航船,在如云的浪涛中行进,而右下角则是几个孩子远眺航船。这张图片引起了同学们极大的兴趣,他们也如图片中的小姑娘陷入无穷的遐想。殊不知,这张图片,是笔者经过六轮改换才定稿的,开始是《最后的常春藤叶》中的常春藤叶的图片,因为这与《从结尾开始》的课题衔接很紧,但这不是本堂作文训练的重心,而只是一个切入口——换了;第二次笔者选了一片海与海鸟组合的图片,这可以表现广阔与飞翔的意思,但太平凡普通,毫无新意——换了;第三次笔者找来了一艘船,船上有人远望,有诗意,但不确切——换了;第四回找到了这艘蝴蝶航船,有点新意,但太单薄——换了;第五回找来了几张小图片,与之组合,内容多,但太杂——又换了;第六回才将蝴蝶船与几个小姑娘以一大一小、一主一次的方式组合起来,终于确定了公开课上的第一张图片。

另一张图片,为"想象描写新颖大胆"的背景。笔者经过五次改换才敲定为大海潮汐不断涌动的画面,在画面的一角有一小女孩不时眨起大大的眼睛,笔者提供的续写参考题目,正随着波涛上下起伏:《梯子》《空布》《常春藤美术馆》《调色板》《婚礼上的灯笼》《那面墙》《义卖》《改行》《贝尔曼雕塑》《海湾奇迹》《嫁到平民区》《贝尔曼市长》《"我要回到那里"》……就这样,同学们描写想象的激情与智慧,在这幅图片的感染下渐入佳境,他们纵横捭阖,不断出奇翻新,佳作迭出。

总之,这十张 PPT 图片,大多都是千回百转,几经筛选,最后才直观新颖,成了课堂的好助手,在激发兴味、突出重点方面起到不可替代的作用,共同促成了这堂"家常课"的开花结果。

当然,由于时间、水平与所下功夫之限,某些地方还未磨好,反倒印证了磨课的价值与意义。那么,怎样才能磨好每一课呢?

需要以"勤"致"精"。勤动脑,如笔者单磨课题就用了两周;勤动手,如单是教案就写了六遍;勤动腿,如单是请教就有包括区教研员在内的十多人次;勤动嘴,如单是试讲就有三次;勤动眼,如光是翻书就有四五本……总之,要调动平生所学,方能磨全,磨透,磨靓,磨精。

如上多磨,终于让教者与课题合而为一,如同骑士与骏马连成一体,让目标与环节步骤吻合自然,让目标与方法高度融合,让学生与教师融洽和谐,让语言与内容水乳交融,让想象与描写互为表里、高度一致,让兴趣与理性相辅相成,让文本与生活无缝衔接;让作文与做人比翼齐飞。因此,笔者与学生共同完成了一次想象描写的飞翔——一次热烈实在而又瑰丽甜蜜的幸福旅程。

这一旅程,其实是九九八十一难之后的返经之归。真可谓,"宝剑锋从磨砺出",一剑磨薄半生读。

下面是此堂作文课课内课外同学写就的三篇习作。

最后一片常春藤叶

周书畅

老贝尔曼的葬礼上，只有两个年轻孤傲的黑色身影站着，一个是一脸悲伤的苏艾，一个是神色苍白的琼珊。那条大披肩随风而动……

"苏艾，我们可以在这条路上走下去吗？"琼珊开口说。

"你是说，老贝尔曼的路吗？"苏艾看着墓碑上琼珊画的那片常春藤叶，其实，苏艾的老家已经来了信，她必须离开了，虽然艺术一直是她的梦想。这个世界有一条独木桥，那是上帝赐给穷人的路，苏艾很清楚，那个贫民窟所有的人都有资格走过去，而所有人都在徘徊着，偶尔去抢夺糊口的几美元，然后随着白驹过隙把所有的梦想都放弃了。那条沾染光辉的路最终离所有人遥远了，于是贫民窟又要换新的血液……苏艾的梦想必须要断在这里了，因为家里给她找好了人家，她会回去结婚，然后做一个最安于平凡的妇人。但是她不敢这么说，因为她面前就躺着一个执着的老头，她开口：

"为什么你的窗前是常春藤叶呢？这是上帝的安排吧。那是常春藤叶呀，怎么会有最后一片呢？所以我们在这条路上走的每一刻，都不是我们在这条路上的最后一刻。不然你就辜负了老贝尔曼的杰作，是吗？"

虽然这么说，苏艾在不久后无声地消失了。

琼珊开始喜欢静坐，她是那么美，瞳仁里永远有水波轻漾。她的脸颊都是朝着那些厚实饱满的叶子，那种一有风吹过就发出窸窸窣窣声响的，活泼向上的叶子。她总能轻轻柔柔地把温暖的故事画在纸上，把阳光娇艳的温暖也画上去。她是贫民窟最美的人，她画贫民窟最美的画。许多追求艺术的年轻人总喜欢围绕在她周围，她的周身存在着一个和外界截然相反的世界：安定宁和，无欲无求。

不是没有人发现过这朵开在贫民窟的花，有人想给她开画展，买下她的画，琼珊全都一一拒绝了。她从不离开贫民窟，除了在一个冬夜，她会穿着黑色的衣裳抱着一束花和画具出门，第二天早上才回来。这个安静的妇人慢慢老在了贫民窟……

很久以后，琼珊当然死了，苏艾也死了。但是所有人都知道，整个贫民窟是一个杰作。它的画家叫老贝尔曼、苏艾、琼珊。贫民窟的气息和十几年前不一样了，现在的它安定宁和，无欲无求，到处是常春藤。所有的艺术家都执着于创作

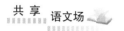

而不是只为糊口,这个贫民窟的作品总是温暖的,好像在说常春藤和阳光温暖的故事。

有一天,一个15岁的少年来到这儿,他抱着他的梦想住进了一间阁楼。还在整理东西呢,就听见有人敲门。打开门,是一个老妇人,她安详地看着他:"小伙子,这间阁楼还满意吗?我们这个贫民窟的每一个人都要在门板上画一片常春藤叶,呐,你家这一片有点褪色了,记得补上。它会是你的第一幅杰作的。"

艺术至上
贾锴

贝尔曼先生死后的几天里,一个带着画家帽,留着浓密胡子,身穿棕色大衣的男人时常经过那面画了最后一片常春藤叶的墙。每次他都看得出神,嘴里还不停嘀咕道:"真是幅杰作,贫民区里怎么会有这样的人才?"原来这不是别人,正是当时美国著名的画家温斯洛·霍默。

霍默很好奇这幅画的作者是谁,便四处向人打听。直到贫民区里一老妇人告诉他:"这是已逝的老贝尔曼画的。不信你去问那楼上的苏艾和琼珊。唉,那暴脾气的老头儿就为了救琼珊一命去世了。现在,他可是被我们贫民区里的所有青年们视作最伟大的艺术家呢!"

霍默听后便走上了楼,想去找苏艾和琼珊。却见一房间的门半遮半掩,里面发出微弱的烛光,一群青年好像正在围着什么讨论个不停。霍默推开门,发现这些艺术青年原来是在讨论一幅画作。一位女青年激动地喊道:"我认为这些色块的光影做得还不够……"此人正是琼珊,而旁边站着的就是苏艾。霍默微笑着,这不就是自己的画作吗?那女青年一眼就发现了自己的不足,真是可造之材。"这幅画其实还略有瑕疵,你看……"霍默开口了。人们注视着他,默不作声,细细体会着。"多谢前辈指点,请问前辈的姓名是?"苏艾开口道。"先不谈这个,我听说了你们和贝尔曼的故事,我也看到了他画的杰作。"霍默停顿了一下,"我想说的是,你们虽处于贫民区,但你们有梦想,追求着真正的艺术。我们处于这个艺术匮乏的年代里,但你们是这最后的一片常春藤叶。志高的艺术不必追随时代,它本身就能引领时代!"说完这番振奋人心的话后,霍默留下了一张名片便离开了。

琼珊拿起名片,只见上面写着:"温斯洛·霍默,那不勒斯海湾,艺术至上。"

青年们的脸上无一不露出了震惊的表情。

几天后,地中海的那不勒斯海湾旁沙滩的长椅上,坐着一位戴着画家帽,留着八字胡,穿着棕色大衣的老者。他看着远方港口的船上下来一群艺术青年,笑道:"你们终于来了。"

不久,在霍默先生的指导下,这群青年人为了自己的梦想,终于接触到了那至高的艺术女神的光辉。在那垄断资本主义的年代里,艺术正渐渐被人们重视。

艺术是不朽的。

叶子收藏家
钱君怡

琼珊愣住了,她不敢相信、不愿相信苏艾所说的一切。她穿上了鞋,几天来第一次起了身,走到了楼下。她推开了那扇虚掩着的门,进了老贝尔曼曾经的屋,静得只剩下那古董钟秒针走动的嘀嗒声。

借着夕阳最后的余晖,她看到了那空白的画布,她双手抚摸着,泪再也抑制不住地滴落了下来。她拿起桌上的那瓶杜松子酒一饮而尽,慢慢地走到墙上的那片叶子旁,哽咽地凝神看着,她被感动了,她被震撼了,此时的那片树叶,在琼珊心中,比天使更圣洁。良久,她萌生了一个念头:要找到一片和老贝尔曼所绘的尽可能相似的树叶。把它带在身边,也就时刻能感受到老贝尔曼的爱,更重要的是这样也就能守护它的灵魂了吧,琼珊这样想。

从此以后,琼珊无论走到哪里,都会细心观察身边树叶的颜色、纹路,今天找到一片合心意的,便带回家,第二天可能又会有新的收获。不知不觉中,她对所有的常青树叶产生了一种特殊的情感,是珍惜,是珍爱。琼珊的积累越来越多,研究也越来越深,在苏艾的协助下,她们一起开办了一家树叶博物馆,至于名字,她俩不约而同地选择了——"老贝尔曼树叶博物馆"。规模虽小,却很是精致,亦颇具新意:刚进门,便可看到一面由琼珊觅得的各种常青树叶拼成的爱心形的墙,正中间则镶嵌着老贝尔曼杰作的照片。树叶随风飘动却不掉落,下方的标语是琼珊心底最深处的话:一片叶子能够常春,那么人的生命呢?至于那发生在琼珊身上童话般的故事,一定是由她亲自向访客叙述,听者无不感动。每年的馆庆日上,幸运访客能在琼珊和苏艾的带领下,来到格林威治村艺术区,亲眼欣赏到"最后的常春藤叶"。

精致的陈设品和动人的美丽故事越传越远,人们从全国各地纷至沓来。洛杉矶人约翰也对树叶颇感兴趣,便慕名而来,博物馆里丰富多彩的内容使他欣喜,和琼珊的交流聊天更是十分投机。他便留在了这里,和琼珊一起工作,加入了许多新创意的博物馆名声更响了,收益也逐日攀升,约翰和琼珊更是产生了深厚的感情,便决定喜结连理。两人的婚礼是在金秋十月举行的,除了亲友,被枫叶染红了的小道也见证了这一刻,他们俩还交换了最爱的一片树叶作为信物……

他们快活幸福地继续经营着博物馆,直至晚年将其交付给信赖的下属后,便用资金一同在世界各地做慈善,将真情延续至永久……

二、从《最后的常春藤叶》读写到高中教材小说的续写

沪教版小说有 13 篇:《边城》(节选)、《最后的常春藤叶》、《一碗阳春面》、《项链》、《哦,香雪》、《变形记》(节选)、《在柏林》、《走出沙漠》、《药》、《守财奴》、《老人与海》、《阿 Q 正传》(节选)、《套中人》。

借《最后的常春藤叶》读写导练的东风,笔者让学生在寒假阅读高中全部小说并写作后续,教师点评提升,最后交流编成文集。

选登 5 篇。

一辈子的思念
——《边城》续
顾怡菲

翠翠等着他回来,一天、两天、一年、两年。等得不知道过了多少年,她到了适婚的年龄,村里的人都为她张罗着婚事。要知道在农村,都这个年龄还不相夫教子,是件不得了的事。

热心肠的村民为翠翠做媒,对方是一个渔夫,人老实。那个人第一眼看到翠翠就决定非她不娶了。翠翠知道,那个走了的他,可能是永远也回不来了。

渔夫是知道翠翠和他的事的,可是他不介意。有的时候喜欢一个人,不需要原因。

这时的翠翠也累了,想有个家了。

渔夫三天两头地往翠翠家跑,每次都会带几条刚刚从池子里打上的鱼。翠翠让他不要这么客气,可他就这么傻傻地笑着。等了这么多年,爷爷也走了这么多年,从没有人待她如此好过,她真的想有个家了。

他们选了个黄道吉日,请上了许许多多的村民到场,村子里好久都没这么热闹了。

婚后,翠翠撑船,他则外出打鱼。日子虽然过得清苦,但也就这么过来了。他对她很好,每次打鱼,总会带几条新鲜的回家。他吃鱼头,让翠翠吃鱼肚子。他说,这辈子能讨到这么一个漂亮的媳妇是他几辈子修来的福气,一定要好好待她。

他是这么说,也是这么做的。

一年后,他们迎来了第一个孩子的降临。翠翠说,叫天送吧。那一刻,他才知道,无论他对她多好,那个人在她心里的位置是永远无法取代的。他无奈,他痛苦,可他爱她。他应了这个在别人看来有些无法忍受的要求。他想,他以后要对她更好,来抚平她心中深深的伤痕。

又过了两年,他们迎来了第二个孩子,这次是个女孩。翠翠说,叫宝儿吧,这辈子是我欠这两兄弟的。渔夫这次还是应了,说,上辈子,是我欠了你的呀。

日子就这么不咸不淡地过着,转眼间,两个孩子都长大成人,而她却成了一个老太太,身体每况愈下。孩子们让她搬到城里住,可她却坚持住在这间小破屋里。孩子们都只认为是她固执,只有渔夫知道这里有她这一生最美好的回忆。渔夫为了她,从这个山头走到那个山头,求遍了所有的药,却还是无济于事。临走前,她对渔夫说:"这辈子,所有的债都还清了,唯独欠你的最多,来世做牛做马再报答你。"说完,她合上了眼。最后那一刻,她似乎看到了四十多年前的那个晚上,她在河边,心里的他,唱着山歌,在远处。

《一碗阳春面》续写

江 乐

每一个大年夜,那张代表幸福的二号桌上总还是留有预约牌。每一个店里来的朋友都会在进店时向正中央的二号桌投去期待还有美慕的目光。

但这张古旧的桌子却又空了九个大年夜,冷落了九个飘雪的冬夜。

他们不知道在那遥远的滋贺县,开起了一家美名远扬的面馆。这面馆之所以扬名,其美味的餐点是原因之一,而更为重要的是那家面馆温暖的氛围。

所有人都知道这面馆有一个面和心善的妇人,那是一个说话温柔,总笑脸迎客的老妇,她替儿子掌管着店内事物。温暖的洋红色墙壁和素雅的大理石木桌配上竹制灯具中投射出的柔和的光芒。那妇人在店内来回走着、看着、招呼着、闲谈着,穿着一身温婉的和服,洋溢着暖人的气息。

札幌的北海亭面馆的老板无意间听几个远方来的客人谈到滋贺县的一家面馆,说那面馆如何出众、如何不同……

不同往年,北海亭面馆在大年夜前三天就张贴出告示:"暂停营业。"

漫天飞雪,又迎来第十个大年夜。

风尘仆仆的札幌面馆老板夫妇在那家叫"暖"的面馆门口徘徊了很久很久。当他们终于鼓起勇气,怀着忐忑的心情迈进店门的时候,当他们掀起一块洋红色帘幕的时候,当他们看见那仿若最熟悉的、空着只留一张预约牌的桌子的时候,当他们的面前是迎上来的那位笑容饱满如花的和服妇女的时候,泪水悄悄地模糊了他们的眼睛……

飞雪停落在雾气迷蒙的玻璃窗上,慢慢地变小、变小,终融化……

《哦,香雪》续写

周书畅

香雪回到了学校里,她想从书包里拿出那个淡绿色的,上面有两朵马蹄莲的铅笔盒,可动作却在中途停了下来,该怎么跟他们说呢?……

不等她想好,同桌就凑了上来:"呀! 好漂亮的铅笔盒!"香雪本以为自己会好好地给大家展示这个漂亮的铅笔盒,可连她自己都没想到,她只是淡淡地笑笑,轻轻地把它放在桌子上。她觉得心里踏实,不是为了这个铅笔盒,而是昨儿一晚的夜路,是严峻而又温厚的大山才能给她的骄傲。台儿沟的姑娘不求人。

放了学,她徘徊在家门口,她更不知道怎么跟父母说。妈妈迎了出来问香雪怎么不进屋,她支支吾吾地说:"妈妈,我拿了家里的鸡蛋换了一个……铅笔盒。"只听见妈妈说:"铅笔盒吗? ……"香雪抬起头看看妈妈,妈妈的眼神有些闪烁,但是比平时都亮。香雪不知道说什么,手也不知道放哪儿,她这时,有点想哭了。

可妈妈只是笑笑:"进屋吧,饭好了。"……

很久以后,香雪考上了城里的大学,大三的时候她到西藏实地考察,准备一个实验项目。住在毡房里,她仿佛又回到了小时候在台儿沟艰难的生活,当地的镇长总是问她条件是不是太差了,提出我们可以给你改善。她都一一拒绝了,这个小小毡房里的每一处细节都让她很快乐。台儿沟多好啊。

又是一个早晨,她和平日一样抱着些杂志走出毡房,迎面撞上了一双清澈透亮的眼睛。

是一个藏族小姑娘,长长的辫子轻柔地在身后摇晃,小脸红扑扑的,低着头不敢说话的样子,眼睛却不受什么束缚,灵巧地左瞥右瞧,好像西藏蔚蓝的天一样,是无拘无束的。

香雪问:"你有什么事吗?"

小姑娘的眼睛往下收了一下,继而好似鼓起勇气般抬眼看着她:"我……我可以用酸奶换你的书吗? 我知道你有书。"说着,怕香雪会拒绝一样,把篮子从身后拿了出来,满满一篮子的用瓶装好的酸奶,用一块干净的布掩着。

真的和我小时候一模一样! 香雪暗叹。"我不要你的酸奶,书我可以给你。"说完,香雪哑然,原来换作自己,也是和那个姐姐一样的回答,同时,她也知道,这个女孩子也一样不会答应。

"姐姐……请你一定要拿着。""你不怕被你妈妈说吗?"小女孩吓了一跳,看来也是偷偷从家里拿的。"我……那我也一定要换! 这儿没有书可以看了,我……没有上初中,初中太远了,所以家里的人不让我去。但是,但是我想读书!"小女孩仿佛第一次说了那么多话,气息有些不稳,脸上红了一片,但那双眼睛,还是那么清澈透亮,就像篮子里酸奶清新的味道。

香雪想起了那个铅笔盒,那一夜的路。她很想把那个铅笔盒送给她,不过很快否定了自己。过了这么多年,这样的铅笔盒已经不足为奇,可香雪知道,小姑娘也不会有这样一个铅笔盒,但即使送给她,她也一定不会要。

她把怀里的杂志给她,轻轻接过那篮子酸奶,腾出一只手拍拍她的头:"好姑娘,不求人。"

哦——这个世界上,可不止我一个香雪呀。

《项链》后续

史心鉴

路瓦栽夫人瞪大了眼睛,难以置信道:"什……什么,假的? 不,一定是我听错了,一定是我听错了。"

佛来思节夫人却握紧了她的双手道:"不,你没听错,当年那条,真的只是我花五百法郎买的赝品。"

这一切都太突然,路瓦栽夫人顿时觉得自己很可笑,为了一条假项链,自己和丈夫居然节衣缩食地奋斗了整整十年! 这艰苦的十年早已让自己失去了年轻,失去了美貌,失去了美好的光阴!

泪水不断地从路瓦栽夫人已变粗糙的面颊上滑落。"呵呵,居然是条假项链。"路瓦栽夫人口中不住念叨着,没有顾及眼前焦急的佛来思节夫人,她顶着周围行人异样的目光,又笑又哭地跑回了自家的小阁楼,瘫倒进了一张椅子中。

路瓦栽夫人掩面痛哭大叫,过了许久,她终于平息了下来,却又神经质地一下跳了起来,翻开衣柜最底层,找到了那条不曾舍得变卖的裙袍。当她再次穿上那条裙袍,站在镜子前时,不禁又一次感到了心酸。

长年的粗活和疏于打理,让她的皮肤不再白皙细腻。多年的操心和营养缺乏,让她的身材不复当年。曾经美貌自信的姑娘已成了粗壮耐劳的妇人。

路瓦栽夫人默默坐了很久,直到路瓦栽先生回来。岁月也无情地在路瓦栽先生身上留下了烙印,疲惫的脸上今日多了丝苍白。

他强撑出一个笑容,从怀中摸出一个盒子,递给路瓦栽夫人道:"瞧瞧,玛蒂尔德,我给你带了什么。"路瓦栽夫人打开一看,干涸的眼眶中又一次盈满了泪水。那首饰盒中静静躺着的,正是他们为之奋斗了十年的钻石项链。

"今天下午,佛来思节夫人来公司找到了我,告诉我事情的原委并把它给了我。"他用手揉了揉太阳穴,"那么,现在你想怎么解决呢?"

路瓦栽夫人盯着这一切不幸的源头看了半晌,突然把它放到了一旁,扑入了路瓦栽先生的怀中,她哽咽道:"我们把它卖了吧,拿出五百法郎还给佛来思节夫人。然后……然后用剩下的钱开始新的生活吧。"她顿了顿,平复了一下语调道,"虽然这十年很艰苦,但我也懂了许多。从前,是我太任性了,加上虚荣心在作祟。我想通了,美貌没有那么重要,再美好的外表都会被时间冲淡,"她抬头深情地、含着泪光地看着路瓦栽先生,抚摸着他饱经风霜而憔悴的脸庞,"唯有爱会随着时间的增长而沉淀下来。"

路瓦栽先生发自内心地笑了,路瓦栽夫人又道:"从前你就总为我考虑,以我为先,这十年里,你更是与我同甘共苦,不离不弃。我不会再同从前一样了,接下来还有好几个十年在等着我们,我们会很幸福的。哦。对了,今天我看见佛来思节夫人的孩子了,我们以后也会有一个可爱的孩子……"

柔和的声音在阁楼一直轻响。当次日新一轮的太阳升起时,未来会向他们招手,幸福女神会对他们微笑。

幸 福 的 桌 子
——《一碗阳春面》续
佚 名

店外,刚才还在纷纷扬扬飘着的雪,不知何时已经停下了。皑皑白雪映着明净的窗子,那写着"北海亭"的帘子,在正月的清风中,摇曳着,飘着……

当屋内的人们在一室温暖中,等待着新年钟声的敲响,谁都没有注意到,不远处的屋外,有一个青年男子穿了一身单薄的衣物,步履蹒跚地走在雪地上,印下了一串串一深一浅的脚印……

屋内的人们,正品着杯中的清酒,三三两两地围坐在一起谈论着这一整年所发生的点点滴滴的琐碎事,而老板和老板娘也结束了一年的忙碌,与母子三人一同围坐在那张幸福的二号桌旁,共同谈论着这些年来他们所经历过的点点滴滴,有悲有喜,却都在此刻化为了幸福,融在手中的那杯清酒里……就在此刻,屋外的那个年轻男子却似乎是因为体力不支,一下子双腿发软,两眼一黑,倒在了雪地上。

沉浸在一片和乐中的人们,被屋外的那突如其来的声响吓了一跳,愣在那儿。突然,坐在二号桌旁的哥哥打破了僵局,掀开帘子,冲了出去,只见雪地上倒着一个青年男子,一动也不动,苍白的脸色仿佛是在诉说着他此刻十分虚弱。哥哥见状,连忙唤来弟弟帮忙,一同将男子扶进了屋内,接着不断地唤着:"先生,先生,您没事吧,快醒醒呀!"老板娘端来了一杯温度适中的水,交给哥哥,示意他喂给年轻男子。当温水浸润了男子干燥的喉咙,他幽幽地醒转了。他缓缓地睁开双眼,映入眼帘的是一群围着他焦急的人们,他疑惑地问道:"我,我怎么啦? 发生了什么事? 我怎么会在这儿呢?"身为医生的哥哥率先回答道:"先生,这是北海亭面馆,先前您可能是因为寒冷与饥饿而晕倒了,所以我们就将您扶了进来……"话还没来得及说完,老板便从厨房里端来了一碗刚出锅的阳春面,对男子亲切地说:"孩子,饿坏了吧,快吃快吃!"男子感激地看了关切着他的众人一眼,便开始狼吞虎咽……不一会的工夫,满满的一碗阳春面就见了底。看到男子终于填饱了肚子,老板娘便问他:"孩子,你叫什么? 怎么会今天在路上流浪呢?"

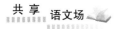

男子将他的遭遇缓缓道来："我叫井原，父母都已病逝了，也没有妻儿，因为金融危机的缘故，失业了，而购买的房子也因为还不出贷款被银行收回了，只能在街上流浪了……"

老板娘听着他的悲惨遭遇，不禁湿了眼眶，郑重地对他说道："井原，我们老夫妻二人无儿无女，既然你有缘来到了这里，就做我们的干儿子吧，以后这里就是你的家了。"井原感动得泪满眼眶，哽咽道："谢谢，以后我一定会孝敬你们的！"

"铛——铛——"新年的钟声已经敲响，幸福的桌子的魔力将永远流传，给困境中的人们带去无限温暖。

第二节　内外场研究型读写实践——理性思维的养成实践

一、从读《边城》(节选)到沈从文研究——教师篇(论文)

研究型阅读,通过写论文或研究报告的任务,驱动学生阅读沈从文关于湘西世界的"乡土文学"作品,包括散文与小说。首先,教师带领学生讲读《边城》(节选),激发阅读欲望,梳理阅读步骤,点拨阅读方法,师生互相交流阅读《边城》(节选)的感受与研究新得。尤其是,教师将自己对沈从文进行研究型阅读的成果与同学分享示范,激起了学生阅读研究的兴趣,此时,教师便应学生之需介绍了沈从文的重要作品:《边城》《石子船》《虎雏》《月下小景》《老实人》《蜜柑》《雨后及其他》《神巫之爱》《龙朱》《虎雏》《阿黑小史》《长河》《街》《萧萧》《三三》《从文自传》《湘行散记》《湘西》。

笔者曾专题研究沈从文并给全校教师做了讲座,文章收录于《走进名家名作》(2011 年,语文出版社)。下面是笔者作品选读。

人性、神性与愚性、魔性
——走近老乡沈从文

(一) 沈从文先生简介

从湘西那片神秘而美丽的山水间急匆匆奔来,带着埋葬魔性、追求神性、成就人性的愿景,奔向纯净人性的漫漫冶炼之途——这是一个乡下人的梦,一个都市乡下人的梦,一个现代文明乡下人的梦。他,就是沈从文。

(以下略去 800 字。)

(二) 现当代关于沈从文研究的成果简介

1. 世界关于沈从文的研究

1972 年,华裔女作家聂华苓用英文写的《沈从文评传》在美国波士顿出版;美籍华人学者夏志清的《中国现代小说史》和香港司马长风的《中国新文学史》中有大量篇幅研究沈从文。主要内容:1.对沈从文"大家"地位的给定;2.将他的研

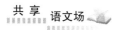

究纳入世界文学的视野;3.肯定了沈从文对现代人生存处境的深层关怀。

2. 中国大陆现当代关于沈从文的研究

钱理群等著《中国现代文学三十年》、杨义著《中国现代小说史》(第二卷)等各类文学史开始对沈从文及其创作进行较为重点的评述,研究成果主要集中在这样几个方面:

• 从政治上为沈从文"平反"正名。凌宇的《沈从文小说的倾向性和艺术特色》及其后来的研究专著《从边城走向世界》皆以相当的篇幅论证沈从文并非"反动作家",余永祥在《一幅色彩斑斓的湘西历史画卷》一文中进一步提供了沈从文并非反动作家的证据。

• 对沈从文创作方法的辨析。董易在《自己走出来的路子》一文中认为,沈从文的早期创作是浪漫主义的,而在 20 世纪 30 年代,他的思想和艺术处于成熟之境,已经把现实主义与浪漫主义两种方法结合起来进行创作。而另一些研究者认为最能体现沈从文创作风格的是写实与抒梦两者的结合。

• 从乡土文学或抒情小说代表作家角度交代阐释沈从文创作的美学价值。如高云在他的《沈从文论》中指出,在中国现代文学史上"对中国乡土风俗描写得最细致、最充分的"是沈从文;许志英、倪婷婷则认为,沈从文的作品给人们提供了"区别于古代的田园牧歌式的另一种环境下的乡村生活"。而凌宇在《中国现代抒情小说的发展轨迹及其人生内容的审美选择》中指出沈从文的小说"完成了抒情小说从题材到形式的质的飞跃"。

• 拓展了研究的视野与思路。不少论者从沈从文的创作与民间文学关系的角度来阐述,如笛论富的《植根在民间——论沈从文小说的特有风貌》,从沈从文及创作与苗族血缘关系的角度来阐述,如龙海清的《略论苗族作家沈从文及其创作》,从肇始于"五四"的爱与美的文学主题之于沈从文的角度来阐述,如何益明的《论沈从文的〈边城〉》,从沈从文美学思想的哲学基础的角度来阐述,如尚喜平的《一个探索者的足迹——沈从文初期创作浅探》等。这些研究并非处于同一水平,其成果也等次有差,但显示出沈从文作品内涵的丰富性。

进入 20 世纪 90 年代,在继承前一时期的优良传统和巨大成果的背景下,沈从文作品研究进一步发展。

a. 背景研究

如何看待家世给沈从文的文学创作带来的影响?有的研究者认为沈从文从

军队出走并踏上文学道路的行为,以及他作品中流露出的贵族气息等都与他的家世有极大的关系。他的整个创作可以看作是"对于那种受人尊敬的家世及家世所照亮的童年情景的追溯与偎依"。另有评论者则认为单凭祖父一代为官便认为沈从文出身官僚豪门是勉强的,他继承了父辈一代的"生存自由"及"生存奋斗"的精神气质,这种精神上的影响为他的一生崇尚自由、执着于理想定下了基调。金介甫先生认为"湘西对沈从文后来偏爱文学可以说影响甚微,原因是他生长在军官之家,而不是出生在书香门第"。总的来说,家世背景并非促使沈从文走上文学道路的直接原因。

b. 作品分类及单篇研究

对于沈从文小说作品的分类,通常是按照乡土与都市两大题材序列进行,也有研究者按时间的顺序认为沈从文早中期的湘西作品呈现出唐诗的意境美,而后期的湘西小说则是一种宋诗般的理性美。

c. 作家作品的比较研究

20世纪90年代学术界将沈从文小说与中外文学作品对照起来进行研究,这为其提供了新的视野,也有助于从整体上把握文学史的发展脉络。关于沈从文小说与外国文学的比较研究中,凌宇是最早注意把沈从文与外国文学联系起来研究的探索者。他这方面的研究突出表现在两篇专论中,一篇是《从苗汉文化和中西文化的撞击看沈从文》,一篇是《探索生命的底蕴》,书中详细地谈到沈从文创作与西方文化的关系及受西方观念的影响。其后的赵学勇在《沈从文与东西方文化》一书中就论述了沈从文与中外文化思想相呼应的一面,并由此而发现和证明了其创作意蕴中一些独到之处。吴立昌在他的专著《沈从文——建筑人性神庙》一书中更是全面深入地论述了沈从文与弗洛伊德精神分析学说的关系。

一些研究者以20世纪文学发展的整体性眼光对沈从文小说进行考察时发现了部分现当代作家与沈从文在创作上的联系,有人认为沈从文与当代文坛上的乡土作家贾平凹表现出文化价值取向与审美追求上的相近,也有人从文体角度对比沈从文与汪曾祺,认为后者虽师承前者,但他们在语言、叙事视角、结构、哲学意蕴等方面都有微妙差异。还有研究者在借助乡土文明来批判城市文明这一点上将沈从文与张承志联系在一起,认为"他们都将同一文化体系中不同层面上的中国城乡文明加以对照,并以人性、道德状况作为揭示城乡文化巨大差异的切入点,但沈、张两人又毕竟存在着文化起点、时代背景等造成的深刻差异"。

d. 钱理群等著《中国现代文学三十年》关于沈从文的主要研究成果

· 沈从文的行伍经历,使他以后将"残酷""愚昧"写入作品时消除了任何炫耀猎奇的可能,反而形成了一种追求美好人生、善良德性的品格。

· 他就拥有了一个具"乡下人"眼光的都市知识者身份,时时来看待中国的"常"与"变"了。只有这时候,他才深切领悟了宗法农村自然经济在近代解体的历史过程,接受"五四"启蒙思想,了解西方文明,动用丰富的乡村性生活积存,来充当现代中国文化的批判者角色。

· 他不是从党派政治的角度来写农村的凋敝和都市的罪恶,也不是从现代商业文化的角度来表现物质的进步和道德的颓下,他处于左翼文学和海派文学之外,取的是地域的、民族的文化历史态度,由城乡对峙的整体结构来批判现代文明在其进入中国的初始阶段所显露的全部丑陋处。由此,沈从文的作品丰富了 20 世纪 30 年代中国文学的多样、多元的特征。

· 从作品到理论,沈从文后来完成了他的湘西系列,提出了他的人与自然"和谐共存"的,本于自然、回归自然的哲学。

· 他对故乡的农民、兵士、终生漂泊的水手船工、吊脚楼的下等娼妓,以及童养媳、小店伙等等,都一律怀有不可言说的同情和关注。

· 沈从文的女性形象柔美如水,这种生命形式可以用"恬淡自守"来加以概括。但故乡的男性又教会他神往于"雄强进取",十万大山般矗立,表现了原始的蛮性力量。

· 在沈从文的美学观众里,除了"人性",还有"神性"的概念。

· 沈从文仿佛有两套笔墨,能描绘出两种截然不同的现实。当他以乡下人的眼光,掉转过来观察商业化都市的时候,便不禁露出讽刺的尖刺来。

· 沈从文散文将湘西的人生方式,通过景物印象与人事哀乐一一传诉,比小说更集中。

· 他没有从社会革命和阶级解放的途径来追寻原因,却从改造民族的角度寄托他的文学理想。

(三) 沈从文的地位

1. 评者眼中的沈从文

瑞典学院院士、诺贝尔文学奖终身评审委员马悦然在《明报月刊》中表示,1987、1988 年诺贝尔文学奖最后候选名单之中,沈从文入选了,而且马悦然认为沈从文是 1988 年中最有机会获奖的候选人。1988 年,马悦然向中华人民共和国驻瑞典大使馆文化处询问沈从文是否仍然在世,得到的回答是:"从来没有听说过这个人。"其实,沈从文刚刚离世数月。文化界流传,1988 年诺贝尔评审委员会已经决定文学奖得奖者是沈从文,但因为诺贝尔奖只会颁授给在世的人,因此沈从文与诺贝尔文学奖可谓失之交臂。

在文学史的序列中,给沈从文以明确的崇高地位,金介甫是第一个。他在《沈从文传》(时事出版社 1991 年 7 月中文版)引言中写道:"在西方,沈从文的最忠实读者大多是学术界人士。他们都认为,沈是中国现代文学史上少有的几位伟大作家之一,有些人还说鲁迅如果算主将,那么沈从文可以排在下面。"金介甫反映的是包括他自己在内的西方汉学家的普遍意见。在这段文字中,"少有的几位""伟大"的说法,以及和鲁迅并列,都是极高的赞誉。

1994 年,王一川主编《20 世纪中国文学大师文库》。在文库的小说家排名中,沈从文列第二位。编者给沈从文获得如此地位提供了令人信服的理由:"他借湘西边地风情而对中国古典诗意卓越再造"。

1995 年,钱理群、吴晓东推出了排在最前列的 7 位现代作家的名单。他们在《"分离"与"回归"——绘图本〈中国文学史〉(20 世纪)的写作构想》(载《文艺理论研究》1995 年第 1 期)一文中写道:"在鲁迅之下,我们给下列六位作家以更高的评价与更为重要的文学史地位,即老舍、沈从文、曹禺、张爱玲、冯至、穆旦。"沈从文在全体现代作家中排名第三。

1999 年 6 月,《亚洲周刊》推出"20 世纪中文小说一百强排行榜",对 20 世纪全世界范围内用中文写作的小说进行排名,评选前 100 部作品。参与这一排行榜投票的是海内外著名学者、作家,如余秋雨、王蒙、王晓明、谢冕、王德威等。在这一排行榜中,鲁迅以小说集《呐喊》位列第一,沈从文的小说《边城》名列第二。

2. 前辈心中的沈从文

鲁迅的转变

丁玲初到北京时,给鲁迅写信,希望鲁迅给她找一份工作。鲁迅当然是没听过丁玲其名,就问一个朋友,朋友看了说:这笔迹看上去像休芸芸——沈从文笔名。鲁迅误以为沈从文换一个女性的名字来骗自己,不但不理,还在写给友人的信中对沈从文作了讥刺和挖苦。得知真相后,鲁迅对此事颇为自责,但未道歉。虽然沈从文与鲁迅保持着一段距离,但在一次外国记者斯诺问及 20 世纪 30 年

代最突出的小说作家时,他列出了四位,第一个便是沈从文。虽然由沈从文挑起的"京派""海派"之争曾误伤过鲁迅。

周作人与老舍的最爱

周作人与老舍在1934年回答期刊提问,他们最喜爱的书是什么时,二人都提到沈从文的《从文自传》。

徐志摩、郁达夫与胡适的赏识

郁达夫因为沈从文的一片赤诚,不仅送围巾给他,而且请他吃饭,还将其介绍给徐志摩。徐志摩主编《晨报》副刊时连续刊发了习作刚刚一年的沈从文的多篇作品;并在沈从文南下上海时介绍其入中国公学教书,担任该校校长的胡适也很重视这个年轻的"乡下人"。在此,他还爱上了后来成为他妻子的张兆和。

妻子眼中的沈从文

甜蜜中的张兆和:"长沙的风是不是也会这么不怜悯地吼,把我二哥(沈从文)的身子吹成一块冰?为了这风,我很发愁,就因为我自己这时坐在温暖的屋子里,有了风,还把心吹得冰冷。我不知道二哥是怎么支持的。"

不后悔的张兆和:1995年她在《从文家书》后记中写道:"从文同我相处,这一生,究竟是幸福还是不幸?得不到回答。我不理解他,不完全理解他。后来逐渐有了些理解,但是,真正懂得他的为人,懂得他一生承受的重压,是在整理编选他遗稿的现在。过去不知道的,现在知道了;过去不明白的,现在明白了。……太晚了!为什么在他有生之年,不能发掘他,理解他,从各方面去帮助他,反而有那么多的矛盾得不到解决!悔之晚矣。"

学生眼中的沈从文

吴宏聪(中山大学著名教授,现代文学史研究专家):在西南联大沈先生开了四门课,必修的《白话文写作》和选修的《创作实习》《现代中国文学史》《中国小说史》。他改作文改得特别好,他批改的字往往比学生的作文还长,字又漂亮,所以很多学生都把习作珍藏了几十年。他不擅于公开演讲,但是个别谈话特别有针对性,能根据学生的思想情况和写作问题谈,还为学生提供材料去做研究。帮学生改作文,改完之后自己掏钱买邮票寄出去,以他的名气推荐学生的习作。沈先生还说,导师是指导你写论文,不能我们讲一句你写一句。这件事对我影响很大,这60多年的教学生涯我都尽可能地给学生学术自由。

汪曾祺:我在昆明时期发表的作品,全是在不知情的情况下,被沈先生推荐出去的,还有李广田、九叶诗人,好多学生都是在他鼓励下走上文学的路子的。他为人永远是湘西人的纯朴和诚恳。

沈从文作品人性追求的重要内涵与价值

可歌可泣的真善美,人性神性的漫溢

提到美与爱,自然想起小时乡下夜间听到栗子掉到屋瓦上,乒乒乓乓的趣事。每晚人定时分开始,秋风一起,熟透的栗子就抢先往下滚,却大多刚巧滚到我家屋瓦上,乒乒乓乓顺着瓦槽一直滚滚滚,惹翻了我们弟兄姐妹,第二天迷迷糊糊中,我们几个赶忙拿着篮子赛着寻拾栗子,草丛、岩穴、土缝、枯叶卷里、刺蓬苑旁⋯⋯

人过半百,可儿时那种爱与美的感觉竟渐深渐渐顽了。这是人的一面,而在万物比如栗子一面呢,其实也都有着爱与美的演绎。想想如果栗子也懂得美,即如沈从文所说美是神性,那么,它也会顺应神性即万物之本性或曰规律而成长,栗子也要开花还要结果还要拼着挣破带刺的青球,只待秋风一起,便抢着往下滚滚滚。——这便是栗子的爱了。因美而爱,天意。同为一乡而今暂寓上海,我更愿意感受那种漂泊而赴家的孤独与思念。当眼前陌生的都市越是走近反而越是远离你的时候,家乡山水人物就一片片漫过脑际,越来越亲了。所以,沈从文便有了自己的爱与美的重现与思考。

爱与美的统一,构成了人性。沈从文在《美与爱》中写道:"必觉得(美的)光与色,形与线,即是代表一种最高的德性,使人乐于受它的统治,受它的处置。人类的智慧亦即由其影响而来。⋯⋯这种美或由上帝造物之手所产生,一片铜,一块石头,一把线,一组声音,其物虽小,亦可以见世界之大,并见世界之全。"显然,"美"在这里具有特殊的内涵。任何造物都具有"美";"美"通过外物显现,但又不是任一具体外物。他还说:"美固无所不在,凡属造形,如用泛神情感去接近,即无不可见出其精巧处和完整处。生命之最高意义,即此种'神在生命中'的认识。"可见,只有个体"用泛神情感去接近",才能体验到万物的"美"。而"泛神"则指人对万物的神性感悟。神性就是美,就是最高德性。也就是说,人类要善于发现万物的美,万物的德性。德性既是个性也是善性。而个性则是"真"。用现代话语来诠释就是"真"与"善"的高度统一即为"美"。而对于"真""善"合一的

"美",怎能不让人"爱"？反之，正如沈从文所说："一个人过于爱有生一切时，必因为在一切有生中发现了'美'，亦即发现了'神'。"足见美与爱是相辅相成的。而二者的统一就构成了人性——这恰是沈从文着力要发现、再现与"为民族特性重塑"的。

沈从文还说："一切生存皆为了生存，必有所爱方可生存下去。"虔诚的沈从文既无从遮掩住自我炽热的爱，也就无法在他的文学世界中消匿爱。"有了爱，有了幸福，分给别人些爱与幸福，便自然而然会写得出好文章的。"爱是他创作的动力，也是他创作的最终目的。而"爱"借助什么来传达，那就是"美"，就是"人性"。他还说："人既必死，即应在生存时知所以生。故孔子说，'未知生，焉知死？'……爱就是生的一种方式……""爱就是生的一种方式"，因而先生所写散文与小说几乎没有一篇不提到"爱"或涉及"爱"，没有一篇不表现人性包括从反面折射它。不说良民之人性，即使是土匪也颇有良心。

《男子须知》中落草为寇的山大王石道义，虽然为匪，但却处处渗透着爱与美的人性：为匪而不为祸，不仅不因看上民女而强以之为压寨夫人，而且"存心爱国，要杀贪官污吏，敢打洋鬼子，回复全国损坏了的一切地盘财物……"，何等义气、志向和胸襟。这是民族所特有而必需的雄性。雄性而外，他更有慈爱之仁性。他在去信提亲时首先想到的是未来岳母与"大妹妹"孤苦相依的艰难处境，言下之意，如果成亲，自有女婿帮衬；继而安排送亲迎亲的做法，不须惊扰乡邻，一送一接；后来为了便于迎娶所爱，不伤岳母与"大妹妹"面子，在被招安的条件上一让再让；在体面迎娶"大妹妹"之后，他更是当她为至爱至宝，"大妹妹"写给山下的信中说"我生活是太幸福了""他什么事都能体贴，用极温柔驯善的颜色，侍奉我……"雄性与善性就是这位山大王的人性，他虽被迫为匪，然而他在对美——"大妹妹"的追求中彻底地颠覆了匪性而淋漓地表现着他的爱，表现着他的真与善所反映的"神性"，表现着作者所挚爱的人性。为什么要取"男子须知"为篇名？我想，这也是沈从文写这个故事的意图所在：人人都有普遍的人性，即使如匪也从未泯灭。因而，现代文明中我们不可丧失人性，尤其是男子无论生活怎样，都不可萎缩男人的雄性与仁心——人性——这爱与美的追求。

这种追求，在其他作品里也一直是这样执着，如《野店》《赌徒》《市集》《玫瑰与九妹》等。虽然这些作品的艺术成就不及《边城》，但生气流溢的"湘西气息"也已经充盈其间。作者热情描绘了湘西农村宁静、安逸的境界，讴歌了人民善良、朴实的美德和淳朴的生活,唱出了爱与美的赞歌。《雪》中叔远母子在大雪天为了城里的"我"不至于被冻着,先是在睡房早早烧好炭火暂时裹在被窝里,后又轻手轻脚去取食物怕吵醒"我",再就把不同美食如栗子、糍粑、腊肉、麂子肉、白绵肉等时不时送来,为了"我"的快乐,让"我"一块去捕猎,还把城里的活泼可爱的侄子茂一接来陪"我";《往事》中的芸儿,在勤劳的四叔、五叔和父母慈爱的关怀下,无忧无虑,尽情享受童年的快乐;《玫瑰与九妹》中普通贫民孩子们亲切戏谑和互助的温馨;顺顺的大度豪爽,天保、傩送的勇敢宽仁;虎雏的乖巧与无畏;三三有点过分的爱的萌动;萧萧对小丈夫的爱惜与对花狗所种"野种"的担当,萧萧爷爷与丈夫家最后对萧萧的怜惜与包容;豹子为找纯白之羊做见面礼而错失约会媚金,致使双双殉情的贞洁与凄美;七个野人为了抵抗政府的野蛮统治,过好最后一个迎春节,最终悉数被歼的悲壮与神威……所有这一切,无不体现出"湘西世界"的美与爱的人性。但沈从文的用意当不止于此,他试图从道德视角入手,探究湘西民族和整个中华民族的精神品质,为日渐失落的民族品性注入新的活力。谁说沈从文不关心中华民族,而只是我行我素? 其实,他是在借一片心底溢满了美与爱的湘西世界,丰富与拓展人类共同追求的人性,以促使复苏中华民族的人性与强健。

可气可痛而又亟待挑饬的愚性魔性

人性也是有弱点的,即使是他所喜爱的家乡湘西民众也存在不少,沈从文并不回避而是坦率地暴露它们——这就是存于其中的愚性与魔性。比如廉耻感的淡漠,容易知足的惰性,恻隐之心的缺失,见风就倒的从众与落井下石的伤人,主体意识与理性精神的缺损,人与人之间的隔膜,水霸、兵油子的恶习,等等。性,与人性是密不可分的。沈从文将沅水流域岸上吊脚楼里的妓女、水上的船妓与水手和士兵的生活真实描绘出来,以暴露这些可爱人们的可气可痛之处。

《一个多情水手与一个多情妇人》中的"多情"已被肯定,但廉耻感的淡漠与同情心的缺失却让人揪心。告别时,牛保嫖妓被骂,结果他还拿着妓女的东西不无炫耀,与妓女旁若无人地吃喝;妓女更是不知廉耻,没穿衣就在临河的窗口晃悠。"妇人似乎因为一番好意不能使水手领会,有点不高兴的神气",便高声喊叫:"我等你十天,你有良心,你就来——"当众约嫖还底气十足。牛保的船最终落在了骂娘滩,生死难料,然而,"几人听着这件事,皆大笑不已"。这哪有一点失去同伴的同情、担心与悲伤? 这时,作者继续写道:"忽然河街上有个老年人嘶声的喊人：'夭夭小婊子,小婊子婆,卖×的,你是怎么的,夹着那两片小×,一眨眼又跑到哪里去了! 你来! ……'小妇人听门外街口有人叫她,把小嘴收敛做出一个爱娇的姿势,带着不高兴的神气自言自语说：'叫骡子又叫了。你就叫吧。夭夭小婊子偷人去了! 投河吊颈去了!'咬着下唇很有情致的盯了我一眼,拉开门,放进了一阵寒风,人却冲出去,消失到黑暗中不见了。"这段对话与神情,把老烟鬼丈夫对自己女人"夭夭"的随意作践与当众辱骂写尽了。人与人的隔膜竟至于夫妻少时的离开就引来无尽的羞辱,然而"夭夭"却在骂声里似已麻木,虽"不高兴"但做出"爱娇的姿势""很有情致的盯了我一眼",背着丈夫还在勾引男人。受害者与害人者都是她,怎不叫人可怜而又可气。

还有《柏子》中的柏子的放肆作乐与不想个人的未来,今朝有酒今朝醉的享乐主义表现。"在每一个妇人身上,一群水手这样那样做着那顶切实的梦,预备将这一月储蓄的铜钱和精力,全部倾倒到这妇人身上,他们却从不曾预备要人怜悯,也不知道可怜自己。""他的板带钱是完了,这种花费是很好的一种花费。并且他也并不是全无计算,他预先留下了一小部分钱,作为在船上玩牌用的。花了钱,得到些什么,他是不去追究的。钱是在什么情形下得来,又在什么情形下失去,柏子不能拿这个来比较……"

沈从文毫不掩饰自己对乡下人有一种难以言说的温爱,但这种温爱既表现为感情层面的认同,又不妨碍他在理性层面对乡下人进行反思。

湘西世界,虽然可以驰骋湘西人的情感,但是现代文明的自主春风远远未来,而族长或长老主宰一切的专制意识正统治着族群,因而他们的主体意识与理性精神十分缺损。比如《边城》中的翠翠,她无疑是爱傩送的。他们初次相遇,傩送就占据了她的心田。直到最后,翠翠仍在等待"也许永远不回来了"的傩送的出现。同样,傩送也当真喜欢翠翠,一再向翠翠示爱,甚至他在确认是翠翠间接地害死了哥哥以后,依然深爱着翠翠。所以,他们之间没有虚假没有动摇,没有情感的分流与变更,双方的家长也没有动用千百年来相传的习俗赋予的权威粗暴地干涉。他们本来完全可以结合在一起,可惜二人却失之交臂,留下了永远的遗憾。究其原因,主要还是缘于翠翠主体意识的孱弱,没能主动地表达与追求爱情所致,因为我们自始至终没看到翠翠有什么能表示她主体性的行为。尽管傩送首次进入翠翠的视野,就"使翠翠沉默了一个夜晚",但翠翠一直把爱压在心底,没有一丝的泄露,更谈不上主动地表达。傩送到翠翠家中做客,翠翠"自负"

地回避了他的亲近。翠翠听说王团总要把新碾坊作陪嫁将女儿许配给傩送，双方父母都已同意后，虽然"心中有点迷扰"，但她依然没有行动，仍在被动地等待……傩送正是因为看到翠翠对自己付与她的一再示爱没有任何反应，觉得自己"得不到翠翠理会"后，才赌气出走。因此，翠翠的爱情悲剧，不是像许多专家学者所说的，是外在的客观因素造成的不可抗拒的天灾，相反，它是由于当事人的主体性太微弱而引发的人祸。理性精神的缺失同样严重。沈从文以湘西为题材创作的一个重要组成部分，如《柏子》《萧萧》《厨子》《灯》《会明》《丈夫》等作品，就是揭示乡下人理性精神的缺失。《柏子》中的柏子，常年风里来雨里去，"吃酸菜南瓜臭牛肉"，一月收入所得，仅够他去吊脚楼一夜的花费，其命运无疑是悲凉的。《萧萧》中的萧萧，在"什么事也不知道"时就做了童养媳，"糊糊涂涂"地"变成个妇人"，在等待"发卖"期间成为母亲，"生下的即是儿子""就不嫁到别处了"。她的生命始终处于被动状态，在一种"偶然"中生存。《厨子》中的卖身者时常被"霸蛮不讲规矩"的客人欺负，受警察势力压榨，过着"永远是猪狗的生活"……但是，作家并不止于描述乡下人的悲凉人生处境，而且还揭示了他们理性精神的缺失。

　　如果说，廉耻感的淡漠，容易知足的惰性，恻隐之心的缺失，主体意识与理性精神的缺损，人与人之间的隔膜等表现了人性中的愚性，那么，见风就倒的从众与落井下石的伤人，则表现了沈从文对人性中魔性的剔斥。他们，有时视他人的不幸和痛苦为玩乐，显露出理性上的混沌和精神上的麻木。比如《丈夫》中的乡下丈夫，认为女子出卖身体是"名分不失，利益存在"的"极平常的事"，所以让妻子到花船上"做生意"。当丈夫进城探望妻子，发现妻子由一个"羞涩畏缩"的乡下媳妇变成了具有"城市里人神气派头"的妇人时，很为妻子的富有而高兴。遇到嫖客，丈夫"不必指点，也就知道往后船钻去""尽管她在前舱陪客，自己也仍然很平和地睡觉了"。丈夫见到水保后，为妻子有这样一位"财神"而"觉得愉快"。虽然水保临走时嘱咐妻子"今晚不要接客，我要来"，着实让他感到难堪，但丈夫还是很快地拉起胡琴唱起歌。待到醉兵上船胡闹，凶蛮占据妻子，使他蒙羞受辱，而后巡官的"过细考察"，又打破了他希望在后半夜与妻子"说点家常私话"的梦想时，丈夫才完全明白自己的权利已被剥夺殆尽。又如《菜园》中的城里人，面对他们"相当尊敬"的玉家女主人在儿子罹难后的悲恸，竟然没有一人出来帮助料理后事，没有一人前去表示同情安慰，而且，地方绅士和名士常常强借玉家花园大摆宴席,把玉家花园当成他们喝酒、赏菊、赋诗,享受名士之欢的场所。花园的欢声笑语不仅没有抹去女主人的悲伤,反而加深了她的凄楚感。于是,玉家女主人"忽然用一根丝绦套在颈子上,便缢死了"。

这些"乡下人"还有时从各自的隐秘私欲出发,不仅将他人的不幸和痛苦视为欣赏与娱乐的材料,而且落井下石,主动参与践踏受害者。在《夫妇》《巧秀和冬生》《上城里来的人》等作品中,就随处可见这类"看客"形象。比如《夫妇》中的"好事者",当一对新婚夫妇在山中"睡觉"被人发现后,马上引来一群"好事者"围观:有的汉子"用大而有毛的手摸了女人的脸""主张把男女衣服剥下",以得到一种意淫的满足。妇女们恨得咬牙切齿,用手指刮夫妇的脸,"表示这是可羞的事",斥骂他们不要脸,主张用荆条"结结实实的挞一顿"。小孩子"即刻便竞往各处寻找荆条去了",希望从"打人"中补偿自己被父亲"抽打"的损失。老年人"看了则只摇头",忘了"自己年轻时代性情"而要纠正风俗。更有乡村的"特权者","摹仿在城中所见到的营官阅兵神气",从装腔作势的讯问中满足了自己对于权力和财富的渴慕。"好事者"没有"美",没有"善",有的只是虚伪与残忍。

"族中人"没有亲情,没有人性,有的只是私欲与暴戾。显然,对下层劳动者劣根性的剖析,沈从文与鲁迅同样深刻,阿Q式的愚弱国民性是他们笔下"看客"共有的精神病态。沈从文一再描绘这些"悲壮"而"滑稽"的场面,旨在凸显乡下人的麻木心理,引起"疗救"的注意,从而达到实现思想启蒙,促进国民精神健全的目的。

可怒可悲的都市"阉寺病"的疗救偏方

沈从文在其所置身的都市文化中,在其所置身的知识者中,到处发现缘于"文明""知识"的都市"阉寺病"。于是,作家首先从性方面入手,一再揭示都市知识者生命力的萎靡与荏弱。比如《薄寒》中的女子,渴望着男子"那种近于野蛮的热情",要求"出之于男子直接的、专私的、无商量余地的那种气概"的"压迫"和"蹂躏",但她所面对的是一群"微温,多礼貌,整洁"的"近代男子",他们不肯将"斯文"除去,"取一种与道德相悖驰的手段"。又如《如蕤》,年轻貌美的女主人渴望遇到一位有"强健的灵魂"的男子,热切向往一份用"固执的热情,疯狂的爱,火焰燃烧了自己后还把另一个也烧死"的爱情,固执地追求一种"光明热烈如日头"的生命,不幸的是,环绕她周围的是一群衰颓柔靡、毫无血性的"阉鸡似的男子"。作家最得意的《八骏图》,同样从性角度切入,展示了一群"人人皆赫赫大名"的教授的性心理畸变。这些知识精英虽然也和湘西乡下人一样，涌动着或隐或显的情欲：教授甲枕旁置有艳体诗文，蚊帐内挂着半裸美女广告画；教授乙在海滩拾到一枚蚌壳，马上想到了女性的性器官；教授丙眼睛常看的是希腊爱神胴体上的凹下处和凸出处，大脑常想的是内侄女苗条圆熟的身体；教授丁坦言自己对"许多女人皆发生兴味"，对她们"永远倾心"……但是，他们全然不敢像湘西乡下人一样充分地利用造物主的赐予享受生活，而是主动用种种"习惯""道德"等约束自己，将本能"抑制着、堵塞着"，压抑自己的天性，以致成为一个个精神上的阉人。

沈从文认为，性，是人类生命存在的符号，性压抑是生活活力萎缩的标志。所以，作家从都市知识分子的自我压制中发现的，并不是人格的完善，而是生命力的萎靡与孱弱。

沈从文在其所置身的都市世界中，发现的不仅仅是知识分子生命力的萎靡与孱弱，还有上流社会的虚伪与堕落。《绅士的太太》《有学问的人》《都市一妇人》《某夫妇》等作为一个系列，构成了作家描绘上流社会的百丑图。作品中的达官显贵、绅士淑女，"在白天和黑暗，在日下和灯前，常常显得两样"，他们虽然以"黑暗"作"装饰"，在"鬼脸"上涂满"雪花膏"，但仍掩盖不了堕落的事实。比如《绅士的太太》中的绅士家庭，表面上讲究礼数，文质彬彬，但撕开温情脉脉的面纱，映现出来的是肮脏与糜烂。生活在阔绰豪华大公馆里的男男女女，整日忙于串门、打牌、上馆子、进赌场，空虚无聊，懒惰庸俗。大公馆的主人更是大玩"爱情"游戏，绅士的趣味在于寻花问柳，太太的乐趣来自偷情通奸。主旨相近的还有《有学问的人》，主人公天福教授，因抱怨夫妻间的"爱情已经老了，趣味早完了"，想以偷情的方式"来补足这缺陷"，于是与一位"有身份的女人"调情。这位女人虽然是教授妻子的同学，竟然也愿意接受对方的"征服"。在这一系列作品中，读者发现的除绅士阶层逢场作戏式的"性欲横流"外，还有他们自私、卑污的灵魂。《都市一妇人》中的女主人，经常"出没于北京上层贵族社交界中"，"染了些骄奢不负责的习惯"，为避免重蹈被男人玩弄遗弃的覆辙，得到永久的"幸福爱情"，不惜毒瞎心爱男子的眼睛。《某夫妇》中的丈夫为讹诈他人，把妻子当诱饵，结果偷鸡不成反蚀一把米，演出了一场荒唐可笑的喜剧。这就是作家勾画的都市上流社会人物群像和人生情状。但作家揭示其生活真相的意图，既不是着眼于暴露他们政治上的反动，也不是着眼于揭露他们阶级本质上的腐朽，而是展示其人性的扭曲。

早在五四时期,陈独秀、李大钊等新文学先驱就把传统礼教文化所造就的生命力的萎缩和人性的扭曲等都市上流社会的"阉寺病",作为国民劣根性来批判,主张用原始的"兽行"来改造国民性中的柔弱素质。他们"每见吾国曾受教育之青年,手无缚鸡之力,心无一夫之雄,白玉纤腰,妩媚若处子,畏寒怯弱,柔弱如病夫"时,就会发出"以如此心身薄弱之国民,将何以任重而致远乎"的呐喊,热烈呼唤"意志顽强,善斗不屈""信赖本性,不依他为活""顺性率真,不饰伪自文"等"兽行主义"的回归。沈从文小说批判都市上流社会的"阉寺病",追求带有原始性的雄强力量,正是对这种呼唤的艺术化回应。当然,如何疗救这种都市人性或性的"阉寺病",方法不只有用湘西世界的雄性与善美,还有许多方法,沈从文只是提供了一个良好的偏方。

正因为沈从文作品的重要价值,其影响至少有三。

文学影响:最直接的影响是对京派作家群的影响,对其弟子汪曾祺等人的影响;还有因其被称为"乡土文学之父"对当代作家的影响,如当代散文大家贾平凹的乡土散文,"文学湘军"。对惯唱牧歌的中学生影响力也不小。

人生影响:沈从文作品的人性追求,又反过来哺育农业文明渐退,商业文明渐侵的湘西,我们注意到一大批"翠翠"经商时,仍然鲜明地表现着以手中之物为满足却非为买卖之人而告媚的淳朴精神。此外,都市的过往与当今正被堕落与颓废磨蚀的真正的人性,更需要沈从文所崇仰的湘西所代表的人类雄强图腾与纯美良善情怀的大量注入。自20世纪80年代至今出现的"沈从文热"正好为其对于人类生命所急需之母乳做诠释。

旅游影响:且不说沈从文的家乡——凤凰,已成为文人故里中最热的旅游地带之一,也不说边地小镇因《边城》而让中外游客趋之若鹜,即使是他的作品中提到的无名小山小溪野地幽洞也让人去追寻游历,由此又派生出许多游记散文。如《游玩凤凰》的开头:

> 说到凤凰,人们便很自然地会想到沈从文,以及他笔下的一个个生动活泼的人物,还有他笔下所写的那里的民俗风情什么的,当然还有临江的吊脚楼,还有美丽的沱江,以及世代生活在那里的朴素的苗族人民,让我魂牵梦绕,多少回在读《边城》时,不禁掩卷沉思,仿佛自己也回到了那个时代。

又如《雨雾中的天龙峡》：

> 清晨的凤凰越发娴静，溟蒙的天空变得格外澄清。袅袅的雾霭把翠绿的山缠了一圈又一圈，仿佛整座大山随着她的婀娜舞姿在移动。偶尔几声鸟鸣擦过天空。沿江有很多妇人在洗衣，那舞动着的洗衣锤敲在青石板上，如同天籁之音让人心如止水。千百年来，这沱江边上就一直敲打着这令人魂牵梦萦的简单节奏啊。

沈从文作品所求人性的主要特征

沈从文作品人性追求的主要内涵：一是独有的民族性与共有的人类性的统一；二是多元性；三是渐变性。

越是张扬了民族特性的人性，往往越是通往人类共同的人性

沈从文作品所写人性，呈现出民族性与人类性的统一。比如，苗族情敌之间的比拼往往靠歌声，然而在歌声比拼中又渗透了个性鲜明的人性。《边城》中顺顺的两个儿子同时爱上了老船工的女儿翠翠，哥俩要在山林里比试唱歌来赢得翠翠的爱。哥哥知道自己才艺不如弟弟，于是忍痛割爱，远走他乡，却不想在途中溺水而亡。弟弟知道哥哥是为了自己和翠翠而出走的，于是心中怀着歉疚也离家出走。船总顺顺本来也对翠翠怀了一层怨意，但当老船工死后，他又把孤女翠翠接到自己家中，让翠翠等候他的二儿子返家成婚。这里顺顺的两个儿子天保与傩送面对同一所爱，既不是某些伪君子一样大度的"礼让"，也不同于西方极端个人主义的"决斗"，而是准备一起比，但可能落败的天保又适时地知难而退，已得胜利的傩送又知趣地急流勇退。这里的比拼与退让体现了苗人独有的雄强与良善，也普照着中华民族的人性光辉，更是人类复苏人性的智慧与典范。这种人性不仅体现在作者所歌颂的理想人物身上，就连妓女，也不缺人性。沈从文这样深情地写道："由于边地的风俗淳朴，便是作妓女，也永远那么浑厚，……他们生活虽那么同一般社会疏远，但是眼泪与欢乐，在一种爱憎得失间，揉进了这些人生活里时，也便同另外一片土地另外一些年轻生命相似，全个身心为那点爱憎所浸透，见寒作热，忘了一切。……这些关于一个女人身体上的交易，由于民情的淳朴，身当其事的不觉得如何下流可耻，旁观者也就从不用读书人的观念，加以指摘与轻视。这些人既重义轻利，又能守信自约，即便是娼妓，也常常较之讲道德知羞耻的城市中人还更可信任。"《柏子》《丈夫》《一个多情水手与一个多情妇人》等篇中的妓女都是让人因其善解人意、乐于助人而同情，而生敬意。这些少数民族特有的人性，是沈从文开掘发现并着力表现的，也是对世界人性的丰富与哺育。关于文学的作用，在古今中外文学史上，历来存在两种意见的争论。一种是文学应与政治密切相连的"文以载道"的文学观；一种是文学应脱离政治，成为以描写人性为主的纯文学的文学观。两种观念都有各自的道理，不可偏废。在抗战时期，一大批左联作家高举抗战旗帜，为挽救民族危亡而奋笔疾书是值得赞颂的。可是，文革时期，许多文人为强权政治歌功颂德就成为献媚文学了。而主张作家应忠于艺术，坚持"独立的识见"的纯文学观则更体现人类文明发展的长久需求。过去，人们常常从政治和阶级斗争的角度去评判文学的好坏，主张描写人性的纯文学一直受到社会的批判和压制。然而，这种文学观尽管在某个时期会遭受政治的压抑，但是其创作经受得住岁月的陶冶。历史上，沈从文作为京派作家的代表，他的文学"不属于当时中国的城市文化，也不属于革命文学，因此难于被当时现实所理解"。他和朱光潜、梁实秋等人还被郭沫若等人列入"在思想斗争中要无情打击和揭露""要毫不容情地举行大反攻"的对象。因此，沈从文的作品犹如"黄钟毁弃"，在"瓦釜雷鸣"的阶级斗争年月一直不被人们所熟知。直到 20 世纪 80 年代后，一直受到压抑的沈从文才逐渐被人所发现，沈从文的文章才如出土文物般被人们大量地研究，愈来愈显现出其珍贵的价值，其作品中表现出的少数民族独有的人性美，光耀华夏，温暖人心。

沈从文作品中人性的多元性

这一点，首先体现在不同的人群上和不同的事情上。

城市人的人性多体现在如何利用其优越性来张扬。《八骏图》中的仕达先生，每次将不同教师的"病态"用书信实录"播放"给远在他乡的未婚妻，以体现他的开通与对未婚妻的忠诚和独有的幸福。这种做法表面体现了真与善，其实是以此独有的方式获得二人的"幸福"，本来是救人的仕达，最终却被传染而"病"了——这也是一种真实的人性。《虎雏》中的"我"对二弟副官的慷慨培养，全出于都市文明人的价值实现心理。而乡村人的人性则大多借那些看似不值一提的事件自然流露出来。翠翠爷爷给人烧的凉茶，随手塞给过路人的上好的草烟，过路人悄悄丢在船上的铜钱，一个老兵在翠翠爷爷死后借故请假而主动照顾翠翠生活——这些小事无一不溢满了人性的乳香。人性的多元性还体现在魔性与神性的交织中。人性中的自欺性、伪善性、报复性、贪婪性、妒忌性等也真实地再现出来。《丈夫》中的丈夫对为了赚钱而做妓女的妻子的默认与最终的愤怒,《绅士的太太》中绅士与太太的伪善的关系,《八骏图》中教授的性压抑和故作姿态,以及那位中学英文女教师的淑女外表与海滩的热辣表白都体现了人性的诸多内涵。

其多元性还体现在爱与美的追求中不同优秀品质的交织上。《龙朱》写过去年代白耳族王子龙朱爱上黄牛寨寨主女儿的故事,龙朱被赋予了高贵的性格,热情、勇敢、诚实,"美丽强壮像狮子,温和谦顺如小羊",他的爱是美丽的。爱得刚烈以致酿成悲剧的,如《媚金·豹子·与那羊》里民间的英雄豹子与美人媚金约会,却因寻找避邪的白羊发生误会,先后拔刀自尽;《月下小景》的男女主人公,为反抗女人只同第一个男人恋而与第二个男人结婚的习俗,在不能自禁中发生两性关系又无法在现实中再与相爱者结合,便双双服毒而死。《阿黑小史》各篇叙述乡间少男少女的婚前性关系,虽无"神性"的光环,但至少不虚伪,符合自然人性。而《神巫之爱》从巫师经不住爱的诱惑的角度也是说人间的爱不可抗拒。总之,在爱与美的追求中,《龙朱》的平民意识与自主精神,《月下小景》的勇敢反叛与纯真爱情,《丈夫》的忍耐与觉醒、反抗,《三三》中三三的淳朴活泼与朦胧爱情及其幻灭的忧郁凄美,《学吹箫的二哥》中二哥这位囚徒与"我"们士兵的深厚友谊,《雪》中叔远及其母亲为了好好待"我"而"作假"的憨厚拙朴……这些浸润了真善美的多元人性,丰富绚烂了中国文学乃至世界文学的人性宝库。

沈从文作品中人性的渐变性

一般来说,人性是恒定的,其实,在现实生活里,人性却也在与时俱进。沈从文的作品,也探究并表现了这一点。《八骏图》中,教授们在道貌岸然中发泄着变态心理,儿女成行的教授在蚊帐里挂半裸的香烟广告美女图;宣布不愿结婚的教授大谈以往主张精神恋爱的同事拜倒于交际花的裙下;信誓旦旦的主人公达士也对海边女郎产生想法而改变了与未婚妻相会的行程。这些教授的人性都有着不断变化的特性。这样,人性的图景就五彩斑斓了,血肉丰满的人物形象就雕塑而成了。对于同类人物的人性开掘与表现,沈从文往往因时代不同而不同。如果说,20 世纪 20 年代,沈从文的作品主要是通过"乡下人"的情绪直观地反映湘西自然属性的人性与城市堕落的人性,其作品有《公寓中》《月下》《小草与浮萍》《生之纪录》等,那么,20 世纪 30 年代,他的作品主要通过自己更深的体验,理性地审视都市的"阉寺病"与湘西文化属性的人性,其代表作有《湘行散记》《湘西》《边城》等,而20世纪40年代,他的作品则主要通过自己漂泊从教的经历让情绪与理性共同演绎战争时代都市变化的人性与湘西历史属性的人性,其作品如《云南看云》《黑魇》《长河》《新摘星录》等。

沈从文作品人性追求的主要源泉

沈从文作品人性,不能没有他那个神魔相伴出没的故乡。

沈从文生活在一个山水如画而又落后闭塞的地方——湘西凤凰(古称镇筸)。这是个多兵士、多民族集聚处,也是湘鄂川黔各省边地处,屯驻长久,交往深广,你中有我,我中有你,山水乳化,民风教化,官民身份淡化,信仰宗教互相渗透,于是形成了山水为底色,文化为血液,生活为肉身,人性为魂灵的一个独特而平和的群落。

苗族、土家族等为主导的神秘而魔幻的文化与奇秀而朴拙的山水濡养着这里一代代老人与娃子。如恋爱初夜权与结婚过日子的分离与矛盾,马路对歌与车路媒妁的两种求爱的共存,水保掌管码头与妓船而又必须负责水手与妓女的正常生活,是剥削者又是爹娘。于是每个人的头脑里就会有不同的东西在打架,矛盾的多元的生活与个性自然形成了,有时他们是一个神性张扬的人,如沈从文笔下的天宝与傩送对翠翠的追求;而有时他们又魔性大发,如《巧秀和冬生》中的"族中人",当巧秀妈被"捉奸"后,族长因其"光鲜鲜的肉体"被外人享受而"妒忌在心中燃烧",遂提议沉潭处置。族中人为"得到一种离奇的满足"与"图谋那片薄田","不费思索自然即随声附和",并把她"上下衣服剥个精光"。他们"一面无耻放肆的欣赏那个光鲜鲜的年青肉体,一面还狠狠的骂女人无耻"。老族祖"狠狠的看了小寡妇几眼,口中不住骂'下贱下贱'",亲手将其推入深潭中。因而,沈从文的作品,有时呈现人物的魔性以表其痛心与剖救之意,如《丈夫》中的水保,甚至是两个嫖妓的士兵;有时他亮起人物的神性以抒其骄傲痛惜与张扬播送之情,如《龙朱》中的龙朱,《三三》里的三三,《月下小景》中的寨主独生子傩佑与女孩;有时将二者混糅为一体,让人怒而惜之,爱而痛之,《丈夫》中的卖笑摆阔而又养家从良的"七娘",《柏子》中的以嫖妓为乐而又良心未泯的"柏子"等等。其实,这才是彼时彼地一幅立体的人物图。谁说,真正的人性,不是来自这带有整体象征意义的神魔合一的本源呢？这其实道出了人的本心，既不是孟夫子的所谓人生来便"性善"，也不是荀子所谓"性恶"。这才是真正的人性美。

沈从文作品的人性，不能没有他那个军人与书香习染的家族。

请看一段沈从文的自传。

　　……其中有一沈洪富，便是我的祖父。这青年军官二十二岁左右时，便曾做过一度云南昭通镇守使。同治二年，二十六岁又做过贵州总督，……这青年军官死去时，所留下的一份光荣与一份产业，使他后嗣在本地方占了个较优越的地位。……

　　就由于存在本地军人口中那一份光荣，引起了后人对军人家世的骄傲，我的父亲生下地时，祖母所期望的事，是家中再来一个将军。家中所期望的并不曾失望，自体魄与气度两方面说来，我爸爸生来就不缺少一个将军的风仪。硕大、结实、豪放、爽直，一个将军所必需的种种本色，爸爸无不兼备。爸爸十岁左右时，家中就为他请了武术教师同老塾师，学习做将军所不可少的技术与学识。……当庚子年大沽失守，镇守大沽的罗提督自尽殉职时，我的爸爸便正在那里做他身边一员裨将。……

　　我的母亲姓黄，年纪极小时就随同我一个舅父外出在军营中生活，所见事情很多，所读的书也似乎较爸爸读的稍多。

　　外祖黄河清是本地最早的贡生，守文庙作书院山长，也可说是当地唯一读书人。所以我母亲极小就认字读书，懂医方，会照相。舅父是个有新头脑的人物，本县第一个照相馆是那舅父办的，第一个邮政局也是舅父办的。我等兄弟姊妹的初步教育，便全是这个瘦小、机警、富于胆气与常识的母亲担负的。我的教育得于母亲的不少，她告我认字，告我认识药名，告我决断——做男子极不可少的决断。我的气度得于父亲影响的较少，得于妈妈的似较多。

正因为如此，沈从文至少获得了三件宝贝：军人家世的光荣与梦想；现代文明的濡染与萌动，汉苗土家不同文化的哺育与个性追求（祖父汉族，嫡祖母苗族，母亲土家族）。

因而其作品，自然大量表现家乡湘西的军旅生活，兵民交往，官民兵之纠葛，下层妓女与官与民与兵的关系，如《一个大王》《一个老战兵》《姓文的秘书》《一个多情水手与一个多情妇人》《五个军官与一个煤矿工人》《三个男人和一个女人》等。此外,他的另一类都市生活的作品则有两个倾向:一是表现都市两性的矫情与性压抑、性阉割的生活,暗里拿湘西质朴而放情的生活与之鲜明对照,如《八骏图》《有学问的人》《绅士的太太》等;另一倾向是,作为一个有着优越感的都市人幻想用文明人的手段改造"乡下人"和土著兵士的毛糙与蛮鲁,但大多以失败告终,如《虎雏》《虎雏再遇记》《三三》《八骏图》等。这类作品留下了更多反思:自以为是的都市,本已道德性情萎缩,怎可承担新文明建设之重任?"我"本想将二弟的副官留在上海改造成文明人,虽然他之前小小年纪已打死一个人。"我"为他请了几个教师,甚至有大学教授,并且已经教有所成,他在数学、音乐等方面进步很快。然而因为偶然的一件事,终至前功尽弃,那是因为"我"朋友的一个副官约他去大世界玩,因为与流氓发生摩擦,朋友副官被打死,二弟的副官就打死一个泼皮,被警察追赶而不辞亡命。军人的骨气成就了他的复仇与人格,却断送了他的文明与前途。这是"我"育人的悲剧还是都市文明的闹剧?沈从文带着城市人对乡下人的悲悯与乡下人对城市文明的悲叹这样矛盾的济世情怀,让你深思,让你悲鸣。这其实更是沈从文伟大人性的自我磨砺与漫溢。

沈从文作品的人性,不能没有他那种自然与个性相濡染的教育。

沈从文生活的地方,是大自然杰作的展览大厅。青少年时代的沈从文主要生活在家乡的三个地方:一个是凤凰小城,一个是苗家山寨,还有就是沅水流域,包括他舅舅所在的辰州。《从文自传》这样写道:

> 地方东南四十里接近大河,一道河流肥沃了平衍的两岸,多米,多橘柚。西北二十里后,即已渐入高原,近抵苗乡,万山重叠,大小重叠的山中,大杉树以长年深绿逼人的颜色,蔓延各处。一道小河从高山绝涧中流出,汇集了万山细流,沿了两岸有杉树林的河沟奔驶而过,农民各就河边编缚竹子作成水车,引河中流水,灌溉高处的山田。河水长年清澈,其中多鳜鱼,鲫鱼,鲤鱼,大的比人脚板还大。河岸上那些人家里,常常可以见到白脸长身见人善作媚笑的女子。小河水流环绕"镇筸"(凤凰)北城下驶,到一百七十里后方汇入辰河(属于沅水),直抵洞庭。

这段文字里把凤凰与苗乡、辰州的地理概括勾勒出来了,以凤凰为轴心,上有叔祖母所在的独特苗乡的奇山,下有外祖母所在的汪汪不绝的秀丽沅水。而凤凰本身又是肥沃多米多果,城边河清多鱼,四周万山叠翠。这样,城、山、水,这些杰作便水乳似的陶冶着沈从文。而另一方面,沈从文最主动最敢于牺牲地全身心地拥抱了大自然。其实,沈从文生活在那个靠跻身学校而渐进,靠军门裙带而为官的时代,而且他拥有这两方面的先天优势:无论是家乡的私塾还是新学,他都有几个亲戚当老师,而且,因为母亲自小教他,他的识字水平早早超过所有人而受到同学与老师的高度赞赏;而入军门由兵而官,更有曾任提督的祖父和曾当裨将的父亲的"祖业"以及正大权在握的舅舅做阶梯,他完全可以借此平步青云。然而他偏偏对大自然钟情不二。请看他的心迹:

　　在这私塾中我跟从了几个较大的学生,学会了顽劣孩子抵抗顽固塾师的方法,逃避那些书本枯燥文句去同一切自然相亲近。这一年的生活,形成了我一生性格与感情的基础。……我的爸爸因这件事十分愤怒,有一次竟说若再逃学说谎,便当砍去我一个手指。我仍然不为这严厉警诫所恐吓,机会一来时总不把逃学的机会轻轻放过。……

　　……他(张姓表哥)开始带我到他家中橘柚园中去玩,到各处山上去玩,到各种野孩子堆里去玩,到水边去玩。……

　　逃学失败被家中学校任何一方面发觉时,两方面总得各挨一顿打。……我一面被处罚跪在房中的一隅,一面便记着各种事情,想象恰如生了一对翅膀,凭经验飞到各样动人事物上去。按照天气寒暖,想到河中的鳜鱼被钓起离水以后拨刺的情形,想到天上飞满风筝的情形,想到空山中歌呼的黄鹂,想到树木上累累的果实。由于最容易神往到种种屋外东西上去,反而常把处罚的痛苦忘掉,处罚的时间忘掉,直到被唤起以后为止,我就从不曾在被处罚中感觉过小小冤屈。那不是冤屈。我应感谢那种处罚,使我无法同自然接近时,给我一个练习想象的机会。

逃学与被罚,完全因为对大自然的忠诚。处罚中竟然借此"练习想象"大自然。"性本爱丘山"的个性与大自然的无穷魅力,似于越千万坎坷之后所寻知音,从文山水,天生绝配。难怪他这样写道:

　　我感情流动而不凝固,一派清波给予我的影响实在不小。我幼小时较美丽的生活,大部分都与水不能分离。我的学校可以说是在水边的。我认识美,学会思索,水对我有极大的关系。……我的心总得为一种新鲜声音,新鲜颜色,新鲜气味而跳。……我的智慧应当从直接生活上吸收消化,却不须从一本好书一句好话上学来。

　　沈从文的作品最多最好的全离不开大自然的山水:散文代表作《湘行散记》的每一篇,《边城》《长河》等中长篇小说和《柏子》《三三》《萧萧》《一个多情水手与一个多情妇人》等短篇杰作,哪一篇又不是从文与自然共同的骄子? 而尤为可贵的是,这些作品中的人文关怀、人性光辉,哪一点又离得了自然的从文与从文的山水?

　　沈从文作品的人性,也体现了山寨式的自然常态与河流式的社会变荡之和。

　　沈从文认为,湘西边区父老乡亲的生活是沿着"常"与"变"两条轨道滑行的。所谓"常",就是在传统农业文明与独特地域生存背景下湘西边区苗族、土家族几千年来一直保留下来的民族生存样态,特别是他们那种纯朴、自然的生活方式与道德、情感观念。所谓"变",就是在汉族文化或现代文明等各种外力作用下湘西边区少数民族地域生活游移出常轨的情形。

　　在他的笔下,这种"常"态生活构成了一种宁静、和谐、淡远的"湘西世界",乃至呈现出"兵卒纯善如平民,与人无侮无扰。农民勇敢而安分,且莫不敬神守法。商人各负了花纱同货物,洒脱地向深山村庄里走去,同平民作有无交易,谋取什一之利。……一切事保持一种淳朴习惯,遵从古礼"的牧歌情调。小说《柏子》写的虽是湘西青年男子的水上生活及其与河边妓女的一夜情缘,但却内在地折射了湘西青年水手的生活方式、情感方式与生存样态——在湘西滩多水险的河道上玩命般行船,展示雄健体魄,却收入微薄;随时亡命水中的危险注定一生不能正常娶妻,与妓女进行肉体交易以博取生命与情感所需,却并不缺乏真情的付出。如此水上生涯成为一生的宿命,以至在这样的生活方式中耗尽生命的能量。散文集《湘行散记》中的《一个多情水手与一个多情妇人》《辰河小船上的水手》则可谓小说《柏子》故事的注脚。传统农业文明与独特地域生存背景铸造了湘西少数民族几千年亘古不变的"常"态生活,但汉族文化与少数民族文化的冲撞,特别是 19 世纪至 20 世纪之交西方现代工业或商业文明传入中国,给湘西民族地域生活带来了巨大的冲击,促使其产生巨大的变异乃至痛苦的裂变。这种变化让即使富于"乡下人"气质的沈从文也备感惶然,同时又使他在惶然中通过文学作品对其表示出极大的忧虑。散文《凤凰》所写湘西苗族老年妇女的放蛊、中年妇女的行"巫"、青春少女的坠落山洞,都是一曲曲湘西女性人性压抑与人性扭曲的悲歌,深刻地反映了汉族文化的一些负面因素传入湘西后对苗家妇女的人性束缚。《一个大王》中的男女匪首尽管"风光"一时,却都是黑暗旧社会的可怜牺牲品。土匪"大王"刘云亭早先是一个"为人又怕事又怕官"的"种田良民",只是因为被民国时期的外来军人胡乱当作土匪枪毙,才在侥幸逃脱后当了土匪。他沦落的根子正是当时混乱的社会秩序抑或外来政治强力对湘西社会形成的强烈冲荡。《长河》叙述国民党新生活运动带给湘西的竟是地方大员对普通农民的骚扰与勒索,湘西原有的宁静、和谐气氛或牧歌情调受到严重破坏,人们看到的是政治腐败、商业市侩习气对湘西地区构成的严峻挑战与威胁。

沈从文作品的人性,更体现了他本人的真善美的丰富鲜明的人性情怀。

两个孩子出世,沈从文不光生活更加忙碌,而且生活很是困窘和疲累。夫妻间常有不快。而此时沈从文表现出很大的宽容和男人的爱心来。他告诉张兆和:她"永远是一个自由人";如果她在北京有别的相好,或者甚至离开自己,他都不会责怪她。他这样做的理由是:既然爱她,就不应该让她受委屈。即使这样他在信里对兆和的称呼仍是那样深情,从"三三""三妹"到"宝贝""小妈妈"。

他和胡也频、丁玲这对恋人是好友,三人曾同吃同住在一起。后来胡、丁加入了左联,沈却坚持自己的纯文学创作,与胡、丁各奔东西。当胡、丁被捕时,沈从文则冒着生命危险多方奔走营救。后来得知胡、丁被害的消息后,沈从文悲愤交集,写下了四万字的《记胡也频》来悼念他的好友。丁玲没有被害,不久出狱,中华人民共和国成立后担任高官。令人意想不到的是,丁玲仕途得意之后,没有念及昔日老友对她的一片深情,相反撰文对沈从文进行指责和辱骂。而沈从文则忍辱负重,始终保持沉默,没有发表过任何反击的文章,表现出隐忍负重。

中华人民共和国成立后,沈从文完全可以凭着他卓越的文学才华写出一些歌功颂德的文字去迎合政治的需要,避免遭受迫害和打击。可是他违背人性的事情不做,宁愿把自己锁进小屋去进行与政治毫无关联的中国古代服饰研究,并出版了《中国丝绸图案》《唐宋铜镜》《龙凤艺术》《战国漆器》《中国古代服饰研究》等学术专著,特别是巨著《中国古代服饰研究》填补了中国文化史上的一项空白。

20 世纪 50 年代,文化部派人来复查工资定级,因在北大时其工资高于韩寿萱馆长,他对留在博物馆的请求是:"只要给我工作便利,薪资则永远不要超过馆中业务领导。"此后 25 年,他的职称一直是副研究员。1982 年初夏和秋,因不满当时改编的《边城》电影剧本,认为对作品缺少基本认识,曾两次将汇来的原作稿酬退还。1982 年 10 月 22 日给吉首大学刘一友的信中说道:"我五十年来都是在权威批评嘲骂中度过,从不回嘴……骂我的大多数人都毁灭了,我倒活得还相当好。"对于当前还有些人的"巧骂",他认为:"还是让他们骂,出出气好。"

1988 年 3 月中旬,凤凰县长吴官林等来访,谈县里对沈从文故居的修复工作和举办沈从文研究者的学术讨论会,要扩大影响等。他正病卧床上,说:"不要为我花钱……几十年都不写了,心里不安得很……不要宣扬我。"3 月下旬,听说著名学者凌宇参加筹备扩大成国际性的沈从文研究学术讨论会,十分焦急,催促张兆和写信劝阻。4 月 12 日,又给凌宇写信:"写几本书算什么了不起,何况总的说来,因各种理由,我还不算毕业,那值得夸张。我目前已做到少为人知而达到忘我境界。以我情形,所得已多。并不想和人争得失。"4 月 25 日,友人来寓所,传达中国派出的四位作家代表于去年赴斯德哥尔摩访问瑞典文学院,与诺贝尔文学奖评审委员会谈的内容和经过。他一如往常地平静。5 月 7 日,吉首大学沈从文研究室的刘一友来访,和他讨论湘西文化圈问题。临别时他嘱咐:"不要宣传我,要慎重,你看……现在我那一辈人只剩下我、俞平伯和冰心了……"一生淡泊名利得失,不与人争论是非,这就是沈从文的弱水人生,清澈而柔美,有什么样的心灵,就会奏出什么样的乐章。富有真善美人性的沈从文,为我们细细弹奏了一部源自山水、漫溢风情、挥洒其美与爱的芬芳交响曲。

生命的圣水不断,从文的心曲亘古;生活的旋律多变,人性的辉光永恒。

二、从读《边城》(节选)到沈从文研究——学生篇(文选)

犹见那抹"绿"

江文治

几个月前读了沈从文的《边城》,至今余味尚存。不知为何,总感觉他的笔调是绿色的,淡而纯雅,翠而鲜灵。无论是描写景色、人物,抑或是几句感叹、朴实的对白,都蒙着一层薄薄的绿。

　　仅是开头的一段"溪流如弓背，山路如弓弦……静静的水即或深到一篙不能落底，却依然清澈透明，河中游鱼来去皆可以计数"，心渐渐随着这优美的文字而宁静安逸，那是一种淡淡的绿，给人以自然的生气。我仿佛就能听到溪流的水声，看到崎岖的山路蜿蜒窄细，硕大的鱼愉悦地在水中游。在沈从文的笔下，自然是完全没有被污染的，是绿色的。它是生活在城市中的人们很难遇到的。轻轻翻开书，于是，这块我们向往的土地，已然臣服于我们的脚下。

　　原以为这抒情的文字只是微微地挑动着我们的心弦，没想到刻画的人物亦是让我们的心波澜起伏。"翠翠在风日里长养着，把皮肤变得黑黑的，触目为青山绿水，一对眸子清明如水晶。"翠翠的清纯形象，让我们感受到当地人的质朴淳厚，也许"清水出芙蓉，天然去雕饰"的魅力就在于给人浑然天成的自然美。也就正如文中所说的"自然既长养她且教育她，为人天真活泼，处处俨然如一只小兽物。人又那么乖，如山头黄麂一样，从不想到残忍事情，从不发愁，从不动气"。边城茶峒的民风是绿色的，清新的。每一个过客都如沐春风。"平时在渡船上遇陌生人对她有所注意时，便把光光的眼睛瞅着那陌生人，作成随时皆可举步逃入深山的神气，但明白了人无机心后，就又从从容容地在水边玩耍了。"怀揣着一颗单纯的心，在现实生活中是那么的珍稀与可贵。可是，在边城的时间里，不可能的变成了真实，的确有一位可爱的姑娘天真纯洁，如璞玉一般，让人怜惜。

　　边城是诗意的，连"翠翠"这个名字，也起得让人眼中一亮。翠绿宛若自然之景，绿得鲜活，绿得舒心。"两岸多高山，山中多可以造纸的细竹，长年作深翠颜色，逼人眼目。"《边城》中不乏这样的描写，湘西自然风光和淳朴的风土人情让人们不由自主地被吸引过去。翠绿色，是生命，是一种远尘脱俗的境界。它澄澈、有新意，张扬着蓬勃之美。

　　"河中水皆豆绿，天气又那么明朗，鼓声蓬蓬响着，翠翠抿着嘴一句话不说，心中充满了不可言说的快乐。"连河水都变成了豆绿色，是快乐的氛围播洒到了湖面，让湖也感染了活力与生机。读了这么多章节，可以发现沈从文是一个追求和平、仁爱而充满诗情画意的世界的人，亦是一个渴望绿色自然、淡泊简朴生活之人。自然之景是绚丽清新的，男女之间的爱情是健康纯善的。原始乡村孕育出的是绿色的生命的张力，是人性中的纯净高尚的魂。

　　"这个人也许永远不回来了，也许'明天'回来！"仅是文末短小的一句感叹，却让人意犹未尽。到底结局如何，就看读者怎么想了。这也正是作品的精妙之

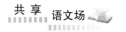

处。无论结果怎样，人性的真善美不遗余力地凸现在我们的面前。我们只感觉心中有股暖流淌过，净化了有些污瑕的心……

不知不觉读完整部作品，人一点也不劳累疲惫。那抹绿就在眼前浮动。是那条潺潺的溪流吗，还是远方的高山？是单纯的翠翠，还是真挚的祖孙情？抑或是边城的世界？……也许都是。青山绿水间，犹见那抹"绿"。

永不消逝的梦境

谢雨旸

1933 年夏天，当沈从文在崂山的一条溪边看到一个服丧的小姑娘时，他就决定"要用她来写一个故事"。于是就有了翠翠，于是就有了《边城》。

沈从文把《边城》写得很美，简直就是一个善意美好的谎言。他的笔触细腻，慢条斯理地勾画出一个腼腆羞涩的茶峒镇，以及那些纯洁的人们。然而就像他自己说的："一切充满了善，然而到处是不凑巧，因之素朴的善终难免产生悲剧。"那不过是个梦，梦一醒，便什么也没了。所谓的不凑巧，大概是指天保和傩送对翠翠的不凑巧的爱情，翠翠在二老唱歌时睡着了的不凑巧以及爷爷之死的不凑巧。于是这个故事就这样成了悲剧。好像是在百花中穿梭，香气扑鼻，惬意非常，却突然发现被蜜蜂蜇了一下那样，心中盛满了不舒服。我不知道沈从文是以怎样的心情在写这篇小说的，但在读它的时候，这种难受的感觉却一直扎到心里，有如一根软软的小刺，却拔不出来。

细看《边城》，我觉得沈从文将书中的茶峒镇、摆渡人、船总这些人们以及赛龙舟、送葬这些乡间事物都描写得非常理想化，太过美好。在当时那个吃人的社会里，这样的社会风气几乎是不存在的，即使是在一个偏僻的小山镇里。沈从文从小山镇上生，在小山镇上长，然后来到一个肮脏不堪的世界。他奋力抵御着外界的污垢，在自己的想象中画饼充饥。写出这么一个善良淳朴的世界，大概也是他对黑暗现实的控诉吧。然而它终究是不存在的，终究会消失在黑暗中，沈从文明白人不能沉溺于幻境中，于是他让好人死去，爱情破裂，美好的事物被摧毁，然后留下两颗残缺的心。毫无疑问，他完全可以将翠翠和傩送的故事写得很完美，可那不过是做白日梦，是自己心中的幻想罢了。他要告诉我们，一切善尽便是恶，即使再相信因果报应，也是无法挽救的。然后，这个童话一般的世界便终结于一场爱情悲剧,并且悲剧了整个梦境,它一下子,消逝了。

然而强大心灵制成的梦境是不会消失的,他的后面是无数人共同的愿望和意志。当我们想起美好的生活,想起纯真的心灵时,这个边城的世界便会浮现在脑海中不会泯灭。人性的真善美如同神话,捉摸不透,难辨真假,却不会随时间流逝远去。每个人都像孩子一样觉得它是真的,但谁也不会去考证这如梦境般的世界,它只是如幻影般紧紧跟随。沈从文描绘的这个令人向往的世界就像一面镜子照映着人们真实的内心对人间真善美的向往,对"人之初,性本善"的肯定。只要我们心中仍旧向往美好,边城就不会远去;我们对结尾耿耿于怀,却又突然发现它多么像生活中那些不凑巧的事,于是梦境现实交织在一起,边城仿佛也不再是边缘的世界,不美好的阴云同样笼罩在他的头顶,和我们自己头顶的那块相同。

沈从文的这篇小说是写给农人和兵士的(他在序言中所说),他觉得农人和兵士经历内乱之后,由原本的朴实正直的人变成了社会的渣滓,他很不安,希望这篇小说能唤回一点人性的光辉,他做到了。《边城》,一个不会存在的世界,将希望与失落,梦境与现实一同编入思想,渐渐重塑我们久久失落的健全的人格。于是,这个亦真亦幻的世界连同沈从文的名字一起,永垂不朽。

《边城》中的"水"

顾依萌

《边城》是沈从文的代表作品之一,它以川湘交界处的小镇茶峒为背景,以诗一般略带悲凉的笔触,借船家少女翠翠的爱情悲剧,描绘了湘西地区特有的风土人情,同时凸显出了人性的善良美好与心灵的澄澈纯净。

在整篇小说中,那条绕镇而行的小溪贯穿始终:它不仅仅是全镇人民赖以生活的根本,是这个小镇的人性的来源,同时也是人们精神世界里的根,是永恒的生命源泉。正是这河水,使人们的生活回归到一种简单而又淳朴的状态中去。亦如主人公翠翠,她在溪边成长起来,亦正是这条小溪,把翠翠长养得如此天真、可爱。同时,茶峒河还串起了小说中的诸多情节,如翠翠帮爷爷管渡船,央求爷爷唱歌;又如她去看龙舟赛,后遇见天保和傩送等。在全文中,那条小溪是一个十分重要的意象,代表的是湘西小镇的世界里,至纯至简的人性美。

不仅如此,那条绕山岨蜿蜒而行的小溪,也是全文的线索,联系着小说中人物的一个个命运悲剧:生孩子后喝冷江水死去的翠翠的母亲、在河水里淹死的天保,他们的生命都是被河水夺去的。除此以外,老船夫的死也与河水有关,当作为老船夫的化身的小船,在那天晚上被河水冲走了的时候,老船夫的死也就被象征性地表现出来了。由此看来,"水",这一看似柔弱无力的事物,实际上象征着的是自然和命运的难以战胜的强大力量,是破坏和死亡的象征。当河水无情地涨起来,在刹那间把人类赖以生存的东西一个也不留地夺走了的时候,这种人类抵挡不住的破坏力量对依靠河水生活的农村社会来说,是具有威胁性的,更是绝对的自然力量。而河水的这种破坏性和对死亡的象征意义,则从文中人物们顺应命运的人生观中淋漓尽致地表达了出来。草草看去,那些催人泪下的悲剧情节的出现似乎都是偶然的,但当一切都与河水的那种破坏力量和死亡象征联系在一起的时候,我们便能清楚地看到这所有情节的内在的必然联系。

在沈从文笔下的边城世界里,美总是与一种薄薄的凄凉联系在一起,相辅相成,谁也离不了谁。可正是这一种隐藏于天真快乐背后的淡淡的哀伤,才使得沈从文的作品站上一个新的高度,带给人以深深的,对人性、对人生的思索。即使当人和人、人和自然融为一体的时候,在那生命的喜悦背后,隐藏着的是人生无法省略,无法跳过的痛苦,以及深藏于心底的淡淡的寂寞和悲伤。可也许这些心情才更真实、长久、深刻,才能长久地留于我们的心头,成为滋养我们成长的精神食粮。

《边城》中的河水是充满人性美的,它养育了一方的人,一方的文化,一方的爱情。可同时,那水又充满着神秘莫测的力量,揭示着宿命与死亡。它成就了那纯净如水的淳朴民风,亦造成了那众多的爱情悲剧、人生悲剧。也许这种暗含悲伤的美,正是沈从文想要融解在那湘西的水中的吧。

这淡淡的悲伤必将长久地留在我的脑里,心里……

年 华 的 歌

沈佳欣

初次邂逅他的文字,那黑色的墨迹犹如涟漪般在心中荡开。不加雕饰,清新淳朴的文风,一如他笔下勾勒出的清丽的山水和朴实的人,以及那个让人心驰神往、魂牵梦萦的湘西。

那是流淌过山涧的清泉,亦是山野里不羁的风。单纯地喜爱他的文字,享受品味它们后余留在唇齿间的芬芳,淡雅而不浓郁。

《边　城》

《边城》,这是幅蕴含着自然本质美丽的画卷,这是首理想、生命与人性的赞歌。它是一首诗,一首余韵无穷的诗。它赋予了那个生长于大自然间的女孩子一颗纯真的心以及对爱情的执着追求;它赋予了那个与孙女相依为命的老人勤劳、淳朴的品质。他扎根于这片土地,这一生都在这里静静地走着属于他自己的人生之路。波澜不惊中的震撼,似乎是他笔触下的文字给人的最深的感觉。他的文字很平静,他绝不会制造一场爆炸式的死亡来骗取你的眼泪,也不会淡淡地平铺直叙,似乎在诉说一个与己无关的故事。一切都在情理之中,无论是完满的结局,还是无法转圜的遗憾。这种平静,不是平淡,也不是平凡,它蕴藏在字里行间,在每一个段落中,在每一个符号里,它携带着淡淡的忧伤,却也透露出理性——那是历经漫漫人生路所沉淀出的坦然吧……

世事的无常,命运的捉弄,这是任何一个故事都逃脱不了的宿命。

"到了冬天,那个坍塌了的白塔,又重新修好了。可是那个在月下唱歌,使翠翠在睡梦里为歌声把灵魂轻轻浮起的年轻人,还不曾回到茶峒来。"

"这个人也许永远不回来了,也许'明天'回来……"

一个没有期限的承诺,一个没有结局的结局,一丝缠绕在心头难以平复的惆怅。

或许每个读者在掩卷之际,内心都充满了优美而感伤的希冀,都盼着傩送的归来,并盼着美丽的翠翠戴上红色盖头出嫁的日子。然而这没有写出的结局,只是在我们的心中,那个充满着光明和希冀的角落。

这是不是也是他人生理想的折射呢? 只是深埋于心里的一个梦,在一座城市里,却远离他心中的边城。

《月下小景》

情感与现实无奈的交错,在爱情炽热却致命的芬芳里辗转成宿命的伤痛。

《月下小景》,一个唯美的悲剧,幸福海市蜃楼的幻象,终究敌不过现实的无奈,牵扯出丝丝缕缕的伤感。

"薄暮空气极其温柔,微风摇荡大气中,一切在成熟,在开始结束一个夏天阳光雨露所及长养生成的一切。一切的光景具有一种节日的欢乐情调。"

如此静谧安详的景色，最终酝酿出的却是一个双双为爱殉情的悲剧。是如他所说的温柔么？是他所描绘的和谐雅丽的诗歌么？还是，这温柔，这诗歌，只是这个悲剧发展的前兆？他是带着怎样一种情感，平静地用这些温和美丽的词汇来层层剥离出最后的结局的呢？女子和男子的那番对话，深情而甜蜜，以至于当真相抽丝剥茧赤裸裸地呈现在我的面前时，我似乎还沉浸在他所描绘出的那个单纯的世界里。

"他们用另一种语言，用另一种习惯，用另一种梦，生活在这个世界一隅。"

原来他早就给出了答案。这个世界里种种残酷的规定和现实，葬送了多少无辜的年轻生命。平静委婉的叙述，却暗藏着深深的批驳和愤恨。"月儿隐在云里去了"，同样隐去，甚至消失殆尽的，还有人情和人性吧。他心里那片神圣自由的、不沾染世俗的圣洁之地，只深深埋藏在心间。

情与理的交织，却也反映出他复杂的内心世界和那种难以理解的内心纠葛。有时感觉和他很近，能够倾听他的世界、仰望他心中的那片充满自由和爱的天空，却也会在刹那间仿佛隔了一道难以逾越的墙，墙两边是两种截然不同的人生观和思维。有没有人能真正走进他的内心呢……

《街》

他说，有个小小的城镇，有一条寂寞的长街。

这是文章的第一行。然而，读到这里，却仿佛有什么东西横亘在心中。忽然觉得我们所生活的这个世界里，作者笔下纯然的、那种被叫作"生活"的东西，在潜意识里已渐渐模糊。

长街，从来都不寂寞，因为有生命气息的存在。寂寞的，从来只是人心而已。

"爸爸没有回来。有些爸爸早已不在这个世界上了，但并没有信来。"

我永远忘不掉这句话。很简单，很平凡，却是那么深刻地触及心中很深的那个地方。孩子的眼眸里折射出的依然是那样的纯真，殊不知至亲早就离自己而去。

风过无痕，雪落无声。一样印在雪里的，还有他那颗沉重的心。

他，带着他的文字，用朴实的笔触勾勒出他心中的那个世界，至纯至真的湘西。那是一段平静而坎坷的路，是他略带青涩的笔触蜕变为成熟和深沉的见证，历经岁月的积淀而愈发清晰。那是一个生命与另一个生命的灵魂初次邂逅时的美好，是足以温暖我一生的篇章。

消逝的旧时光里，他用笔写下温暖和辛酸，如一曲年华的歌。

第五章　语文听说外场的实践演绎

共享语文场,除了共享语文内场之作文内场、读写内外场之外,还应该具备语文听说的内外场。下面是个人创设的语文外场之听说场的语文演讲外场的实践探索。

第一节　汉字研究与国旗下演讲活动

我们把汉字研究作为国旗下演讲的主要内容,一直坚持了 12 年。

我们与教育部传统文化教育实践课题组对接,组成了汉字研究子课题组。课题组由陈军校长担任组长,教科研负责人(笔者)担任副组长,语文教师与学生汉字研究社成员为研究核心,分阶段地开展了全校性的汉字研究实验。既继承了《说文解字》的体式,关注汉字的形、音、义,也另辟蹊径,更关注汉字运用的生活性、时代性与个性化;不仅关注其身份,更关注其品质;不仅注重汉字的独立性,更关注它们的关联性;不仅关注其过去、现在,更关注其未来发展。

一、汉字研究演讲阶段

语文教师的汉字研究主要分为三个阶段:

回归本源——体验人生——艺术鉴赏。

回归本源——汉字研究第一阶段,时间为 2009—2010 年。本阶段主要任务是侧重于部分汉字音、形、义的体认,兼顾字形的古今演变。

体验人生——汉字研究第二阶段,时间为 2011—2012 年。本阶段主要任务是"从汉字体验人生"。研究要求每个教师选出两三个能够概括或揭示自己教学人生特点的汉字,上升到教育学高度来自我评价与反思,从而勾勒出一个活脱脱的思想个性极为鲜明的"自我形象"。

艺术鉴赏——汉字研究第三阶段,时间为 2013—2016 年。本阶段主要任务是以"诗眼鉴赏"为切入点,从"诗眼"入手,既鉴赏一词立骨;又将"诗眼"转为"教

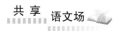

眼"，从教的角度设计引发学生思考的路径与程序。

学生团队的汉字研究也主要分为三个阶段：

第一阶段，选择性研究——汉字研究社社员依据个人兴趣爱好选择汉字来研究。时间为 2010—2013 年。

第二阶段，主题性研究——汉字研究社社员与各班选派代表依据主题选择汉字来研究。时间为 2013—2016 年。

第三阶段，自主性研究——汉字研究社社员与全校各班全员依据学校按拼音字母为序分配的汉字群自主选择其中汉字进行系统性研究。时间为 2016—2020 年。

二、汉字研究方法

汉字研究课题组在研究过程中除了文献法、调查法、观察法等常见研究方法而外，还主要采取了如下几种方法。

习得法。汉字研习，从"习"入手，学校开辟专门场地举办"翰墨沙龙"活动，倡导全校教师学习写字。先是语文教研组内每周三、周四中午练习毛笔字，后来不断有其他学科的教师加入，规模不断扩大，时间也变成了每天中午，既满足了我校教师的业余爱好，又锻炼了教学基本功。每次虽只是短短的 40 分钟，教师的收获却很多，书法水平得到提升。

展示法。及时展示师生研究汉字的成果。主要有五个舞台：一是师生书法展；二是每周升旗仪式上通过演讲方式展示一个汉字研究的成果；三是每年举办一期校园文化大餐——汉字节；四是编成书与刊来展示；五是我校还经常组织以汉字教育为主题的对外交流、参观考察等一系列的活动，促进了学校汉字教育校本课程的多样化发展，在原闸北区乃至上海市产生了一定的影响。

点面法。以点为中心，辐射一个面。我们以语文教师为点，带动全校各科教师在自己的教学与论文写作等语言运用中规范地读、说、写和教；以学生"说文解字"研究社为点，带动全校学生研习汉字的热潮；以展示的五个舞台为点，带动全体教工及全区乃至全市师生去热爱研习汉字。

根入法。让汉字研究像树根一样不断深钻潜进，由字而阅读，由字而作文，由字而演讲，由字而朗诵，由字而辩论，由字而社交，等等。让语文学习由字的研究深入到它的每一寸土地。

三、汉字研究演讲主要成果

通过如上努力,获得以下主要成果:

1. 促进了全校师生对汉字的重视与认知,加强了对传统文化经典的认同与自觉传承。

据统计,汉字研究进行以前,全校学生中热爱汉字与语文的同学,约为20％,无所谓的约为50％,不喜欢汉字与语文的约为30％;汉字研究第三阶段即将结束,全校学生中热爱汉字与语文的同学,约为71％,无所谓的约为16％,不喜欢汉字与语文的约为13％。由此可知,学生对汉字的认同度与传承意愿不断提升与加强;教师,即使是非语文教师,对汉字与语文也充满热情。总之,现在师生们对传统文化经典传承的认同度与自觉性得以加强。

2. 促使全校师生形成汉字读、说、写的规范化与书法练习的常态化的新潮与良好习惯。

学校教师积极参加课题组组织的"书法艺术欣赏""常用汉字规范书写系列讲座";教师们在诸如命题、打印、校对、阅卷、订正等涉及汉字的工作上,均能规范化操作;学生积极参与学校汉字研习的种种活动:"汉字拾趣""汉字与六书""书法艺术及欣赏""汉字的魅力""汉字的发展历程""民间绝妙对联欣赏"。全校师生逐步养成了"动笔一丝不苟,开口严谨规范"的汉字读写习惯。不仅如此,广大师生还积极练习毛笔与硬笔书法,几年来,共展览师生书法作品 600 余件,参观人次约达 5000 人次。

3. 形成了我校富有特色的汉字教育读本与汉字教育课程。

学校将语文教师汉字研究三个阶段的成果编成 3 本校本教材:《汉字研究》《从汉字体验人生》《诗眼与教眼》。

不仅如此,还开设了如下课程。

拓展类课程:汉字文化选修课。

兴趣类课程:语文组的汉字研究校内师训项目、学生汉字研究小组的"说文解字"。

实践类课程:"翰墨沙龙"的写汉字活动、每月的教工书法展活动、每学期的学生硬笔书法比赛及展出活动。

这些不同类型的课程不仅推动了汉字研究,也有效地传承了中华传统文化,

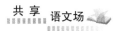

丰富了校园文化内涵,形成了我校乃至上海市独具特色的教育新地标。市区两级领导对此给予了充分肯定。

4. 有效地夯实了全校师生,尤其是语文教师的基本功,促进了师生人文素养的提升,更推进了语文学科的建设。

开展汉字研究以后,随着对汉字、语文的兴趣渐浓,学生阅读传统经典兴趣渐浓,几年来全校学生阅读量达 6 000 万字;写作兴趣渐浓,写作量达 300 余万字,其中发表作品达 50 000 余字,获区、市、国家级各类竞赛等第奖的作品达 1 000 余篇。

开展汉字研究以后,教师的粉笔字大有改观,极少读错字,得奖与发表作品越来越多,语文组有 3 位教师办了个人书法展。6 年来我校语文组教师发表文章近 20 万字;在各项基本功大赛中获得区级以上奖励者达 100 多人次。

5. 大大推动了校园文化建设。

其一,以汉字研究为酵母,酿造了近 10 个语言文字类社团,如,汉字研究社、翰墨沙龙、诗社、词社、小说社、演讲社、辩论社、朗诵社、广播社、天下事研究社等。

其二,为升旗仪式上的讲话平添古雅风韵与深刻内涵,也促进了各类文化活动的开展。

开展汉字研究前,我校仅 10 多个社团,而现在已经发展成了文学类、综艺类、社会体验类、自然科学类与体育锻炼类等 5 大类的近 60 个师生社团。

依据近年来国旗下演讲情境,我们拟定了五个大单元,分为五个主题:书生意气——志向;鹰击长空——奋斗;间关莺语——修养;春风桃李——学友;指点江山——担当。每个单元分成几周完成,也通过写文章、演讲与演讲培训、研讨点评与编印《国语旗风》文选来落实。

我们的文集取名为"国语旗风",一是取其国旗下的演讲与汉字研究两者融合之意,二是有通过汉字研究弘扬爱国主义精神之寓意,三是以此唤醒人们对于渐渐淡化的母国文化之根——汉字文化——的皈依与认同。

第二节　汉字研究与国旗下演讲文选

汉字研究与演说，教师与学生是两条线进行。如何促进两线融合，并促进学生的汉字研究？需要教师与学生互相交流，形成一个场。因而，笔者担任了学校汉字研究社导师，自然更多参与其间，与同学们一起研究，一起交流，一起演说，这样就引领学生不断进步。以下是笔者的三个案例。

一、教师汉字研究文选

（一）东

1. 体认

读音、释义等参《现代汉语词典》。

2. 体用

（1）很有意思的词、句：东窗事发，东床，东道主，东风吹马耳，东郭先生，东山再起，东施效颦，东边日出西边雨，借东风，东方不败，东方雄狮。

（2）常写错的形似字："乐""车""枣"等。

3. 体会

我的名字自小是"冬生"，意为冬天出生；上学时，父母将陈家表辈分的"世"字放进去，遂改为"世东"。就这名字，我曾让我的学生猜，出现了不少答案，后来我写了一篇散文，其中有这样的文字：

叫我"陈世东"，我端肃；叫我"世东"，我温暖；叫"东哥"，我欣然；叫我"东东""冬瓜"则哂然……同学们一个个满是夸赞地满是真诚地说，老师的名字叫世东，代表了太阳，因为太阳每天从世界的东方升起；老师代表的是中国，要让祖国屹立在世界的东方；老师代表的是家族，你的"东"本身就是"陈"的一分子……

东，曾带给我不少快乐与自豪。东，带着我，更如阳光一样热情似火，对人对事业皆如此。我喜欢写诗文、也喜欢演讲，更喜欢与自己的恩师和好朋友相聚，一聚就要尽兴，无边地海聊，无拘地歌舞，无休地喝酒——尤其是青年时代，因而我发表了一些诗文，只要看看这些篇名就知道我的"火情"了：《让"残缺"与"反常"展开美的双翅》《审美活动和实用效应是高中语文教学的双桨》《〈眠钟〉"难眠"》《故事人物扣人心,情感理趣催人行》《站在三片山水之上》《仰首问天写忠魂》《绿舟,让我们扬帆》《我生命的田园与心灵的村庄》《母语——您让我们如何不爱》《面对语文生命》等,这些诗文发表在《语文教学通讯》《语文报》《中文自修》上。

东,冥冥之中带着我,永远向东。"东"是由古汉字"东"的草书体简化过来的,"东"是由"日""木"组合成的字,意思是太阳初升,高度未超过树梢时的方位,指示为东方。再者,古籍中有"阳气动于春"之说;所以"东"也有"春天"之义。我曾去新疆支教,是想太阳落得晚一点,现在从张家界来到上海更是奔着东方来了,是想太阳出来早一些。原来,我是需要这个"东",带来更多的太阳与春天,带来更多的生机、希望、温暖,带来多彩的世界。我才能平平,光热有限,从小就笃信父母"人争一口气"的家训,在对人对事业方面几乎倾注了全部的心血,面子、事业倒真有点光彩,然而身为人子、人夫、人父,却很少给他们温暖与实惠。

东,让我永远不停地追求,因为"东"就是"动"。"东"另有一种说法,为缠绕在"丨"上的行囊。将行李固定在木头上就是将要出行的意思,《白虎通·五行篇》中有"东方者,动方也"的说法,所以东的原意是动。我的"东"表现为动态的追求:从空间上,我先后在中南、西北、东部工作;从事业上,除了语文教师与班主任,我还先后兼任语文教研组长、校园广播电视台台长、教导主任、支部书记等工作;从语文专业发展看,除了语文教学,我喜欢并参加了朗诵、演讲、辩论、创作等大赛,还常常主持一把节目。

虽然,至今学无大成,教无硕果,但我仍然喜欢"东",把它写成工整的"东",草体的"东",还有繁体的"東"。

(二)山

1.体认

读音、释义等参《现代汉语词典》。

2.体用

(1)很有意思的词、句:山歌,刀山,坟山,关山,开山,靠山,泰山,巫山;逼上梁山,调虎离山,放虎归山,开门见山,名落孙山,日薄西山,寿比南山,铁证如山,愚公移山,安如泰山,半壁江山,拔山盖世,拔山扛鼎,积土成山,三山五岳,仁者乐山,山重水复,坐山观虎斗,责任重于泰山,山不过来我过去,一山更比一山高。

（2）有关"山"的名句举隅：千山鸟飞绝，白日依山尽，一览众山小，国破山河在，空山不见人，明月出天山，只有敬亭山，种豆南山下，青山遮不住，不识庐山真面目，只缘身在此山中，山河破碎风飘絮，夜静春山空。

3. 体会

一睁眼，"两山排闼送青来"，一闭眼，就常常梦见山，这就是我出生的地方，与世界著名的自然文化遗产张家界核心景区紧紧相邻。从这里走出了新中国最传奇的贺龙元帅，不远处又走出了距诺贝尔文学大奖很近的沈从文。

我骄傲——我长育在山里。

因为山给了我幸福的童年。山坡草甸上还翻滚着柔柔而眩晕的疯癫，牛羊们正追吃一株株一蓬蓬青青黄黄甜甜润润的草儿，"鸡腿子""奶酱菜""三叶泡儿""茶泡""舅舅娘""伴船儿""茅芯儿""刺笋头儿""板栗""棠梨儿""柿子""地衣儿""芥儿"……我的山啊，我们可来不及收拾地上的泥渣、树上的花粉、壳里的薄幔、皮间的微涩，好一个挖呀、摘呀、掰呀、撕呀、咬呀、吮吸呀、咀嚼啊，吞啊撑啊，哟——还拍打拍打肚皮呢！晨晖夕照，春风秋雨，我和牛儿羊儿一块长大。山的孩子，绿色的精灵。

山，还给了我顽强的斗志。如果说我们上山放牧，是一种与山快乐的游戏，那么山岭对于我们，又执着地牧放着它想要的坚韧。砍柴割草，挥锄抢斧，担水施肥，一回回，一天天，手酸疼了又握紧拳头，脚起泡了又弓成马步，背肩磨出血了又咬牙积成新茧，骨头快散架了又让它慢慢聚拢变成一块准钢铁。山接受了我们的踢踏、埋怨，甚至诅咒、报复，但它仍然静静聆听，巍巍傲立，山托晚风和树叶徐徐诉说：孩子啊，走向山外，你就明白了。一路至今，渐行渐远，好似远离了山，其实是走进了山——是山坚韧的傲骨，支撑了我面对种种风霜。

山啊，你给了我仁爱的精神。圣人曰"仁者乐山"。山的静处需要内力奠基，所谓"我自岿然不动"，既需要挡住雷霆风暴，也需要经受住无数诱惑。这种内力是不断修炼而来，千万年亿万年的隆起而下沉、堆积而流失、风化而又重固，褪去了浮土轻尘，挥别了流云雾霭，生长着自己的花草树木，编织着独有的山泉飞瀑，吟咏着担当与包容的仁爱诗章，哺育着一方仙凡直至地老天荒。我从事教育行业至今不变初衷，多半是借了仁山之魂吧。

山啊山，你就是我依恋而又思念的被窝。爱山，竟然离它而去，似乎是违背了童真的誓约。其实不然，山的酮体不动，不是墨守自缚，而是为了一个明确的方向与灵魂飞扬的自由。山魂就是游子之灵。游子不是浪子,灵魂最终的方向不是背离而是皈依。如同落叶之于树根,羁鸟之于旧林,池鱼之于故渊。游子在外,常感孤寂凄冷,总想回到那热乎乎的被窝里。对于游子,温暖而踏实的被窝,就是山的酮体臂弯,是山的草甸松风花海石掌和各种野吃啊。如果在一座城市疲软了迷失了,只要回到山里疗养一会儿,就会攒足劲儿打起精神,拨云见日,重放生命蓬勃的霓虹。如果我们一时回不了山,哪怕梦中搂搂它,第二天,一出家门,你依旧是那尾跃入人海的鱼,翔飞蓝天的鸟啊。

(三)从"三味书屋"到"百草园"——汉字家族之"母""语""哥"

世人谁会无"母",人间怎可无"语",朋友岂能少"哥"?一个一辈子以母语为师,而又以母语传授为业,最终被晚辈、同辈甚至长辈称为"东哥"之"哥"的人,应该是幸福的。母、语、哥三字早已叠为一体融入我的生命魂魄——这,便成为我此次汉字研究的钟情之选。

从那一声朴素而真情的发语中,我认识了"母"。母的汉语拼音是 mǔ,是人们抿着嘴随着自然呼气时深情而又轻轻张开的那一声;而"母"的另一通俗称呼——"妈",更是人们从童年至一生抿着嘴随着自然呼气深情而又大大张开的那一声。那一声,来自最深处,却响彻天地间,传到最远处,栖在最高处。旱涝里,她是叮咚与布谷;枯荣间,她是甘霖与啄木。

从"母"体那一婀娜的身段里,我感受到了她的臂弯与怀乳。甲骨文的"母"字,似为一个人站着用温柔的臂弯与丰润的母乳诠释母性生命唯一的真谛;楷体"母"字的笔顺更是一幕生动感人的哺乳图:"母"字开头的那一竖折,好似母亲先是伸出左手臂柔柔弯起,正要轻轻托着孩子,再是那一横折,又像是母亲弯起右手臂正要紧紧搂向宝宝,接着上面的那一点,便更像是母亲露出了一个待喂的乳头,那接下来的一横呢,就像是她斜抱着的待乳者,最后的那一点啊,就是母亲备给宝宝的另一个乳头呀。《说文解字》于我心有戚戚焉:母,"象裹子形。裹,裹也,象两手裹子也。一曰象乳子也。"

在读与写的过程中,我们不断感受到"母"字哺育与繁衍的家族,组成了一群最温馨的词语:母爱、母本、母体、母系、母线、母校、母语、阿拉伯字母;祖母、父母、丈母娘、叔母、伯母;母蟹、母猫、母狗、母猪……

母为"坤",代表大地,乃万物根基;而她又总是谦卑地处于最低处,往往与"水"密切相连,滋润万物而静无声息。她是繁衍与奉献的化身,是恩爱、博爱的海洋。

由此,我又想起小时候春节期间母亲常说的那些话和故事来。

"冬生儿(我的乳名),还有几个舅舅也要去拜年啊……"一到春节,母亲总这样叮嘱我这个兄妹间的老大。拜年,就成了我们几个兄弟姐妹与父母一行浩荡出游时的好事和难事儿了。我的亲舅舅其实就一个。母亲话里的"还有几个舅舅"共有四个。一个是舅舅的堂兄的堂兄,一个 60 多岁的孤老,母亲说"他无儿无女,看到人家过年,儿孙满堂的那么热闹,他会睡不着的,新年睡不好,会整年睡不着的……"另一个是我传说中的"大妈"(我父亲的第一任媳妇廖氏,当时已去世近 20 年了吧)的娘家舅舅。去他家拜年的羊肠小路上,总是积雪泥泞,还要翻过两座刺蓬蓬的山,其间多有野猪豹子时不时出没,一听我们兄妹说"不想去",母亲就说:"你大妈虽然没有留下孩子,可不能让别人说你大舅舅没有外甥去行走哟……"还有两个舅舅,是我传说中的"二妈"(我父亲的第二任媳妇袁氏,有一子夭折,当时她已去世 10 年以上了吧)的娘家舅舅,路倒是不远,但两位舅舅儿女都多,又穷;其中一个舅舅还是国民党投诚人员,常被别人讥笑和批斗;每次拜年,最多两个荤菜,鸡鸭鱼虾常缺,因此,我们兄妹就都不愿去,母亲又说:"哪家没有背时的运气! 我们去,就是给你们舅舅家冲冲喜的。记住不要拿他们的打发钱啊……"拜年,是新春留在母亲心头的一个心结,也是我们兄妹心头历久弥新的一段记忆。因为,拜年总要拿得出像样的礼物,而那时,家里人也多,祖父、父亲虽然有让人羡慕的好手艺,可以贴补一些家里的开销,但三世同堂吃穿用度也总是捉襟见肘。然而,我母亲总是把拜年当成一年里最隆重神圣的事,她总说,要记住别人的恩,要让一大家子个个都高兴,让大家都有好运道。想想现在,而今的拜年,大多只是至亲间的礼数形式,或者蜕变成利益交换者的微妙仪式。这样一比,由不得我不想到这个独特的"母"字,不想到母亲那氤氲了乳香与温馨的难忘的故事与话语,也由不得不感恩传统文化之母的精神意蕴了。

由母亲想到了母语。"母语",此乃"母"体殖出的一个与我相伴一生的伴侣。其"语"带有乳香与温馨,而我——一个语文教师的使命,就是将母语之乳香与温馨播散并以此养育后人。我与"母语"情同母子,又亲如手足。

语,两种读音,一读 yǔ,是动词,一读 yù,是名词。在动词一类里,如语人语事、语长语短……一句话,"语"的后面可以带上一切物质与精神的东西。在名词一类里,如手语旗语、明语暗语、冷语笑语等,也可以让许多不同的对象与之配合交流。语,对谁都一样,她光沐万物,平等施爱。

从这里,我感受到了"语"的浩瀚与艰难,多彩与艺术。一个语文教师的光荣与梦想,任重而道远。

回顾个人的"语路",我经历了少言寡语——纵声放语——反思默语——谨言慎语——个性艺语几步曲。

先说少言寡语。小时候,我夙婴疾病,瘦弱难支,加上在班里年龄最小,总是受欺负。看到大个子大说特说,我总是很羡慕很自卑;人前说话低声细气,甚至支吾结巴。只有在中学田径比赛时,我才敢大声流畅地说好些话,因为我的短跑与跳高跳远总是连大个子都叫好不绝。我好像明白了——原来,话语权,掌握在自己手中,掌握在自己的优势与努力上。

后来我纵声放语。百里挑一,去大学中文系深造,我由少言寡语一跃而成纵声放语。演讲比赛,激情四射,寝室辩论,"撂倒一个俘虏一个",同学室友刮目相看。不仅如此,我还洋洋洒洒写起小说来。第一份稿子叫《地下工厂》,是纪念我那位织布一流,又多施恩于人,但遭同族邻居时不时批斗的爷爷的。憋了老久,终于一泻,竟然有5万多字。第二份稿子叫《荷叶》,是看了不少伤痕文学之后对自己与同龄人,农村与城市,学业与爱情,过去与未来的一次朦胧的清理与虚幻的憧憬,有16万多字!这两个本子先后一砸,恰好撞到20世纪80年代初的高校寝室,教室,中文系……继而是一片"哗啦",一片唏嘘,一片叹息……

醉梦醒来时,我渐渐步入我话语的反思默语与谨言慎语期。这时,我正步入教坛,更多的时间用在了与学生面对面的交谈而非我个人的文艺式倾诉。但我并未完全放弃对文学的单恋。我参加了《萌芽》举办的"青年作家"函授培训班学习,其间完成不少创作,有一篇名为《校长》的短篇小说终于发在《萌芽》函授期刊上。这半公开期刊上的铅字,激励我启示我在生活里挖宝藏,并以短小之章取胜。于是,在不大的报刊上,我发了不少诗歌散文和短篇小说。而教学论文和演讲更是给我长了脸:得了不少奖,也发了不少文字。

荣获国家级骨干教师称号,调往上海工作,是荣誉,也是一个全新的开端。我步入人生"语路"的谨言慎语与个性艺语二者并重的时期。担任班主任几十年,自信有一些发言权,但这毕竟是上海;负责部门工作虽然只是换岗值班,但事务繁杂,压力重大,所以有些如履薄冰。因而,说话做事既要谨言慎语,又要符合一个语文骨干教师的身份,所以我的话语也呈现出一点个性化与艺术化。

教学语言,追求动感、质感与美感。语文课堂,少年学生,热情个性,几个因素让我确立了我的语文课堂教学的语言风格——动感、质感与美感。《从结尾开始》和《动感、质感与美感》两堂市级公开课,都是这种课堂语言风格的尝试与代表。在著名特级教师陈军、方仁工两位校长与同仁们的指教与濡染里,《从结尾开始》获全国语文教师优秀课例大赛一等奖;《动感、质感与美感》在个人教学思想研讨会上展示时,受到了著名语文教育专家于漪、方仁工等老师的肯定。尤其对我的教学语言,他们赞赏有加。

管理语言,注重引领、务实与创新。在班主任与部门管理工作中,无论是动员、总结类演讲性有声语言,论文报告、班会、电视脚本类书面语言,还是工作中的一切行为语言,我都努力追求其引领的示范性、工作的实效性与局面的开创性。这种语言,让我班的班会课《沐浴在母语的春风里》荣获全国一等奖,我带的两个班先后荣获"上海市先进班集体",校园文化与年级组工作也有起色。

心灵语言,注重真切、生动与哲思。工作之余,我写了不少诗歌、散文、书评、主题演讲稿等,如《〈眠钟〉"难眠"》《面对语文生命》《生命的田园》《散步中年》《影子》《真想和您在一起》等,或者刊发在《语文教学通讯》《语文报》《中文自修》上,或者荣获全国语文教师大赛一等奖。

语,应该是人别于物的显著标志之一,更是文明与蛮拙、丰富与简单、开放与封闭的试金石。一个语文教师,从入语到出语,可以说是入语(如鱼)得水,出语(出浴)而福(服)啊。母语,正是这一方母性的圣水与乳汁,让我和我的学生,甚至一个民族呼吸与共,拔节抽穗。

在母语的濡养里,我渐渐成长。在"陈老师""陈世东""老陈"等称呼里,有一个格外让我动情的称呼——"东哥"。这个称呼,先是从学生那儿传来,再是从同辈同事那儿呼出,现在就连学校领导和一些长者也这么戏称我了——这让我温暖,知足。因为"哥",既是朋友,也是老大的意思。这是学生、同事、领导都把我当成自己人,可以信赖的人。我并无特别,何以得此厚爱?这又让我想起了"母语"二字。是母语,让我将母性的真爱与大美融于语文的爱与美之中,在语文清泉的活水里,畅游着我这语文教师个性的鱼儿。同游其间的学生、同事、领导甚至长者在分享其自由与幸福的同时,自然甘愿是一条哥弟姐妹般的鱼呀。

这又让我不由得想起了"哥"字的另一层意思来。《说文解字》解为:"哥,从二可。""可",有"快乐""欢乐"之意。《诗经·小雅·正月》:"哿矣富人。"《毛诗正

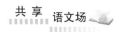

文》训"哥"为"可","可",亦快意惬心之称。"哥"似即"歌"之本字,本义为"歌"。

我的另一特性,正切合这一"哥"之"歌"义。生活如歌——我总是把热情投入写诗、朗诵、主持、演讲、辩论等各项语文活动及唱歌、打球、赶小猪、拔河等种种文体活动之中。譬如演讲,无论个人演讲还是辅导学生演讲,我从大学毕业一直到今天基本没有间断过,即使是病痛发作时。有一次,我正在辅导学生"我与国防"的演讲赛,结石病忽然发作,水杯里的水泼在了讲稿上,我缩成一团。不过,阵痛一过,我又开始一字一吟,一招一式示范了……是如歌的激情让我有了"哥"之昵称。

这又让我想起了"语"。《说文解字》有言:"语,从言吾声。""吾"义为"中立的""中性的""不偏不倚的"。"言"和"吾"联合起来表示"中性的言论""不偏不倚的言论""平和的发言"。本义为:公正的言论。言为心声,语为正义之声,这本来就该是语言的本质。无论是兄弟中的"哥",还是师生中的"哥",我始终追求"语"的这个本质并执着实践着。写文章读文章是这样,与同学同事相处,也总是赤诚以待,公正办事,该说则说,该做则做,该争则争,该怒则怒,该笑则笑……因而中年之我曾两度被学生评为"热血青年"。每当那一声致一个真诚、热情、公正者的"东哥"传来,我自然乐意回一声——哎!

为人需要爱,无母便无我;为业需要公正,也需要艺术,无语更难成;为友需要真,无哥亦不行。

母、语、哥,此乃我为人、为业、为友之"三味书屋"也,正因如此,人生,便步入了我的"百草园"。

2013 年 2 月 14 日于沪

二、学生汉字研究演讲文选目录

以下是选自笔者编写的《国语旗风》的目录与文选。

书生意气——志向

间关莺语——修养

春风桃李——学友

指点江山——担当

三、学生汉字研究演讲主题选读

书生意气——志向

但愿美"梦"成大厦

胡雨晴

一切都像刚经历的样子,恍恍然还在昨天。然而,光阴倏忽,"大圣"已然"归来"。是的,《大圣归来》为中国动画片增添了一抹亮色,而 2016 猴年也正是期待我们如大圣一样永不满足、锐意进取的一年。《西游记》里最鲜活的角色就是猴王悟空。"每个人心中都有个孙悟空",或是爱憎鲜明,"济困扶危,恤孤念寡"的美猴王;或是弘扬正义,藐视权威的孙行者;或是忠心赤胆、敢于担当的齐天大圣。欣欣向荣的一年,朝气蓬勃的我们依然要融入多彩的活动中去,在其中,愿我们褪去身上顽劣的猴性,愿我们坚持自己人性的闪光和率性,更愿我们去发掘去张扬深藏在自己心中的神性——面对生活中的妖魔鬼怪,"西游"里的艰难险阻始终勇敢无畏,愈挫愈勇。而我觉得这一切,需要我们的梦想来导航,更需要我们的梦想去扬帆!

《说文解字》里,对"梦"的解释是:"不明也,从夕。"对"想"的解释是:"冀思也,从心。"梦与想连起来,就是对朦胧未来的一种期待与盼望,唯其如此,它才比确定、现实的东西多了一份美好啊。

梦想,需要我们自信。阿里巴巴创始人马云曾说:"这个世界,有这么一小撮的人,打开报纸,是他们的消息,打开电视,是他们的消息,街头巷尾,议论的是他们的消息,仿佛世界是为他们准备的,他们能够呼风唤雨,无所不能。你的目标,应该是努力成为这一小撮人。"我们或许只是一颗卑微的沙砾,但我们可以,我们值得,我们也应当首先去相信自己也有能力成为那独自璀璨得晃眼的美好存在。这种对自己的相信,对未来的相信,成为凝聚成梦想的基础。

其次,梦想,必不可少的是夙兴昧旦的勤恳付出。天下无偶然,偶然不过是化了妆的、戴了面具的必然。诚哉斯言!剥开世俗眼中的功成名就的浮华之后,我们看到的,将不再是一夜成名的机缘巧合,而是焚膏继晷的必然嘉奖。你是否曾感叹于一种叫作"妙手偶得"的才学,而忽略了其后"读书破万卷,下笔如有神"的必然积淀?你是否曾艳美着一种叫作"涉笔成趣"的天赋,而忽略了之前"十日

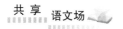

画一水，五日画一石"的必然钻研？你是否曾期许着一种叫作"青云直上"的幸运，而忽略了曾经"朝扣富儿门，暮随肥马尘"的必经悲辛？如果你的眼中只有功成名就的幻象，而心中却没有为目标奋起、为梦想奋飞的信念，这也就注定了自身的悲剧。

"谋事在人，成事在天"被多少人当作不走运的借口，可又有几人真正做到了尽心尽力去"谋"？唯有那些孜孜不倦地充实自己，创造有利条件，磨砺坚韧意志的人，才能为偶然的幸运打造必然的基础，实现生命的腾跃。

由此可见，哪有什么偶然的成功，哪有什么轻易的梦想的实现？逆境中的迎难而上，顺境中的居安思危，让我们清醒地看到，成功起源于"仰望星空"的美好梦想，起源于"不忘初心"的真心坚持，更起源于"路在脚下"的毅然前行。

放眼看看我们市北吧。去年是市北的百年华诞，今年，是市北建校 101 年。多么吉祥的昭示：101，101 者，此乃百尺竿头更进一步也！市北百年，已然实现了百年梦想。今年，正是市北下一个一百年的开局之年啊。因而，更好的美梦需要我们去建构，更需要我们一点点去圆梦！所以，一切方兴未艾，一切生机盎然哪。《管子》有言："十年树木，百年树人。"市北正是怀着永远蓬勃的生命力，才"树"起我们学校一拨拨杰出的人才。我们今天的这些市北人有幸哪，因为母校为我们提供了多么丰富的活动，一堂堂别开生面的学友课，一次次个性张扬的社团活动，一场场色彩纷呈的文体活动，一次次耳目一新的社会实践活动，等等。这些活动已经并将继续不断萌发与培养着我们绚烂的梦想，最终会让我们成为郁郁葱葱、根深叶茂的时代栋梁！

老师们、同学们，我们是否已然看到，成功之人的脸上，写满了生命的必然，写满了梦想的可贵？我也相信大家在此时已经做好了为自己的梦想"不待扬鞭自奋蹄"的准备，且让我们向着我们美丽的梦想，积极参加一切有意义而又适合我们的精彩活动，但愿活动为美梦添砖加瓦，砌成凌云大厦！

鹰击长空——奋斗

"学"做一个有灵魂品质的人

徐彧文

"学"的繁体有两种写法，其中一种"學"字，它的上部为举双手构成房屋的形状,下部是"子"。学的本意就是,态度上要像小孩子一样,首先让自己变得纯净空白;其次要有立足之处,要为立身处世而学。

在不少经典著作中都能看见"学"的身影。《论语·学而篇第一》:"子夏曰:'贤贤易色;事父母,能竭其力;事君,能致其身;与朋友交,言而有信。虽曰未学,吾必谓之学矣。'"子夏说:"对妻子,重品德,不重容貌;侍奉爹娘,能尽心竭力;服侍君上,能豁出生命;同朋友交往,说话诚实守信。这种人,虽说没学习过,我一定说他已经学习过了。"在经典中,学的真正意义得到了诠释。不同于学问、学业,学,注重的是一个过程,一个学做人的过程。是在这个过程中,作为一个人,学到了什么,感悟到了什么,而不是局限于一些干瘪文字或知识,不是拘泥于一些书本或操练的形式,是一些能够深入到灵魂的东西,因此,学习经典,重要的在于,学做一个有灵魂的人。

一个人并不能在接受过正式教育之后完全肯定地说:"我已经学会做人了。"孔子在"后进于礼乐"的"君子"和"先进于礼乐"的"野人"中,启用后者,其实看的就是一个人的灵魂品质,看在学习礼乐的过程中,他是否学到了廉洁,是否能保有谦虚。传统文化又以"孝、悌、慈"为家庭成员的行为准则,由此而推衍出社会的共同的价值观:仁、义、礼、智、忠、信、勇等。拥有这些优良的品质,就拥有了健全强大的人格与灵魂。

学习经典,表面上可能只是见识广博,颇有谈资等,但背后却是寻找与升华灵魂。很多人活一辈子,尚且不谈其物质的富裕与贫穷,其实常常与真实的自我擦肩而过。孟子的人性本善之论,探讨的就是在学习中寻找与升华迷失的自我的学问。

而对于我们,在学校作为学生,除了完成各项考试学科的知识学习之外,更要注重经典的阅读和积累,来充实自己的思想和灵魂。陈军校长创立的"论语研学社",先后遴选了三季社员,在陈校长的精心辅导下,老师们带领全校同学开展了品《论语》经典学习活动,教会我们从孔夫子那里寻找中华文化2000多年来积淀的做人智慧,这是一种十分有意义的学做一个有灵魂之人的品牌活动,深受好评。

老师们,同学们,我们现在总希望做回自己,因为,这才是真正的自由与幸福啊。其实,如何做回自己,就是如何找回与升华自我的灵魂啊!那么,就让我们,虚心学习经典吧。

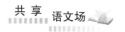
间关莺语——修养

百年"文"化,春风醉人

严 涵

百年校庆,文化先行。沉淀了百年文化的市北,如同沐浴了百年春风的绿树,生机无限,尤为醉人。

谈文化,不妨就从"文"字入手。"文"本意指花纹、纹理,甲骨文和金文的字形像是一个正立的人突出胸前的纹饰。西周后期开始,字形中胸前纹饰这一元素逐渐淡化褪去,慢慢演变为类似如今的字形。东汉刘熙《释名》:"文者,会集众彩,以成锦绣。会集众字,以成辞义,如文绣然也。"早在先秦时,"文"的意思已经相当丰富,有"文字"的意思,又由此生发出文德、文采等诸多意义。比如孔子曰:"言之无文,行而不远。""文"字可以指文章,后来几乎一切与语言、文字有关的事物都可名之以"文"。

现代人常常说的"文化",与古时候"文化"一词的含义并不相同。古时候这个词是说由文而及化,就是用文治、文德来教化百姓。现在所说的"文化",一般指人们在社会历史实践过程中所创造的物质财富和精神财富的总和。这个词在英语中叫"culture",其词源来自拉丁语,源于古罗马的西塞罗,当时它的原意类似于"灵魂的耕耘""灵魂的培养"。把中文如今的"文化"一词和"文"字在汉语中的本意以及英语词源相对照,仍能发现许多共通之处。

校园中自然也有文化,而且如春风般"润物细无声"。

近年来,我校成功举办了第二届"歌唱母亲河"国际中学生征文,得到了校内、校外,甚至海外友人的热情响应。这次征文,收到了来自欧洲、亚洲和大洋洲的几十篇国外征文,来自全国 20 个省市的 500 多篇征文,共 60 多万字,点多,线长,面广,可谓声势浩大,风生水起。我们知道,自然的河流,孕育了我们的文明,也孕育了我们的学校,孕育了我们的成长。这个征文大赛引导作者对自己的母亲河展开思考,关心母亲河的喜与忧,体现了我们与自然休戚与共、相依相偎的母子深情,唤起我们对自然的生命认同、情感认同、文化认同。我有幸联系到几位外国的朋友,请他们也参加了这一征文。与我们不同,他们所写的全都是论文,洋洋数千言,下面有长长的一列参考书目,我不得不为他们深入研究母亲河的精神而感动。如今环境与自然正渐渐为世人所重视,很有必要对人与自然的关系进行深入思考。引导同学们思考这样的问题，是很有意义的。这是校园文化春风之一隅。

上学期期末，学校举办了书画展，老师、同学的作品均有入选。我们学校操场边有两块刻着红字的大石头，校门背后有一块石碑，不知大家注意过没有？留下字迹的，有书法家、教育家、革命家。将近一百年前，这些德高望重的先生挥毫表达对市北的期望；如今百年校庆将至，我们举办书法展，再次用书法的形式来感恩母校，为母校祈福。这是多么神奇的巧合。漫步在校园，抬头就能欣赏书法之美，渗透着美感的一笔一画间凝聚了中国传统审美的精髓，这书法展的春风，将千百年的墨香带入校园。

我们学校有四十几个社团，这数目在全国恐怕都是名列前茅的。各类社团，丰富多样。上学期学校又多了几个社团。化学实验社中，神奇的现象中处处蕴藏化学之美；汉服社中，同学们了解古代物质文化、古礼，体会古人的优雅；金镜头社的社员扛起摄像机，自己建设学校的文化传媒。众多社团，难以一一细数，但同学们陶醉在其中，尽情放飞自己的个性，所获的快乐，一定难与外人言。多样的社团使我们能沉浸于兴趣爱好中，陶冶情操。数学家丘成桐说："兴趣的培养，才是决定人终身事业的关键。"社团使我们能有时间花在兴趣上，这是最美的春风。

以上从三个方面简单谈了校园文化的春风对我们的滋养。再回到"文化"的本意上，这些校园的活动，使我们收获了文德的修养吗，收获了灵魂的培养吗？我想是的。这样，则文化的春风确实存在，并且使我们如春天的柳条，抽条、发芽，妆成一树的文化之绿。

春风桃李——学友

感恩母校，创造明天——"恩"

黄文星

在演讲的开头，请大家听一则谜语：一人困于口，安然上心头（打一字）。而这则字谜的谜底便是一个"恩"字，恩情的恩。

在字典上，恩，具有两重意思。

一为恩惠。《孟子·梁惠王上》中有云："今恩足以及禽兽，而功不至于百姓者,独何与?"即为现在(大王)您的恩泽能够泽被禽兽,但却没有给老百姓带来什么好处,这又是为什么呢?

第二重意思为亲爱,有情义。白居易写下"红颜未老恩先断,斜倚薰笼坐到明",这是伊人对恋人恩情的渴望;武则天写下"荷恩承顾托,执契恭临抚",这是武则天对唐高宗留下大好江山之恩的感谢;袁枚写下"报国即是报新恩,忠孝断断非二得",这是对国家所给予恩情的感慨。

如今,"恩"字更多地组词为"感恩"。我想每个人感恩的对象都会有所不同,感恩于人、于物、于史。于人而言,对象或许是周围的好友,或许是师长,又或许只是生命中匆匆而过的一个与众不同的过客。他们在我们的生命中用自己的轨迹改变了我们的轨迹,而我们所能做的就只有对他们致以感恩。

而此时此刻,我站在这市北校园的操场上,感受着市北所给予我的每丝每缕的感动,我想感恩的正是这百年母校啊。

一年前的今天,我正式踏上了市北中学的土地,并不算宽敞的校园并没有能在第一时间俘获我的心;一年后的今天,我会在外人面前对市北中学赞不绝口:关于她的悠久历史,她的开明睿智,她的开放大气,她的通达和谐。

在校园大门旁存放着一块刻着"市北公学"的石碑,这正提醒着我们,她那悠久的历史。1915年时的她尚在襁褓中,1920年的她收到了孙中山先生的题字"作育人才",1932年的她在日军的战火中九死一生,1937年的她改头换面变为了公办,2014年的她已年满99岁,2015年正是她的百年华诞,而在接下来的日子里,她也会用她的处世之道走在康庄之衢。

正如我之前所提到的那样,市北还具有开明睿智的特点。在市北度过的一年中,她的"学友"文化令我收获颇丰。每每到学友课堂之时,不同年龄、不同身份,拥有不同社会经验的专家、领导、家长、学长都变为了我们的好友,为我们讲述带有生活气息的故事与经验。对我而言,更是少有的机会,从学友身上看到自己的未来,让我比同龄人多了对人生的思考。太宗曰:"以铜为镜,可以正衣冠;以古为镜,可以知兴替;以人为镜,可以明得失。"在这里,我们以学友为鉴,一步步感触,一步步成长。于是,我们感恩,感恩市北的开明睿智。

儿时,总听大人们说道:学在市北。便以为市北是那样高不可攀。直到进入市北才发现,其实,她亦开放和乐:有全面发展的各类社团,丰富多彩的课余活动,还有亦师亦友的师生关系。在市北的生活中,我们个性飞扬,我们扬长补短,我们快乐成长。对于市北,对于百年母校,感恩之情实在难用只言片语道清。于是,我在思索是否能用另一种方式表达。

"创造"二字喷涌而出,唯有"创造幸福明天"才是最好的感恩。

对于我个人来说,我所想创造的幸福明天便是我能在任何人面前泰然自若,不卑不亢;对于我们班来说,我们所想创造的幸福明天便是实现我们色彩缤纷的市北梦;对于我们学校来说,我们所想创造的幸福明天便是引导学生登上巨人的肩膀;对于我们整个中华民族来说,我们所想创造的幸福明天便是实现中华民族的伟大复兴。

但作为学生,我们又该如何创造呢? 在学习上,我们应该积极汲取知识,开拓学习领域,创新学习方式以获得更好的实践能力。在工作上,我们不仅应该踏实完成每一件任务,而且应该敢于挑战前人未攻破的难关。总之,我们要全面发展,个性成长。

古有投桃报李,到了当今社会,我想最应该做的便是识得感恩,然后将感恩化作创造的力量。

老师们、同学们,今天,是新学期的第一天,此刻,是新学期的第一个升旗仪式。就请在这一刻,在心中种下一颗种子,种下一颗"感恩百年母校,创造幸福明天"的种子。在接下来的日子里,让我们一起灌溉、栽培,待其繁花似锦,果实累累。

指点江山——担当

少年逢春正风发

高语桐

当煦煦和风吹散了冬日里的雪,当花香四散入鼻,当抬眉领首的鸟儿低吟清丽的歌曲,当春姑娘急如星火地踩着碎步撒下大地的裙摆,阳春三月就这样踏歌而来。

春,是一年的前锋。万物修葺一新,澄澈的绿编织了人们纯美的梦,在春暖花开的日子里,我又想起了你,想起对待同志像春天般温暖的你——雷锋! 是你,不露锋芒,却锋不可挡。

翻开你生命的日记,你短暂的一生,普通却非凡,22 个春夏秋冬,没有一句

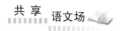
豪言壮语,只有一颗滚烫的心。记得你甘愿做一枚螺丝钉的默默奉献,记得你为革命事业舍生忘死的无惧无悔,记得你爱憎分明的言行一致,最可贵的,是你乐于助人的无怨无尤,你的奋不顾身。不需要任何冠冕堂皇的理由,只因那一颗为人民服务朴实无华的心,就足以值得我们铭记。

锋,这个字,金字旁的尖锐长矛直冲云海,撇捺纵横下附丽丰收的梦,原指刀剑尖端锐利的部分,更代表一个人出类拔萃的杰出才干,刚正不阿的美好品格。雷锋同志,您名如其人,不愧为时代的先锋,实践中华美德的前锋。

"在有限的生命里无限地为人民服务。"相信雷锋同志的奇珍宝训已然家喻户晓,我们是否也应向雷锋同志学习,去充实生命的意义,去升华灵魂的价值呢?

菁菁市北书香浓郁,莘莘学子扬帆起航。德国哲学家海德格尔曾说过:"春天不播种,夏天就不会生长,秋天就不会有收获,冬天就不能有品尝。"在四季之先锋——春天到来时,我们不再是以求一逞、汲汲营营的亡命之徒,而是把雷锋的精神内化于心,外化于行,在学习和生活中更要争当最好的自己。我们可以在霞光普照的市北校园里,拾起一张纸屑,"礼让三先",来九分亲切的问候,用十分的努力拼搏,龙门一跃,就会锋芒乍现;我们也可以借一杯清茶,对影三人,沐五分月色书香,酿八分诗韵文章,眉角轻扬,荡起十里春光。2017年中国诗词大会上,来自上海的武亦姝等同学,用自己丰富的积累博得了不少人的称赞,我们何不像他们一样,做引领春风的"市北锋",做鼎力革新的"上海锋",做超群绝伦的"中国锋"呢!

2017,雄鸡报晓。在这样的一个清晨里,我们听到了雄鸡的靓嗓,正响彻云霄,清澈而邈远,亲切而醒豁,雄壮而奇伟,像是唤醒沧溟万里的梦铃,像是斩开混沌世事的一把银亮灿烂的刀锋。

老师们,同学们,少年逢春更风发啊!在鸡年的春天里,让我们以梦为马,一路踏花!让我们跟随雷锋的脚步,驾驭少年的春风,勇当时代的先锋!

第三节 演讲社团与演讲比赛及文选

演讲社已成立达 15 年,作为一个重要的语文外场,最高程度地张扬着语文内场包括听说读写的场能,同时也最大限度地为内场不断充电聚能。

笔者创立的演讲社,是将演讲、朗诵、主持、写作等艺术进行整合,既有学术性,又有实践性;既注重系统性,更突出针对性。说写结合,讲练结合,练展结合,展赛结合;讲究立体发展,勇立时代潮头,形成常规制度,打造个体风格。

笔者通过大情境的营造、大任务群与项目任务的培训与安排,让学生将理论与实践密切结合,将时代情境与比赛任务有机结合,将语文内场的场能自然引向语文外场,并通过以赛促练的演讲与写作系列培训,自然就增加了语文外场的场能,促进了演讲、写作的不断升级。

同时,笔者将本人爱好的演讲和写作与社员分享。本人写的《散步中年》获得全国语文教师作文大赛一等奖;也常参加演讲,获得上海市(原)闸北区微型党课演讲比赛一等奖。于是,笔者将这些经历和心得与社团成员共享,自然就点燃了全校志同道合的演讲社社员。

社员姚一旻参加 2004 年上海市中学"民族魂·中国心"大赛,获演讲文章一等奖、演讲一等奖,文章为《仰首问天写忠魂》,社员施加予、项心叶参加 2016 年上海市文学青年精英演讲赛,双双获得仅有 10 个名额的一等奖,社员陈贝妮、陈伊凡参加 2017 年上海市廉洁文化进校园演讲大赛,分获第一名与第二名,社员孙欣宇参加 2018 年上海市大中学校"新时代 中国梦 我的故事"演讲大赛,获得第一名"金话筒"大奖,其他社员参加历届市区各类演讲大赛 10 多次,获得区一等奖 8 个,市区二、三等奖达 20 多人次。

演讲社既承担学校一部分国旗下的演讲任务,也积极参加校外各种演讲、主持、朗诵、作文等比赛,硕果累累,被评为全国示范明星社团。演讲社社员不仅语文素养,包括语言的建构与运用、思维的发展能力等都得以提升,在个人成长方面更是成为领袖型人才,一共 8 位社长,一位考入清华大学,一位考入伦敦大学,一位考入复旦大学,一位考入上海交通大学,一位成为上海市"十大语文教学之星",还有一位,成为美国学术十项全能中国赛区的六位"青年领袖"之一。

下面是四个演讲赛及其师生异赛共享案例。

一、弘扬爱国主义与民族精神

确立大单元主题:弘扬爱国主义与民族精神。

建构大现实真情境:21世纪初关于改革开放中坚守"民族魂·中国心"展开了大讨论,请你以一个高中学生的身份参与讨论,如何影响、说服中学生与社会人?

建构大任务群:1.全班围绕"民族魂·中国心"搜集素材;2.分享笔者2004年7月1日参加(原)闸北区演讲赛一等奖演讲稿;3.学生写一篇演讲稿;4.班级演讲交流评奖;5.获得班级演讲一等奖的学生参加演讲社专门培训,接受教师与其他社员的共同指导;6.参加上海市比赛;7.获奖选手在演讲社与班级交流演讲及写演讲稿的体会;8.学校升旗仪式汇报演讲。

笔者用于与学生交流的个人于2004年参加上海市(原)闸北区微型党课演讲获一等奖的稿件见下。

探寻坐标绽放风采

——略谈共产党员的先进性、学习力和执行力

我们永远不会忘记,在去年非典肆虐的紧要关头,一个名叫钟南山的共产党员站了出来——他把非典病人的血清注入了自己的血管,他安然无恙,而且找到了一条阻击非典病魔的重要途径! 这一刻,他找到了自己的坐标! 一个敢为人先,绽放风采的坐标! 这,就是共产党员的红色坐标!

这一坐标,来自两个支点,那就是,学习力和执行力。钟南山同志正是有了政治与业务学习的巨大力量,才付出了这一勇敢而智慧的行动! 是的,共产党员的先进性,来自巨大的学习力和执行力! 那么,怎样才能获得这两种力量呢? 答案,在哪里呢?

这,让我想起了那些共产党员的杰出代表。毛泽东,学习马列主义结合当时国情,农村包围城市,人民当家做主! 这是大智大勇、继承创新的执行。邓小平,学习毛泽东思想和国际国内新情况,实事求是,改革开放,"白猫黑猫,抓住老鼠

便是好猫"，这是摸着石头过河来执行。新时代的领路人，学习邓小平理论和"三个代表"重要思想，与时俱进奔小康，科学发展人为本，这执行的，是人民的意志，国家的图腾和时代的精神啊！由此可见，学习力，来自为国为民而学，选择先进信息和当前实情来学，终身不断来学！而执行力呢，来自为国为民谋幸福，坚持真理当先锋，不折不扣来执行，继承创新来执行！其实，无论学习力还是执行力，如果失去了崇高的理想与信仰，失去了科学与人文的精神，失去了继承与创新的追求——如果失去了这些，就根本谈不上力量！更谈不上绽放共产党人的先进性啦！我们不会忘记，王明以马列科班自居，照搬教条，曾致使红军惨遭失败！胡长清，学习腐朽生活方式，以权谋私，祸国殃民终害己，等等，这一切无不警示我们，不能这么学，不能这么做呀！我们共产党员，都应对照上面这正反两方面的典型来行动，这样才能绽放我们的先进风采，进而引领人们绽放时代的风采！平平凡凡的许振超说，学习是永远的动力，要干就干一流，要争就争第一，正是这种几十年不断的学习和探索，才创造了新时代的神话！女公安局长任长霞，认真学习"三个代表"，立警为公，执法为民，亲临现场破大案，四十春秋铸忠诚！浩气贯长虹，热血化彩霞呀！这些感人的事迹，无不充分证明，要绽放共产党员的先进性，必须要靠学习力与执行力，要靠理想与信仰，要靠科学与人文，要靠继承与创新啊！

在我的身边，传诵着同样动人的故事。特级教师，市北中学名誉校长方仁工同志，67岁的高龄，还患有高血压，可他每天早出晚归，风雨无阻。他要把平生所学，无私奉献出来。他喜欢为年轻教师搭桥铺路，喜欢为高三学子义务辅导，他还热情为香港师生上示范课！校园，永远是他学习与执行的坐标！永远是他生命与灵魂的坐标！这里，他绽放了一个党员专家的风采，一个老党员永葆青春的风采！这样的坐标，特级教师，市劳动模范沈黎明同志也找到了。作为校长，她响亮地提出"创造适合学生的教育"。这一先进理念，来自她的不断学习和提炼。这一先进理念，不仅受到专家的肯定，而且已落实在她办学的实践中。为了创造适合学生的教育，她带领班子，制订了深受师生欢迎的管理制度；她带领老师们，建立了学生热爱的社团几十个，开设了学生喜爱的拓展课上百种，组织了各种兴趣小组几百个！不仅如此，她民主和蔼，真诚助人，对此，外地引进的教师无不感慨万分——那是一种回家的感觉啊！为了创造适合广大师生的教育，她在不断学习和执行中，不断锤炼和超越自我。那一次，她骑自行车回家，不幸腿被撞成重伤！缝了 17 针！然而，她不顾医生和亲友的劝阻，不顾师生们的劝说，不顾未能痊愈的腿伤，毅然提前上班！学校的楼梯那么多，楼梯的台阶那么多，而她要忙的事也那么多啊！她放不下心爱的事业，她要一步步一步步艰难地攀登，送市北中学一步步一步步登上更高更高的境界啊！这，就是沈黎明同志的坐标！一个学习与执行的红色坐标！在这里，她绽放了理想与信仰，豪迈与顽强！她绽放了科学与人本！继承与创新！这，正是共产党员先进性的灼灼风采呀！

同志们，著名作家、学者余秋雨先生说过，奥林匹克，是人类文明的永恒坐标，它是智慧与健康的坐标。那么，我们的坐标在哪里？我想，我们党员新时期的坐标就是——学习力与执行力。这样，我们党员教师，就会赶在创建闸北优质教育区的最前面！就如那一条山间小溪，在那深深的山谷，我们便默默地远足，用坚韧流淌着信念！在那高高的山崖，我们便一跃而下，化为瀑布，谱写着勇敢与潇洒！在那滚滚的江河，我们便汇成激流，迎接那时代的巨轮——一路奔腾，开创未来！

2004 年学生参加上海市中等学校"民族魂·中国心"大赛一等奖演讲稿见下。

仰首问天写忠魂

撰文 费 冬 演讲 姚一旻

静静的夜里，我总是情不自禁地抬头仰望。历史，披着五千年的长发悠悠而至。那夜空中一颗颗闪烁的星星，可是那一条条飞天的巨龙叩问的眼睛？那永恒的灿烂，可是问天的巨龙发回大地的一帧帧温暖的音讯？

我想起了屈原的《天问》。屈原问天，问的是一声对祖国对人民对自己的公道，问的是一生两度被放逐而九死不悔的答案。此刻，他来到了汨罗江边，又想起了自己的《问天》和《招魂》。他又一次仰首问天："如果世间真有公道，就请老天用那闪电的剑，击碎那黑暗，劈醒那昏君，还老百姓一片晴朗的天，还楚国一片安宁的土地吧！就让后人为我招魂吧，不管我魂游何方，我还是楚国的魂啊！"屈大夫，我们后人没有忘记，我们在仰首问天，在为你招魂！每逢五月初五端午节，我们总是赛龙舟，吃粽子。我们赛的正是您那种为国为民为公道而正道直行永不放弃的精神！我们品尝那香甜的粽子，正是回应您从远方寄来的慰藉和叩问啊！您那千载而下的爱国之情我们收到了，我们从您的《涉江》《离骚》和《天问》等诗章里收到了。它已汩汩流向我们心间，它又从心间滔滔而来，汇成了黄河、长江，汇成了无边的海洋！

我又想起了林则徐。林公问天，问的是一声报国的姿态，问的是一声报国的门路啊！朝廷让他当官，他虎门销烟，重挫英夷！就算被发配边疆，他也抛个人荣辱于脑后，一路上兴修水利、平复边乱……这条路尽了，还有那一条，条条都是报国路啊！也许他曾问过自己，为什么要苛刻对待自己，为什么不甘于清朝的腐朽与平庸？上天没有答案，可答案自在人心——那是他的铁骨铮铮，他的忠诚！管他什么荣华富贵，我自做我的戴罪功臣！老天不负啊——林公祠几百年来香火袅袅，绵绵不断，那可是后人们对爱国英雄永远的敬重和无边的思念！

我又想起了青年毛泽东。他也问过天地。他问的是方寸之心是否博大，问的是报国之志是否顽强。那是20世纪20年代的一个秋天，正是军阀混战、列强瓜分祖国的时候，他来到湘江的橘子洲，当看到"鹰击长空""鱼翔浅底""万类霜天竞自由"的时候，便情不能自已，脱口而出："问苍茫大地，谁主沉浮？"多么难得的一声浩问啊！多灾多难的母亲，让我们来拯救您！风雨飘摇的祖国啊，让我们来为您引航前行！——这是什么？这是爱国的博大胸襟，是报国的超人胆识，是效力祖国的坚定意志！历史为证：尽管后来毛泽东的革命道路千难万险，但为国家独立、民族解放的奋斗，却从未停息！终于，迎来了新中国的开国大典！

我常常仰天而问，我的信仰是什么，我的理想是什么？我的使命和责任又是什么？是考上一所好大学，之后找一个好工作，再之后建立一个好家庭，再之后呢？我问我自己，这就是我们新时代中学生的最终追求？这就是我人生的最大价值？这就是读过《天问》，读过《离骚》，读过《满江红》的读书人吗？这就是读过辛弃疾，读过陆游，读过鲁迅的中国人吗？这就是读过孙中山，读过毛泽东，读过邓小平的热血青年吗？这就是读过问天英雄杨利伟，读过短道旋风刘翔，读过一切一切英雄史诗的我们——这些新时代合格的建设者和接班人吗？这样，我们真的合格吗？

读书人，不该只是读书！年轻人，不该只是年轻！中国人，也不该只是中国公民啊！

从屈原的仰首问天里，我懂得了人生的追求，那便是九死不悔的祖国爱！从毛泽东的毅然浩问中，我坚定了奋斗的信念，那便是气壮山河的报国志！从杨利伟的探天叩问中,我找到了自己的人生位置!——那是同学们渴望中的一泓清清的泉水!那是老师们盼望中的一只飞天的雄鹰!那更是祖国母亲凝望中的一棵参天的大树,一幢神奇的大厦,一片迷人的风景!

同学们,同志们,仰首问天——这,就是我们献给祖国母亲的忠魂!

二、真诚——把心掏给读者(巴金语)

确立大单元主题:真诚——把心掏给读者(巴金语)。

建构大现实真情境:学术造假、文学造情、商品造假之风盛行,社会倡导求真务实之风。请你以一个高中学生的身份参与讨论,如何影响、说服中学生与社会人?

建构大任务群:1.全班围绕"真诚——把心掏给读者"搜集素材;2.分享笔者曾参加静安区演讲赛获得一等奖的演讲稿;3.学生写一篇演讲稿;4.班级演讲交流评奖;5.获得班级演讲一等奖的学生参加演讲社专门培训,接受教师与其他社员的共同指导;6.参加上海市比赛;7.获奖选手在演讲社与班级交流演讲及写演讲稿的体会;8.举办学校升旗仪式汇报演讲。

笔者用于与学生交流的 2006 年参加上海市(原)闸北区微型党课演讲获一等奖的文章见下。

好想和您在一起

作为父亲,我常常这样想,孩子,你现在正是毕业班学生,别放松了自己呀。看到她唉声叹气时,我又常想,别太累了,可要想开些,咬咬牙就过去了。但是,但是我很少与她坐在一起好好说说这些心里话——因为我是一名高三的教师,忙啊。

作为儿子,我常常这样想,妈妈,您去年折断了手,听弟弟说,手术的前前后后,您几天几晚疼得睡不着……——妈妈,您好些了吗?可我,远在上海不能送您住院,更没能陪您说说话,这真是不孝,大不孝呀!然而,我是一个国家在职的忙碌至极的教师,我回不去,回不去啊。

真的,我多少次在心里说了又说,我的亲人,还有我要好的同学、朋友,我好想,好想与你们在一起。一起聊聊家常,一起诉诉心声,一起吃顿安心饭,一起喝口开心酒啊……

然而，我是一名教师，一名高三教师，一名党员教师，一名高三的党员教师！学生需要我的忙碌，学校需要我的奉献，我们的党，需要我去冲锋！

是的，没有共产党，哪有我的今天，母亲给了我生命，祖国和人民给了我尊严，我从一个普通青年，成长为一名中学高级教师，国家级骨干教师，是党，给了我一颗仁善博爱之心，是党，给了我一个崇高、光荣而又温暖的家——我终于和我们的党旗站在了一起！

党旗，党旗！这是一面让人魂牵梦绕的鲜红的旗帜！一路走来，它，凝聚着日月星辰的灵气！它，映射着风雨雷电的英气！它，喷薄着高山瀚海的大气！

从毛泽东的"农村包围城市"《论持久战》，到邓小平的"摸着石头过河""一国两制"；从"三个代表""科学发展观"，到胡锦涛最近提出的"八荣八耻"——党旗所挥，无不闪烁着我们党卓越的智慧、绝世的灵气！

从李大钊的"铁肩担道义"，到夏明翰的"砍头不要紧"；从铁人王进喜的铮铮之骨，到公仆牛玉孺用生命化成的塞外春风；从中原巾帼、一身正气的任长霞，到沪上勇斗歹徒、壮烈牺牲的严德勇——党旗所向，何处不英气凛凛！

从"万水千山只等闲""数风流人物，还看今朝"，到"改革开放，一百年不动摇"；从三峡工程"高峡出平湖""当惊世界殊"的宏伟现实，到神舟六号"坐地日行八万里，巡天遥看一千河"的浪漫神话——党旗猎猎，征途漫漫，何时何地，不升腾我们党的巍巍大气？！

是的，这熠熠灵气，凛凛英气，巍巍大气——跟着这样的党，投入这样的党，是福气，是我们党员的福气，人民的福气！是中华民族浩浩荡荡的大福气！

这鲜艳的党旗啊，您是中华儿女共同的敬仰！多少优秀儿女，多少党员教师，与您紧紧在一起。

著名音乐教育家，一位老党员——周小燕，80多岁，仍与她心爱的学生在一起。一首《长城谣》将青春延伸到耄耋之年，一颗不老的心，将声音化为桃李烂漫！80多岁的嗓音仍然那么圆润，那么年轻，那么热血沸腾！这是为什么？是因为她那颗赤子之心，紧紧贴在了鲜艳的党旗上，她已同党旗融为一体！

与党旗在一起，不仅一颗心永远鲜红、年轻，而且生命也能气势如虹，光追日月！

孟二冬，身为北大教授，却将那生命的光焰，辉映着远在新疆石河子大学的一群年轻人身上！身患癌症，他却仍然不断地讲啊讲，他生怕一停下来，就停滞了这一片绿洲的脚步啊。当他的声音由洪亮变成沙哑,当他的话语由铿锵厚实变得模模糊糊,当那一串串汗珠由脑门湿遍全身,当他只能拿起话筒而又一次被学生抢下——这时候,他已不再只是北大的一名普通教师,他已变成沙漠里汩汩涌来的一泓清泉,他就是戈壁滩上响彻不止的声声驼铃!他已成为北大校园来自五四时期那神圣而庄严的历史钟声,他就是教坛台前那拂着书卷,挥着长袖的圣者之骨,仁者之风,江河之脉,日月之子啊!

生命,因编入党旗而生辉,而永恒!

上海的查文红、于漪老师等,一个个高洁的儒雅之魂,熏陶着黄浦儿女,谱写着一曲曲高亢的师魂颂,一首首滚烫的党心歌!

不夜城的夜,是难眠的,因为有着那么多红烛的光焰映照!中国共产党党旗是鲜红的,因为有着一颗颗红心的辉映!

市北中学的老党员如特级教师方仁工、潘为国同志,高级教师乐得洪、沈孝南、杨二春等同志,年轻党员洪波、季群、韩立春等同志,不仅用他们的才学哺育着一代代市北学子,也用他们的人品和师德感染着市北教职工,党旗上那缕缕红色的丝线,编织着他们那绵绵不绝、殷红殷红的筋络!

是的,市北,闸北,上海,每一个党的优秀儿女,每一个优秀的党员教师,正用心、用血汗、用智慧、用一切,践行一个炽热而庄严的承诺——这就是,与我们的党旗紧紧在一起!

我,也是其中的一个。这眼下的工作,一天忙到两头黑,有时就是昏天黑地——然而,一想到学生们那渐渐亮堂的心灵,那渐渐丰盈的翅膀,一想到党旗那一片红色的温情,就总是想,那,也是值得的!当年,在黑暗中寻找光明的江姐、方志敏,用碧血和理想谱写了可爱的中国!是因为他们与这一片鲜红已交融在一起。当今,在繁华中寻找超越的周小燕、孟二冬,他们用心血与创造吟唱着新世纪的中国!是因为他们与这一片鲜红正交织在一起。他们,何尝不愿与自己的亲人时时在一起啊!然而,就是那一片火红的召唤,就是那一片殷红的深情,让他们不惜一切投向它,奔向它!是啊,正是这无数的英魂,铸就了党旗的高昂,正是这片片丹心,点亮了党旗的灿烂!

党旗猎猎,三座大山灰飞烟灭!党旗所向,小康之途映满霞光!党旗悠悠,青春热血谱写人生风流!党旗飘飘,大千世界,朗朗乾坤,天人和美,日月同照!

跟着党旗,我们便远离那平庸与腐朽!贴近党旗,我们便打造那坚韧与高贵！融入党旗，我们就汇入了千秋事业的奋斗不息与光荣伟大啊！

我，作为一名忙忙碌碌的高三教师，真的，好想，好想常常与亲人在一起！然而，作为一名共产党员，更想，更想与您——我们敬爱的党旗——在一起！紧紧在一起，永远在一起！

2016 年笔者学生施加予、项心叶参加上海市青年文学精英大赛一等奖演讲稿见下。

准备好，做一辈子"诗痴"

施佳予

大家好，我是来自市北中学的施佳予，我是学校诗社的社长。一年前刚接任社长时，我完全不知道做些什么，我是新手诗人，自己都不知道怎么写好诗，更不知道怎么引导社员们写好诗歌。我循规蹈矩地从平仄开始讲起，韵律、格式、押韵字一一说过。可是，写出来的诗依旧稚嫩平平，现代诗可谓"散文一句话换了三行字写"。我发现光讲理论效果不好，于是找了大量名诗打印出来在社团活动中朗读。读了徐志摩的《再别康桥》、食指的《相信未来》、余光中的《乡愁》等现代诗后，我被其中的深情所打动，触动我的不是他们的格式，不是他们的押韵，是他们诗的情感，让我感觉诗是活的，是有血有肉的。我才发现，好诗不在于格式，好在了那存在于格式里无边无际的真情，那短短几字后隐藏着的长篇故事。我取消了社员和自己写诗的硬性规定，只开始追求大家将自己的真情写入诗中，写自己的故事。好诗开始涌现，有的感怀节日，有的怀念友人往事，有的对社会现象作评。我写的诗歌虽也称不上多好，但变得有血有肉，变得有故事有情感。屏幕上的两首诗的片段都是我为学校百年校庆所写，一首是为了写而写，另一首诗是在校史室看到市北过去的旧图有感而发（PPT 展示），可能入不了大家的眼，但却能看出"真情"两字对于我写诗上的推进。

巴金说过："我写作不是我有才华，是因为我有感情。"作家们定是依着无比坦诚，全心全意的心态去创作，才创作出了感人至深，世代流传的巨作，例如：王安忆的《长恨歌》，梁晓声的《父亲》，巴金的"激流三部曲"，等等。他们成功的最大秘诀，就是把真情真心捧给了读者呀！

"情"是一篇作品的生命，是一段文字的灵魂，是字词互相联系的纽带。真情,必须是自己的真情,这才是诗歌乃至一切作品甚至诗立身为人的生命呀!那么,该如何做到"把心掏给读者"呢?

我认为:不仅要尊重自己的真情,也要尊重自己的读者,从读者的角度去品作品。我是我们学校诗刊的主编。我编这本刊物的时候,没有经验没有技巧,唯一想着做好的就是:读者们想看什么?我们想表达什么?首先,这本诗刊的读者大多都是学校的学生,与我们一样对诗歌了解甚微,我要了解读者的想法,最好的例子就是我自己。我是作者,同时我也是读者。我平时读诗最怕的就是:读不懂。名人名篇没读懂,网上一查就有解释,但我们学生的作品就没有什么网络解释了,若读者没读懂的话,难道就要抱着疑惑不解的心态去读下一首了吗?因此,我将诗刊内的稿件一一读过,我读不懂的诗,大多读者都不一定能读懂,从读者的角度出发,我请小诗人们在自己的诗后对难懂词句加上适当阐述,以及写此诗的心态或者用意。这样,读者一看这本诗刊,就如同见到了自己的闺蜜,可谓"相看两不厌,唯有敬亭山"啊。

我是一名高三学生,常常为高三模拟作文题要求而苦恼——"文体不限,不要写成诗歌"。诗歌啊,我的诗歌,硬生生地被"封杀"了吗?这让我们这样一心真诚地追逐诗情诗意的"诗痴"们,何处挥毫泼墨呢!

高考之后,我要吟诗,还要写诗。

把真情奉上诗坛,把诗心守到永远!

我要做一辈子掏心掏肺的"诗痴"!

只有清泉敬亲人

项心叶

请大家与我一起进入朱自清的《背影》:"我看见他戴着黑布小帽,穿着黑布大马褂,深青布棉袍,蹒跚地走到铁道边,慢慢探身下去,尚不大难。可是他穿过铁道,要爬上那边月台,就不容易了。他用两手攀着上面,两脚再向上缩;他肥胖的身子向左微倾,显出努力的样子。"这是怎样的父亲啊?每每想起这一段,我就想到了我的父亲。我的父亲是一个初中数学老师,我给他再难的数学题,他总还是陪着我去看。但是他连眼睛都要看花了,还是没帮到我。他苦笑着说:"对不起,我总帮不了你……"他转身走出房间,背影渐渐与上述文字中的背影叠合,我忽然发现,我们的父亲是那么相像,他们虽然往往力不从心,但总是为了我们拼了老命呀。

当一段文字能够像石子一样撞击心灵的湖面,激起层层涟漪的时候,文字就不仅仅是文字了,就成为一颗心,一颗温热的心、跳动的心,那是作者的心,读者的心——这就是掏给读者的真心真情,穿越时空,直抵你最柔软的心灵深处。

那么,作为作者,我们怎样才能写出这样的文字呢? 有一段时间,我的作文始终没有打动人心的东西。于是我找到了我的语文老师。我写的是友谊,用了大量排比与铺陈,只为抒情渲染浓重的气氛;同时,为了文章情节的曲折,我还做了奢华的艺术加工,因此文章看上去真是"高大上"呢。可老师说:"你没有被你们之间的友谊打动,所以也打动不了别人。"但我不明白:"我的文笔不错,文章思路也清晰,这才是一篇好文章的标准,不是吗?"于是老师递给了我一篇习作,文章语言没什么修饰词,也没什么修辞手法,我带着好笑的心情读下去,但渐渐地,我笑不出来了。他写他小时候看姥姥腌猪蹄,写他的姥姥小心地把腌好的猪蹄拿出来,笑眯眯地先让他尝一口……最后,他写道:"但是去年,姥姥走了,我再也尝不到她亲手腌制的猪蹄,再也见不到她笑眯眯的样子了。"我的心被揪了一下,难过极了。哦,原来因为内容的真实、真挚,作者的真诚,所以即使最朴实的文字,也那么动人。而我的文章,即使语言华丽,但由于情感不够真挚,所以泛不起情感的涟漪。后来,我摒弃了那些空洞的抒情,换了一个我深有感触的材料,那是我小学时的一位极为严厉但已过世的老师,写着写着,眼泪也掉了下来。当听到全班掌声响起时,我同时也从朗读我作文的老师眼里看到了晶莹的泪光。

如果说那些徒有其表的文章就像放了很多味精的鸡汤,喝一口感觉很好,喝多了却容易倒胃口,那么把心掏给读者的文章就像山间潺潺的清泉,喝一口感觉太淡,细细品来却回味无穷啊。

这清泉,就是真情,更是真爱呀。朱自清的《背影》、巴金的《家》等为什么那么沁人心脾,为什么哺育了一代代人成长为温暖世界的好人、伟人? 因为,用真情真爱的清泉浇灌的人心,自然芬芳四野,健硕千秋啊。

忽然想起《刘三姐》的一句歌词:我家没有好茶饭哟啰,只有山歌敬亲人,敬亲人——

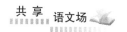
忽然联想到我的文章,我的演讲,我只好这样结尾了:

我这没有心灵鸡汤哟啰,只有清泉敬亲人,敬亲人——

三、廉洁清正风校园

确立大单元主题:廉洁清正风校园。

建构大现实真情境:社会上各个领域均在学习、落实以习近平为核心的党中央发布的"八项规定",学校正开展这方面的学习实践活动。请你以一个高中学生的身份参与学习讨论,如何影响、说服中学生与社会人?

建构大任务群:1.全班围绕"廉洁清正风校园"搜集素材;2.分享笔者曾参加(原)闸北区演讲赛获得一等奖的演讲稿;3.学生写一篇演讲稿;4.班级演讲交流评奖;5.获得班级演讲一等奖的学生参加演讲社专门培训,接受教师与其他社员的共同指导;6.参加上海市比赛;7.获奖选手在演讲社与班级交流演讲及写演讲稿的体会;8.学校升旗仪式汇报演讲。

2017年笔者的学生陈贝妮、陈伊凡参加上海市"廉洁文化进校园"演讲大赛,分获第一名、第二名,以下是她们的演讲稿。

明 镜 照 我

陈贝妮

谁不希望每天都光鲜亮丽?可这需要两面明镜。一面镜子照脸,让我们体体面面示人;而另一面镜子照心,让我们堂堂正正做人。然而,当今社会,各种利益诱惑不断交织,一些人心中的真善美与假丑恶的镜子早就模糊了。

还记得,周敦颐独爱莲花"出淤泥而不染,濯清涟而不妖",以"莲"喻"廉",这是多么难能可贵的高尚品格啊!对我们中学生来讲,大可从身边的小事做起。

当我们抱怨着食堂饭菜不如外卖美味时,有多少人想起"一粥一饭,当思来之不易"?

当我们抱怨风扇不如空调凉快时,有多少人想起"半丝半缕,恒念物力维艰"?

当我们接过他人作业簿传抄时,有多少人想起"苟非吾之所有,虽一毫而莫取"?

请注意,我这里不断强调的是"抱怨"两个字,我想说的是,从什么时候开始,我们的所有愿望都要靠"抱怨"实现？不少人以所谓"建议""意见"的形式向外部世界作出一个又一个要求，却极少有人探求我们的内部世界，从我们内心深处寻找错误的根源。我们所认为的"廉洁"是什么？我们，又做到了吗？

试问如今身处校园这方小社会的我们，如果不能坚守内心的廉耻观，又如何在未来的诱惑面前坚守初心呢？

廉洁思想是国家下一代建设者的立身之本，中华民族兴国安邦之源。古人云："以铜为镜，可以正衣冠；以古为镜，可以知兴替；以人为镜，可以知得失。"作为 21 世纪的新一代青少年，我们要不辱使命，以史为鉴，知荣即行，明耻即弃，成为一名合格的社会主义事业的建设者和接班人！

宝剑壮我胆，拂尘扫我心，更有明镜日夜照我行——让我们点燃廉洁之火，照亮我们的心灵，照亮我们的校园，照亮这世界的每一个角落！

四、新时代·中国梦·我的故事

确立大单元主题：新时代·中国梦·我的故事。

建构大现实真情境：社会各界都在学习"十九大"精神与"习近平新时代特色社会主义思想"，学习落实"改革开放再出发"精神。请你以一个高中学生的身份参与学习讨论，如何影响、说服中学生与社会人？

建构大任务群：1.全班围绕"新时代·中国梦·我的故事"搜集素材；2.分享笔者曾参加（原）闸北区演讲赛获得一等奖的演讲稿；3.学生写一篇演讲稿；4.班级演讲交流评奖；5.获得班级演讲一等奖的学生参加演讲社专门培训，接受教师与其他社员的共同指导；6.参加上海市比赛；7.获奖选手在演讲社与班级交流演讲及写演讲稿的体会；8.学校升旗仪式汇报演讲。

以下是 2018 年笔者的学生高雨桐、孙欣宇参加上海市"新时代·中国梦·我的故事"演讲大赛分获第一名、第二名的演讲稿。

星星之火，燎原天下

孙欣宇

古希腊诗人荷马说：梦想，是来自宙斯的礼物。而习近平总书记则说，中国梦是中华民族伟大的复兴。是的，每个人对梦想都有不同定义，而在我看来，所有的梦想其实都是星星之火，在经过不断的添柴供热后终会有一天迸发出燎原之势，不断燃烧、汇聚，汇聚、燃烧，直至燃向五湖四海神州大地，汇聚成一束华夏民族的熊熊烈火，向世界宣示中国的力量！

进入高中时，我决定加入学校模拟联合国社团。我想成为国际舞台上大放异彩的佼佼者。犹记得最近的一次参会，为了得到更佳的会议体验，我与搭档在会前便共同完成了多份纲领性文件，却万万没想到在第一天的磋商中就受阻。代表的质疑，主席团的谈话，这份文件最终未获得通过等都使我濒临崩溃。再加上推演的危机日益严重，会场中的状况不断发生变化，根据时局做出快速的判断成为会场中的主节奏，一堆堆问题接踵而至啊。

但令人惊奇的是，在如此高强度的活动下，我没看到任何一位代表松懈丧气。我只看到了会场中永远热火朝天的磋商与忙碌，我只听到了键盘按键富有节奏与弹性的嗒嗒声。我仿佛看到了无数星火在漆黑的夜空中散发着微弱的光芒。远远望去，那是一片璀璨的星河，它孕育着无穷的力量。事实证明，皇天不负有心人，在分布于各个会场的市北代表团共同的努力下，最终，我们夺得了最佳代表团的殊荣。星星之火，在那一刻绽放的光彩，令我震惊感慨又感动不已。

模联，它将一批志同道合的人在短时间内汇聚在一起。模联，它告诉了我们未来可期。

又想起联合国第七任秘书长科菲·安南。十年秘书长生涯，他曾奋力将巨石推上山巅，也一度在重压之下抑郁失语。但是，安南说："人可以离开联合国，但无法让联合国脱离我心。"他倡导集体安全、全球团结、人权法治，维护联合国的价值观念和道德权威，为世界和平与发展做出了杰出的贡献，获得诺贝尔和平奖，可谓当之无愧呀。他是一个真真正正的世界主人！我多想成为安南这样的人，成为世界和平的中流砥柱、中华复兴的民族脊梁！从模拟联合国社团，到世界真正的联合国，从校园的星星之火，到民族复兴的熊熊火焰，从中国富强繁荣到世界和平发展，虽然路途漫漫，但我辈将上下求索！谁说史册上不会留下我辈中国人的名字？谁说我们不能主宰世界的未来？

模拟联合国，它就像一个熔炉，将无数以热爱之名闪耀的星星之火，以集结号的方式汇集在一起，共同迸发出了友谊与梦想的滚滚暖流。

不仅仅是模拟联合国，我相信所有有志青年聚在一起的地方都是中国梦的雏形，新时代中国梦便是由这些点点星火不断地报团汇聚，再整合燃烧，从而形成的一番盛世光景啊。

最后，我想问问广大青少年们，我们是否准备好了？就让我们以自己的星星之火，汇聚成我们民族复兴的猎猎红旗，向世界播撒东方的霞光，那将是巨龙的壮美！那将是大爱的朝阳！

标点少年美中国

高语桐

梁启超先生当年一篇《少年中国说》，让国人醍醐灌顶。面对这黄钟大吕，我也想说一回，少年话中国。我这是不是有点班门弄斧？但我想，那就来点不同的，抛开梁先生的文字说，我想来个标点说少年、说中国。

梁公说：少年智，则国智。而我说：少年问，则国智——因为少年是勇敢的问号，少年敢向天发问，而国则汇百问之智。人生是充满问号的，因为未来渺茫，但鼻子底下就是路。像孙中山先生一样发问，少年时的他为了弄清楚道理，向老师大胆提问，就算挨打也值得。学问学问，不懂就要问。问师问友问大地，问天问云问自己。真理何存？我必追寻。唯有追寻，梦想成真啊。

梁公说：少年进步，则国进步。而我说：少年创新，则国进步——因为少年是破格而行的破折号。少年打破成规迎来新气象，则国家将不断文明进步。11 岁少年发明家朱彦臻有如何给生活节能的灵感，三样机械类发明均获得国家专利；《超级演说家》里大胆质疑爱因斯坦的少年薛来，凭借高超的计算机技术以及创客思维，独立研发"无键盘无鼠标"设计，促使他成为最杰出中国少年科学家之一。是像他们一样的优秀少年铺出了一条条务求创新的强国之路，而方格里的我们，别再被不必要的线条所捆住，二氧化碳分子里的少年，手机里的少年，羊圈里的少年们，也是时候当一回狼，破格不出格，创新满中国。破折号中穿的这一横，是我们少年不满规格的态度，迎难而上的志远气概！

梁公说：少年富，则国富。而我说：少年"穷"，则国富有——因为少年是省略号，省去功成身退的自满和荣誉优越的束缚，"穷"了身外物，富了精气神。说到艺术家葛优，你只知道《编辑部的故事》，却看不到葛优背后的故事。有一天，葛优的父母来看望他，发现颁发给儿子的众多奖杯不知放在何处。葛优说，那些东西看多了不好于是收了起来。然而他成了荣誉符号的"穷光蛋"的几年后，连续斩获国际大奖。这种"穷光蛋"的富有精神，自然也在电影事业上富强了中国啊。

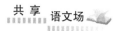

没错,人的每种荣誉都是自我绑架,唯有失去才是通向致富之路。少年只有向前看方能学有所成。试图留住过往的美丽,那么未来的美丽常常因此而坐失啊。

我们少年,正挥出智慧的问号!这问号,是一弯弯金钩,正垂钓溪边,等待收获真理的大鱼;我们少年,正高扬勇敢的破折号!这破折号,是一支支长箭,穿袭鸟笼,奋力奔向海阔天空;我们少年,正心怀淡定的省略号!这省略号,是那抛掉的一串串名利的行囊,我们将轻装上阵,从容踏遍连山绝壑。

又想起梁公的《少年中国说》。我想对梁公说,对中国说,对我们中国少年说:少年敢问、勤问,则国胜于欧洲;少年敢创、善新,则国雄于地球;少年能省、愿省,则国傲立于宇宙。

标点少年是我辈,标点少年美中国!

主要参考文献与讲座

主要参考文献

1. 爱因斯坦:《相对论》,曹天华译,新世界出版社,2014年。

2. 于漪:《教育的姿态》,山西教育出版社,2014年。

3. 于漪:《语文教学谈艺录》,上海教育出版社,2012年。

4. 方仁工:《方老师教作文:作文不难》,上海交通大学出版社,2000年。

5. 陈军:《陈军讲语文》,语文出版社,2008年。

6. 钱理群、温儒敏、吴福辉:《中国现代文学三十年(修订本)》,北京大学出版社,2002年。

7. 洪耀辉:《颂扬不忘批判——论沈从文小说的启蒙特征》,《贵州社会科学》2005年第4期。

8. 鲁迅:《"京派"与"海派"》,载于《鲁迅全集(第5卷)》,人民文学出版社,1981年。

9. 贺玉波:《沈从文作品评判》,载于《现代中国作家论(第二卷)》,上海大光书局,1936年。

10. 李同愈:《沈从文的短篇小说》,《新中华》1935年第3卷第7期。

11. 苏学林:《沈从文论》,《文学》1934年第3卷第3期。

12. 吴道毅:《论沈从文作品的民族地域特色》,《中南民族大学学报》2005年第5卷第4期。

13. 老舍:《我的母亲》,载于《老舍散文》,北岳文艺出版社,2008年。

14. 曾广灿:《现代卷—老舍研究资料—中国文学史资料全编—59—(上.下)》,知识产权出版社,2010年。

15. 张梓含:《〈想北平〉的特殊情感》,《语文知识》2016年总第325期。

16. 欧阳凯:《〈想北平〉独语风格赏析》,《语文学习》2018年第6期。

17. 宋登水:《〈想北平〉中的"家"情结》,《语文教学与研究》2018年第22期。

18. 李骏:《民族视域下的老舍研究》,《文学教育》2018年第10期。

19. 姚舜禹:《浓郁乡愁与心灵栖息的联结转化——论〈想北平〉中的"水"》,

《中学语文教学》2019年第1期。

20. 舒乙:《老舍与积水潭、什刹海》,北京出版社,1993年。

21. 老舍:《老舍全集(第1卷)》,人民文学出版社,2008年。

22. 吴小美:《老舍散文三十八讲》,语文出版社,2014年。

主要参考讲座

1. 温儒敏:《统编高中语文教材的特色与使用建议》,教育部国家级示范性培训,2019年。

2. 王本华:《统编语文教材总体框架及编写思路》,教育部国家级示范性培训,2019年。

3. 王栋生:《统编高中教材作文的编写与教学建议》,教育部国家级示范性培训,2019年。

4. 郑桂华:《部编必修教材"思辨性阅读与表达"任务群》,教育部国家级示范性培训,2019年。

5. 朱于国:《统编必修教材"实用性阅读与交流"学习任务群》,教育部国家级示范性培训,2019年。

6. 陆志平:《高中语文标准的发展与创新》,上海市区学科带头人培训,2018年。

7. 张克中:《学习任务群的教学设计原则与策略》,上海市区学科带头人培训,2018年。

8. 张小兵:《基于新课标的整本书阅读教学设计》,上海市区学科带头人培训,2018年。

后　　记

笔者的高中语文教育观,归纳起来六句话:朝着一个目标:培养有语文味与时代味的中国人;张开两只翅膀:语文享受与语文运用;把握三种特性:对话性、情境性、交融性;经营语文三"场":内场、外场、关系场;抓好三个支点:切入点——学生兴趣的燃烧点,增长点——学科知能的渐进点,闪光点——追求卓越的起跳点;执着三层追求:求实、求活、求新。

将培养有语文味与时代味的中国人,作为语文教学的目标,是指培养的同学,要爱中国、爱中国人、爱中国文化;能知书达理、和谐相处,能发展自己也能发展他人,更能发展国家。人文性与工具性的学科性质,要求语文教学的目标必须培养出既具有时代的适应性也坚守民族的独特性的中国人。

享受语文与运用语文是经营语文教学的两个着力点。享受可以推动运用,运用也能获得享受,二者相辅相成。怎样的语文课让人享受?充满趣味的课——这样的课,充满品味时的情趣、思考中的理趣和运用时的乐趣。什么可以带来这样的趣味?母语的美丽,包括内容的美、形式的美;语文文本的美、语文活动的美、听说读写的美。如何演绎语文的魅力?笔者认为一个是态度,一个是策略。

笔者曾写过一篇文章,叫《面对语文生命》,发表在 2011 年的《中文自修》上,表明了笔者对语文的态度——把语文当成血肉丰满的生命。

如何善待语文生命?笔者认为需要尊重其三种特性:对话性、情境性、交融性。

语文的对话性,体现在听读经典作品和天籁万象,说写文字文章和人物景情。如果你平和平等地与她交流,你就能见其真、会其意、懂其情;如果你藐视她,就会觉其苍白无味;跪拜她呢,又觉其陌生与恐怖。语文生命的另一特性就是情境性。我们拜读《唐诗鉴赏辞典》时,眼前常常会浮现一幕幕鲜活美丽而又耐人寻味的情景,这就是专家们在亲近唐诗时用自己的生命体验去贴近唐代诗人诗章的生命,与诗人共同还原甚至创设了当时的情景。这种情景的还原与创

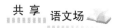

设需要不断地亲近,还需要两个重要因素:联想与想象。用联想与想象还原并创设语文生命的容颜、呼吸、脉动与性灵。语文生命还具有文学的交融性。当我们的生命与语文生命深情拥抱时,我们总是沉浸其中,你中有我,我中有你,浑然一体。

经营语文教学的策略,主要是娴熟经营语文场(本书中有专题谈论)。

2011年笔者在全市开设了《想象描写——从结尾开始》的作文公开课,这堂课的录像参加了2012年全国中语会在长沙举办的第二届中学语文教师优秀课例大赛,获得一等奖,笔者荣幸地在大会上作了交流,获得好评。2012年12月笔者又作了市北中学教学思想专场交流,上了一堂题为《动感、质感与美感——描述式说理》的高三作文课,并作了思想汇报。会上,于漪老师为笔者欣然题词:追求卓越。

2019年笔者代表静安区参加统编教材的国家级示范性培训,回来后为上海教师培训,受到好评。这些,都离不开笔者的语文教育观的指导与引领。

图书在版编目（CIP）数据

共享语文场 / 陈世东著. — 上海:上海教育出版社,2020.3
ISBN 978-7-5444-9850-0

Ⅰ.①共… Ⅱ.①陈… Ⅲ.①中学语文课 – 教学研究
– 高中 Ⅳ.①G633.302

中国版本图书馆CIP数据核字(2020)第036859号

责任编辑　曹婷婷　缪宏才
封面设计　周　吉

共享语文场
陈世东　著

出版发行　上海教育出版社有限公司
官　　网　www.seph.com.cn
地　　址　上海市永福路123号
邮　　编　200031
印　　刷　上海龙腾印务有限公司
开　　本　700×1000　1/16　印张 22.25
字　　数　360 千字
版　　次　2020年3月第1版
印　　次　2020年3月第1次印刷
书　　号　ISBN 978-7-5444-9850-0/G·8121
定　　价　68.00 元

如发现质量问题，读者可向本社调换　电话:021-64377165